马克思主义理论研究
和建设工程重点教材

商法学

（第二版）

《商法学》编写组

主　编　范　健

副主编　赵旭东　叶　林

主要成员

（以姓氏笔画为序）

王　涌　　王建文　　石少侠

冯　果　　任尔昕　　顾功耘

蒋大兴　　韩长印

高等教育出版社·北京

二维码资源访问

使用微信扫描本书内的二维码,输入封底防伪二维码下的 20 位数字,进行微信绑定,即可免费访问相关资源。注意:微信绑定只可操作一次,为避免不必要的损失,请您刮开防伪码后立即进行绑定操作!

教学课件下载

本书有配套教学课件,供教师免费下载使用,请访问 xuanshu.hep.com.cn,经注册认证后,搜索书名进入具体图书页面,即可下载。

图书在版编目(CIP)数据

商法学 /《商法学》编写组编. -- 2 版. -- 北京:
高等教育出版社,2022.8(2025.7 重印)
马克思主义理论研究和建设工程重点教材
ISBN 978−7−04−056541−6

Ⅰ.①商… Ⅱ.①商… Ⅲ.①商法-法的理论-中国
-高等学校-教材 Ⅳ.①D923.991

中国版本图书馆 CIP 数据核字(2021)第 147467 号

商法学
SHANGFAXUE

责任编辑	周轶男	封面设计 王 鹏	版式设计 童 丹	责任校对	高 歌
责任印制	高 峰				

出版发行	高等教育出版社	网 址	http://www.hep.edu.cn
社 址	北京市西城区德外大街 4 号		http://www.hep.com.cn
邮政编码	100120	网上订购	http://www.hepmall.com.cn
印 刷	北京汇林印务有限公司		http://www.hepmall.com
开 本	787mm×1092mm 1/16		http://www.hepmall.cn
印 张	26.25	版 次	2019 年 1 月第 1 版
字 数	490 千字		2022 年 8 月第 2 版
购书热线	010-58581118	印 次	2025 年 7 月第 13 次印刷
咨询电话	400-810-0598	定 价	52.00 元

本书如有缺页、倒页、脱页等质量问题,请到所购图书销售部门联系调换
版权所有 侵权必究
物 料 号 56541-A0

目　录

绪　　论

一、商法学的研究对象

商法学是以商法的一般理论与制度及商事部门法理论与制度为研究对象的部门法理论与学科，是法学理论体系与学科体系的重要组成部分。中国商法学是中国特色社会主义法学体系的重要组成部分，主要研究商法的起源与历史、商法的价值、商法理念与商法思维、商法原则、商法规范与商法体系、商事主体、商事行为、商事纠纷解决程序以及公司法、证券法、票据法、保险法、信托法、基金法、海商法、电子商务法、运输与物流法、破产法等。近年来，我国商法基础理论研究和商事部门法学理论与制度研究都取得了较大的进展，一大批研究成果相继推出，推动了我国商事法制建设的进步。

商法基础理论是商法学的基石，商事部门法的研究有赖于商法基础理论的完善，商事部门法之间的冲突与矛盾需要商法基础理论的协调，商事立法与司法审判需要以商法基础理论为指导形成商法理念和商法思维。由此，商法学的研究首先应以商法基础理论为研究对象，通过对基础理论的研究，回答商法实践中的一般理论问题，即：如何构建统一的商事主体制度、行为制度、权利体系制度和权利保障制度；如何基于我国商事部门法规范抽象出具有一般指导性作用的原则；如何对商事部门法中的具体制度做出解释，或者做出一般性或补充性的规定；如何使日益纷繁复杂的商事法律规范系统化、体系化、更具逻辑性，最终走向法典化等。同时，商法学还需要以商事部门法为研究对象，回答商法实践中具体的部门法理论问题，对商事部门法的研究也始终是商法学关注的重点。

二、商法学的功能

商法学的功能具体反映在五个方面：

第一，商法学有助于建构和发展中国特色社会主义商法。改革开放以来，我国通过一系列独具特色的制度、方针、政策，建立了社会主义市场经济体制。商法学围绕中国社会主义市场经济实践，结合世界各国的商事经验，以凝练、总结和发展中国特色社会主义商法的基本内容和特点为己任，构建中国特色社会主义商法的理论基石。

第二，商法学有助于完善中国特色社会主义商事制度，维护社会主义市场经济秩序。党的二十大指出，我国必须在法治轨道上全面建设社会主义现代化国家，法治社会是构筑法治国家的基础。当代中国，虽然已经颁布了大量的商事单行法规和行政规章，但由于缺乏统领性的《商法典》或《商事通则》，现行商事法律规范之间在一定程度上出现分散林立、缺乏协调乃至冲突对立的局面，尤其在商事基本法立法层面还缺乏既能充分赋予商人创新特权，又能严格限制商人滥用商事人格权与经营权的系统规则。因此我国亟须构建符合本国国情的商法制度。而商法学正是以商法一般理论和商事部门法为研究对象的学科，所以，构建系统完备的商法制度离不开商法学。

第三，商法学有助于推动当代中国法治文化观念的变革。首先，学习商法学要求培育商法思维，这对于改变我国长期以来偏重民法思维的人才培养模式、转变人们民商不分的观念、促使社会对商法形成正确的认识、形成全社会尊重商事主体和商事行为的风尚具有重要的积极意义。其次，商法学的研究承接商法的过去与现在，有助于人们在把握近代商法精髓的同时重新认识现代商法的特征，从而推动全社会对财富创造与社会创新、商事变革与社会变革中法治价值观念的再认识，引导健康的社会法治思想变革。

第四，商法学有助于树立社会商业道德，推动社会主义精神文明建设。随着经济的高速发展，现阶段我国社会生活中出现了商事经营性行为与政府行政行为、事业单位公益行为、公益团体非营利行为、公民消费行为等的混同，社会伦理被商人伦理所取代，公民行为自由权利观被商人团体滥用，由此导致的种种不健康现象都与我国社会长期以来民商不分、营利与非营利不分、商业伦理与社会伦理不分的理念有关。所以，改变我国现阶段社会生活不规范的突破口之一是通过商法学的理论发展，形成社会正确的商法思维和伦理观念，树立社会商业道德。

第五，商法学是我国实现国际经济战略的重要法治理论依托。随着经济全球化的深入发展，一国的国际经济战略将成为国家强盛的关键。国际经济战略以经贸合作为核心连接世界经济，经贸合作的开展不但需要国家政策支持，更需要一国商事法律制度的完备及其与国际商事法律制度的协调。此时，以现代商人制度、现代商事行为制度以及现代社会商法基本特征的研究为重点的商法学就必然具有重大理论意义，其能为我国推行国际经济战略提供重要基础。

三、商法学的历史发展

（一）西方商法学发展概述

与法学的大多数学科相类似，西方商法学在大陆法系和英美法系国家有着两种不同的发展历程。

在大陆法系国家，商法学因各国民商分立或民商合一的不同立法模式也存在差异。民商合一的国家虽然存在实质意义上的商法，但商法学在法学教学体系里仍被整体归入民法教学中，没有获得独立的地位。至于民商分立的国家，各国的商法学也在教学体系上存在不同：德国商法学课程内容包括商法总则、商事账簿、商事行为，[①] 商事组织、证券、票据、保险、海商通常单独开课；法国商法学课程则排除了海商法，而将商事行为、商事法院、公司法、票据法、保险法以及破产法列为授课内容；[②] 日本商法学教学体系包括商法总则、商事行为法、公司法、票据法、保险法、海商法，破产法不包括在内，其中，商法总则与商事行为通常被合为一门，与公司法、票据法并列为法学院的必修课。[③] 虽然民商分立的国家的商法学课程体系存在不同，但是在教学方法或者研究方式的教授上，大陆法系作为成文法国家，其商法教学更加注重法教义学，商法学学生多以成文法学习为重，以判例学习为辅。此外，在研究内容上，相比于英美法系重交易、重商事行为的研究倾向，商事组织一直是大陆法系国家商法学的重点。

与大陆法系国家不同的是，在过去很长一段时间内，英美法系国家没有对部门法进行详细划分，商法学仅被作为服务于课堂教学的教学方法。美国《统一商法典》的制定改变了这一局面，它在一定程度上确定了商法的范围。至此，商法学被认为是包括合同法、买卖法、财产法、担保法、商事组织法、代理法、票据法、侵权法等在内的，"由一系列与商业运作及其环境相关的法律组成"的法学学科。美国的商法学教材则通常包括美国法律基础、财产法、合同法、销售与租借合同法、票据法、信用和破产法、经纪人法、独资与合伙人法、公司法、就业法、政府法规、国际法。[④] 不过，美国《统一商法典》的出台，并没有改变美国作为英美法系国家重判例的习惯，商法学仍是一门以判例为基础的学科。

虽然商法学在两大法系的历史发展轨迹上有不同之处，但是受商法的国际性的影响，两大法系的商法学也存在相同之处。例如，两大法系的商法学研究都以现实需要为导向；又如，随着经济的发展，现阶段两大法系的商法学研究都集中于网络法、消费者保护、支付方式、破产等领域。

（二）中国商法学发展概述

中国商法学的发展大体可以分为四个时期。

1. 清末至民国时期

我国古代没有近现代意义上的商法。商法在我国始于清朝末期，清政府在推行新政时，把制定商法典作为振兴工商业的治国大策之一。1903 年，光绪皇帝令载振、伍廷芳等人起草商法，1904 年公布了《公司律》《商人通例》，此后又

① 参见［德］C. W. 卡纳里斯：《德国商法》，杨继译，法律出版社 2006 年版，第 1 页。
② 参见沈达明编著：《法国商法引论》，对外经济贸易大学出版社 2001 年版，第 1 页。
③ 参见吴建斌：《现代日本商法研究》，人民出版社 2003 年版，第 2 页。
④ 参见高榕、李舒：《美国商法浅谈》，上海人民出版社 1996 年版，第 2 页。

聘请外国学者帮助起草《大清商律草案》，虽然该草案未及实施，但这一商事立法活动仍然推动了中国商法学的起步。1911 年安徽法学社出版的《商法总则》是中国最早引入的外国商法学著作，[①] 至此，国外先进的商法制度和商法学理论开始被引入中国，商法学成功进入理论研究的视野。

辛亥革命后，新建立的民国政府在大清商事法律的基础上重新颁布了一批商事法律，包括《中华民国商律》《公司条例》《商人通例》。商法学研究也得到了进一步发展，大量日本著作被翻译成中文。然而，国民政府迁都南京后，采取了民商合一的立法体例，商法总则的有关内容均被并入民法债编，虽然商事单行法仍被保留，如《公司法》《票据法》《证券交易法》等，但自此商法失去了独立于民法的地位，商法学被划入民法学的范畴而被并称为民商法学。

2. 中华人民共和国成立至 20 世纪 80 年代

中华人民共和国成立后，在很长一段时间内，由于实行计划经济，国家的立法重心在于强化国家调控经济活动的能力和国家干预经济行为的行政手段，商法被完全忽视，商法学的发展停滞不前，没有学校开设与之相关的课程，商法研究几乎空白。

1978 年经济法学兴起，商法学被纳入其中。当时，邓小平肯定了我们需要用经济法律来调整国家和企业、企业和企业、企业和个人之间的关系。随着党的十一届三中全会的召开，全国人大颁布了一系列商事法律法规，如 1979 年《中外合资经营企业法》[②]、1986 年《外资企业法》、1986 年《企业破产法（试行）》等，上述法律本质上属于商事领域的立法，但由于法学理论认识上的局限，当时均被归属于经济法范畴；同样地，在教科书体系中，商法学也被归入经济法学中。

3. 20 世纪 80 年代末至 90 年代末

随着改革开放的深入，20 世纪 80 年代，商法观念开始被人们接受，经济法学者也开始推动商法学的独立。1984 年 8 月，中国经济法研究会召开成立大会，会上指出我国应当制定商法，更呼吁学者对此展开研究，进而推动了我国商法学复兴的进程。但彼时商法依附于民法和经济法的尴尬地位并没有得到改善，商法学的独立性在中国仍然没有得到确认，有关商法学的研究也主要集中在对外国商法的介绍上。

该局面真正得以扭转始于 1993 年 11 月召开的党的十四届三中全会，该会议通过的《中共中央关于建立社会主义市场经济体制若干问题的决定》明确指出

---

① 参见何勤华：《中国近代民商法学的诞生与成长》，《法商研究》2004 年第 1 期。
② 本教材引用之国内法律均取简称。

我国要加快经济立法，进一步完善民商法。自此，我国在立法层面颁布了大量的商事单行法，如《票据法》《担保法》《保险法》《证券法》等；在法学理论方面则广泛展开关于民法、商法、经济法关系的讨论，其中主流观点将商法视为私法领域调整商事关系的法律，从而使商法获得独立于经济法的地位，最终使商法学的研究真正进入复兴期并得到快速发展。

商法学复兴的标志性事件是 1997 年国家教委发布的《关于普通高等学校法学专业开设专业主干课程的通知》中，首次明确将"商法学"列为法学专业 14 门核心课程之一，教育部高等教育司也在 1998 年组织编写了《商法教学基本要求》，商法学被列入全国高校法学专业 14 门核心课程之一，并由教育部统一组织编写商法学本科核心课程教材、成人教育核心课程教材和研究生教材。此后全国高校法学专业纷纷开设"商法学"课程，商法学再次成为法学的重点学科。

4. 21 世纪初期至今

商法学重新回归全国高校法学专业核心课程后，进入了全面发展的新时期。一大批商法教材和商法学理论研究著作相继出版。在商法学者的努力下，中国商法学研究会也于 2001 年成立，其在推动中国商法立法、司法、执法和理论研究方面发挥了积极的作用。全国高校相继培养的一批专攻于商法的学士、硕士与博士，也充实了商法学的研究队伍。自此，中国商法学研究走向繁荣。

四、马克思主义理论与中国特色社会主义商法学

党的二十大报告强调："马克思主义是我们立党立国、兴党兴国的根本指导思想。实践告诉我们，中国共产党为什么能，中国特色社会主义为什么好，归根到底是马克思主义行，是中国化时代化的马克思主义行。拥有马克思主义科学理论指导是我们党坚定信仰信念、把握历史主动的根本所在。"在过去 40 多年里，中国突破了传统西方国家以私权为核心的商法制度，构建了适应中国国情的新型商法制度，并在确立了中国特色社会主义市场经济体制的同时，形成了中国特色社会主义商法。

横向上，与其他社会主义国家相比，中国特色社会主义商法率先承认了私法主体在商事活动中的主体资格，首开先河地肯定了依法治国的重要性；与资本主义国家相比，中国特色社会主义商法重视公法主体的商事主体经营资格，并积极发挥行政机关在商事活动中的监管作用。与民法的财产制度相比，中国特色社会主义商法认为商事财产既可来源于私人财产，也可由公有财产与国家财产转化而来。纵向上，中国特色社会主义商法与偏重生产贸易的传统商法相比，以金融、信息产业、知识产权为重心；与重视法典形式的传统大陆法系国家商法相比，中

国特色社会主义商法注重实用，选择了商事单行法先行的立法模式。一言以蔽之，中国特色社会主义商法是以公私混合主体为基础，以行政监管和法律监管并重为保障，以公私并存的财产制度为特色，以金融、知识产权为新型内容，重视商事活动实际需求的法律体系。它在制度上实现了国家所有权、集体所有权、私人所有权协调发展的创新，构造了多元主体制度，并在尊重市场规律的基础上，通过国家战略规划，开创了逐步推进、以点带面的商事法律发展模式。

中国特色社会主义商法以马克思主义为指导，也以马克思主义中国化的理论成果为指导，具有鲜明的时代性和先进性。

中国特色社会主义商法学理论研究以马克思主义为指导，具体而言，包括如下五个方面：

第一，商法学需要在保持国际性的同时坚持其自身的国内性。法律作为上层建筑由经济基础所决定，对此马克思在评价《拿破仑法典》与资产阶级社会的产生和发展时就指出，"社会不是以法律为基础的。那是法学家们的幻想。相反地，法律应该以社会为基础。法律应该是社会共同的、由一定物质生产方式所产生的利益和需要的表现，而不是单个的个人恣意横行"①。即《拿破仑法典》并没有创立资产阶级社会，而是资产阶级社会在法典中找到了其法律表现。"这一法典一旦不再适应社会关系，它就会变成一叠不值钱的废纸。"② 以马克思主义为指导的中国商法学研究，既要关注国际社会的最新动向，更要从中国的基本国情出发，根植于中国特色社会主义市场经济和社会生活实践，在遵循商法国际性的同时，体现商法的国内性。

第二，商法学理论研究需要关注商事交易实践。商法以市场交易关系为调整对象，其中商事契约关系是其重要内容之一。对于该调整内容产生的必然性和客观规律，马克思曾有过经典论述，他认为："先有交易，后来才由交易发展为法制……这种通过交换和在交换中才产生的实际关系，后来获得了契约这样的法的形式。"③ 因此，商事契约产生于交易，如此一来，探究以商事契约为调整对象的商法的一般规律和具体规则设计的商法学，就必须紧随商事交易实践发展的动态，坚持商法的实践性和发展性。

第三，商法学应当以商事活动的营利性为核心构建商法理论体系。商事活动的营利性是商事行为区别于民事行为的本质属性，恩格斯曾经指出："每一既定社会的经济关系首先表现为利益。"④ 所以，商法学在推动中国商法理论系统化、

---

① 《马克思恩格斯全集》第六卷，人民出版社 1961 年版，第 291—292 页。
② 《马克思恩格斯全集》第六卷，人民出版社 1961 年版，第 292 页。
③ 《马克思恩格斯全集》第十九卷，人民出版社 1963 年版，第 423 页。
④ 《马克思恩格斯文集》第三卷，人民出版社 2009 年版，第 320 页。

体系化的过程中，应当始终保护商事活动的营利性。

第四，马克思主义理论还为商法学认识商人阶层和商事行为的特殊性提供了理论指导。关于商人阶层的产生，马克思指出："正像交换本身分裂为两个互相独立的行为一样，交换的总运动本身也同交换者，商品生产者相分离。为交换而交换同为商品而交换相分离。在生产者之间出现了一个商人阶层，这个阶层只是为卖而买，只是为再买而卖，这种活动的目的，不是占有作为产品的商品，而只是取得交换价值本身，取得货币。"① 尽管过去常说商人是一个寄生阶层，但是亚当·斯密认为，商业不应当是"不调和与敌意最丰沃的源泉"，而应当是各民族、各个人之间"团结和友谊的纽带"②。马克思和恩格斯上述关于商人阶层和商事行为特殊性的论述对于理解商法在社会中的定位、构建我国商事法律制度具有重要的理论意义。我们必须牢牢把握商人产生的社会背景，该背景将是展开商法学研究的基石。

第五，商法学的研究和学习应当注意商法与民法的内在联系与相互作用。源于欧洲中世纪的近代商法与民法具有不同的发展轨迹，欧洲中世纪时期肇始于罗马法的民法因日耳曼人的入侵而停滞，商法则在该时期从零散、杂乱的习惯法发展为具有系统性的成文法，中世纪后期罗马法复兴就与商法保障下商业的迅速发展有关。马克思指出："当工业和商业——起初在意大利，随后在其他国家——进一步发展了私有制的时候，详细拟定的罗马私法便又立即得到恢复并取得威信。"③ 所以，民法和商法相互作用，彼此联系，学习和研究商法应当正确认识民法和商法在历史上的关联性。

指导中国特色社会主义商法学理论研究的除了马克思主义，还包括马克思主义中国化时代化的理论成果。党的二十大报告强调："推进马克思主义中国化时代化是一个追求真理、揭示真理、笃行真理的过程。""只有把马克思主义基本原理同中国具体实际相结合、同中华优秀传统文化相结合，坚持运用辩证唯物主义和历史唯物主义，才能正确回答时代和实践提出的重大问题，才能始终保持马克思主义的蓬勃生机和旺盛活力"。马克思主义中国化的理论成果对中国商法学的理论研究提出了如下三点要求：

第一，中国商法学的理论研究必须以马克思主义中国化时代化的理论成果为指导。中国的商法学理论与实践是在毛泽东思想、邓小平理论、"三个代表"重要思想、科学发展观和习近平新时代中国特色社会主义思想的指导下形成并发展

---

① 《马克思恩格斯文集》第八卷，人民出版社 2009 年版，第 46 页。
② ［英］亚当·斯密：《国富论》（下），郭大力、王亚南译，译林出版社 2014 年版，第 61 页。
③ 《马克思恩格斯文集》第一卷，人民出版社 2009 年版，第 584 页。

的。毛泽东提出，"商品生产，要看它是同什么经济制度相联系，同资本主义制度相联系就是资本主义的商品生产，同社会主义制度相联系就是社会主义的商品生产"①；应当"利用商品生产、商品交换和价值法则，作为有用的工具，为社会主义服务"②。邓小平的社会主义市场经济理论明确指出，"市场经济不等于资本主义，社会主义也有市场"③；"社会主义的本质，是解放生产力，发展生产力，消灭剥削，消除两极分化，最终达到共同富裕"④。江泽民提出建立社会主义市场经济体制的改革目标。胡锦涛强调："在前进道路上，我们要继续牢牢扭住经济建设这个中心不动摇，坚定不移走科学发展道路。"⑤ 习近平提出创新、协调、绿色、开放、共享的发展理念。中国共产党引领中国探索出了一条符合中国国情的发展道路，这是中国商法学理论研究的根基。中共中央印发的《法治中国建设规划（2020—2025 年）》指出，建设法治中国必须"坚持从中国实际出发"，到 2025 年中国特色社会主义法治体系初步形成，到 2035 年法治国家、法治政府、法治社会基本建成，中国特色社会主义法治体系基本形成。党的二十大报告强调："未来五年是全面建设社会主义现代化国家开局起步的关键时期，主要目标任务是：……改革开放迈出新步伐，国家治理体系和治理能力现代化深入推进，社会主义市场经济体制更加完善，更高水平开放型经济新体制基本形成；全过程人民民主制度化、规范化、程序化水平进一步提高，中国特色社会主义法治体系更加完善；……"为了建设中国特色社会主义法治体系，中国的商法学理论研究在构建市场经济法律制度时，必须始终从中国国情出发。具体而言，中国的商法学理论研究应当结合《中华人民共和国国民经济和社会发展第十四个五年规划和 2035 年远景目标纲要》提出的全面深化改革、构建高水平社会主义市场经济体制的目标，创新并发展中国特色社会主义商法学理论。

　　第二，中国商法学的理论研究应当注意总结中国经验与中国模式，形成中国特色社会主义商法理论。邓小平多次强调："世界上的问题不可能都用一个模式解决。中国有中国自己的模式。"⑥ 习近平法治思想是马克思主义中国化的最新重大理论成果，是顺应实现中华民族伟大复兴时代要求应运而生的重大理论创新成果，是马克思主义法治理论中国化的最新成果，是中国特色社会主义法治理论的重大创新发展，是习近平新时代中国特色社会主义思想的重要组成部分，是新

---

① 《毛泽东文集》第七卷，人民出版社 1999 年版，第 439 页。
② 《毛泽东文集》第七卷，人民出版社 1999 年版，第 435 页。
③ 《邓小平文选》第三卷，人民出版社 1993 年版，第 373 页。
④ 《邓小平文选》第三卷，人民出版社 1993 年版，第 373 页。
⑤ 《胡锦涛文选》第三卷，人民出版社 2016 年版，第 535 页。
⑥ 《邓小平文选》第三卷，人民出版社 1993 年版，第 261 页。

时代全面依法治国的根本遵循和行动指南。党的十八大以来，以习近平同志为核心的党中央从坚持和发展中国特色社会主义的全局和战略高度，定位法治、布局法治、厉行法治。习近平法治思想指出，必须坚持党对全面依法治国的领导，坚持以人民为中心，坚持中国特色社会主义法治道路，坚持依宪治国、依宪执政，坚持在法治轨道上推进国家治理体系和治理能力现代化，坚持建设中国特色社会主义法治体系，坚持依法治国、依法执政、依法行政共同推进，法治国家、法治政府、法治社会一体建设，坚持全面推进科学立法、严格执法、公正司法、全民守法，坚持统筹推进国内法治和涉外法治，坚持建设德才兼备的高素质法治工作队伍，坚持抓住领导干部这个"关键少数"。习近平法治思想开创了全面依法治国新局面，为当代中国商法的健康发展提供了重要指导。党的十九届六中全会总结了党的十八大以来党和国家事业取得的十三个方面的伟大成就，其中在经济建设方面，我国经济发展平衡性、协调性、可持续性明显增强，国家经济实力、科技实力、综合国力跃上新台阶，我国经济迈上更高质量、更有效率、更加公平、更可持续、更为安全的发展之路。党的二十大总结了我国的法治建设成就，指出全面建设社会主义现代化国家是一项伟大而艰巨的事业，对"坚持全面依法治国，推进法治中国建设"作出了准确精辟的专章论述和重大决策部署，明确要坚持走中国特色社会主义法治道路，建设中国特色社会主义法治体系、建设社会主义法治国家。不过，现阶段的中国特色社会主义商法仍处于前进、探索阶段，中国建设社会主义市场经济过程中出现的新型商事行为游离于法律灰色地带等问题，亟须商法学对当代中国的商法实践总结经验与教训，需要以习近平法治思想为指导，贯彻依法治国基本方略，针对当下和未来、中国和世界商法实践中的新问题，创造性地完善现有商法理论，创建符合中国国情和适应世界商业发展潮流的新商法理论。因此，为了巩固经济体制改革的创新成果，落实习近平法治思想，中国的商法学研究应当继续坚持中国特色社会主义法治理论，总结中国经验，积极推动中国特色社会主义商法体系的建设。

　　第三，中国商法学的理论研究应当具有全球视野，积极与世界对话，为推动商法学的发展贡献中国智慧、中国理念与中国方案。"中国坚持对外开放的基本国策，坚持打开国门搞建设，积极促进'一带一路'国际合作"，"中国秉持共商共建共享的全球治理观"，"中国人民愿同各国人民一道，推动人类命运共同体建设"。① 坚持统筹推进国内法治和涉外法治是习近平法治思想的重要内容。因此，为了能够让中国更好地参与全球治理体系改革和建设，在商法学的研究

① 习近平：《决胜全面建成小康社会　夺取新时代中国特色社会主义伟大胜利——在中国共产党第十九次全国代表大会上的报告》（2017 年 10 月 18 日），人民出版社 2017 年版，第 60 页。

上，中国应当在立足本国国情、总结中国经验的基础上，积极对外宣传并推广中国模式，通过商法学理论成果的国际交流，让世界更好地认识中国，为解决当今的全球发展问题提供中国方案。

总的来说，马克思主义及其中国化的理论成果关于商法的论述为商法学的理论研究提供了本体论、认识论和方法论的指导，掌握这些理论有助于从根本上保障商法学研究的科学性。

五、学习商法学的方法

商法渊源于中世纪商人习惯法，从一开始就是脱离罗马法理论体系而独立生长的。近现代商法虽经成文法化或法典化，被纳入大陆法系，或称民法法系，但仍然保留了诸多无法由民法理论体系解释的制度。在我国，因民商法制度与理论体系都继受于西方和苏联，商法制度中无法由民法理论解释的现象同样存在。不仅如此，因市场经济的发展较为迅猛，各种新型商业模式及交易形式不断涌现，传统民商法理论在面对诸多新型商事纠纷时经常出现问题。为此，不仅应在商事司法实践中确立商法理念及商法裁判思维，更应当在商法学研究中确立与之相适应的商法研究方法。

总的来说，商法的学习必须以马克思主义及其中国化的理论成果为指导。具体而言，学习商法学的方法包括如下五个方面：

第一，商法的学习需要注意商法的实践性。商法以实践性著称，且商事交易实践可谓日新月异，故成文法的局限性在商法中的表现尤为突出。在当下中国，商事立法与商事审判固然已取得长足进步，但因商事交易实践远远走在立法前面，成文法局限性之应对已成为日益紧迫的课题，学生在学习商法的过程中不可忽视商事实践的实时动态。

第二，商法的学习需要综合运用各种研究方法。首先，应当继续加强注释法学及法教义学的研究，从而为纷繁复杂的商事纠纷提供法律适用的解释方法及法律完善的立法建议。在此过程中，必然要涉及比较法研究方法的应用。商法学视野下的比较法研究，不应停留于叙述与评价，而应直接进入沿革的比较法层面，深入研究不同国家和地区商事法律制度历史的和现实的关系，探究各国（地区）商法的历史使命与时代精神，从而为我国商事立法与司法适用服务。其次，商法学的研究也需要加强案例研究与实证研究，通过全面梳理和分析我国商事司法实践中的裁判规则与裁判方法，确定我国商法研究的课题与解决方案，使我国商法学研究建立在商事交易实践与商事司法实践基础之上，从而为中国商法领域的中国道路奠定实践基础。

第三，商法的学习需要培育商法思维。虽然一般认为商法是民法的特别法，但是商法思维与民法思维有着较大的不同。商法以商业伦理为基础，特权理念和限权理念贯穿整部法律的始终，商法规则超越了一般民法的道德理念，体现着商事活动的特殊性。此外，作为商法核心的商事主体，其直接是利益驱动的产物，强调交易安全、效益和利益；商事行为也因为具有促进社会进步的积极面和引发社会风险的消极面的双重性而需要特别规制。因此，商法具有极强的功利性和特殊性，在学习商法过程中，如果不能坚持商法思维，用商法独特的理念学习商法知识，就会使观念的形成产生误差。

第四，商法的学习还需要坚持基础理论和商事部门法相结合的方法。商事法律体系是以基础理论指导商事部门法形成的科学理论体系。一方面，商法基础理论的学习是准确认识商事部门法的基础；另一方面，基础理论的学习脱离商事部门法，也会使商法失去活力，成为空洞的理论。因此，商法的学习应当注意处理好基础理论和商事部门法之间的关系。

第五，在学习商法的过程中，还需要关注经济学、社会学和历史学等社会学科方面的知识。首先，商法是一门与市场经济紧密联系的法律，经济学方面的知识是准确认识商法问题的基础。其次，商法的研究也需要社会学的方法，社会学的实证研究方法可以为商法理论研究的开展提供重要的帮助。最后，历史学方面的知识可以帮助我们认识商法产生的背景以及历史发展脉络，从而为商法有关理论的分析论证提供支撑。所以，我国商法学研究应合理吸收社科法学的研究方法，适当运用法社会学、法经济学、法史学的研究方法，进行公共政策分析、经济效用分析和历史比较分析，为中国商法的制度创设及法律解释提供更为全面的理论依据。

六、本教材的框架体系与特色

改革开放 40 多年来，我国市场经济建设已经取得相当的成就。党的二十大指出，改革开放和社会主义现代化建设深入推进，书写了经济快速发展和社会长期稳定两大奇迹新篇章，我国发展具备了更为坚实的物质基础、更为完善的制度保证，实现中华民族伟大复兴进入了不可逆转的历史进程。但当下我国正处于经济转型时期，供给侧改革、产业结构调整、金融、互联网、高科技创新等都在从生产方式的改变方面推动我国经济体制的改革。此时，商法作为市场经济的基础性法律，亟须确认改革的成果，并通过法律规范的形式指引经济改革的正确方向，使商业社会朝着正确的方向发展。因此，本教材在编写过程中，着重关注商事规范的现代发展，注意吸收商法理论的最新研究成果，紧跟我国现阶段经济建设的步伐，并在此基础上系统介绍商法学知识，具有较强的实践性和前沿性。

本教材在体例上共设 11 章，其中前三章是对商法学基础理论的介绍，包括商法的一般原理、商事主体和商事行为三部分内容。这三部分内容对商法的基础理论进行了详细的阐述，具体包括：第一章"商法的一般原理"介绍了商法的基础概念、原则、产生、渊源、体系等内容；第二章"商事主体"，不仅概述了商事主体的有关概念，还集中介绍了与商事主体有关的制度，如商号、商事账簿与审计、商事登记；第三章"商事行为"阐释了营业、连锁经营、特许经营、电子商务、商事运输的具体内容。教材的后八章是具体的商事部门法内容，包括公司法、非公司企业法、商业银行法与支付法、保险法、证券法、期货交易法、商事信托与投资基金法、破产法。这样的体例安排可以使学生较为系统地把握商法学的理论知识，初步构建体系化的商法知识结构，因而具有科学性。

此外，由于商法的学习需要培育商思维，因此，本教材在编写时十分注重语言的表达，力求通过深入浅出的语言文字，介绍商法学的基础知识，构建商法理论体系，以期学生通过学习本教材，能够对商法理念有更深的认识，形成商法的独特思维。

▶ 自测习题

第一章　商法的一般原理

第一节　商法概述

一、商法的概念和调整对象

（一）商法的含义

商法，又称商事法，是指调整商事主体参加的商事关系之特别私法。商法和民法均为私法，都调整人身关系和财产关系。但相对于民法，商法有以下特点：

1. 商法是商人法

所谓商人法，是旨在规范商事主体地位、组织及营业的法律。商事主体，既包括公司企业、合伙企业和个人独资企业，也包括个体工商户、农村承包经营户和合作社等。传统商法是从商人习惯和交易惯例中产生出来的，现代商法则侧重于规范企业、企业经营者的法律地位、组织形态和营业行为等事项。

2. 商法是私法

商法和民法一样，是规范平等主体之间人身关系和财产关系的法律。商法在调整商事主体之间的商事关系时，既要遵循民事主体地位平等、意思自治、公平、诚实信用等基本原则，又要秉承保障商事交易自由、平等交换、便捷安全等原则。

3. 商法是特别私法

民法是普通法，商法是特别法。商法可再分为商事普通法和商事特别法。商事普通法，普遍适用于调整各种商事关系，通常是指商法典；商事特别法，适用于调整特殊的商事关系，既包括物权法和合同法等法律中的特别规定，又包括公司法、证券法、票据法、保险法、破产法等。为了兼顾商事关系中的多种价值和利益，商事特别法往往包含若干公法或者强行法内容。

（二）商法的调整对象

商法的调整对象是商事关系。商事关系是一种特殊的民事关系，主要指商人与企业相互之间发生的，或者商人或企业与消费者之间发生的人身关系和财产关系，它在主体、客体和内容上，区别于一般民事关系。

1. 商事关系的主体

商事主体是特殊的民事主体。民事主体若要取得商事主体资格，通常要先行办理商事登记。商事主体既可以与其他商事主体产生商事关系，也可以与其他民事主体产生商事关系。

2. 商事关系的客体

即商事权利义务关系指向的对象。商事主体利用营业资产并从事经营活动，与其他民事主体之间形成特殊的权利义务关系，相应地，商事关系的客体既包括动产和不动产，又包括营业或者营业资产等，还包括其他权利或利益。

3. 商事关系的内容

即商事权利义务关系。在双方或多方商事关系中，各方当事人按照意思自治等规则确定相互之间的权利义务关系。在单方商事关系中，商事主体既要遵循商法和民法原则，又要遵守消费者权益保护法的特别规定。

需要指出，对于商事关系的外延，存在理论和实证两个观察角度。在理论上，凡具有商事性质的权利义务关系，均属于商事关系，并应优先由商法加以特别规范。在实证法上，各国商法予以特别规范的商事关系在范围上存在差异，而某国商法未予特别规定的商事关系，应当适用民法的一般规范。

二、商法的基础概念

任何学科都有自己的基础概念群。商法在经历了古代、中世纪和近代发展以后，已经形成了独特的基础概念。在传统商法中，基础概念主要是商、商事、商人、商行为、营利事业和营业。在现代社会中，有些国家延续了传统的商法概念，有的国家和地区则提出了新的商法概念。

（一）商法的基础概念

传统商法的基础概念主要是商、商事、商人、商行为、营利事业和营业。

1. 商和商事

在商法中，"商"有两种含义，一是指生意或者买卖；二是指商人或从事生意或买卖的人，不限于仅从事买卖的"商贩"或"买卖商"。在我国商法学上，"商"在限定法律关系的主体时，是指商人或企业等商事主体；在限定事业或行为时，是指营利事业或商行为。

"商事"是指商人从事的、以营利为目的的各种活动或事务。"商事"具有"民事"的一般属性，属于"民事"的下位概念，但具有自身的特殊性。商事活动的主体是商人或企业，商事活动具有营利性。在商法对商事活动有特别规定时，应当优先适用商法规定；商法没有规定的，适用商事习惯；商事习惯没有规定的，适用民法。

2. 商人

在商法产生初期，商人限于以从事买卖等活动为职业的自然人。在这一时期，商人既是法律概念，也是社会学概念。及至近现代，商人的含义发生了巨大变化。

首先，商人最初是自然人，现在则既包含自然人，也包含法律拟制之人。随着商业组织数量的增加和影响力的提升，现代商法学中存在采用"商业组织"替代商人的现象。在现代社会，商人组织形态多种多样，既包括采用无限责任组织形式的商业组织，以及采用有限责任组织形式的商业组织，也包括商自然人及其衍生而来的个体工商户和个人独资企业，甚至包括合伙企业和公司企业等组织形态。

其次，商人最初是"买卖商"或"商贩"，现在已发展成从事各种营业活动的商人。在商法史上，买卖是最主要的商业形式，最初的商人是指从事买卖活动的商人。随着现代商业的发展，运输、仓储、信贷、代理等逐渐从买卖中独立出来，成为新的商业形式。相应地，商人已不限于以买卖为职业的人，而是泛指持续从事经营活动、具有专业技能的个人和组织。

最后，商人最初与"士""农"和"工"相对应，既是一种职业，也是一种社会阶层。随着近代私法之平等原则的建立，商人逐渐褪去了社会阶层的色彩，转而主要是指一种职业，即以从事经营活动为职业的个人和组织。

3. 商行为

商行为是指商人经营或从事营利事业的各种营利行为。相对于法律行为而言，商行为在主体、范围和性质上有所不同。

首先，商行为是商人实施的行为。根据商事登记法律的规定，商人有义务办理商事登记；凡登记为商人者，当然具有商人资格，商人实施的行为应当推定为商行为。未办理商事登记而以从事经营活动为职业的人，应当推定为商人。

其次，商行为限于营利事业范围内的行为。凡能带来经济利益的事业，为营利事业，如以公司形式经营工厂。反之，为非营利事业。商人是否将所得利益分配给投资者，不是商行为的认定标准。

最后，商行为包括法律行为及其他行为。凡属于法律行为者，以意思表示为其构成要素，并产生当事人意定的法律效果；凡属于其他行为者，不以意思表示为其构成要素的，依法将产生法定效果。

4. 营利事业

在语义上，"事"指事情，"业"指事情的持续性特征。事业指人们从事的、具有特定目标的经常性活动。事业，依照其性质和目的，分为营利事业和非营利事业。

营利的认定，有目的和手段两个分析角度。行为人以营利为目的而从事某种持续性的活动的，可认定为营利事业。例如以博取"买"和"卖"之间的差价为目的持续活动。反之，可以认定为非营利事业。如果行为人的营利目的虽不明显，但采用了经营或营业的形式，应当推定为营利事业。例如，教育事业通常是非营利事业,但以公司形式开展教育事业,仍可归为营利事业。

营利事业和非营利事业的区分标准是弹性的。行为人从事营利事业和非营利事业所遵守的法律存在差异。在适用税法时,两者之间的差异更为明显。为了减少识别上的差异,减少"寻租现象",准确适用法律,立法者应当尽量列明营利事业的外延。

5. 营业

营业是指运营中的营利事业,既包括组织和经营活动,也包括财产关系。相应地,营业可分为主观营业和客观营业。

主观营业,指各种营利事业之经营活动,属于法律关系之内容的范畴。商人从事经营活动的法律效果,包括意定效果和法定效果。客观营业,指营业所依赖的财产或者资产,属于法律关系之客体的范畴,也可称为营业资产。客观营业,不以有体物为限,凡是商人从事营业所依赖的财产或财产有机体,均属于客观营业。

在有些国家中,商法规定了"营业转让"或者"营业让与"制度。所谓营业转让或让与,是指商人将其营业所依赖的、具有有机体性质的整体财产,全部或部分让与他人。营业转让或让与,既是标的之转让,也与让与行为有关,属于主观营业和客观营业的结合体。

(二)商法基础概念的发展

商法采用了不同于民法的概念。早期商法主要是商事习惯和商事习惯法,采用了不同于国家制定法的概念。及至近代商法出现时,德国和法国等在制定商法典时,沿用了商事习惯法的主要概念,确立了商法的独特概念体系。

商法的基础概念是商法典存在的基础之一,是商法学科独立性的重要标志,支撑了商法和商法学的发展。在经历了古代、中世纪和近代社会的发展之后,商法的基础概念逐渐定型,深刻地影响着近代商法的特性。

1. 商法基础概念的意义

首先,商法基础概念可以整合具体的商法术语和范畴。商人是传统商法的基础概念之一,可以整合不同商人组织形态和相关概念,并将个人独资、合伙和公司等纳入商人的范畴。商行为是另一基础概念,包括了基本商行为和附属商行为等,可以容纳商事买卖、代理、合伙、保管、运输等具体范畴。营业分为主观营业和客观营业,并派生出商事留置权、浮动抵押、企业财产质押、营业让与等新的概念。

其次,商法基础概念有助于集中表达商法的独特性。在商法中,商、商事及营利事业强调了营利性,表达了商事活动的特殊规律性和商法规范的独特性,反映了尊重营业自由和平等交换、重视权利外观主义、促进交易便捷等价值取向。

最后，商法基础概念是促进民法发展的重要力量。在私法发展的漫长历史中，商法与民法长期并行。商法受到了民法的深刻影响，也不断向民法体系中输送新的理念、概念和规则，促进了民法基本概念、内容和体系的革新和发展。在现代民法中，诸如经营者、账户质押、最高额抵押、无名合同或非典型性合同等概念，以及有偿性的推定规则、连带责任保证、沉默之意思表示效果等，均源于商法的发展。

2. 商法基础概念的变化和生成

随着商法和民法的交互影响、经济学对法学的渗透、现代商业和互联网的发展，各国商法的概念体系正在不断革新，既有新的商法概念的生成，也有传统商法概念的变化。

古代和近代商法主要采用商人和商行为的概念体系，反映了商法的交易法地位，适应了对简单商品交易关系的调整需求。在现代社会，各国立法者不断介入、干预交易关系，债法统一化趋势日渐明显。随着商法地位的改变及近代商法向现代商法的转型，近代商法的概念体系面临着概念转型和重构的问题。

一方面，企业和经营者概念进入现代商法。在我国法律中，企业属于一种经济组织，即具有营利性的社会组织，是法律关系的主体。与此同时，我国《民法典》采用了生产者、经营者与营利法人等术语，商事登记法、反不正当竞争法和税法广泛采用了经营者等术语，部门规章提出了企业转让等概念。我国商法正在形成新的概念体系。

另一方面，营业概念的地位提升。营业是传统商法中的重要概念，包括主观营业和客观营业，长期依附于商人和商行为，是连接商人和商行为的特殊概念。有国内学者主张，我国商法应当顺应现代商法发展趋势，反映我国商业发展的实际情况，建立以营业为基础概念的现代商法。按照这种主张，营业将与商人、商行为在商法中具有同等重要地位。

三、商法的原则

（一）商法原则的含义和地位

商法原则是指由立法者规定的，反映商法的本质属性，贯彻于商事活动的始终，统领商法立法和司法活动的根本准则。我国有实质意义上的商法，无形式意义上的商法。我国商法学界所称的商法原则，主要是学说上的原则，而不是实定法上的原则。

1. 商法原则与商法功能、商法价值

商法原则、商法功能和商法价值是性质相异但又相互联系的三个概念。商法原则虽然具有抽象性，却属于法律规范的范畴，裁判者可以援引并做出裁判。商法功能、商法价值是重要的、抽象的，但不具有裁判上的意义，不属于法律规范的范畴。

商法自产生以来，在功能上发生了很大变化。在古代和中世纪，商法是商人或商人组织搜集整理的交易习惯法，很少有国家介入的痕迹。因此，早期商法主要是客观、被动地反映商人和商业活动的需求。在近代社会，国家开始介入商法规则的形成，商法既要反映商业活动的客观需求，又要反映国家在商业活动中的立场，商法规范要受制于立法者的态度。国家介入商法规则的形成，既可能是尽力反映商业活动的客观需求，也可能是鼓励、促进商业活动，还可能是抑制商业活动。就此而言，各国和各个时代的商法功能不尽相同。

商法价值，既包括商法追求的目标价值，又包括商法的评价价值。商法的目标价值，既要反映安全、秩序、自由、平等、公正和效率等法的一般目标价值，又要调整法的目标价值的既有顺位，或添加新的目标价值，以适应商事活动的规律性。商法的评价价值体现为应当提供化解各种价值之间冲突和矛盾的普适标准。

商法功能和商法价值相互影响，共同决定了商法原则的内涵。为了减少商法功能和价值在司法中的不确定性，立法者应当将商法原则作为商法功能和价值的表现形式，使之成为商事裁判的法律依据。

2. 商法原则与民法基本原则的关系

我国《民法典》在第一编"总则"中规定了民法基本原则。商法学在确立商法原则时，既要尊重《民法典》中规定的民法基本原则，又要体现商法和商事关系的特殊性，以平衡民法基本原则与商法特殊原则之间的关系，减少两者之间的冲突和对立。

商法是私法的特别法，是针对特别之人、特别之事做出的特别规定，是规范商人、企业或经营者从事营业活动的专门法律。商法确认商人、企业或经营者的职业技能及特殊义务，认可商事活动的营利性，甚至加入公法或强行法规范，从而使得商法有别于传统私法或者民法。正因如此，商事主体在从事商事活动中，既应遵循民法基本原则，也应尊重商法的独有规律性和特殊原则。

国际贸易法的先驱施米托夫曾经提出，商法是最自由的法律，也是最严格的法律。换言之，在商事主体之间，应当强调落实平等和自由原则。在商事主体与消费者之间，应当强调公平和禁止权利滥用等原则。在国家与商事主体之间，应当遵循行政法治和适度性等原则，以达成商法在效率、安全和秩序上的价值目标。

商法主要是基于商事主体的特殊地位而产生的法律领域，在提炼商法原则时，不应照搬民法基本原则，而应当依据商事主体的特定地位，确立商法的特殊原则。2011 年，国务院新闻办公室在《中国特色社会主义法律体系》白皮书中明确指出，"商法调整商事主体之间的商事关系，遵循民法的基本原则，同时秉承保障商事交易自由、等价有偿、便捷安全等原则"。因此，可以将我国商法的特殊原则概括为经营自由、平等交换、企业维持、交易便捷、交易安全和守法经营。

（二）经营自由原则

经营自由，又称经商自由、交易自由或营业自由，是指除依照法律规定或整体利益不得从事经营活动之外，行为人有权自主决定从事经营活动，即享有是否从事经营活动的自由和从事何种经营活动的自由。

经营自由是具有宪法意义的自由，是从财产权中派生出来的重要权利。我国《宪法》没有明文规定经营自由，也没有禁止经营自由，但从有关公民基本权利的规定中，可以引申出社会成员享有的经营自由。经营是利用财产从事营业的方式，经营自由意味着权利人有权利用自己的财产从事营业，取得营业收益或者承担风险。因此，经营自由与民事财产权观念相互协调，发展了民事财产权理论和规则，成为商法的首要原则。

商法在确立经营自由原则时，要妥善处理经营自由与政府审批之间的关系。一方面，各国商业登记法都有营业登记或注册的规定。民事主体从事经营或营业的，除非法律予以豁免者外，均须向登记机构办理营业登记，未经登记或注册而从事营业的，可能受到相应处罚。另一方面，企业从事国家管制行业的营业的，应当在获得许可后从事经营活动。有权机关未授予许可的，企业仅有权从事一般经营。

经营自由的限制，包括法定限制和行业限制。法定限制，是指对权利人经营自由加以限制的法律规定，如公务员和未成年人不得从事营业等。行业限制也称整体利益限制，指权利人未事先取得某种特殊资格，即不得从事特定营业的限制。例如未取得会计师资格的人，不得成立合伙制的会计师事务所，不得加入会计师事务所的行业组织。

（三）平等交换原则

平等交换，是指商事主体在从事营业或财产交易中，应当基于等价交换而确定商事主体之间的权利义务。我国原《民法通则》第 4 条规定了"等价有偿"原则，《民法典》删除了"等价有偿"的规定。在商事关系中，"等价"的认定标准带有不确定性，是否"有偿"取决于商事主体的约定，但商事主体仍应当遵循"平等交换"的原则。任何人不得非法剥夺商事主体的财产和权利。

按照平等交换的原则，商事主体的法律地位是平等的。商事主体的权利和义务是相对的，商事主体在取得权利的同时，也承担相应义务。除非商事主体明确放弃对价，否则，商事主体均有权要求对方商事主体支付对价，应当推定商事主体之间的交易是有偿的。商事主体在营业中造成他人损害的，或者在营业中遭受他人损害的，应当参考所受损害的情况予以补偿。

（四）企业维持原则

企业组织包括独资、合伙、公司及其他企业形式。通常而言，独资企业和个体工商户规模较小，组织程度较低，公司和合伙是最重要的企业组织形式。

企业结合了多种生产要素，是国民经济发展的重要力量，企业状况与国家经济发展息息相关。企业的健康发展，有赖于企业内部的组织协调，有赖于良好的企业制度。健康的企业内部和外部关系，已成为各国高度关注的问题。企业维持既是旨在维持企业存续、稳定、协调和发展的商法原则，也是在该原则支配下形成的一整套商法制度和规则。

1. 企业主体地位的维持

独资、合伙或公司企业，有权以自己名义起诉和应诉。独资、合伙和公司企业直接承受诉讼胜败的后果，投资者、合伙人和股东间接承受诉讼胜败的结果，以保持企业的相对独立性。公司债务，应当以公司资产予以清偿，公司股东仅在出资额或认缴股份范围内承担连带责任。独资或合伙企业的债务，首先以企业资产清偿，企业资产不足以清偿债务的，由独资企业投资者或合伙人承担连带责任。企业设立存在瑕疵的，或者企业不能清偿到期债务的，应当尽力采取补救措施，不宜轻易否定企业的主体地位。

2. 资本充实规则

资本充实也称资本维持，主要是适用于公司的一项资本规则，对其他企业形态也具有意义，它是指公司在存续期间，应当尽力保持与其营业相适应的实际资产，以降低公司经营风险，维持公司的偿付能力和长期存续。在公司运行期间，股东不得抽逃出资，公司不得接受本公司股票作为质押标的，公司不得非法减资，公司必须遵守"无盈不分"的原则，公司必须从税后利润中依法提取公积金等。独资和合伙企业虽然无须遵守公司法的严格限制，但仍应秉持资本充实的精神。

3. 盈利分配规则

企业收益的分配，牵涉投资者、债权人、劳动者、国家乃至社会福利等相关方利益。为了公平保护相关方的利益，实现公正和秩序的价值目标，立法者需要规范企业盈利分配，乃至明令禁止有损相关者利益的做法。比如：企业应当建立财务会计文件，履行向投资者的财务报告义务，不得违反财务会计制度和财经纪律；企业不得在税前向投资者分配利润，也不得采用支付酬金等方式变相提前分配利润；企业不得非法使用公积金。

4. 企业重整规则

多数企业都会经历从设立、运行到消灭的过程。企业解散和破产体现了优胜劣汰的市场法则，有助于建立健康的市场秩序。然而，企业与相关方形成了复杂的经济社会关系，企业解散或破产难免引起经济和社会关系的连锁反应。为了稳定社会关系，减少社会动荡，各国在允许企业破产和解散之时，通常引入企业重整制度，以救助濒临倒闭的企业。

（五）交易便捷原则

传统商法源于商人习惯法，强调商业活动的效率价值。近代和现代商法主要采用制定法的形式，但仍然强调交易的效率价值。交易便捷原则的核心是减少烦琐的交易手续、降低交易成本。

1. 形式自由

商法重视效率价值，在法律行为形式要件上的要求较低。在商人或企业的缔约中，采用自由主义原则，认可口头合同的存在，接受证人证明的合同形式，有限度地认可沉默产生的缔约效果。正因如此，商法又被称为"最自由的法律"。

2. 权利外观

权利外观也称信赖保护。权利外观表象与权利最终归属之间，在现实生活中存在相互分离的状态。商法承认权利外观表象在权利认定上的优先效力，即在企业设立上遵循登记或注册主义，在权利认定上采用登记或注册等方式，进而有助于促进商事交易，减少确权带来的交易成本，减少商事交易中的违约情势。

3. 短期时效

国外商法通常规定较短的诉讼时效期间，以促使商人或企业尽早行使权利，稳定商事关系。在我国，处理商事纠纷应当适用《民法典》关于诉讼时效的一般规定。如果商人或企业约定了较短的质量检验期限，应当按照意思自治原则予以认可。

（六）交易安全原则

在秉持交易便捷原则的同时，为了增强交易的确定性，商法应当贯彻交易安全的原则。在商法上，交易安全主要体现为公示主义、强制主义和加重责任。

1. 公示主义

商人或企业对于涉及利害关系人利益的客观事实，必须依照法律和行政法规的规定，向公众进行公示，以便利害关系人知晓。

2. 强制主义

强制主义又称干涉主义，指国家采用公法手段，对商事关系的某些内容做出强制性规定。例如企业必须建立健全财务会计制度；某些商事活动或交易必须办理登记、注册、许可或备案等。违反商法强制性规定的，行为人应当依法承担行政乃至刑事责任。

3. 加重责任

在商法上，加重责任主要包括严格责任和连带责任，此外还涉及社会责任。严格责任，是指商人或企业即使没有过错，在法律特别规定的场合下，也要向相对人承担责任。连带责任，既包括投资者对商人或企业违反法律义务之后果依法承担全部责任，也包括商人或企业对他人违反法律义务之后果依法承担全部责任。社会责任，是指商人或企业对社会承担的法律上义务之外的道德性"责任"。

（七）守法经营原则

企业守法经营，指企业应当遵守商法有关经营的规定并履行其他特殊义务。企业守法经营是围绕商人或企业展开的，既包括承担私法义务，也包括承担公法义务。

1. 有关商事登记的义务

任何人从事商事活动，除非法律、行政法规另有规定，必须依法办理商事登记。未经登记而从事商事活动的，属于无照经营，依法应予查处和取缔。登记事项的变更及企业注销等事项，应当办理商事登记。企业变更或注销未经登记的，工商登记机关有权依法予以处罚。

2. 有关会计账簿的义务

会计账簿是真实反映企业经营状况的资料，涉及投资者和债权人的利益，也是国家对商事活动实施监督的基础。除法律或行政法规另有规定者外，企业必须依法建立会计制度和会计账簿。

3. 有关经营活动的特殊义务

商人或企业必然与其他经营者或消费者发生经济往来。为了维持良好的经济和社会秩序，企业既要遵循公平竞争的规则，又要承担保护消费者的特殊义务。有关企业公平竞争、消费者权益保护等方面的法律，属于广义商法的范畴。

四、商法的产生、变迁与展望

历史表明，只要存在商品生产和交换活动，就必然存在反映该种商品生产和交换活动的规则、习惯或法律。在商法产生和变迁中，东西方国家有着不同的发展历程，形成了不同的商法制度。在西学东渐的影响下，近代中国开始引入西方商法理论。我国在总结东西方商法发展经验的基础上，正在逐渐形成具有中国特色的商法制度。

（一）中国商法的产生和变迁

在夏商与西周时代，我国已出现了商人阶层以及小商人和合伙等商人形式。《周礼·秋官·朝士》曾记载，"凡民间货财者，令以国法行之"，即民间从事财货交易的，需要事先获得许可。在当时，契约形式主要包括以物易物、买卖、借贷、雇佣、合伙等，甚至出现了财货交易的市场及对应的市场管理制度。

自春秋战国至明清时代，古代律法均有涉及商的内容。《宋刑统》新增了民商事律条、令、敕，对行为能力、所有权、债负、死商钱物、典卖倚当、负债出举、不当得利等，均有具体规定。宋代《市舶条法》专门规范海外贸易，南宋《名公书判清明集》记载了大量商法判例。

及至清朝，古代商法进入转型期。在商人组织上，不仅延续了从前的小商人和合伙，还出现了行会、会馆和工商业公所及公司等商人形式。随着商业的繁荣，出现了新型营业，如从票号发展到商业银行；商业税收制度逐渐完善，主要有关税、货物税、矿税、酒税、牙税、当税和契税等。在海外贸易上，从最初的海禁，到设立海关并允许设立洋商行，再到制定外商在华经商及限制海外贸易的规则，形成了当时的商法体系。及至清末，我国实行变法新政，在参考德国和日本商法的基础上，制定了《大清商律草案》和《公司律》等，标志着古代商法向近代商法的转型。

中华民国时期，商法最初继受清末的商事立法成果，相继颁布《商人通例》《公司条例》《商业注册规则》和《证券交易所法》，后于 1929 年决议编纂民商合一的民法典，将属于商法总则的内容并入民法债编，不适合并入民法的内容则分别单行立法，如 1929 年颁布《票据法》和《保险法》，1935 年颁布《破产法》等，最终形成了民商合一的商法体例。

中华人民共和国成立后，中央人民政府政务院于 1950 年制定《私营企业暂行条例》，集中规定了独资、合伙和公司的组织形式。1956 年，随着生产资料社会主义改造的最终完成，该条例及其实施办法已自动失效。至 20 世纪 70 年代末，由于市场经济不复存在，商法失去了存在的经济和社会基础。

改革开放以来，我国陆续制定了大量商法规范，其中，具有代表性的有 1979 年《中外合资经营企业法》、1981 年《经济合同法》、1987 年《技术合同法》和 1988 年《全民所有制工业企业法》等。20 世纪 90 年代以来，我国立法机关加快了商事立法工作，制定了《公司法》《合伙企业法》《个人独资企业法》《证券法》《票据法》《破产法》《保险法》《海商法》等单行商事法律，《民法典》第二编"物权"与第三编"合同"等也包含了大量的商事规范。与此同时，学术界开始关注商法理论。至今，我国已形成规模庞大、数量众多的商法规范，正在形成相对稳固的商法体系。

（二）西方中世纪商法

在古希腊、古罗马时代已形成调整商人和商人活动的习惯法。古希腊人制定的《罗德法》（Lex Rhodia）记载了许多商事方面的规定，并包括了海商方面的内容，被认为是古代商法的最初形式。在古罗马时代，《万民法》记载了很多商事习惯法的内容，对后世商法产生了深远影响。

中世纪的欧洲属于农业社会。进入 11 世纪后，农业和手工业生产水平快速提升，十字军东征开辟了欧洲剩余产品进入东方的通道，促进了地中海海上贸易的发展，促进了地中海沿岸新兴城市的繁荣。此时不仅出现了商人阶层，也出现了对新型交易规则的客观需求。为了制衡制约贸易发展的封建法和寺院法，商人成立了商人行会。商人行会自己搜集、整理和制定各种贸易规则，并成立了商事法庭，自主裁决商人间的贸易争端。

中世纪商法泛指当时存在的各种贸易规则组成的体系。首先，它是商人自治法和习惯法，主要由商人行会规约、各地商事习惯和商事法庭裁决所构成，不是国家制定法。其次，它是旨在保护商人和工商业活动的法律，主要内容是集市法和贸易法，也包括商人资格的规则，有别于封建法和寺院法。再次，它带有浓厚的国际性，凡从事工商业，无论来自哪个城市或地区，都遵守相同或相似的规则。最后，它带有裁判法属性。商人之间的贸易争端，不是交由王室法院裁断和处理，而是由商人行会或其组织的裁判机构做出裁断。

（三）西方近代商法

在 16 世纪，欧洲国家陆续开启了商法系统化和民法法典化的进程。由于历史原因，法国、德国、西班牙、葡萄牙、匈牙利等采用了民商分立体系。瑞士及北欧诸国采用了民商合一体系。意大利则从民商分立转为民商合一。北美、非洲和亚洲地区的前殖民地国家受原宗主国的影响，采用了民商分立体系。

法国于 1563 年成立了商事法院，国王夺取了原来由商人行会行使的裁判权，但未将商事裁判完全纳入普通法院。法国于 1673 年制定的《法国陆上商事条例》及于 1681 年制定的《法国海事条例》是独立存在的商事法律。法国于 1804 年制定《法国民法典》时也未将这两部法律纳入其中。法国直到 1807 年制定《法国商法典》时，才完成对原有商事法律的整合，并开启了近代民商分立之先河。

德国于 1861 年公布《德国普通商法典》并于 1870 年成立联邦高等商事法院。德国于 1874 年开始起草《德国民法典》时，考虑到难以将商法和商事法院融合于民法体系下，遂先后于 1896 年和 1897 年公布了《德国民法典》和《德国商法典》，两部法典均于 1900 年 1 月 1 日施行，强化了民商分立体系。

在瑞士，根据 1874 年《瑞士联邦宪法》关于联邦有权制定统一债务法的规定，瑞士议会于 1881 年制定了《瑞士债法典》，并将公司、票据、商业登记等商法规则纳入其中。1898 年，瑞士议会再次修改宪法，规定联邦议会有权制定民法典，后瑞士于 1907 年通过《瑞士民法典》，将既存的债务法典列为其中的第五编，形成了民商合一体例。

在英国，商法不是制定法，学说上通常认为买卖法、合伙法、代理法等属于商法。美国议会也未制定商法。但是，美国统一州法全国委员会和美国法学会共同编写了美国《统一商法典》，对商事规则和惯例进行归纳，形成了独有的商法结构。该法典涉及下列关于个人财产、合同及其文件的特定商业交易，包括买卖、商业票据、银行押金和托收、信用证、整体交易、仓单、提单、其他权属文件、投资证券和担保交易，还包括某些账单、动产文据与合同权利的买卖等内容。该学说性质的法典已获得了美国多数州的认可，在我国也得到了部分学者的呼应。

　　由此可见，近代商法以民商分立为常态，以民商合一为例外。各国在商法立法模式的选择上，主要受到裁判权争夺、立法权分配、宗主国立法等诸多因素的影响，立法模式优劣的理论评价，并未发挥决定性的作用。

　　（四）商法的发展和展望

　　自商法产生至今，不变的是商法服务商品经济和市场经济的功能，变化的是商法的存在形式和内容。传统商法必须因应现代化的发展趋势。

　　古代直至近代商法，既是快速、准确反映商品经济和市场经济发展趋势的法律领域，也是推动民法发展的重要力量。民法在自身发展中，必然要继续从商法发展成果中汲取更多养分，民法现代化本身就意味着民法商法化。

　　古代直至近代商法，皆建立在商人或商行为的基础上。在现代社会，商人更多地采用了企业和公司的形式，企业已成为经济发展的主体和动力。随着企业地位的逐渐提升，现代商法必然关注企业的作用，强调公司在商法中的地位，从而成为以企业为核心的现代商法。

　　古代直至近代商法，主要在于规范交易关系，难免与债法统一化趋势发生冲突。在以企业为核心的现代商法中，商法规范的交易关系将与企业组织关系相互融合，企业融资、组织、管理等正在占据现代商法的核心地位。

第二节　商法的渊源与体系

一、商法的渊源

（一）商法渊源的概念和分类

　　商法的渊源，即商法规范的存在或表现形式，具体而言，是指具有法的效力的商法规范借以表现的形式。我国商法主要采用成文法形式。商法渊源是对商主体和商行为具有约束力的法律规范，也是商事活动和商事司法的重要法律依据。

　　商法渊源的分类可以根据多重标准。一般而言，商法渊源分为国内法渊源和国际法渊源。其中，国内法渊源可再分为正式渊源和非正式渊源，国际法渊源主要分为国际条约、行政协定和国际商事习惯。国内商法关注商法的国内法渊源，国际商法和国际经济法关注商法的国际法渊源。

（二）我国商法的正式渊源

正式渊源，是指国家立法机关依照法定立法程序制定的法律文件，也包括立法机关认可的有权机关依照法定程序制定的规范。各国商法均承认商法正式渊源的地位。但正式渊源的形态，在民商分立和民商合一体系下有所不同。在民商分立体系下，商法典、商事特别法是最重要的商法正式渊源，民法典也是商法的正式渊源。在民商合一体系下，有民法典而无商法典，且事实上存在商事特别法，因而，民法典和商事特别法是最重要的商法正式渊源。

我国商法的正式渊源包括：（1）宪法；（2）民商事法律；（3）行政法规；（4）地方性法规；（5）自治条例和单行条例；（6）国务院部门规章；（7）地方政府规章；（8）最高人民法院具体应用法律的解释（司法解释）。

1. 宪法

宪法是国家全面规范社会、经济、政治生活的根本大法，直接或间接规范了商事关系，是我国商法的正式渊源。宪法对于其他法律规范的制定、解释和实施等，具有约束力，但裁判者一般不直接援引《宪法》做出裁判。

2. 民商事法律

民商事法律是全国人民代表大会或其常委会依法制定的、规范民商事关系的规范文件，直接或间接规范商事关系，是我国商法的主要渊源。民商事法律可分为一般法和特别法。民商事一般法，主要包括《民法典》等；民商事特别法，主要包括《公司法》《票据法》《证券法》《保险法》《破产法》《海商法》《证券投资基金法》等。

3. 行政法规

行政法规是国务院为了履行宪法赋予的管理职权和执行法律而依法制定的规范性文件。在我国行政法规中，既包括行政管理的内容，也包括有关商事关系的内容。行政法规中有关商事关系的内容，属于我国商法的重要渊源。比如《公司登记管理条例》《企业法人登记管理条例》和《商业特许经营管理条例》等。

4. 地方性法规

地方性法规是省、自治区、直辖市的人民代表大会及其常务委员会，以及设区的市的人民代表大会及其常务委员会根据本行政区域的具体情况和实际需要，在与宪法、法律、行政法规不相抵触的前提下依法制定的法律规范文件。地方性法规中涉及商事关系的内容，属于我国商法的辅助渊源。其中既包括专门规定商事活动的地方性法规，也包括有关商事活动的地方性法规。

5. 自治条例和单行条例

民族自治地方的人民代表大会有权依照当地民族的政治、经济和文化的特点，制定自治条例和单行条例。自治条例和单行条例可以依照当地民族的特点，对法律和行政法规的规定做出变通规定，但不得违背法律或者行政法规的基本原则，不得对宪法和民族区域自治法的规定以及其他有关法律、行政法规专门就民族自治地方所做的规定做出变通规定。例如《新疆维吾尔自治区清真食品管理条例》。

6. 国务院部门规章

根据《立法法》的规定，国务院各部、委员会、中国人民银行、审计署和具有行政管理职能的直属机构，可以根据法律和国务院的行政法规、决定、命令，在本部门的权限范围内，制定规章。部门规章规定的事项应当属于执行法律或者国务院的行政法规、决定、命令的事项。没有法律或者国务院的行政法规、决定、命令的依据，部门规章不得设定减损公民、法人和其他组织权利或者增加其义务的规范，不得增加本部门的权力或者减少本部门的法定职责。例如商务部制定的《单用途商业预付卡管理办法（试行）》和《零售商供应商公平交易管理办法》，中国证券监督管理委员会（简称"中国证监会"）制定的《证券发行与承销管理办法》和《证券登记结算管理办法》。

7. 地方政府规章

地方政府很少针对商事关系单独制定地方政府规章，但根据《立法法》规定，省、自治区、直辖市和设区的市、自治州的人民政府，可以根据法律、行政法规和本省、自治区、直辖市的地方性法规，制定规章。例如《北京市交易场所管理办法（试行）》等。

8. 最高人民法院具体应用法律的解释（司法解释）

根据《立法法》的规定，最高人民法院做出属于审判中具体应用法律的解释，应当主要针对具体的法律条文，且符合立法的目的、原则和原意，并在法定期限内报全国人大常委会备案。最高人民法院针对《民法典》《公司法》《保险法》《破产法》《票据法》等的适用，已做出多项司法解释，并针对具体问题专门做出批复。最高人民法院审判委员会讨论通过的规范性文件，均属于司法解释。司法解释并非法律文本本身，不能代替法律规范，其与民商事法律等共同组成我国商法的正式渊源。

（三）我国商法的非正式渊源

非正式渊源，是指立法机关及其认定的有权机关以外的其他组织制定的、不违反法律规定并发生实质约束效力的规范。对于非正式渊源，有些国家明确承认其法律渊源的地位，有些国家未排除其法律渊源的地位。在民商分立国家，非正式渊源的地位也有不同。其中，《德国商法典》和《法国商法典》未明文接受习惯或习惯法作为法律渊源，其学术界认为，非正式渊源缺少一般性和抽象性，不具有反复适用的性质，因而不能成为商法的渊源。《日本商法典》第 1 条明文规定了非正式渊源的地位，即"关于商事，本法无规定者，适用商习惯法，无商习惯法者，适用民法典"。在民商合一体系下，民法典也可能提到非正式渊源问题，如瑞士和意大利的民法典都明确规定了习惯法的地位。

若要确立商法非正式渊源的地位，必须回答以下问题，即：是否只有国家或立法者才能制定法律？是否只有国家制定法才是法律？国家制定法以外的行为规范是否具有法律规范的价值和作用？在现实生活中，是否存在立法机关或有权机关以外的组织制定的、具有强制力的商法规范？

商法与诸多法律在成因上有所不同，它天然地带有习惯法痕迹。中世纪以前的商法主要是习惯法，在近代社会，立法者在制定商法典时，将久已存在的习惯法转变为制定法，从而使国家制定法及国家主导形成的商法规范逐渐成为商法的主要渊源。然而，国家制定法无法完全替代习惯法，也无法阻止新的习惯或习惯法的生成。

在商法的非正式渊源的性质、地位和外延上，学术界存在不同看法。从我国商法实践来看，非正式渊源主要包括：

1. 最高人民法院公告的案例

我国不存在普通法意义上的判例或判例法，但最高人民法院讨论通过并正式公告的案例，在实践中发挥了法律渊源的作用。各级人民法院公布的其他生效判决，不具有法律渊源的地位。

2. 最高人民法院发布的指导性案例

最高人民法院自 2005 年正式提出"案例指导制度"，至今已发布逾百件指导性案例。指导性案例系经最高人民法院审判委员会讨论通过的案列，它既不同于地方各级人民法院发布的案例，也不同于最高人民法院做出生效判决的案例，可以作为法官论证的依据，但不得援引做出裁判，具有法律渊源的某些实际作用。

3. 交易习惯

我国《民法典》承认了"习惯"的民法地位。《民法典》第 10 条规定："处理民事纠纷，应当依照法律；法律没有规定的，可以适用习惯，但是不得违背公序良俗。"有的学者认为，交易习惯具有习惯法的性质。对比原《民法通则》关于国际惯例的规定，交易习惯也是可以适用并调整商事关系的规范，具有法律渊源的作用。

除上述非正式渊源外，对于自治组织制定的自治规则和交易规则是否属于商法渊源或商法的非正式渊源，学术界存在不同认识。自治规范或交易规范是由自治组织制定的规范，在内容上不限于交易，在形式上不限于合意，无法全部包含在交易习惯中。对于经由国务院部门备案或审批的自治规范，应当承认其具有商法非正式渊源的地位。

（四）我国商法的国际法渊源

我国商法的国际法渊源，主要分为国际商事条约、行政协定和国际商事惯例。

1. 国际商事条约

国际商事条约是指以国家名义缔结、参加、承认的单边或者双边国际商事条约、协定和具有条约性质的文件，如《联合国国际货物买卖合同公约》和《统一船舶碰撞某些法律规定的国际公约》等。

2. 行政协定

行政协定，是指两个或者两个以上的政府之间签订的有关政治、贸易、法律、文件等方面的协议。行政协定是以政府名义签订的，而不是以国家名义签订的，从而区别于国际条约。例如，针对证券跨境交易的实践需求，我国证券监督管理机构已与境外多个国家的监管机构签订了联合监管、执法合作备忘录。

3. 国际商事惯例

早期商法带有鲜明国际法的属性，近代商法虽然呈现了转向国内法的趋势，但是，伴随国际经济贸易的发展，国际上已形成大量在商业或贸易基础上发展起来的、用于解决国际商事问题的实体法性质的惯例。国际商事惯例不是法律，但当事人有选择适用国际商事惯例的自由。一旦当事人选择了某个国际商事惯例，该惯例就在当事人之间产生拘束力。

（五）商法渊源的适用和效力

商法源于习惯法，国家制定法重视习惯或习惯法的地位。商法是为适应营利事业特点而存在的特别法律，包括商事习惯在内的商法，在立法上具有补充、修改民事一般法的意义。在商法规范的适用上，各国都遵循首先适用商事特别法，再适用商事习惯法，最后适用民事一般法的原则。即商法规范做出特别规定的事项，优先适用该商法规范的特别规定；商法规范无特别规定的，适用习惯或习惯法；无习惯或习惯法时，适用民法的一般规范。

在我国，习惯和习惯法在商法渊源中的地位有待明确，通常遵循先适用商事特别法、后适用民事普通法的原则。

二、商法的体系

（一）商法体系的概念

商法体系，是指商法不同部分经过分类组合而形成的、呈现体系化的有机联系的整体。在不同国家，商法体系有所不同。

在民商分立体系中，商法与民法共同结成私法。商法作为特别私法，其内部结构在不同国家存在差异。《德国商法典》自颁布至今，坚持五编制结构，依次为商人身份、非独资商事企业与隐名合伙、商业账簿、商行为和海商。在商法典之外，公司法、票据法、保险法、破产法等也被视为商法。日本和韩国商法典的结构与德国商法体系相似。《法国商法典》在颁布时采用四编制，分别为总则、海商、倒闭与破产、商事裁判。现行《法国商法典》采用九编制结构，依次为商法总则、商业公司和经济利益集团、某些销售形式和排他条款、价格和竞争自由、商业票据和担保、企业困境、商事裁判和商业组织、某些被规制的职业、适用于海外的规定。按照新的九编制结构，传统意义上的特别商法既可以对应地纳入相关编章，也可以继续以特别法形式存在。

在民商合一体系下，由于无商法典，民法典与统一私法的地位相当。在民法典之外，立法机关既可以单独制定公司法、票据法、保险法、破产法、海商法等民法特别法，也可以将相关特别法纳入民法典的不同章节。在《瑞士民法典》第五部分"债务法典"中，第三编至第五编分别为"公司与合作社""商事登记、公司名称与商业账簿""有价证券"，相当于将公司法、商业登记法和票据法纳入民法典。在意大利，民法典将"劳动"列为第五编，并分章规定了公司、保险、企业集团、知识产权和竞争法等内容。

（二）我国的商法体系

对于我国的商法体系，有实然和应然两个观察角度。

商法的实然体系，是指基于我国立法的现状，将有关商事法律分类组合而形成的体系化商法。通常认为，我国采用民商合一体系。《民法典》在中国特色社会主义法律体系中具有重要地位，是私法领域的一部基础性法律；作为特别法的商法，主要包括《公司法》《证券法》《票据法》《保险法》《破产法》《海商法》等。多数学者认为，《合伙企业法》《全民所有制工业企业法》《证券投资基金法》《商业银行法》以及其他有关商事的法律和规则，也是商法体系的组成部分。

商法的应然体系，是商法学术界基于某种商法学说而构建的体系化商法。这种商法体系考虑了我国商法的现实状况，但不拘泥于现行商法的规定，而是从法典化或准法典化角度出发，构建我国商法的体系。与实然体系相比，在商法的应然体系中，主要是增加了相当于商法总则的相关内容。如果在商法应然体系中增加商法典的内容，相当于主张我国应当改采民商分立体系。

我国在构建商法体系中，要尽力反映立法的现实状况，参考商法学的研究成果，努力改善商法的自身结构和体系，尽力发挥在推进经济进步方面的积极作用。基于上述，我国未来的商法体系应当主要包括以下内容：

1. 商法典或商法通则

主要规定商人或企业（或经营者）的类型和资格、商号或商业名称、商事账簿、商事登记。从目前情况来看，我国尤其需要整合现有的企业类型，抓紧制定《商事登记法》。

2. 商主体制度

即明确商人、企业或经营者的概念，坚持商主体法定主义原则，规定商主体的责任形式，明确商主体与商事登记的相互关系，提供商主体转换的法律依据。

3. 商行为制度

即协调商法与债法或合同法的关系，围绕企业的组织体特征，根据现代商业的发展情况，引入传统商法中的营业规则，设置商行为的特别规范。

4. 特别商法

即明确公司法、个人独资企业法、合伙企业法、证券法、票据法、银行法、保险法、破产法、期货法、信托法、基金法、海商法等的特别商法地位。

三、商法与其他法律部门的关系

法律体系是在宪法或基本法之下，由多个部门法组成的法律结构体系。《中国特色社会主义法律体系》白皮书中指出："中国特色社会主义法律体系，是以宪法为统帅，以法律为主干，以行政法规、地方性法规为重要组成部分，由宪法相关法、民法商法、行政法、经济法、社会法、刑法、诉讼与非诉讼程序法等多个法律部门组成的有机统一整体。"宪法是国家基本法，各部门法都要符合宪法规定。

在宪法的统率下，商法与其他部门法都是我国法律体系的组成部分。各个法律部门之间以及商法与其他法律部门之间，形成了共存和制约的关系。在法律位阶上，商法和其他部门法要服从于宪法。在法律适用上，商法与民法之间存在极其密切的关系，商法与行政法存在密切关系，商法与刑法、社会法和诉讼法之间存在相对密切的关系。

（一）商法与民法

商法与民法均为私法，学术界通常合称为"民商法"。一般认为，民法是私法的普通法，商法是私法的特别法，商法规范是民法规范的例外和补充。因而，商法和民法均要确保私人的人身权利和财产权利免受侵害，《民法典》关于基本原则的规定，对商事活动具有规范功能。但在法律适用上，仍然应当优先适用商法规范，商法规范没有规定的，应当适用民法规范。

1. 商法和民法规范的假设前提不同

民法规范是以"普通之人"或"通常之人"作为预设前提的。在民法上，人，不分性别、年龄、宗教、财产多寡等，均享有平等的权利能力。唯在行为能力上，民法上的人会因年龄、智力等不同而有差异。

　　商法规范是以"特别之人"作为预设前提的，早期商法是以商人作为预设前提的，又可被称为"商人法"或者"商人之特别法"。现代商法将"企业"或"经营者"作为预设前提，商法规范的对象不是"特殊之人"，而是采用法律规定的组织形式从事营利事业活动的主体。就此而言，商法不再是规范"人"的法律，而主要是规范"营利事业"或"营业"的法律。商法仍然是特别私法，却远离了"商业特权"，并能合乎现代平等思想。

　　2. 商法和民法规范的价值观念不同

　　民法规范是社会运行的基础规范，体现了相互帮扶、社会公平、公序良俗等社会理念，采纳了无偿性推定条款。商法规范基于商人、企业或经营者及其活动的营利性，强调等价有偿、经济性和有偿性推定条款。

　　一般认为，等价有偿原则主要适用于经营活动。当代法经济学基于商人、企业或经营者的经济属性，主张从成本和收益角度分析当事人的行为动机，并推定当事人之间关系的属性。在商事关系中，只要当事人没有约定为无偿合同，就推定为有偿合同。在商事经营中，现行法律要求企业承担安全保障义务和加重责任。

　　3. 商法和民法规范的技术处理不同

　　民法规范是普通的私法规范，立法者强调民法规范的普适性和原则性，以求将各种生活关系纳入民法的"射程"以内。裁判者注重演绎法的适用，尽力发现复杂之生活关系的共性，并将其纳入既有的民法规范体系。

　　商法规范是特别的私法规范，关注商业活动的特殊性以及商法规范的社会适应性。商人或企业努力创造新的交易方式，旨在突破民法规范的一般约束。立法者认可民法规范之外的特别规范，以适应社会生活关系的现实调整需求。裁判者重视发现生活关系的个性，强调归纳法的适用，在客观上弱化了民法规范的适用。

　　4. 商法和民法规范的责任观念不同

　　民法规范是社会运行的基础规范，强调社会伦理的价值。在侵权责任分担上，民法规范坚持过错责任的主导地位，强调公平原则及公平责任的适用，过错和公平观念成为确定风险负担的重要依据。商法规范构建在商人或企业及其营业的基础上，更强调经济伦理。商法重视连带责任和严格责任的适用，关注对相对人或消费者利益的保护。

　　法律规范是相对抽象的，社会生活是复杂多样的，需要在法律和生活之间形成有机配合。民法规范能够反映一般的生活、伦理和理念，商法规范能够满足特殊的社会需求，两者相互配合，能够合理地回应社会生活的复杂性和多样性，提升法律规范调整社会生活的有效性。

在已颁布的《民法典》中必须尊重实质商法的存在，必须协调商法与民法的关系。如果忽视实质商法的存在，忽视商法对民法发展的促进作用，必然极大减损《民法典》的价值。

（二）商法与经济法

通常认为，经济法是调整经济管理关系、维护公平竞争关系、组织管理性的流转和协作关系的法律部门。经济法调整的社会关系，具有主体上的特定性、内容上的经济性和专业性、法益上的复合性、手段上的综合性、过程上的行政主导性和政策性等特征，因而有别于商法。

1. 法律关系的范围不同

经济法调整的是狭义的经济关系，即基于国家参与、管理或干预经济生活而形成的各种关系，其内容主要包括财政、预算、税收、计划、规划和产业政策、金融管理、市场管理等关系。在广义上，经济关系还包括财产所有、使用和流转关系。

商法和民法的调整范围基本一致。我国民法调整平等主体之间的人身关系和财产关系，商法优先调整部分民事关系即商事关系，其外延主要根据商人或企业或其营业而定，商法调整的内容主要是财产所有、使用、流转关系，以及有关商人或企业的人格权关系。

2. 法律关系的主体不同

经济法律关系是国家参与、管理或干预经济而形成的法律关系，国家是经济法律关系的重要主体，商人或企业在从事经营活动中，必然与国家之间发生经济法律关系。

商事关系主要是指商人或企业之间发生的，或者商人、企业与消费者之间发生的人身关系和财产关系，商人或企业是核心的法律主体。商人或企业从事经营活动时，涉及国家及其机关的地位和职权，然而有关国家机关地位和职权的规定，是与商法有关的规定，不属于商法的固有内容。

3. 法律关系的性质和调整手段不同

经济法反映的是国家与相对人之间的管理和被管理、领导和被领导、干预和被干预的关系，故经济法律关系具有公法关系属性，带有行政导向性。国家在管理、领导和干预经济关系时，要秉持与行政法原则相似的原则，即行政法治原则、适度性原则、互动性原则、程序正当原则。

商法主要属于私法范畴，调整的是特定范围的私人关系，通常不涉及与国家之间的管理、领导和干预关系。商法在调整商事关系时，既要遵循民法原则，又要结合商法调整对象的特点，秉持经营自由、企业维持、交易便捷、交易安全和守法经营等原则。

商法和经济法是我国法律体系的组成部分，两者之间既有差异，又有联系。商法崇尚经营自由，但商人或企业经营时，也要依法办理商事登记，并在法律规定的范围内从事经营活动，遵守国家关于市场准入、税收、产业管理、金融管理、消费者权益保护等强行法的规定。在遵守法律规定的前提下，商人、企业或经营者享有最大限度的经营自由。

第三节　商事纠纷及其解决机制

所谓商事纠纷，是指因商事组织之设立或其他商事交易而发生的纷争。商人之间发生的争议具有特殊性。解决这些争议应快速高效，且基于商业秘密、营业信用维护的需求，若有可能，裁判过程应不公开进行。商事争议有时会牵涉很多当事人，还经常带有跨地域及国际性特点。在这些争议中，对立双方往往都是还要继续维持商务关系的企业。因此，法官或者裁决者在纠纷解决过程中，要更多地注意为当事人之间将来的商事交往做准备，而不仅仅是对过去的罪错进行清算。所有这些原因都表明，解决商事纠纷的方式有其独特之处。[①] 这种独特之处具体表现在商事纠纷解决的基本模式、程序安排及审理原则、责任机制等方面。

一、商事纠纷解决的基本模式

在现代社会，商事纠纷的解决大体有两种模式：一为"法院模式"，即通过国家法院解决商事纠纷。在以法院模式解决商事纠纷时，又可区分为"普通法院"解决商事纠纷和"专门法院"（如商事法院）解决商事纠纷两种类型。二为"法院外模式"，即在法院以外，以调解、仲裁等各种替代方式解决商事纠纷。

二、调解与仲裁解决商事纠纷的程序特征

调解与仲裁，是法院外解决商事纠纷最为重要和常见的两种形式。"社会上发生的所有纠纷并不都是通过审判来解决的，仅仅考虑审判过程内的纠纷解决，从社会整体的纠纷解决这一角度看就意味着研究对象被局限于现象中极为有限的

---

① 参见［法］P. 冯·奥梅斯拉格：《在解决商事争议中，商事争议的特殊性》，经济出版社 1984年版；转引自［法］伊夫·居荣：《法国商法》（第 1 卷），罗结珍、赵海峰译，法律出版社 2004 年版，第 850 页。

一个部分上。"① 事实上，纠纷本身有适合审判的，也有不适合审判的，在国家权力、司法资源有限的情况下，法律往往以管辖（设定纠纷受理条件）的方式区分法院受理和非法院受理的纠纷范围。但即便是在那些适合审判的纠纷中，通过当事人之间的交涉、第三者斡旋以及调解、仲裁而解决的，与通过审判解决的相比，也占压倒性多数。② 尤其与国家强制性司法权的运用不同，调解与仲裁作为解决商事纠纷的特殊程序，有其特殊性。

（一）商事调解的程序特征

广义而言，调解包括法院内调解和法院外调解。狭义而言，调解仅指法院外的调解。在狭义层面，商事调解是指争议当事人在自愿基础上，依托第三方调解员以非强制性方式解决商事纠纷的程序过程。在我国，调解也可以区分为法院内的调解、人民调解员的调解以及其他形式的调解。按照《人民调解法》的规定，人民调解是指人民调解委员会通过说服、疏导等方法，促使当事人在平等协商基础上自愿达成调解协议，解决民间纠纷的活动。③

法院外的商事调解作为一种商事纠纷的解决程序，具有如下特征：

第一，调解程序的自愿性。一般而言，调解经当事人同意方可进行，同意可以通过签订协议或者口头承诺等方式进行，可以是主动同意，也可以是通过第三方劝说而同意。在认可法院内调解的国家，调解一般也需要征得当事人的同意，法律一般不将调解设定为强制程序。例如，《法国民事诉讼法典》第131-1条规定，法院可以征得当事人同意将案件交由指定的第三人实施调解。"程序的自愿性"贯穿调解程序之始终，综合体现在程序的启动自愿、调解员的选任自愿、调解程序进行自愿、终止自愿以及调解协议的履行自愿等方面。

第二，调解员的中立性。这是对调解员调解行为的主导性要求。调解员必须中立，才能取得当事人的信任并促使其自愿履行，达到解决纠纷的效果。如果调解员不中立，调解过程可能明显丧失公平性，不仅会影响调解协议的顺利达成，也会影响其有效实现，最终背离调解的本质。例如，《联合国国际贸易法委员会国际商事调解示范法》第6条第3项规定，在任何情况下，调解人都应当在进行调解程序时力求保持对各方当事人的公平待遇，并应当在这样做时，考虑到案件的情况。

第三，调解程序的保密性。调解是一种"双方让步"的纠纷解决方式，并非

① ［日］棚濑孝雄：《纠纷的解决与审判制度》，王亚新译，中国政法大学出版社2004年版，第2页。
② 参见［日］棚濑孝雄：《纠纷的解决与审判制度》，王亚新译，中国政法大学出版社2004年版，第2页。
③ 参见《人民调解法》第2条。

法律强制的纠纷解决程序。因此，调解程序中当事人的言辞有较大随意性，不会严格按照法院的证据出示及质证、辩论等程序和要求进行。为此，调解员必须对当事人在调解过程中的言论及知晓的信息予以保密，不能随意向法庭及其他人员展示，更不能未经许可用作庭审证据。在法国，调解员在调解过程中所做的认定和收集的证言，未经各当事人同意不得在随后的诉讼程序以及其他任何程序中被提交或援用①，调解员也不得在法官的证据调查程序中被传唤出庭。②德国、奥地利及欧盟都设定了调解程序的保密义务，《联合国国际贸易法委员会国际商事调解示范法》也对保密义务做了明确规定。尤其对商事调解而言，基于商事交易的保密性要求，对调解程序的保密性义务要求似乎比一般民事调解更高。

第四，调解协议的"软司法拘束力"。对于法院外的调解协议的效力，不同国家有不同安排，但通常具有较弱的司法拘束力，不像法院内调解办议那样，具有直接的强制执行效力。法院外调解协议要取得司法拘束力，往往需要经历法院确认的过程。例如，在法国，调解获得成效时，调解协议经法官宣告具有拘束力，属可执行范畴。法官批准调解协议的事项属非讼事务，当事人可对此提起上诉。③在我国，法律在赋予法院外调解协议效力方面兼顾了两种情况，一方面赋予其法律效力④，另一方面其又不具有完全的强制执行力，当事人对调解协议之履行或内容发生争议的，或者认为调解协议无效的，还可以向法院起诉⑤。因此，调解协议如欲取得完整的强制执行力，仍需经过法院确认。就此而言，调解协议仍体现出其软司法拘束力的一面。

（二）商事仲裁的程序特征

商事仲裁是指基于契约性或非契约性商事关系引起争议的当事人，根据其在争议发生前或争议发生后所达成的协议，自愿将争议提交中立的第三者进行裁判的争议解决程序⑥。

对商事仲裁的程序特征，存在不同描述。本书认为，作为商事纠纷解决方式

---

① 参见《法国民事诉讼法典》第131-14条；转引自胡铭、赵骏、周翠：《多元纠纷解决转型社会》，知识产权出版社2011年版，第57页。

② 参见《法国民事诉讼法典》第131-8条第2款；转引自胡铭、赵骏、周翠：《多元纠纷解决转型社会》，知识产权出版社2011年版，第57页。

③ 参见胡铭、赵骏、周翠：《多元纠纷解决转型社会》，知识产权出版社2011年版，第57页。

④ 例如，《人民调解法》第31条规定："经人民调解委员会调解达成的调解协议，具有法律约束力，当事人应当按约定履行。人民调解委员会应当对调解协议的履行情况进行监督，督促当事人履行约定的义务。"

⑤ 例如，《人民调解法》第32条规定："经人民调解委员会调解达成调解协议后，当事人之间就调解协议的履行或者调解协议的内容发生争议的，一方当事人可以向人民法院提起诉讼。"

⑥ 参见乔欣主编：《比较商事仲裁》，法律出版社2004年版，第2页。

之商事仲裁，具有如下特征：

第一，仲裁程序的自愿性。与调解一样，当事人的自愿参与是商事仲裁最为突出的特点。商事仲裁是一种"合意解决纠纷"的形式，以双方当事人自愿为前提，即当事人之间的纠纷是否提交商事仲裁，交由谁进行仲裁，仲裁庭如何组成，以及仲裁程序如何展开等，都是基于当事人意思自治，由其协商确定。因此，商事仲裁可以理解为"当事人自己的裁判"。

第二，仲裁员的专业性。现代商事交易早已超越简单的"易物交易"阶段，无论是交易的主体构成、交易结构设计，还是交易结算方式、交易责任的安排等，都呈现出极大的复杂性。例如，交易主体不仅涉及法人，还涉及非法人组织；不仅涉及社团法人，还涉及财团法人；不仅涉及营利性法人，还涉及非营利性法人。交易结构的设计也日益复杂，对非专业人士来说会难以理解，例如委托理财、信托、证券、期货产品都带有很强的专业性。交易结算方式空前多样化，例如，既有简单的钱货两清的现金结算方式，也有信用证、票据、中介结算等复杂的结算方式。交易责任安排完全超出法定设计，例如，名目繁多的对赌责任条款、清算责任条款等导致交易责任安排经常面临合法性检讨。商事交易的复杂性导致商事纠纷的复杂性，进而对纠纷解决主体产生了专业化需求，因此，商事仲裁的仲裁员通常都有某方面的专业背景，有时甚至是商界精英，他们了解商事交易的知识及过程，体现出仲裁裁决的专业性和权威性。

第三，仲裁程序的便捷性。由于商事仲裁充分尊重当事人意愿，程序贯彻当事人自己决定原则，当事人可以对仲裁庭的组成、开庭方式、准据法等诸多事项进行选择，无严格地域管辖之限制，商事仲裁裁决实行一裁终局制，此与法院诉讼比较，具有极大的灵活性与便捷性，适应商事交易注重协商谈判及效率提升的需求，简便的程序带来了纠纷解决成本的节省，商事仲裁无多级收费，这与商人追求营利的本质亦相一致。

第四，仲裁程序的保密性。商事仲裁程序的保密性主要体现在两方面：一是各国仲裁法均强调仲裁以不公开审理为原则，以公开审理为例外。例如，我国《仲裁法》第40条规定："仲裁不公开进行。当事人协议公开的，可以公开进行，但涉及国家秘密的除外。"二是有关仲裁法律及规则通常规定，商事仲裁员及秘书负有保密义务[1]。当事人的商业秘密及交易活动不会因为仲裁程序的进行而泄露，商事仲裁程序的保密性，有助于维护商人的竞争地位。

第五，仲裁裁决的强司法效力性。仲裁裁决的强司法效力体现在两方面：一是仲裁裁决具有稳定的法律拘束力，不能随意被法院撤销，此与调解协议当事人

---

[1]　参见乔欣主编：《比较商事仲裁》，法律出版社2004年版，第4页。

可随时向法院提起诉讼不同。因此，《联合国国际贸易法委员会国际商事调解示范法》规定，原则上商事仲裁裁决不能被撤销，只在少数特殊情形下，才能被法院撤销。二是仲裁裁决具有强制执行力。商事仲裁裁决与法院裁决一样，具有强制执行的效力，只是商事仲裁机构无权自己独立执行仲裁裁决，在当事人不自觉执行仲裁裁决时，要依托法院进行强制执行。可见，与调解协议相比，仲裁裁决具有更强的法律拘束力。

三、商事法院（法庭）与商事审判

（一）商事法院的含义

商事法院（business court；tribunal de commerce），有时称为"juridictions consulaires"，是指专门负责裁判涉及商人或商事活动纠纷的法院。我国目前并无专门的商事法院，由普通法院内设的民事庭（或者商事庭，以前称经济庭）处理商事纠纷。

（二）商事审判程序的特征

在程序上，商事审判原则上适用民事审判的规则及制度，与普通民事审判有共性的一面。例如，合议审理，程序公开，当事人对庭，等等。但与其他商事纠纷解决机制及普通民事诉讼程序不同，因商人有较强的营利追求及融通性、商事交易对快捷及效率有特别要求，商事审判程序还有其自身特征。这主要表现为：程序简便、费用低廉。例如，法国商事法院的诉讼程序就很简易，诉讼成本较低，通常不强制由律师代理诉讼；商事诉讼的期间通常也很短，小额诉讼不允许上诉；[①] 等等。

在商法发展史上，商事法院对商法规则的固定和传播功不可没，而且商事法院本身代表了一种民主的、有效率的审判模式。这种民主特征至少可从两方面得到体现[②]。

第一，商事法院推行"参与裁判制"，审判组织的组成具有极强的民间性。以自由为基础的社会系由各种共同体组成，追求互惠交易的商人也构成一种"自治的社会共同体"[③]。尽管各国关于商事审判的具体方式存在差异，但在设有商事法院的国家，来自商人群体的非职业性法官往往会进入商事审判的权力体系之

---

① 参见［法］伊夫·居荣：《法国商法》（第1卷），罗结珍、赵海峰译，法律出版社2004年版，第851页。

② 参见蒋大兴：《审判何须对抗——商事审判柔性的一面》，《中国法学》2007年第4期。

③ ［美］哈罗德·J.伯尔曼：《法律与革命——西方法律传统的形成》，贺卫方等译，中国大百科全书出版社1993年版，第421页。

中。法国如此，比利时、克罗地亚、德国也都曾出现过这样的局面。① 在早期的商事法院，这种民主性表现得更为突出。例如：在中世纪，商事法院的法官一般由市场和集市的商人们推选或由行会首脑选择几名行会的商人成员担任。在英国，这种法庭还有一个很生动的名称叫"灰脚法庭"，这是因为到法庭进行诉讼的商人，脚上还沾染着旅途的灰尘。②

第二，商事法院实行宽容的审理程序。商事法院的民主性不仅表现在审判组织的构成上，而且反映在审判程序的宽容上。"各种类型的商事法院的程序都具有迅速和非正式的特性。……不仅专业法学家被排除于审理程序之外，而且专门的法律争论也引起反感。……商事案件应该按照良心和公平原则去处理，在法律的细枝末节上争执是不适当的。这些程序上的特征使商法截然不同于城市法院和王室法院的形式主义程序，也使它截然不同于在普通案件中教会法的成文程序"，③ 但与教会法中的简易程序相联系。1306 年，教皇的一项训令准许包括商事案件在内的特殊种类的案件适用简易程序。该训令要求，审理程序"应当简单明白，无须正式的争论和普通程序的正式规则"；法官在这样的案件中不必要求书面诉状，也不应要求通常类型的答辩状；他甚至在闭庭期间也可审理；他应当删除拖沓的各种例外；应当拒绝造成延误的不必要的上诉，拒绝辩护人、控告人、当事人和不必要的证人"喧嚷"。这项训令汇入了意大利设立商事法院的法规中，也影响了德国、法国和英国的商事法院。④

可见，商事审判作为商人自己的审判方式，从其诞生伊始就带有浓厚的民主基因，它是基于商业实践需要而由商人自己创造的司法体系。尽管民主国家出现后，在商法的国内化过程中，商事审判这种民间的纠纷化解模式也不断为国家权力所强化，随着商人作为特殊利益阶层的日渐式微，商事审判方式不断被改造并纳入世俗审判体系，但这些改革并未导致商事审判"柔性"的一面完全消解。无论是否保有独立的商事法院系统，商事纠纷化解机制的"柔性"一面总是以不同形式得以彰显——要么是协商型的仲裁机制，要么是温和型的审判形式。⑤

---

① 英国学者施米托夫指出：德国商事法院则由一个职业法官主持案件的审理，另有两个商人任非职业性法官协助工作。参见［英］施米托夫：《国际贸易法文选》，赵秀文译，中国大百科全书出版社 1993 年版，第 58 页。

② 参见［比利时］亨利·皮朗：《中世纪欧洲经济社会史》，乐文译，上海人民出版社 1964 年版，第 47—48 页。

③ 参见［美］哈罗德·J. 伯尔曼：《法律与革命——西方法律传统的形成》，贺卫方等译，中国大百科全书出版社 1993 年版，第 422—423 页。

④ 参见［美］哈罗德·J. 伯尔曼：《法律与革命——西方法律传统的形成》，贺卫方等译，中国大百科全书出版社 1993 年版，第 422 页。

⑤ 参见蒋大兴：《审判何须对抗——商事审判柔性的一面》，《中国法学》2007 年第 4 期。

（三）商事审判程序的改革

商事法院虽具有很大的优势，但似乎仍不能适应当前需要。因比，在法国，有很多关于推进商事法院改革的声音，甚至还有人不断提议——用管辖权更宽泛的"经济法院"来取代"商事法院"。但是，若要进行该项改革，前提条件首先是——"商法"让位于"经济法"，由经济法来调整全部金钱及贸易关系（家庭性质的金钱关系除外）①。

我国并无专门的商事法院，而是通过在普通法院内部设立民事或者商事审判庭的方式实现对商事纠纷的法院内解决。由于商事审判并未完全作为一种独立形式存在，商事审判程序未被独立、认真对待，商事审判的特殊性考量不够，因而直接后果是——商事审判的效率低下，极大地影响了商人的营利需求。在经济全球竞争的时代，此种商事纠纷解决模式，无疑也直接影响了我国的国家竞争力。未来有必要在我国形成专门的商事法院，创设商事审判的特别程序，凸显其简便性、宽容性、柔性化、低成本，统一、高效地解决各种商事纠纷的功能。

如前所述，在单独设有商事法院，并且对商事审判适用不同诉讼规则的国家，民事审判与商事审判显然是区别对待的，这些国家意识到了民事活动与商事交易的差别，意识到了民事主体与商事主体存在不同欲求。然而在我国，这种区分还没有得到理论界和实务界的足够重视。这不仅仅是因为我们将商事审判笼统称为"民商事审判"，更主要的是我们混淆了一般民事审判和商事审判对"柔性化"的不同需要——民事和商事审判采用统一的诉讼规则，而且在司法改革过程中，建立起来的统一的民商事诉讼规则使商事审判活动日益丧失其灵活性和宽容性，商事审判方式背离了商人的基本品性，甚至可能对商人的长期交易计划造成伤害。现有的证据制度强化了"审判表演"的对抗性，诸如举证责任、举证时限等诸多制度都在强化这种倾向，这场改革促使诉讼双方在庭审前后以及庭审之中，挖空心思、竭尽全力展开一场寻找和藏匿证据的竞赛，"当事人主义"的改革虽然可能使"审判表演"变得更加好看，但无疑混淆了一般民事审判和商事审判的区别，进一步破坏了商人之间业已受损的交易关系，增加了"和谈息讼"的难度。通过诉讼达成判决以解决纠纷，其实只是一种理想。因为以既判力为基础的强制性纠纷解决，并不一定意味着纠纷在社会和心理意义上也得到了真正解决。若当事人希望将来也保持良好关系，则诉讼不一定是解决其间纠纷的适当方法。② 因此，我们不妨消减对抗，使商事诉讼变得更加"仁慈"和"温柔"。为

① 参见［法］伊夫·居荣：《法国商法》（第1卷），罗结珍、赵海峰译，法律出版社2004年版，第863页。
② 参见［日］谷口安平：《程序的正义与诉讼》，王亚新、刘荣军译，中国政法大学出版社1996年版，第48页。

此，一些学者从商事纠纷特殊性的角度提出，我们需要反思目前民商一体化的程序的思维，重视商事审判"柔性"理念[1]，逐步推进以下程序性改革，并提出具体的"柔性"审判改革建议：第一，审判组织柔性化——推进"仲裁机制进法院"。尝试选举商人充任商事法庭的法官，并允许当事人选择自己的法官。第二，立案受理过程的"柔性化"——松绑立案标准。第三，审理形式的"柔性化"——尝试"圆桌审判"。第四，证明过程的"柔性化"——宽缓证据制度。第五，审理语言和调解方法的"柔性化"——实行"商谈审判"。在商事审判过程中改革审理语言和调解方法，营造轻松的法庭氛围，可能更有利于纠纷的解决。第六，裁判方案"柔性化"——宽缓对法律关系的理解，妥善处理交叉诉讼。

（四）商事审判的理念

商事审判的理念是指与民事审判不同，在商事审判过程中应当遵守的特别原则与规则。商事审判的理念与商事交易追求效率、安全的品性密切相关，是商事审判不同于民事审判的区分点。

1. 维持团体交易关系的理念

商事关系基于其持续营利的特征，会形成团体交易的特点，这使商法带有明显的团体法特点——不仅商事组织法呈现出团体性特点，交易行为法也呈现出持续交易的团体性特点。团体法理念要求商事审判应体现以下原则：一是尊重商事主体的商事判断原则。团体乃私法自治结成，商事交易也是商人自己决定的结果，因此，商事审判要尊重商人的自我判断，不要通过司法判决随意替代当事人做出"最优决策"。二是尽力维持团体交易关系的有效存在。司法判决要尽可能维持团体交易关系的存在，因此，坚持企业维持原则，鼓励合同成立、生效是商事审判不同于民事审判的特点。三是推进有约必守规则。团体交易关系的有效维持，取决于合约的信守，在商事审判过程中，应尽力推进维护诚信，确保合约必守规则得到切实履行。

2. 增进交易效率的理念

商事审判要有助于提升交易效率。为此，商事审判应注意以下问题：其一，应尽速提升审判效率，避免案件长期不判。短期时效是提升商事案件解决效率的制度安排之一。实践中，一些商事案件一、二审长达数年，审判拖延，极大地贬损了交易效率。比较而言，商事仲裁的平均结案效率要远高于商事审判。因此，立法上应强制限定商事审判的最长审理期限。其二，提升交易效率要在商事审判过程中处理好创新与规制的关系。因商事交易的方式、内容经常处于创新过程

---

[1]　参见蒋大兴：《审判何须对抗——商事审判柔性的一面》，《中国法学》2007年第4期。

中，创新为交易、竞争的基本工具，所以，商事审判要提升交易效率，必须鼓励创新——民事审判以维持社会关系稳定为原则，商事审判以鼓励创新为常态。因此，在商事审判过程中经常会面临如何进行创新规制的问题，对于有助于增进社会整体福利的创新，法官要敢于通过商事裁判予以支持，但也要在商事裁判过程中区分、识别仅为规避法律、逃避监管的虚伪创新，维护交易秩序的公共底线。其三，要强化商事案件的执行。要适当扩张法院执行权，淡化审执分离，允许强制执行过程中部分行使裁判权，这是有助于提升商事纠纷解决效率的制度安排。

3. 增进交易安全的理念

没有交易安全的效率是没有保障的，商事审判要体现有助于提升交易安全的理念。商法中有很多制度旨在实现交易安全，例如，以股东名册为核心的外观主义，通过优先确认外观行为的法律效力，简化交易流程，确保交易安全——在解决隐名出资人权利时，应尊重《公司法》通过股东名册确认股东资格的法律规定，原则上仅认可股东名册上的记载者为公司股东。再如，法律通过严格的公司内部治理分权，确保公司决策及代表权行使的安全性。因此，在商事审判过程中，要尊重公司内部此种权限划分的法律规定及章程安排，等等。商事审判与普通民事审判不同，要尊重外观主义规则，不要轻易以当事人内在意思否定外观行为之效力，要确保交易行为的安全性及交易效果的可预测性。

四、商事法律责任

与商事纠纷解决之特殊性相关的问题是商事法律责任之特殊性。所谓商事法律责任，是指商事主体在商事交易过程中，依法应承担的法律责任。商事法律责任在类型上属于特别的私法责任范畴。与其他法律责任及普通民事责任相比，商事法律责任具有如下特征：

第一，商事交易以自由为原则，多以契约方式展开。因此，商事法律责任有较强的契约性——商事主体在创设商事责任之类型、内容等方面，有较大自治空间。这一点与刑事责任、行政责任乃至经济法责任的法定性、强制性、公共性不同，也比普通民事责任的自治性程度更高。例如，公司可透过公司章程，安排股东及董事的法律责任形态，只要该种安排不违反强制性法律规定，不损害社会公共利益及公序良俗，其合法性即应得到认可。

第二，法定责任的严格性。商事交易效率的维持，在某种程度上取决于交易秩序的安全。因此，商事法律责任除有其契约性、自治性的一面外，还有法定性、强制性的一面。尤其是对可能有害于交易基本秩序的行为，多以法定责任形式出现，而且这种强制性责任的设定，通常比普通民事责任更为严格。连带责任的运用、惩罚性赔偿责任的安排以及法定的制裁性违约金——商人之间的违约金条款不允许法院调整等，都体现了此种严格性，甚至被称为"商法公法化""强制主义"，①或者"严格责任主义"②。

就部门商法而言，商事责任的严格性也有非常明显的体现，例如，《证券法》对欺诈发行、内幕交易、虚假陈述、操纵市场等扰乱证券发行及交易正常秩序的行为，均规定了非常严格的责任，有关证券合同的责任比普通合同法中的合同责任更具有强制性。同样，《公司法》对违法/欺诈设立商事组织的行为、股东滥权行为以及董事、经理违反信义义务的行为，也做了比《民法典》有关民事主体责任安排更为严格的规定。再如，《票据法》对签发空头支票等行为，也做了比普通民事违法行为更重的责任安排，以此彰显商事法律责任公共性的一面，但此种公共性的规则总体上是有限的，只在涉及商事组织、商事交易（行为）基本秩序维护方面有所体现。

当然，为了鼓励交易，商事法律责任在体现其严格性的同时，还有减轻责任的一面，以促使商事从业者敢于从事冒险行为。例如，公司法上的有限责任安排、保险法上的风险分配机制等。减轻责任对于商事主体从事新兴领域，开发朝阳产业，具有积极的意义。

第三，追责时效的特殊性。因商事交易对效率的追求，商事追责时效也应体现此种"目标的特殊性"，以有助于商人营业行为之完成及拓展。以效率为导向的商事诉讼追责时效主要体现在两方面：一是短期性。即与普通民事诉讼相比，商事诉讼多表现为短期时效。例如，《票据法》《公司法》上均有短期时效的安排，以尽快安定商事交易及公司组织秩序。二是可约定性。一般诉讼时效多呈现法定性之特点，排除当事人约定之可能，普通民事诉讼及行政、刑事诉讼莫不如此。在商事诉讼中，应当允许当事人约定比法定时效更短的时效，以督促当事人及早行动，尽快了结商事纠纷。

思考题：
1. 如何理解商人和商事行为？
2. 简述商法的基本原则及其与民法原则之间的关系。
3. 简述商法的渊源。
4. 试析商法与民法、经济法之间的关系。

---

① 参见黄晓林编著：《商法总论》，齐鲁书社2004年版，第21页。
② 范健、王建文：《商法论》，高等教育出版社2003年版，第150页。

5. 试析我国的商法体系。

6. 商事纠纷解决机制具有哪些特殊性？

7. 个体工商户与独资企业在本质上是否相同？二者是否可以纳入企业之列？

▶ 自测习题

第二章 商事主体

第一节 商事主体概述

一、商事主体的概念与特征

商事主体，又称商事法律关系主体、商主体，是指依照商法的规定具有商事权利能力和商事行为能力，能够以自己的名义独立从事商事行为，在商事法律关系中享有权利和承担义务的个人和组织。

在传统商法上，商事主体又称商人。商人是传统商法最为核心的概念，商法也被称为商人法。商法，究其本源就是作为商人法出现的，商人阶层和商人法庭的独立存在促使了商法的产生。欧洲 11 世纪中叶，随着城市的兴盛，越来越多的人从事商业，逐渐产生了商人这一特定社会阶层。商人形成之初曾受到封建法律和寺院法的种种限制和歧视，严重损害了商人阶层的利益，制约了商业的自由发展，代表商人利益的商会以行业立法的形式自行规范商事活动，形成了中世纪的商人习惯法。随着后来国家立法对商事关系的调整，这种商人法虽然已经不再作为商法的主要形式，但依然作为商事习惯或贸易惯例成为商法的重要渊源和商事裁判的重要依据。

早期的商人是指一个具有特殊身份和利益的社会阶层，在从事商事交易中享有特权，但这一概念并不具有确切的法律含义。19 世纪以后，随着商品经济的发展，商业职能与生产职能密切结合，社会普遍商化，商人不再是社会上的特定阶层，也不再有所谓的商人特权，商人的特殊地位和利益已逐步消失。这时，各国商法基本都将商人作为一个法律概念固定下来。

商人的概念带有旧时代的痕迹，在我国，商人往往被误解为仅指从事商业经营的自然人，并且由于我国已基本采用民商合一的立法体例，因此将商法上权利义务的归属者表述为"商事主体"，更为准确。

商事主体具有以下基本法律特征：

1. 商事主体由商法法定

商事主体是不同于一般民事主体的特殊主体，具有特殊的权利能力和行为能力，何种组织和个人能够作为商事主体参加商事活动，并在其中享有权利、承担义务，是由商事法律、法规直接确认和赋予的。商法是个人和组织具有商事主体资格的法律依据。早期商事主体主要以行业习惯法为行为依据，有很大的行业自律性；现代商事主体已成为市场经济的主要主体，具有重要的经济和社会意义，因而各国均以商法典或单行法的方式对商事主体资格的取得与丧失、权利与义务、主体的名称及类别、行为的范围及效果等做出详细而严格的规定。因此，商事主体的第一特征就表现为其法定性。

2. 商事主体依法具有商事能力

商事主体的商事能力包括商事权利能力和商事行为能力。商事权利能力是指商法所赋予的、商事主体能够参加商事法律关系，并在其中享有商事权利和承担商事义务的资格或能力。商事行为能力则指在法律规定的范围内，商事主体通过自己的行为或意志独立进行商事活动，并取得商事权利和承担商事义务的一种资格或能力。商事主体既有商事权利能力，也有商事行为能力。不具有此种能力的个人和组织不能成为商事主体。商事能力是商事主体人格的具体内容，而商业名称或商号则是商事主体人格的表现形式，商事主体以自己的名义从事商事行为就是以其商业名称或商号从事商事行为。

商事主体的商事能力不同于一般民事能力：其一，商事能力特指从事商事行为的能力；其二，商事能力是在一般民事能力基础上附加的能力，具有商事能力应以具有民事能力为前提，但具有民事能力，不一定具有商事能力；其三，商事能力的范围具有特定性和限定性，取决于商法规范的限定和商事主体设立的目的，不同的商事主体具有不同的商事能力。而民事能力中，自然人的民事能力具有普遍性和统一性，自然人都具有相同的权利能力，行为能力的差别只因其智力发育和精神状态而有所区别。

3. 商事主体的身份或资格经商事登记而取得

商事主体本质上属于法律的拟制，是因法律赋予其权利能力和行为能力而成为商事主体的，与此同时，在程序上，这种主体身份或资格的取得必须经过商事登记。商事登记制度是商法制度的重要组成部分，商事登记最主要的内容便是商事主体登记。依据各国商事法律规定，商事主体的成立必须向注册登记机构提交规定的申请文件，办理商事登记手续，同时，从事金融、证券等特殊行业经营的商事主体的成立还必须获得特许审批。按照我国现行工商登记法规，除法律、行政法规另有规定外，任何个人或组织要从事营利性经营活动，都必须经登记取得企业法人营业执照或其他营业执照，否则即为依法应予查处的无照经营或非法经营。

4. 商事主体以从事营利性活动为其常业

商事主体的商事行为通常以营业的方式进行，即以获取利益为目的，连续、稳定地从事范围确定的经营活动。1807 年《法国商法典》第 1 条规定："商人者，以商行为为业者。"1897 年《德国商法典》第 1 条也规定："本法典所称的商人是指经营营业的人。"此一特点使商事主体与偶尔从事商事行为者相区别。商事主体从事商事活动，但从事商事活动的不一定都是商事主体，只有以商事活动为业者才是商事主体。商事主体资格通常是通过商事注册登记取得，并在登记的范围内从事营业活动。

上述特征将商事主体与普通民事主体区分开来。在我国民商基本合一的立法体例下，广义的民事主体既包括普通民事主体，也包括商事主体，我国 2017 年颁布的《民法总则》对包括商事主体在内的所有民事主体的法律性质或地位、权利能力及其基本法律关系或组织机构都做了原则性规定。依照《民法典》的规定，民事主体分为自然人、法人和非法人组织三大类，法人又再分为营利法人、非营利法人和特别法人三类。其中以营利为目的而设立和从事经营活动的民事主体就是商法上的商事主体，包括自然人中的商个人、法人中的营利法人和非法人组织中的商合伙。商事主体与其他普通民事主体在主体资格的取得、权利能力的范围等方面具有明显的差异，自然人自出生即当然取得民事主体资格，非营利法人取得法人资格的条件和程序因其具体类别和特别法律法规的规定而有所不同，营利法人的设立则都需要通过专门的商事登记程序。同时，普通民事主体都不具有从事营利性的经营活动的权利能力。

二、商事主体的种类

当代各国商法中，商事主体表现多样，不同国家的商事立法和不同的商法理论，依照不同的标准对商事主体有不同的分类。依照我国相关商事立法，我国的商事主体主要是依照商事主体的组织形式进行划分的，分为以下几种。

（一）商个人

商个人，又称商个体、商自然人、个体商人，是指依法定程序取得商事主体资格的自然人或公民。自然人在社会生活中可以表现为两种身份：一是作为一般的消费者，二是作为生产经营者。前者表现为民法上普通民事主体的地位，后者则表现为商法上商事主体即商个人的地位。实质上，商个人就是一般自然人经特定形式和程序进入商事领域，被商法确认而成的法律主体。商个人的法律特征表现如下：

第一，商个人作为商法确认的主体，须经法定核准登记，才能享有商事权利能力和商事行为能力，并在核准登记的范围内从事商事行为。

第二，商个人的权利与自然人的权利不同，与一般自然人人身相关的权利，如自然人所享有的劳动的权利、结婚的权利、选举和被选举权，与商个人无关。

第三，商个人所从事的是商事行为，即以营利为目的的经营性行为；非营利的行为，如自然人的消费行为，就不属于商个人的行为。当个人从事生产经营活动，便从消费者的角色转化为生产经营者的角色，由民法上的一般自然人转化为商个人。

第四，商个人对其经营债务须承担无限责任。商个人对其经营活动形成的债务，不以投入经营的财产为限负责，而以该自然人的全部财产负责，构成商个人的自然人或家庭户必须以其全部财产对商个人的债务承担连带责任。我国《民法典》和有关法律法规规定，个体工商户、农村承包经营户、个人独资企业主均须承担无限责任。

根据我国《民法典》和有关法律规定，我国的商个人具体表现为如下形式：

（1）个体工商户。个体工商户是指自然人以个人财产或家庭财产作为经营资本、依法核准登记并在法定的范围内从事经营活动的个人或家庭。个体工商户可以是一个自然人，也可以是一个家庭。我国《民法典》第54条对个体工商户做了专门规定。需要指出的是，个体工商户完全是我国法律制度特有的概念和形式，在各国传统商人概念中并无此概念。实质上，作为自然人从事工商业经营的法律形式，个体工商户与传统的独资企业的形式是十分类似的，二者并无本质差别，从企业形式的发展来看，这两种形式将来也许会被统一。

（2）农村承包经营户。农村承包经营户是指农村集体经济组织的成员，在法律允许的范围内，按照农村承包合同的规定，使用集体所有的土地和其他生产资料独立从事商事经营活动，由一人或多人组成的农户。农村承包经营户只能是农村集体经济组织的成员，只能按照承包经营合同从事商事经营活动。它在注册登记、商事能力、商事权利和义务、责任承担等方面类似于个体工商户。

拓展阅读

李某祥诉李某梅继承权纠纷案

在商个人中，较为特殊的法律问题是个人独资企业的定性和归类。个人独资企业是指依法由一个自然人投资，企业资产由个人所有和控制，投资者以其个人财产对企业债务承担无限责任的营利性经济组织。我国《个人独资企业法》对该类企业有专门规定。我国《民法通则》本来将个人独资企业与个体工商户、农村承包经营户并列为自然人从事工商业经营的一种特殊形式，但2020年颁布的《民法典》将其从自然人的规定中移出，列为非法人组织的一种。由此，在商事主体分类中，如何确定个人独资企业的具体归类，成为商法学需要进一步解决的问题。

（二）商法人

商法人，指按照法定要件和程序设立的，具有法人资格，能够独立进行商事经营活动，并享有商事权利和承担商事义务的各种商事企业。在民法理论上，法人可以分为营利法人和非营利法人，我国《民法典》将营利法人、非营利法人和特别法人作为我国法人组织的基本分类，其中的营利法人即为传统商法中的商法人。商法人具有以下特征：

第一，商法人是具有独立法律人格的法人组织，具备一般法人必须具备的基本条件和特点，包括依法成立、有自己的组织机构和场所、拥有独立财产、承担独立责任。此一特征使商法人区别于商个人和商合伙。

第二，商法人的设立和活动由商法规范调整，其设立依照商法规定的条件和程序，通常以注册登记方式进行。商法人的人格由商法赋予。此一特征使商法人区别于依一般民法或行政法设立的法人。《民法典》对营利法人的成立、章程、组织机构及其决议效力等做了统一的原则性规定，明确规定营利法人经依法登记成立，应当依法制定法人章程和设置权力机构、执行机构、监督机构等。由此，在我国，商法人的设立和活动由《民法典》进行一般原则性规定，具体的设立条件和程序以及其他事项则由相应的商法规范予以规定。

第三，商法人以营利为目的，具有特殊的从事商事行为的权利能力和行为能力，有权在其目的范围内开展经营活动，并承担相应的法律义务和责任。尤其在税法上，商法人是特别的纳税主体，承担特别的纳税义务和责任。此一特征使商法人区别于其他非营利性的法人组织。

我国《民法典》第76条通过对营利法人的规定，界定了商法人营利性的法律含义。商法人或营利法人所指的营利，非指其自身简单地取得经营利润，而是指法人成立的目的是取得利润并分配给其股东等出资人，因此，某些公益性组织虽然也从事经济活动并能取得一定的利润，但此利润不是为了分配给其成员，而是为了某种社会公益事业，这样的社会组织并不是营利性法人或商法人。我国《民法典》规定的非营利法人包括事业单位、社会团体、基金会、社会服务机构等，它们都是为公益目的或者其他非营利目的而成立的。为此，《民法典》第87条进一步规定，非营利法人不向出资人、设立人或者会员分配所取得的利润。

法人是民事法律关系的主体。传统大陆法系民法将法人分为公法人和私法人、社团法人和财团法人，商法人通常属于私法人和社团法人。对于公法人能否成为商法人，各国商法有不同规定，意大利法律规定国家不得为商法人，而《德国商法典》则允许国家作为商法人。从民事主体和商事主体的概念与特征分析，国家和国际组织在从事民事活动或进行民事行为时，也属于特殊的民事主体，但因其不以营利性活动为常业，亦不经商事登记程序而成立，不应属于商事主体。我国法律没有公法人与私法人的分类，但我国的机关法人的法律性质类似于大陆法系国家的公法人。我国《民法典》将机关法人规定为特别法人，不属于营利法人，因而也就不是商事主体。

商法人根据不同的标准可以有不同的分类。西方国家的商法人主要就是公司，公司与商法人是基本等同的概念。在我国，商法人原先通常称为企业法人，现改称为营利法人，企业法人或营利法人除依照《公司法》设立的公司法人之外，还存在以下依照其他法律设立的营业法人：

（1）全民所有制企业，又称国有企业，指依据《全民所有制工业企业法》，由国家投资设立、从事生产经营活动、财产归国家所有、企业享有经营管理权的企业法人。国有企业是我国现行经济生活的主体，在国民经济中发挥着主导作用。

（2）集体企业，指根据集体企业法和其他相关法律、法规的规定，由公民或集体单位组合而成、从事生产和经营活动、财产归集体所有、以谋求集体成员的共同利益为目的的企业法人。

（3）外商投资企业，指由外商投资者根据我国有关外商投资的法律、法规，以合资、合作或独资形式在中国境内设立的具有法人资格的商事组织。根据我国原有外商投资企业法律的规定，可以是中外合资经营企业、中外合作经营企业和外商独资企业，取得法人资格者成为我国的商法人。具备法人条件的外商投资企业在法律性质上基本都属于公司，目前对这些企业除适用《公司法》外，还有专门的《外商投资法》予以调整。根据 2019 年通过的《外商投资法》，原有外商投资企业法已经废止，这些外商投资企业的组织形式、组织机构及其活动准则，统一适用《公司法》《合伙企业法》等法律的规定。

国有企业和集体企业是我国公有制制度下特殊的企业形态，它们曾经是我国企业组织的主要甚至是唯一的形式，在我国经济体制改革之后，随着各种公司法人的大量设立，这些企业的数量在减少，经济地位也在发生重大的变化，许多企业通过改制、重组等方式也都变更为典型的公司法人。

（三）商合伙

商合伙，是介于商个人和商法人之间的一种商事主体，是指两个或两个以上的合伙人按照法律和合伙协议的规定共同出资、共同经营、共享收益、共担风险，普通合伙人对合伙经营所产生的债务承担无限连带责任，有限合伙人对合伙债务承担有限责任的商事组织。传统理论认为合伙只是合伙人之间的一种法律关系，而非独立的法律主体。随着社会经济的发展，合伙逐渐成为一种重要的组织形态，许多国家的商法都将它视为与商个人和商法人并列的一种独立的法律主体。德国和英美法系国家虽认为其不具备法人资格，但是承认其商合伙的主体地位，赋予合伙以团体能力，包括诉讼能力、商号权等。法国等国家则不仅确立了合伙企业的商事主体资格，还承认合伙具有独立的法人人格。在我国，商合伙被称为合伙企业，是指自然人、法人和其他组织依照合伙企业法在中国境内设立的普通合伙企业和有限合伙企业。普通合伙企业由普通合伙人组成，除有特别规定外，合伙人对合伙企业债务承担无限连带责任。有限合伙企业由普通合伙人和有限合伙人组成，普通合伙人对合伙企业债务承担无限连带责任，有限合伙人以其认缴的出资额为限对合伙企业债务承担责任。

商合伙作为商事主体的一种形态，其法律特征主要是：

第一，商合伙由两个以上的合伙人组成，是共同投资、共同经营、共享利益、共担风险的共同经营体。合伙人可以是自然人、法人或其他组织。商合伙的这一特征使其区别于单个自然人经营的商个人。

第二，商合伙是非法人企业，这是商合伙区别于商法人的主要法律特征。虽然少数国家如法国承认合伙为法人，但一般民商法立法通常都不承认合伙，包括商合伙的法人地位，我国《民法典》将合伙企业规定为非法人组织。非法人组织是指不具有法人资格，但是能够以自己的名义从事民事活动的组织，包括个人独资企业、合伙企业、不具有法人资格的专业服务机构等。商合伙非法人地位的特别表现是其不是独立的纳税主体，不需要像公司一样单独缴纳法人所得税，这是实践中投资者选择采用商合伙的一个重要原因。

商合伙具有极强的人合性，合伙人之间存在密切的人身信赖；商合伙事务由全体合伙人共同管理，而不由法定的独立管理机构管理；商合伙的盈亏分配可由合伙协议任意约定，而不强制按出资比例分配；除有限合伙人外，普通合伙人对合伙债务均承担无限连带责任，而不以其出资额为限承担责任。

第三，商合伙依商事法成立并受商法规范调整。各国的一般合伙由民法调整，无须专门的商事登记。而商事合伙由商法调整，其设立通常需履行专门的商事登记。一些国家制定的专门的合伙法，如美国的普通合伙法和有限合伙法，都是就商合伙进行的专门立法。我国关于合伙企业的一般法律地位由《民法典》规定，合伙的具体法律关系则由《合伙企业法》专门调整。

第四，商合伙以营利为目的，这是商合伙不同于一般民事合伙的主要特征。一般民事合伙以民事主体的消费活动或生活为目的而存在，商合伙则以民事主体的生产经营活动或投资为目的而设立，在此方面，商合伙与公司一样，都是一种投资工具，是民事主体从事商事经营的组织形式或法律形式。

我国商事主体类型伴随着我国经济制度和经济体制的发展和改革，经历了不断发展的演进过程。早在1950年，我国《私营企业暂行条例》首次明确规定了独资企业、合伙企业和公司三种企业形式。此后至改革开放之前的较长时期内，受社会主义公有制的基本经济制度和计划经济的管理体制的影响，私营企业基本消失，企业基本是按所有制性质分为全民所有制企业（国有企业）和集体企业。改革开放以来，随着中国社会主义市场经济体系的逐步建立，独资企业、合伙企业和公司这些传统企业形式在销声匿迹20余年后得以重生并迅速发展。为固定对外开放、引进外资的政策，涉外商事立法先行一步，我国于1979年颁布《中外合资经营企业法》，于1986年颁布《外资企业法》，于1988年颁布《中外合作经营企业法》。国有企业改革的启动也推动了以所有制为标准的商事主体法的制定，例如，1988 年颁布的《全民所有制工业企业法》和《私营企业暂行条例》、1990 年颁布的《乡村集体所有制企业条例》、1991 年颁布的《城镇集体所有制企业条例》。

1988 年颁布的《私营企业暂行条例》再次将独资企业、合伙企业和公司这三种企业形式作为私营企业加以规定。此后，中国的企业立法进入体系化时期，分别对三种企业单独立法，先后于 1993 年颁布《公司法》、于 1997 年颁布《合伙企业法》、于 1999 年颁布《个人独资企业法》，由此确定了中国基本的企业法律形态并形成了中国企业法律形态立法的基本格局，我国的商事主体的法定类型也基本形成。

对于商事主体的法定类型，所有制性质曾是最重要的分类标准，是企业组织至关重要的身份标记。我国实施经济体制改革后，市场经济所要求的地位平等、公平竞争、横向经济联合所形成的不同所有制间的触合和交叉，使得企业的所有制色彩日益淡化，按所有制性质对企业进行的法定分类及相应的立法意义也明显减弱，企业立法的思路和重心逐步转向独资企业、合伙企业和公司企业的传统分类，国有企业、集体企业的划分不再是基本的企业法律形态分类，而只是需要法律特别调整的两种特殊企业。目前，国有企业除了还有极少数依据《全民所有制工业企业法》设立的国有独资企业外，绝大部分都依据《公司法》的规定，改制或新设为国有独资公司、国有资本控股公司、国有资本参股公司。城镇集体所有制企业在 20 世纪 90 年代后经过大规模改制，基本上已转变为公司或合伙企业。自 2020 年 1 月 1 日起实施的《外商投资法》废止了《中外合资经营企业法》《中外合作经营企业法》和《外资企业法》这三部法律，按照这些法律设立的外商投资企业依法保留原企业组织形式 5 年（即至 2025 年），此后这些企业的组织形式、组织机构及其活动准则将按照该法第 31 条的规定，适用《公司法》《合伙企业法》等法律的规定。

三、商事主体的商事能力

（一）商事能力的概念

商事能力，又称商事主体资格，指商事主体独立从事商事活动，享有权利和承担义务的资格和能力，包括商事权利能力和行为能力。这是商事主体依法从事商事行为并承担法律上的权利义务的能力，它表明了商事主体在商法上的特殊资格和地位。

由于商事主体本质上是民事主体进入商事领域的特殊表现，因而商事能力本质上是在民事能力的基础上由商法所赋予的商事主体从事商事行为的能力，是一种附加于民事能力之上的能力，表现了法律对行为人从事营利性活动所附加的特殊资格限制。商事能力以民事能力为基础，具备商事能力者一般应以具备民事能力为前提。例如，自然人从事商事活动，首先应具有民事权利能力和民事行为能力，限制民事行为能力和无民事行为能力的人也就不具有商事能力。商事能力作为特别权利能力和行为能力，具有不同于一般民事能力的三个特征。

第一，商事能力是权利能力与行为能力的统一。商事主体从事商事行为，要有承担行为结果的资格和能力，因而，它既要具备权利能力又须具备行为能力，也就是说商事能力包含范围相同的权利能力和行为能力，在这一点上，它与民事能力中有权利能力而无行为能力的情形有别。

第二，商事能力的内容具有差异性。商事能力是一种特殊的权利能力和行为能力，这种特殊性是由商事主体的营业目的决定的，商事主体通常应依法在其登记的营业范围内从事经营活动。因此，不同的商事主体因其登记的营业性质和范围不同而具有不同的商事能力。传统商法禁止和限制商事主体超出营业范围的越权经营行为，并否定越权行为的效力。但随着现代商法制度的发展，商事主体的营业范围日益宽泛，对其越权经营的认定也日益宽松，只要不属需经特别许可的经营活动，一般都不作为越权行为而否定其效力。但某些从事特殊领域或特殊行业经营的商事能力依然受到法律的严格限制。此与法人组织权利能力的特点一致，而与自然人普遍具有相同民事权利能力的情形不同。

第三，商事能力因商事登记而确定。在我国，不论个体工商户还是企业，也不论是公司还是合伙企业、独资企业，均须按照工商登记管理的规定办理商事登记手续，未经登记不得从事经营活动。商事主体于设立登记时取得商事能力，其商事能力因营业性质或经营范围的变更登记而变更，因商事主体的注销登记而消灭。商事能力的这一特征，与民事能力有明显的区别。自然人的民事权利能力始于出生，终于死亡，其民事行为能力则基于年龄的增长而取得，因精神疾病而丧失或受到限制。法人的民事能力，除了商法人（即营利法人）和社会团体法人，并非依登记而确定。

（二）关于商事能力的特别限制

商事能力作为一种从事营业活动的资格要求，与行为主体自身的自然条件、身份条件、经营条件和经济政策、公共利益、国家安全等有着重要的联系。商事法律通常根据自然人成年与否和社会身份赋予其商事能力，根据商事主体的生产经营条件包括技术能力等赋予其从事某些经营活动的商事能力，根据商事主体的性质、投资者身份与国籍等确定其涉及国家经济调控、公共利益和国家安全领域的商事能力。根据我国相关规定，对商事能力的特别限制尤其表现在以下三个方面。

1. 未成年人商事能力的限制

未成年人包括无行为能力人和限制行为能力人。商事主体的商事能力以民事能力为基础，未成年人因其民事行为能力的缺陷，其商事能力必然也受到限制。其目的一方面在于保护未成年人的身心健康及其合法权益，另一方面也维护了交易的安全和有效。

对于未成年人商事能力的限制，各国法律规定不完全相同。有的不承认未成年人有商事能力，有的则确认未成年人的商事能力，还有的国家对未成年人的商事能力有限制性的规定。

我国目前尚无关于未成年人商事能力的明确规定，但有关企业立法涉及了自然人设立企业的能力。例如《个人独资企业法》第9条规定，投资人设立个人独资企业应提交设立申请书、投资人身份证明等文件，委托代理人申请设立登记的应提交投资人的委托书和代理人的合法证明。对此，一般认为企业主应当具备完全行为能力，原则上未成年人不得设立独资企业从事营业活动。《合伙企业法》第14条规定："设立合伙企业，应当具备下列条件：（一）有二个以上合伙人。合伙人为自然人的，应当具有完全民事行为能力……"因此，未成年人也不得成为合伙人。

2. 公务人员商事能力的限制

各国公务员法大都规定，凡公务人员不得直接或间接经营商业或其他投机事业。[①] 我国对党政机关及其干部从事商事经营活动，进行了严格的限制。由于国家公务人员具有特殊的权力和地位，如果允许其从事商事经营，就可能导致其滥用权力、官商不分、以权谋私、滋生腐败，从而妨碍公平竞争。因而，各国法律基本都对这类主体的商事能力予以限制。

3. 外国人商事能力的限制

在民法上，除法律有特别规定外，外国人、无国籍人的法律地位与本国公民相同，有关本国公民的规定适用于外国人和无国籍人。此为民事主体平等原则之基本内涵。然而在商法上，各国法律对外国人、无国籍人以及外国法人的商事能力，基本都有限制性规定。按照我国法律规定，外国的自然人、法人以及其他组织，在我国从事商事活动，须经我国有关部门批准，并办理登记手续。具体来说，其商事活动主要采取以下四种形式：

第一，按照我国法律设立的具有我国商事主体资格的外商投资企业。外国自然人、法人以及其他组织在我国境内，依照我国法律规定设立中外合资经营企业、中外合作经营企业和外资企业，以此取得我国商事主体资格和商事能力，在

---

① 参见张正钊、韩大元主编：《比较行政法》，中国人民大学出版社1998年版，第456页。

依法核准的经营范围内从事经营活动。

第二，外国企业依法设立分支机构从事经营活动。这主要依据我国《公司法》和其他相关法规规定，由外国企业在我国境内设立的具有独立商事主体资格的分支机构，从事商事经营活动，其行为的最终结果由外国企业承担。

第三，外国企业依法设立常驻代表机构。外国企业依国务院《关于管理外国企业常驻代表机构的暂行规定》，可以在我国设立常驻代表机构，如办事处或代表处，从事与派出公司、企业或经济组织的业务相关的联络、咨询和服务。但是，如果两国间签订了协议，规定可依对等原则互设代表机构，则可以据此直接从事经营活动。例如，外国航空公司根据两国间的协议设立的办事处，经批准可以从事与航空公司业务有关的售票业务。

第四，外国企业经批准直接从事生产经营活动。例如，外国企业经我国有关部门批准，直接从事海洋、陆上石油及矿产资源的勘探开发，从事工程承包和承包经营等。

对于外国投资者进行商事经营的范围，各国在不同时期，出于国内经济发展情况和国家主权、安全的考虑，都会予以限制，在商事活动中虽有所谓国民待遇原则，但在任何国家，完全的国民待遇都是不存在的，外国人要进入他国进行商事活动，必须受到该国法律、政策对外资进入范围和规模的限制。

第二节　商业名称

一、商业名称概述

（一）商业名称的概念

商业名称又称商号，是商事主体在从事商事行为时表彰自身身份并区别于其他主体而使用的名称。商业名称为非自然人的商事主体使用，类似于自然人的姓名，商事主体通过使用商业名称，可以同其他商事主体相区别。通常，商事主体在从事商事行为时，所使用的名义或用于署名的名称即为商业名称。在我国，依照法律和法规的规定，商业名称包括企业名称、个体工商户和个人合伙的字号。

对于商业名称的规定，各国间存在差异。从一些国家和地区的立法例来看，对于商业名称的规定，大致分为两类：一是只规定商号，把各类商事主体的名称统称为商号，而不区分公司名称、合伙名称和商自然人的名称。德国、法国、日本、韩国对于商事主体名称的规定就采用这种做法。二是并列规定公司名称和商号。我国台湾地区曾规定商号仅指对个人和合伙的称谓，此后制定了新的"商业登记法"，用商业名称统称各类商事主体的名称。由此可见，各国和地区对于商事主体的名称，或者以商号统称，或者以商业名称统称。我国现行立法并未使用商业名称的概念，而使用企业名称和字号。

（二）关于商业名称的法律规范

我国有关商业名称管理的法律规范，最主要的是 2020 年修订的《企业名称登记管理规定》。此外，在《民法典》《反不正当竞争法》《公司登记管理条例》《企业法人登记管理条例》《企业法人登记管理条例施行细则》《商标法》中也存在少量关于商号的规定。

国际上涉及商号保护的公约主要是 1883 年《保护工业产权巴黎公约》（简称《巴黎公约》），该公约第 1 条规定，工业产权的保护对象有专利、实用新型、外观设计、商标、服务标记、商号、货源标记或原产地名称，这就意味着《巴黎公约》把商号作为工业产权予以保护。我国于 1985 年加入该公约。1891 年《制止商品来源虚假或欺骗性标记马德里协定》和世界知识产权组织 1966 年《发展中国家商标、商号和不正当竞争行为示范法》中也对保护商业名称做了规定。

（三）商业名称的法律特征

商业名称作为商事主体从事营业行为时使用的名称，具有下列法律特征：

第一，商业名称的使用者是商事主体。商事主体在进行营业活动时使用的名称即商业名称，因此，商业名称的使用者是商事主体。通过使用商业名称，可以保持商事主体营业的同一性和持续性。

第二，商业名称是商事主体在营业活动中使用的名称。商业名称是商事主体在进行商事登记和为商事行为时，用以标示主体本身和署名时使用的名称。这一特征可以用来区分商事主体的商事行为和非商事行为。

第三，商业名称具有主体间的区别功能。同自然人的姓名一样，商业名称具有区别功能。商业名称是区别此主体与彼主体的外在标志，特别在商业活动中，商事主体需要使自己区别于他人，以维护自己不同于他人的特征。商业名称的这一功能为商事主体在市场竞争中提供了个性识别的符号。

（四）商业名称与字号、商标

1. 商业名称与字号

字号通常是指商业名称中的表彰商事主体的特殊文字，是商业名称的核心部分，一般由两个或两个以上的文字组成。例如"全聚德""狗不理""凤凰""红塔山"等。在此意义上，商业名称是商事主体的全称，而字号则是商业名称的构成部分或核心部分，如"中信国安信息产业股份有限公司"是该公司的商业名称，其中"中信国安"是其特有的字号。但字号的含义和使用并不严格，有时亦将字号与商业名称通用。习惯上，对公司等商事主体多用商业名称，对商自然人和商合伙多用字号。

字号是商事主体之间相互区别的主要标志，具有重要的商业价值。商事主体的商誉与其字号密切关联，法律对字号给予特别的保护，以避免商事主体出于不正当目的而使用他人的字号。商事主体为保护其字号，也可以将其注册为商标。

2. 商业名称与商标

商标是生产经营者或者服务者在其商品或服务上使用的，由文字、图形、字母、数字、颜色组合及其他要素的组合构成的区别商品或服务来源的标记。商业名称与商标都是一定对象的标识，都具有一定的区别功能。有时商业名称中的字号本身就是商标，公众对商标的识别也经常与商业名称联系在一起，可见它们之间关系密切。例如青岛海尔股份有限公司，其商业名称中的核心要素即字号是"海尔"，商标也是"海尔"，还有青岛啤酒股份有限公司、IBM 公司、可口可乐公司等商事主体，其字号本身亦作为商标使用。

虽然商业名称与商标具有上述方面的联系，但二者亦有明显的区别：

第一，商业名称用于区分不同的商事主体，而商标则用来区分不同的商品。

第二，一个商事主体只能有一个商业名称，但可以有多个商标。

第三，商业名称只能以文字形态存在，而商标可以以文字、图形、数字、字母、颜色及其组合的形态来表示。

第四，一个商事主体可以没有商标，但是必须有自己的商业名称。

第五，商业名称的空间效力范围以核准机关辖区为限，而商标的专用权在全国范围内有效。

二、商业名称的构成、选定和取得

（一）商业名称的构成

商业名称的构成是指商业名称应当由哪些要素组成。根据我国 2020 年修订的《企业名称登记管理规定》第 7、8 条的规定，在我国，商业名称必须具备下列要素：

1. 行政区划

除法律、法规另有规定外，企业名称中应当冠以所在地县级以上行政区划的名称或地名。除全国性公司、国务院或其授权的机关批准的大型进出口企业、国务院或其授权的机关批准的大型企业集团及原国家工商行政管理总局规定的其他企业以外，在企业名称中不得使用"中国""中华"或者冠以"国际"等字词。

2. 字号

字号是商业名称中的核心要素，同时也是商业名称中企业唯一可以自己创设的要素。字号应当符合下列要件：（1）字号应当由两个以上的字组成；（2）字号应当具有显著特征；（3）不得违反禁止性规定。

不得违反禁止性规定是字号的消极要件。《企业名称登记管理规定》第11条规定，企业名称不得含有下列情形：（1）损害国家尊严或者利益；（2）损害社会公共利益或者妨碍社会公共秩序；（3）使用或者变相使用政党、党政军机关、群团组织名称及其简称、特定称谓和部队番号；（4）使用外国国家（地区）、国际组织名称及其通用简称、特定称谓；（5）含有淫秽、色情、赌博、迷信、恐怖、暴力的内容；（6）含有民族、种族、宗教、性别歧视的内容；（7）违背公序良俗或者可能有其他不良影响；（8）可能使公众受骗或者产生误解；（9）法律、行政法规以及国家规定禁止的其他情形。这些禁止性规定实际上是对字号的法定要求。

3. 行业或经营特点

行业是商事主体经营活动所属的国民经济的工业或者商业的类别。商事主体应当根据其主营业务及国家行业分类标准，在企业名称中标明所属行业或经营特点。

4. 组织形式

组织形式反映了商事主体的组织结构和责任形式。了解交易相对人的组织形式，对商事主体从事交易活动来说意义重大。商事主体应当将自己所采用的组织形式在商业名称中标明。例如采用有限责任公司形式的，应当在商业名称中标明"有限责任公司"或者"有限公司"字样；采用股份有限公司形式的，应当在商业名称中标明"股份有限公司"字样。

（二）商业名称的选定

关于商业名称的选定，目前各国法律中主要存在两种立法主义，即商业名称选定的严格主义和自由主义。

严格主义又称真实主义，是指商事主体选定的商业名称必须与其名称或者营业内容相一致，不符合的，均不予承认，且无法转让或者继承。法国、瑞士和拉丁美洲的许多国家均采取此种立法主义。

自由主义规定，商事主体的商业名称由当事人自由选择，法律原则上不加限制。商业名称与营业人的姓名及营业种类没有必然的联系。采用此种立法主义的国家和地区包括日本、韩国、我国台湾地区及英美法系国家。但是，此原则并非绝对的，仍然受到一定的限制。例如，《日本商法典》第17条规定，公司的商号，应按照其种类，使用无限公司、两合公司或股份公司字样。

实际上，不论是严格主义还是自由主义的立法例，在选择商业名称时都享有一定的自由，同时受到一定的限制，其实际差别并不是很大。我国商业名称的选定奉行何种立法主义，法律没有明文规定，学者之间也观点不一，本书认为我国原则上采用的是严格主义。

（三）商业名称的取得

现代国家对于商业名称通常是通过登记而取得保护的，商业名称的所有人通过登记取得对商业名称的专用权。我国《企业名称登记管理规定》第 2 条规定："县级以上人民政府市场监督管理部门（以下统称企业登记机关）负责中国境内设立企业的企业名称登记管理。国务院市场监督管理部门主管全国企业名称登记管理工作，负责制定企业名称登记管理的具体规范。省、自治区、直辖市人民政府市场监督管理部门负责建立本行政区域统一的企业名称申报系统和企业名称数据库，并向社会开放。"因此，我国商业名称的取得必须经过登记，这是取得商业名称权的重要途径。

1. 商业名称登记的概念和种类

商业名称的登记是指商事主体将其选定的商业名称依照法定程序，在登记机关办理注册手续。商业名称的登记是取得商业名称专用权的法定条件。商业名称一经登记，即受法律保护，其他商事主体负有不侵犯其商业名称权的法定义务。此外，商业名称经登记而公示，也有利于维护交易安全和交易秩序。

商业名称登记可以分为下列类型：

第一，商业名称的创设登记。商事主体设立登记时，必须对商业名称进行登记，此时的登记即为商业名称的创设登记。

第二，商业名称的变更登记。商事主体创立后，在存续期间内，如果对商业名称进行了变更，就必须进行变更登记。只有进行了变更登记，商事主体才对该新的商业名称享有专用权。否则，不得对抗善意第三人。

第三，商业名称的转让登记。我国《企业名称登记管理规定》第 19 条规定，企业名称转让或者授权他人使用的，相关企业应当依法通过国家企业信用信息公示系统向社会公示。

第四，商业名称废止登记。当商事主体决定终止营业而进行注销登记时，其商业名称会被注销，即意味着该商业名称被废止。

第五，商业名称撤销登记。当法定事由发生时，主管机关有权依法撤销商事主体的名称登记。

2. 商业名称登记的效力

商业名称一经登记，商事主体就取得了该商业名称的专用权，从而产生以下两方面的效力：

第一，排他效力。所谓排他效力，是指商事主体取得商业名称权，就取得了在一定地域范围内排除他人登记和使用与该商业名称相同或者相类似的商业名称的权利。非经商业名称所有人许可而假冒、使用其商号的行为即为侵权行为，侵权人应承担相应的法律责任。

第二，救济效力。商事主体经登记而取得商业名称的专用权，如果其他商事主体侵犯其专用权，所有人可以请求其停止侵害，如造成损失，可以要求赔偿损失。我国《企业名称登记管理规定》第21条第1款规定："企业认为其他企业名称侵犯本企业名称合法权益的，可以向人民法院起诉或者请求为涉嫌侵权企业办理登记的企业登记机关处理。"

三、商业名称权及其保护

（一）商业名称权的概念和性质

商业名称权，即商业名称专用权，是指商业名称经登记，商事主体取得该商业名称的专有使用的权利。商业名称权兼具人格权和财产权的双重属性。一方面，商业名称依附于商事主体而存在，自身不能单独存在，因此具有人格权的性质。我国《民法典》第110条第2款将名称权规定为法人享有的民事权利，并于第1013条将其作为法人的人格权做了进一步规定。另一方面，商业名称具有财产价值，可以许可他人使用，可以转让，因而又具有财产权的性质。同时，商业名称权又常被作为知识产权的一种，其具有工业产权的一般特征，同时也与工业产权存在差别。商业名称权具有以下特征：

第一，地域性。各国法律普遍规定，商业名称权的效力只及于一定的地域范围内。一般只在其登记机关的辖区范围内有效，超出该区域的范围，商业名称权就不受保护。《企业名称登记管理规定》第4条规定，企业只能登记一个企业名称。在登记主管机关辖区内不得与已登记注册的同行业企业名称相同或者近似。

第二，公开性。商业名称权经登记才能取得，而登记是公示的一种方式，因此，商业名称具有公开性。同时也必须经过公开，商业名称才能为公众知晓。商业名称的创设、变更、废止、转让和继承都应当进行登记，否则，不发生对外效力。

第三，可转让性。商业名称权具有财产权的性质，因此可以转让和继承。我国规定商业名称可以随企业或企业的一部分一并转让，但也有一些国家对商业名称转让做了限制。

第四，时间上的无限性。商业名称无时间上的限制，只有在商业名称所有人营业终止并未转让商业名称的情况下，商业名称才绝对终止，而专利权、商标权等工业产权均有一定的时间性。

对于商业名称权在法律上的定性，学说上存在分歧。就公权与私权而言，商业名称权为私权，而非公权；就绝对权与相对权而言，商业名称权为绝对权，而非相对权。但是，商业名称权究竟为人格权，或为财产权，抑或为人格权兼财产权，于学说上有下列不同的主张：

一是人格权说，认为商业名称是商主体在营业中表彰自己的名称，实质上与姓名无异，而姓名权属于人格权，因此，商业名称权应属人格权。此种观点的依据是我国《民法典》将法人、非法人组织等主体的名称权界定为"人格权"。

二是财产权说，认为商业名称权是一种主要以财产权为内容的民事权利，权利人取得商业名称权后不但可以为其带来丰厚的经济利益，而且可以基于商业名称权的所有权对其转让、继承、享有利益，属于无形资产的一种。

三是折中说（目前通说），认为商业名称权兼具人格权与财产权的双重性质。其主要理由有两个方面：一方面，商业名称权是商主体表示自己名称所生之权，是商主体具有独立人格的标示，具有人格权的特征；另一方面，商业名称权是商主体在营业中区别于其他商主体营业的重要标示，与商誉相互结合，具有财产价值。

四是知识产权说，认为商业名称是一种无形财产，而商业名称权作为无形财产权应属知识产权的范畴。

（二）商业名称权的权能

商业名称权包括下列四个方面的权能：

第一，专有使用权。商业名称的所有人经登记后取得该商业名称的专有使用权，只有所有人有权使用，其他任何人都不得使用与该商业名称相同或者相似的商业名称。这是商业名称权的首要权能，也是商业名称权的核心内容。

第二，许可使用权。商业名称权人有许可他人使用其商业名称的权利，即可以"出借"或"出租"其商业名称的使用权。

第三，商业名称变更权。各国立法都允许商业名称的变更，只要拟变更的商业名称符合法律规定的条件即可，但须进行变更登记才能发生效力。

第四，商业名称转让权。商业名称转让权是商业名称财产权属性的反映。如前所述，商业名称权人可以转让其商业名称，但多数国家规定商业名称不得脱离营业而单独转让。《德国商法典》第 23 条规定，商号不得与使用此商号的营业分离而让与。《日本商法典》第 24 条第 1 款规定，商号只能和营业一起让与或在废止营业时转让。《韩国商法典》第 25 条也规定，商号只有在废止营业时或者和营业一并转让时，方可转让。

（三）商业名称权的保护

商业名称所有人取得商业名称权后，法律必须对其给予保护，否则商业名称权就会名存实亡。因此，各国都有对商业名称保护的法律规定。

侵犯商业名称权的主要方式是擅自使用他人的商业名称，或者使用与该商业名称相近似的商业名称，从而使公众误认为就是该商业名称。因此，法律对于商业名称权的保护主要体现在两个方面：一是同一商业名称登记的排除。在商业名称的登记机关辖区内，不得再登记与已登记的同行业商业名称相同或者近似的商业名称。二是同一商业名称或类似商业名称使用的排除。未经商业名称权人许可，擅自使用他人商业名称或者使用类似商业名称的，为侵权行为，商业名称权人可以请求停止侵害，并赔偿损失。同时，也可依据反不正当竞争法的规定，请求行为人赔偿损失。

保护商业名称权的立法模式在各国并不统一，通常是同时适用多种法律规范予以保护，如民法、商法、反不正当竞争法及专门法等。我国对于商业名称权的保护没有专门的法律，目前可以适用的法律法规主要包括《民法典》《公司法》《反不正当竞争法》《企业法人登记管理条例》《企业名称登记管理规定》等。此外，国际上还存在保护商业名称的国际公约，其中最主要的是《巴黎公约》。该公约第 1 条、第 8 条、第 9 条、第 10 条中均规定了对商业名称的保护。

第三节　商事账簿与商事审计

一、商事账簿的概念与法律意义

商事账簿是商事主体为记载和表明其营业活动和财产状况，根据会计原则，依法制作的书面簿册。

商法理论中将商事账簿分为形式商事账簿和实质商事账簿。形式商事账簿是指按商事会计法规定所制作的账簿，专指制作账簿，也可以说是狭义的商事账簿。实质商事账簿指商事主体设置的反映商事主体活动的一切账簿，它在内容上不仅包括正式账簿，还包括各种会计报表、年度决算报告及各种财产债务清册，可以说是广义上的商事账簿。本章所称商事账簿，主要是指后者。

商事账簿最初产生于古代埃及，被称为"散式账簿记"。早期商事主体编制商事账簿，只是为自己经营活动的便利，法律上并无强制性要求。随着行会和商事联盟的发展，商事账簿制度逐渐由习惯走向法治化。到了资本主义阶段，经济生活日趋复杂，市场主体之间的联系日趋密切，商事主体的经营状况、财产状况对其他主体乃至市场秩序的影响越来越大，某一商事主体的经营状况已不再是其内部的事。这就在客观上要求商事主体必须编制商事账簿，以对内显示、对外披露其经营状况及财务状况，进而维护商事主体的自身利益、公共利益以及社会交易安全。因此，各国均在其相关法律中规定商事账簿制度，不同程度地要求商事主体建立商事账簿，并对商事账簿的编制规则、内容等加以规范，从而构成当代商法中一个独立、重要的制度。

我国没有制定专门的商事账簿法，有关商事账簿的规定，主要体现在《会计法》《审计法》《企业会计准则》《企业财务通则》以及关于股份有限公司尤其是上市公司财务管理的规定等法律法规中。

符合法律规定条件而制作的商事账簿，具有重要的法律功能，其主要表现如下：

第一，对商事主体自身而言，制作商事账簿可以了解其自身的营业状况和财务状况，以此作为计算盈利、分配利润的依据，并且通过对商事账簿的分析，设计企业的发展战略、发展规划，及时调整经营决策。例如《德国商法典》规定，设置商事账簿是为明确记载自己的商业行为及财产状况。我国《会计法》规定，各会计主体均须按规定设置账簿，并保证会计资料的合法、真实、准确、完整记载。

第二，对交易相对人而言，可以通过商事账簿了解某一商事主体的营业状况、资信能力，并据此对该商事主体的经营能力和发展前景做出判断，进而做出是否与之交易、是否对其投资的决策，以便更好地维护自身的利益。

第三，对股东而言，商事账簿不仅是其掌握企业的财产、营业和盈利状况的依据，还是投资者分取股息、红利以及确定其股权价格和企业剩余财产的依据。同时，在强制信息披露制度之下，商事账簿的相关信息也是公司信息披露的重要内容。

第四，对有关国家主管机关而言，商事主体制作的商事账簿是政府主管部门了解商事主体经营状况，并对其进行财务、物价检查，经营效益考核和审计的主要依据，进而实现对其营业活动的监管（如年度检验），以确保社会公众的交易安全。国家税务部门也以商事账簿作为征纳税款的依据。

第五，在民事诉讼中，商事账簿具有重要的证据效力。英国、美国、法国长期以来不承认商业账簿的效力，现在虽然承认其可以具有法律效力，但必须具备三个条件：由专门负有此项义务的人所记载；须按企业通常的方式记载；是及时记载的。法国、德国、日本等国法律都规定商业账簿必须保存 10 年，在这 10 年内具有法律规定的证据效力。根据我国民事诉讼法，企业账簿如果内容属实，应当是具备证据效力的一种书证，而且比其他证据具有更强的证明力。

现代社会，公司制度的发展使得商事主体的规模越来越大，社会影响力也越来越大，尤其对大型企业而言，其经营已不再是内部的私事，法律为保障交易安全，维护社会经济秩序，以强制性规范规定商事账簿的设立、内容、方法，等等，并赋予商事账簿对内对外的法律效力，使之不仅仅作为商事主体经营决策的重要工具，也是联系商事主体和社会各个利益相关者的重要纽带。法律所规定的信息披露义务的重要方式就是商事账簿的公开和披露，以此克服商事主体与社会公众之间的信息不对称，使得商事主体的行为外在化和公开化，因此，商事账簿制度在现代商法上有着更为重要的制度内涵和意义。

二、设置商事账簿的原则

各国和地区商法对于商事主体是否必须设置商事账簿，采取不同的立法原则。根据其法定要求的不同，大致可分为以下三种：

第一，强制主义原则。大陆法系国家多采此原则。法律既规定商事主体必须设置账簿，又对账簿种类、内容及记载方法有详细规定，还规定政府有关部门对商事账簿制作及其内容进行审查与监督。《法国商法典》第 8 条规定：一切具有商人身份的自然人或法人，均应对影响其企业财产的活动进行会计登记。该法典第二编"商人会计"对于商业账簿的内容和记账方法做出具体的规定。我国澳门特别行政区也采取强制主义原则，《澳门商法典》第 38 条规定：商业企业必须以适合其企业既有组织之方式记账，以便按时序知悉其各项交易，并须定期编制资产负债表及财产清单。

第二，自由主义原则。即法律不直接规定商事主体必须设立账簿，对于商事账簿是否设置，纯粹是商人的自由，法律不干涉。此种立法原则大多为英美法系国家所采用，例如，美国《统一商法典》对商事账簿就没有强制性规定。但是美国 1921 年由国会颁布的《预算和会计法》则具有强制执行的性质。同时，在英美法国家，由会计职业团体和学术团体制定的会计准则对于商事主体设立商事账簿也有一定的约束力。而且，商事主体出于纳税、考核盈亏、破产清算和诉讼上举证责任的需要，通常在实际上都会设置详细的商事账簿。

第三，折中主义原则。即法律上仅规定商事主体有置备商事账簿的义务，但并不规定商事账簿的记载内容、形式和方法，也未规定国家主管机关的监管。另外，从事小规模商事交易活动的商个人，一般均不要求制作商事账簿。日本是此原则的典型，《日本商法典》第 32 条第 1 款规定：商人应制作会计簿册及资产负债表，以明了营业上的财产及损益状况。但对其记载内容和方法，则规定"解释有关制作商业账簿的规定时，应斟酌公正的会计惯例"，法律对此没有硬性规定。

我国《会计法》第 2 条、第 5 条规定，国家机关、社会团体、公司、企业、事业单位、个体工商户和其他组织办理会计事务，必须遵守本法。会计机构、会计人员必须遵守法律、法规，按照本法规定办理会计事务，进行会计核算，实行会计监督。按照《会计法》的规定，我国"实行统一的会计制度"，即由国务院财政部门统一制定关于会计核算、会计监督、会计机构和会计人员及会计工作管理的制度，单位的会计凭证、会计账簿、会计报告以及其他会计资料必须符合国家统一会计制度的规定。我国《公司法》第 8 章对公司财务、会计做了专章规定。依照财政部 1986 年发布的《关于个体工商户账簿管理的规定》，个体工商户必须按税务机关的规定建立、使用和保管账簿、凭证。2006 年财政部修订的《企业会计准则》则对企业的财务会计制度做了基本规定。由上可见，我国要求各类商事主体制作或繁或简的商业账簿，采取的是强制主义原则。

随着经济的发展，自由主义和折中主义的弊端日渐显露，采取该种立法原则的国家也对此予以修正，对商业账簿的编制方法、内容进行积极规范，以适应加强对日益社会化的商事组织的监督的需要。强制主义立法对商业账簿做了较为严格的规范，适应了现代经济生活的需要，因而逐渐成为各国立法的趋势。但即使是采取强制主义原则的国家，法律一般也不强制所有的商事主体都设置商事账簿。哪些商事主体必须设置商事账簿，哪些商事主体不必设置，以及哪些商事主体不必设置全部或是部分商事账簿，法律根据营业规模的大小、征税的便利及保障等，分别做出明确的规定。

现代各国除了在专门的商事法律中对商事账簿制度进行规定，还采取颁布会计准则的方法对商事账簿建立过程中的具体细节问题予以明确，并且出现了会计准则国际化的趋势。1973 年成立的国际会计准则委员会迄今颁布了三十多项国际会计准则。

三、商事账簿的种类

商事账簿主要有三种：会计凭证、会计账簿和会计报表。

（一）会计凭证

会计凭证，指记录商事主体营业活动及收支情况的凭证和证明。根据规定，商事主体在开展经营活动时的货币收付、款项结算、货物进出、财产增减等都必须由经办人取得或填制会计凭证，并以此作为结算的依据。会计凭证所记载的内容必须真实、客观和可靠，任何人不得提供和制作虚假会计凭证。

会计凭证是记录经济业务的发展和完成情况，明确经济责任的书面凭证，是登记会计账簿的依据。真实、准确、合法的会计信息，首先就要以会计凭证为前提。商事主体进行各种业务活动，应由执行人员从外部取得或自行填制会计凭证，以书面形式反映商事主体的经济活动，并在会计凭证上签字或盖章，明确经济责任。经审核无误后，方能作为登记会计账簿的依据。会计人员在登记账簿前必须对会计凭证逐笔审核。同时，法律要求会计凭证上必须由经办人员签字或盖章，以明确责任，确保会计凭证的真实合法。

1. 会计凭证的种类

按其填制程序和作用，会计凭证分为原始凭证和记账凭证两类。

原始凭证，又称单据，是在经济业务发生或完成时取得或填制的，用以载明经济业务实际执行和完成情况，明确经济责任，并作为记账原始依据的一种会计凭证。原始凭证包括购货时取得的发票和结算凭证，付款时由收款人提供的收据及商业主体自己制作的发货单、收货单及收料单。原始凭证是证明经济业务的实际发生和完成的最初书面文件。因此，它是进行会计核算的原始材料。

记账凭证是根据审核无误的原始凭证或原始凭证汇总表编制的、用以记载经济业务的性质、直接作为记账依据的一种凭证。由于原始凭证无法反映其归属的会计科目和记账方向，而且内容和格式不一，不能直接入账，因此需要将原始凭证或原始凭证汇总表归类、整理，并编制成记账凭证。

2. 会计凭证的审核

对会计凭证进行审核，是为保证会计凭证内容的真实性、合法性和正确性，充分发挥会计的监督作用。会计凭证的审核包括形式审核和实质审核。形式审核是审核会计凭证的填制和置备是否符合规定和要求，如内容、项目是否齐全、清楚，记账凭证与原始凭证是否一致等。实质审核是指按有关法律法规规定，审查会计凭证所记录的业务内容的合理性、合法性。

（二）会计账簿

1. 会计账簿的概念和作用

会计账簿，指商事主体的会计人员以会计凭证为依据，按照一定程序和方法制作的，具有固定格式且相互连结的账页所组成的，用以连续、系统、全面记载商事主体各项经营活动的簿册。固定格式的簿册通常由主管部门统一印制而提供。

会计账簿的作用包括：第一，能够提供全面、系统的会计信息，成为会计报表编制的依据；第二，是进行资产评估的基础，便于对商事主体财产物资进行安全与完整的监管，以维护所有者的合法权益；第三，提供经营成果的详细资料，为经营利润的分配和各项计划执行情况的考核评价提供依据，并成为商事主体决策的重要依据；第四，是会计分析的基本资料，为审计检查提供依据。

2. 会计账簿的种类

会计账簿按照用途可分为序时账簿、分类账簿和辅助账簿。

序时账簿，又称日记账，分为普通日记账和特种日记账两种，是按照经济业务发生时间的先后顺序逐日逐笔登记的账簿。常见的日记账账簿有现金日记账、银行存款日记账和转账日记账。登记日记账必须有原始凭证，并根据会计部门收到凭证的先后顺序制作会计凭证并编号，按照会计凭证进行记账。

分类账簿是按照会计科目分门别类登记各项经济业务的账簿，包括总账和明细账，其中总账是按照一级会计科目设置的总分类账，而明细账是按照明细会计科目设置的明细分类账。分类账簿可以分别反映各个会计要素及其构成的内容和增减变化情况。

辅助账簿，又称备查账簿，是对某些在日记账和分类账等主要账簿中不能记载或记载不全的项目进行补充登记的账簿，是某些经济业务中重要的辅助资料，如受托加工材料登记簿、代销商品登记簿。

（三）会计报表

1. 会计报表的概念和作用

会计报表，又称会计表册，指根据会计账簿及其他会计资料，按照统一的格式、内容和方法编制的，以综合反映商事主体在一定时期内（通常是一个会计期间）的生产经营成果和财务状况的一种书面报告和表册。会计报表主要包括资产负债表、损益表、现金流量表、财务状况说明书以及利润分配表。会计报表的编制应当遵循连续性原则、以账簿为根据的原则、真实性原则以及公开性原则。

会计报表是总括性的会计资料，是商事主体总结经营成果和分析财务状况的依据，也是商事主体向股东、社会提供会计信息以及向政府报告财务和经营状况的重要文件。其作用在于系统而有重点地、简明扼要地反映商事主体的财务状况和经营成果，并向商事主体的经营管理机关、投资者、债权人、政府有关部门等会计报表使用人提供必要的财务资料和会计信息。因此，在现代各国中，按规定编制和报送会计报表是商事主体必须履行的法定义务。我国《会计法》第35条规定："各单位必须依照有关法律、行政法规的规定，接受有关监督检查部门依法实施的监督检查，如实提供会计凭证、会计账簿、财务会计报告和其他会计资料以及有关情况，不得拒绝、隐匿、谎报。"

2. 会计报表的种类

按照编制时期是否确定，会计报表可分为定期报表和不定期报表。定期报表是按固定日期编制的会计报表，包括年度会计报表、季度会计报表和月份会计报表。不定期报表是不定期地编制和反映企业日程或特殊情况的会计报表。

按照用途和作用，会计报表可分为主要会计报表和附属会计报表。主要会计报表又称主表，是总结反映企业一定期间的经营成果和财务状况及其变动的报表，其反映的内容简明扼要、重点突出，能够使使用者全面而直观地了解企业的情况，如资产负债表、损益表和现金流量表等。附属会计报表又称附表，用以补充说明主表中某些项目的详细情况，如利润分配表、主营业务收支明细表和应交增值税明细表等。

按照所反映的资金运动状态，会计报表可分为静态报表和动态报表。静态报表是反映企业资金运动处于相对静止状态时的情况的会计报表，如反映企业某一特定日期资产、负债和所有者权益情况的资产负债表。动态报表是指反映企业资金运动状况的会计报表，如反映企业一定期间的经营成果的损益表，反映企业一定会计期间内营运资金来源和运用及其增减变动情况的财务状况变动表等。

按照编制的主体，会计报表可分为个别会计报表和合并会计报表。这种分类是在企业进行对外投资的情况下形成的。个别企业报表是指投资企业或接受投资企业编制的，只反映投资企业或接受投资企业本身的财务状况和经营成果的会计报表。合并会计报表是指投资企业在对外投资占被投资企业的资本总额半数以上（或者实质上拥有被投资企业的控制权）的情况下，根据本企业和被投资企业的个别会计报表编制的，反映投资企业与被投资企业的整体财务状况和经营成果的会计报表。

四、商事账簿的保管

由于商事账簿具有重要的法律效力和意义，各国法律均不同程度地规定了商事主体有保管商事账簿的义务。但对于不同的商事主体，保管的方式和期限规定不一。

多数国家和地区的商事账簿保管实行期限制，即明确规定各种商事账簿应保存的最短期限。德国、意大利、法国、比利时、日本及我国台湾地区均规定为 10 年；西班牙规定的期限较短，为 5 年；荷兰规定的期限最长，为 30 年。还有一些国家采取不确定期限，即规定商事账簿的保存期限根据其他期限确定。比如智利以营业继续时间为准，巴西以债权时效消灭以前为限。

我国对商事账簿的保管也采取期限制，财政部和国家档案局 2015 年修订的《会计档案管理办法》，对会计档案的范围、立卷、归档、保管、借阅、交换、保存期限以及销毁都做了规定。该管理办法规定，会计档案分为永久和定期两种，因账簿种类的不同而有所差别。永久会计档案如年度财务会计报告、会计档案保管清册等永久保存，原始凭证、记账凭证等保存 30 年，月度、季度、半年度财务会计报告保存 10 年。在保管期限内，商事主体应当按照国家有关规定建立档案，妥善保管有关商事账簿，不得销毁、损坏和遗失。如果商事主体未尽妥善保管义务，将被追究严格的法律责任。造成严重后果的，还将追究有关人员的刑事责任。而且根据公司法规定，公司不仅应妥善保管商事账簿，还应按照法律或公司章程的要求及时向公司股东提供商事账簿。

五、商事审计

审计是指由独立专职机构或人员根据职权、授权或委托，对被审计对象的会计账簿进行审查，并依据法律法规、会计规则和审计准则对其真实性、公允性和合法性做出评价的会计监督活动。对商事主体的商事账簿的审计，可以称为商事审计。

根据一般审计原理，我国的审计通常分为国家审计、内部审计和社会审计三种基本类型。国家审计是指国家审计机关和审计人员对被审计单位进行的审计。内部审计是指部门、单位内部的审计机构和审计人员对本单位及下属单位进行的审计。社会审计，又称民间审计，是指依法成立的社会审计机构和审计人员接受委托人的委托进行的审计。商事审计应属社会审计。我国现行法律法规并未明确规定商事审计的概念，但存在关于企业审计和公司审计的制度和规定，其实质上属于商事审计的性质。基于建立和完善我国商事制度的需要，有必要提出和建立我国统一的商事审计的概念和制度。

审计与会计是两种不同但又有联系的社会活动，二者的区别主要在于职能不同。会计的主要职能是管理，审计的主要职能是监督。会计的具体职能是通过审核原始凭证，填制记账凭证，登记总账、明细账，清查资产和编制会计报表等形式对所发生的各项经济业务进行登记、分类、清算和汇总等，并将所形成的会计资料和结果等数字依据提供给管理者和决策者，为经营管理服务。而审计的职能是对审计对象的资产、负债、损益的真实、合法进行核查监督，对被审计企业会计报表反映的会计信息依法做出客观、公正的评价，形成审计报告，出具审计意见和决定，其目的是揭示和反映会计资料和活动的真实情况，用以维护财经法纪，改善经营管理，维护国家、被审计单位、委托人和相关当事人的合法权益。

1. 商事审计的意义

商事审计的重要意义是由商事账簿本身的意义和法律效力决定的，经过审计的商事账簿与未经审计的商事账簿，其作用完全不同，缺少了审计的保障，就不能对商事账簿的真实性、公允性和合法性做出核查和评价，商事账簿本身就失去了其应有的法律意义，无法发挥其应有的功能和作用。商事实践中，商事账簿的审计普遍适用于以下场合：（1）投资者意欲向被审计的商事主体进行投资或受让商事主体的投资权益，需要了解其投资价值和风险时；（2）商事主体的成员为行使和实现其投资权益，需要了解商事主体的经营状况和经营结果时，如股东主张股利分配权；（3）商事主体发生合并、分立、变更、重组和解散、清算时，需要确定商事主体的经营情况、资产价值、债权债务、股东权益；（4）股份有限公司公开发行股份、债券或股票、债券上市时；（5）商事主体对外融资或进行某些特别交易时，金融机构或对方当事人需要确定商事主体的经营状况和债务清偿能力时；（6）核查商事主体的管理人员履行职责的情况，追究其经营管理的责任时；（7）税务机关核查商事主体的实际经营结果，以合理确定其纳税义务和责任时。

2. 商事审计的职能

与一般审计相同，商事审计主要有以下三个方面的职能：

第一，经济监督，是指审计对经济活动运行的真实、正确、合法所具有的监察和督导功能，无论是传统审计还是现代审计，其基本职能都是经济监督。不仅国家审计具有监督职能，社会审计和内部审计也具有监督职能。审计的经济监督职能的具体内容主要是通过审计来监察和督促被审计单位的经济活动在规定的范围内、在正常的轨道上进行；监察和督促有关经济责任者忠实地履行经济责任，同时借以揭露违法违纪、稽查损失浪费、查明错误弊端、判断管理缺陷和追究经济责任等。

第二，经济鉴证，是指对被审计单位会计报表及其他经济资料进行检查和验证，确定其财务状况和经营成果是否真实、公允、合法、合规，并出具书面证明，以便为审计的授权人或委托人提供确切的信息，并取信于社会公众的一种职能。此种职能是随着现代审计的发展而出现的一种职能，并日益显现出重要作用。现代各国十分重视审计的鉴证职能，许多国家明确规定，企业的财务报表必须经过审计鉴证之后，才能获得社会承认。社会各方关系人如股东、投资者、债权人、客户等，都需要了解被审计单位财务报表的公允性和真实性，以便做出正确决策。审计的经济鉴证职能，包括鉴定和证明两个方面。例如，会计师事务所接受企业的委托，对其投入资本进行验资，对其年度财务报表进行审查，或对其合并、解散事项进行审核，然后出具验资报告、查账报告和清算报告等，均属于审计发挥的经济鉴证职能。

第三，经济评价，是指对被审计单位的经济资料及经济活动进行审查，并依据一定的标准对所查明的事实进行分析和判断，肯定成绩，指出问题，总结经验，寻求改善管理、提高效率和效益的途径。审计的经济评价职能，包括评定和建议两个方面。例如，通过审核检查，评定被审计单位的经营决策、计划、方案是否切实可行、是否科学先进、是否贯彻执行，评定被审计单位内部控制制度是否健全和有效，评定被审计单位各项会计资料及其他经济资料是否真实、可靠，评定被审计单位各项资源的使用是否合理和有效等，并根据评定的结果，提出改善经营管理的建议。

3. 商事审计的目标

一是真实性。这是指报表反映的事项真实存在，有关业务在特定会计期间确实发生，并与账户记录相符合，没有虚列资产、负债余额和收入、费用发生额。

二是完整性。这是指特定会计期间发生的会计事项均被记录在有关账簿并在会计报表中列示，没有遗漏、隐瞒经济业务和会计事项，无账外资产。

三是合法性。这是指报表的结构、项目、内容及编制程序和方法符合《企业会计准则》及国家其他有关财务会计法规的规定，存货计价、固定资产折旧、成本计算、销售确认、投资、报表合并基础等方法的改变经过财税部门批准，经过调整后没有违规事项。

四是准确性。这是指准确无误地对报表各项目进行分析、汇总并反映在有关会计报表中。

五是公允性。这是指编制报表时，在会计处理方法的选用上前后期保持一致，各种会计报表之间、报表内各项目之间、本期报表与前期报表之间具有勾稽关系的数字保持一致。

六是表达与揭示。这是指会计项目在资产负债表、损益表及现金流量表中被恰当地分类、描述，并对报表使用者关心或会计报表无法揭示的内容在会计报表附注中予以充分揭示。

4. 商事审计报告

审计报告是审计机构或审计人员在完成某一项审计工作后，向委托或授权者提交的全面反映审计情况、分析结论、评价结果及其处理意见的一种书面报告。根据审计结果和被审计单位对有关问题的处理情况，可以形成不同的审计意见，出具四种基本类型的审计报告：无保留意见的审计报告、保留意见的审计报告、否定意见的审计报告、无法（拒绝）表示意见的审计报告。

审计报告首先是审计工作情况的全面总结汇报，说明审计工作的结果。注册会计师审计目标的实现途径是实施审计程序，而审计目标的实现结果是通过审计报告来反映的。审计报告既反映委托方的最终要求，也反映审计方完成任务的工作质量，还是对被审计事项的评价和结论的集中体现。其次，审计报告是一份具有法律效力的证明性文件。注册会计师的审计行为是依法进行的，审计结果按照法律的规定既要对委托人负责，又要对其他相关的关系人负责。审计报告本身要对被审会计报表的合法性、公允性和会计处理方法的一致性表示意见，各方面关系人以这种具有鉴证作用的意见为基础，使用会计报表进行决策。因此，在审计报告中的审计意见必须具有信服力、公正性和严肃性，具备法律效力。审计报告的法律效力体现在各方面关系人使用审计报告的过程中。最后，审计报告也是一种公开的信息报告。作为信息报告的一种，审计报告不仅可以被审计委托人和被审计单位管理当局按规定范围使用，而且相关的债权人、银行等金融机构、财政部门、工商部门、税务部门和社会公众等都可以使用审计报告，并从中获得对有关项目是否公允公正的反映信息。

第四节　商事登记制度

一、商事登记概述

（一）商事登记的概念

商事登记，也称商业登记，是指为取得、变更或终止商事主体资格，依照法律法规规定的程序，向主管机关提出申请，并由主管机关依法对申请事项审查、登记的一种法律行为和法律程序。换言之，商事登记主要是指商事主体登记。

商事登记是由两方实施但牵涉多方利益的法律行为。首先，它是申请人的申请登记行为和主管机关的审核登记注册行为相结合的一种综合性行为，登记申请人和登记机关是商事登记的具体行为人和当事人；其次，商事登记会产生对外的公示力和公信力，因而会涉及和影响第三人的利益。此外，商事登记也涉及国家对商事主体和商事活动的社会管理以及对商事主体的税收征管、产品质量、卫生安全等的监管。因此，商事登记制度具有双重目标，既要保障私权，又要实现公法控制，需要平衡国家、登记申请人、第三人等多方主体的利益诉求。

商事登记是对商事经营中重要事项或与之有直接关系的事项的记载。登记内容和范围在法律上受到某种程度的限定。根据我国法律的规定，商事登记的必要事项主要有：商号、商事主体的住所、经营场所、法定代表人、经济性质、经营范围、经营方式、注册资金、从业人数、经营期限、分支机构等。

（二）商事登记的特征

第一，创设性。商事登记是一种创设、变更或终止商事主体资格的法律行为。其基本目的在于为商事活动的参加人设立、变更或者终止商事主体谋求法律确认，其效力在于使商事主体取得、变更或终止其商事权利能力和商事行为能力。因此，商事主体资格或其特定商事能力的起始取决于商事登记行为生效的时间。

第二，要式性。商事登记是要式法律行为，主要体现在以下方面：一是商事登记必须依照法定的程序；二是商事登记必须向法定主管机关申请；三是商事登记的内容和事项由商事登记法律以强行性条款规定，申请登记的内容必须符合法律要求；四是商事登记必须采取法定的格式；五是登记行为的生效必须符合法定的条件。

第三，公法性。商事登记是商法的公法性最为集中的体现。虽然商事登记本身属于商法所规范的私法上的行为，但它更多地体现了国家意志，是国家公权力介入商事活动的一种方式。因此，理论上也有把商事登记视为一种公法上的行为，将商事登记制度纳入商事统制法的范畴。

（三）商事登记的意义

商事登记作为国家调整商事交易行为的一个重要手段，对于保障商事主体的合法权益、维护商事交易的安全具有重要意义。具体表现为：

第一，确认商事主体的商事活动资格，保护商事主体的合法营业活动。通过商事登记，核准商事主体的名称、住所、法定代表人、注册资本、企业类型、经营范围、营业期限等，使其取得合法的商事主体资格，并在法律规定和确认的范围内独立从事商事活动，享有商法上的权利，承担商法上的义务，维护自己的合法权益。

第二，公示。商事登记的基本作用不仅在于通过法律程序创制或确定经营性主体，而且在于确认登记事项的效力，向社会公开经营性主体的信用、能力和责任。商事登记便于社会公众了解商事主体的信息和资料，维护交易安全。通过商事登记公示商事主体的经营身份、经营状况、经营能力，确立经营信誉，可以为商事活动的参加人提供交易相对人的准确信息，使其明智地选择和决定自己的交易行为，进而保护交易相对人和社会公众的利益。商事主体的登记事项与事实有实质性差别的，将构成商业欺诈。

第三，有利于国家监督管理，维护良好的社会经济秩序。商事登记可以使国家取得各项必要的统计资料，有利于国家及时了解商事主体的经营状态，有利于对各种不同企业的设立和经营进行必要的国家监督，从而实现国家对商事主体的法律调整和整个国家商事活动的宏观规划，维护良好的社会经济秩序。

（四）商事登记的法律规范

商事登记法律规范是规范商事登记行为，确定商事登记主管机关、登记内容、登记程序等事项，调整商事登记关系的法律规范的总称。

各国商事登记法有形式意义上的商事登记法和实质意义上的商事登记法之分。形式意义上的商事登记法是指以商事登记法命名的统一成文法。实质意义上的商事登记法是指调整商事登记行为的法律规范的总称，即指一切与商事登记相关的法律规定，它不仅包括以商事登记法命名的专门法律，而且包括散见于其他各种法律、法规之中的有关商事登记的规范。在不同法系的国家中，它还不同程度地包括与商事登记相关的法律解释、判例规则和习惯性规范。

我国目前尚未形成统一的人大立法层面的商事登记法,调整商事登记关系依赖众多行政法规。2021 年颁布的《市场主体登记管理条例》在规范市场主体登记管理行为上具有重要意义,该条例自 2022 年 3 月 1 日起施行,《公司登记条例》《企业法人管理条例》《合伙企业登记管理办法》《农民专业合作社登记管理条例》《企业法人法定代表人登记管理规定》同时废止。除此之外,2020 年修订的《企业名称登记管理规定》进一步规范了企业名称登记管理。

二、商事登记管理机关与登记原则

(一) 商事登记管理机关

商事登记的管理机关是指按照商事登记法的规定,接受商事登记申请,并具体办理商事登记的国家主管机构。

各国关于商事登记主管机关的规定并不相同,主要有三种模式:德国、日本等商法规定,法院是商事登记的主管机关,商事登记由地方法院办理;美国、英国等则规定由专门的行政机关办理商事登记;法国与前者均不同,规定法院和行政机关均为商事登记机关,其中法院办理一般商事登记,行政机关办理公司商事登记。

我国采取行政登记主义。根据 2018 年中共中央印发的《深化党和国家机构改革方案》,我国组建了国家市场监督管理总局,履行统一登记市场主体并建立信息公示和共享机制等职责,不再保留国家工商行政管理总局。鉴于该改革已完成,所以本书使用"市场监督管理部门"指称履行统一登记市场主体职责的机关。

(二) 商事登记原则

由于立法基点的差异,各国商事法对商事登记采取了不同的原则。目前,我国立法主要采用如下原则:

1. 强制登记原则

强制登记原则与任意登记原则相对应。强制登记原则含义有二:其一,商事主体的设立、变更和终止必须进行登记。非经登记者不具有商事权利能力和行为能力,不得从事任何种类的商事活动,否则构成非法商事行为。其二,商事登记应就法律规定的商事主体的全部必要事项进行登记,未经登记不发生法律效力。

商事登记是欲从事营业行为者必须履行的行为,即使在采取任意性登记原则的国家,也并不意味着放弃商事主体的商事登记控制,只不过在某些方面放宽了限制,对当事人商事能力资格的确认采取某种弹性规定而已。随着市场经济的发展和国家对商事领域干预的普遍增强,为防止因虚设商事组织导致诈骗行为的发生，现代国家立法逐渐趋向于采取强制登记原则。仍采取任意登记原则的国家，也做了一些补充性规定予以制约，对不进行商事登记的营业者不赋予对抗善意第三人的效力，使不进行登记的营业者处于不利地位。

2. 全面审查原则

全面审查原则要求商事主体提出的登记申请，必须完全依据法律规定的核准登记标准，商事登记主管机关对于必要登记事项依法采取形式审查和注册备案制度，不符合规定的不予登记。登记机关审查的内容主要包括：企业的营业范围是否为法律所禁止或者属于须经有关部门特许的项目；企业是否具备设立的条件，即是否符合法律法规对成员人数、注册资本、组织机构、场所等的要求；企业名称是否符合法律的规定等。

3. 登记公开原则

登记公开原则是指应向社会公众公开商事登记的内容，这是市场"交易公开"规则在商事登记制度中的必然要求。登记公开包括：第一，登记申请公开、真实；第二，登记程序公开；第三，公告；第四，登记事项依法公开。

我国《市场主体登记管理条例》和《企业名称登记管理规定》等法律法规均体现了这一原则，不仅明文规定商事主体进行商事登记须提交的文件及登记与公告等程序，还以法律形式保障了社会公众查阅登记事项的权利。例如，《企业名称登记管理规定》第 19 条规定，企业名称转让或者授权他人使用的，相关企业应当依法通过国家企业信用信息公示系统向社会公示。

三、商事登记的种类和程序

各国商事法对商事登记的种类所做的规定不尽相同。我国《市场主体登记管理条例》及《企业法人登记管理条例施行细则》将企业法人的登记分为设立登记、变更登记、注销登记。《公司法》将登记分为设立登记、变更登记、注销登记、分公司的设立登记。其他商事主体的登记种类与企业法人登记相类似。

（一）设立登记

设立登记是指商事主体的创设人为设立商事主体而向登记机关提出申请，并由登记机关办理登记的法律行为。商事主体的设立登记是所有登记中最基础的类型。我国《民法典》第 77 条规定："营利法人经依法登记成立。"

商事主体的设立登记可以分为商事企业（包括商法人和商合伙）的设立登记和商个人的设立登记。商事企业设立登记的主要事项是：商号、商事企业的住所、营业场所、负责人或法定代表人的姓名、开业日期、经济组织形式、经营范围、经营方式、资金总额、职工人数以及其他有关事项。商个人设立登记的主要事项是：商号、营业地址或流动营业的区域范围、姓名、住所、开业日期、经营范围、经营方式、资本总额、从业人数。除上述内容之外，商事企业或商个人的印章、商店的字牌、银行的账户，甚至法定代表人的签字等，在有的国家都属应登记事项。

各国关于设立登记的程序大同小异。我国的设立登记主要分为五个阶段：

1. 企业名称自主申报

依据《企业名称登记管理规定》，企业名称由申请人自主申报。申请人可以通过企业名称申报系统或者在企业登记机关服务窗口提交有关信息和材料，对拟定的企业名称进行查询、比对和筛选，选取符合本规定要求的企业名称。申请人提交的信息和材料应当真实、准确、完整，并承诺因其企业名称与他人企业名称近似侵犯他人合法权益的，依法承担法律责任。企业登记机关对通过企业名称申报系统提交完成的企业名称予以保留，保留期为 2 个月。设立企业依法应当报经批准或者企业经营范围中有在登记前须经批准的项目的，保留期为 1 年。申请人应当在保留期届满前办理企业登记。

2. 申请与受理

申请是指由商事主体创办人或商事主体提出的创设、变更商事主体或变更商事主体已登记的有关事项的行为。根据商事主体的不同，我国法律规定了不同的申请条件，申请时提交的文件和证件也各不相同。只有符合法定要求，登记主管机关才予以受理。登记机关收到申请人提交的符合规定的全部文件后，应发给申请人登记受理通知书。

3. 审查

审查是指受理登记申请的机关，在接到申请者所提交的申请之后，于法定期限内，对申请者所提交的申请内容，依法进行审查的活动。

从商事登记的历史发展来看，审查可分为三种：其一，形式审查，即登记机关仅对申请是否符合法律要求进行审查，而不对登记事项的真伪调查核实；其二，实质审查，即登记机关不仅对申请从形式上审查其是否合法，而且对申请事项予以调查核实，以保证登记事项的法律效力；其三，折中审查，即登记机关对登记事项有重点地进行审查，尤其对有疑问的事项予以审查，如果发现有不符合法律规定的，则不予登记。但已登记的事项不能因此而推定为完全真实，其登记事项的真伪最终取决于执法机关的裁决。我国目前采取形式审查为主、实质审查为辅的原则。

4. 核准发照

登记机关在收到申请人的申请及相关的材料并予以审核之后，应在法定期限内将审核结果及时通知申请人。对具备法人条件的企业，核发企业法人营业执照；对不具备法人条件的，核发营业执照；对外商投资企业设立的分支机构，核发中华人民共和国营业执照；对外商投资企业设立的办事机构，核发外商投资企业办事机构注册证。我国《民法典》第78条规定："依法设立的营利法人，由登记机关发给营利法人营业执照。营业执照签发日期为营利法人的成立日期。"

5. 公告

公告，即将登记的有关事项，通过特定的公开方式让公众周知。公告具有便于商事交易的进行、便于社会公众的监督、便于保障商事主体的合法权益等作用。商事登记之后，应当及时予以公告。

与商事登记有关的制度还包括证照管理制度。证照管理制度的内容主要有营业执照及其副本不得伪造、涂改、出租、出借、转让、出卖或擅自复印；执照或副本应悬挂在企业住所或主要经营场所；除登记主管机关依照法定程序可以扣缴或吊销外，其他任何单位不得收缴、扣押或损坏等。

（二）变更登记

商事主体登记注册的事项在登记注册后发生变化的，应在法定期限内向原登记机关申请变更登记，未经核准变更登记的，不得擅自改变。我国《民法典》第64条规定："法人存续期间登记事项发生变化的，应当依法向登记机关申请变更登记。"

登记机关对于商事主体变更登记的申请，应进行审查，符合法律规定的，予以变更登记，其审查、登记以及公告的程序与设立登记的同类程序相同。变更登记事项涉及营业执照载明事项的，登记机关应当换发营业执照。

（三）注销登记

商事主体终止营业时，应当向原登记机关申请办理注销登记。我国《民法典》第72条规定，"清算结束并完成法人注销登记时，法人终止"。商事主体在申请注销登记时应提交相关的法律文件。登记机关对于商事主体注销登记的申请，应进行审查，符合法律规定的，予以注销登记，其审查、登记以及公告的程序与设立登记的同类程序相同。同时应撤销注册号，收缴执照正、副本和公章，并通知开户银行。经登记机关核准注销登记，商事主体注销。

四、商事登记的效力

商事登记的效力在法律理论和司法实践中主要涉及两个方面的内容：一是对商事主体的效力；二是对第三人的效力，其中包括未履行商事登记的事项在法律上对第三人的效力及已履行商事登记之事项在法律上对第三人的效力。

（一）对商事主体的效力

各国法律中关于商事登记对商事主体的效力的规定不尽相同，大致可以归纳为如下三种情形：

一是商事登记是商法人获得法律人格的必要条件，未经登记及公告，商法人不能成立，其行为不能被视为商行为。但是，对于商个人和商合伙而言，商事登记仅仅具有宣告性，是其商人身份的法律认可；如果行为人未经登记而从事了商事经营活动，其不享有商人所享有的权利，但必须履行商人应履行的义务。德国、法国、瑞士的商法奉行这一原则。

二是商事登记不是商事主体资格取得的必要条件，未经登记程序，行为人实施了商行为，同样可以享有商人的权利并履行商人的义务。商事登记的作用仅在于保护商号和商事主体的商标等其他与商事主体相关的特殊权利。荷兰等国家的商法奉行这一原则。

三是商事登记是各类商事主体成立的必要要件，未经商事登记程序，行为人即使实施了商事经营活动，也不得享有商人的权利，同时也不必履行商人的义务，该行为可被认定为无效行为。

在我国，根据工商登记法规的规定，商事登记不仅是商法人取得法人资格的前提条件，也是非法人的商事主体取得商事经营资格的前提条件。我国法律严禁未经登记的无照经营行为。

（二）对第三人的效力

合法有效的商事登记，必然对第三人产生效力。但是，登记与公示是密切相连的一个完整的法律行为。考察各国司法实践，登记与公示对第三人的法律效力是一个颇为复杂的问题，主要包括以下三个方面。

1. 必须登记的事项在未履行登记或已履行登记但尚未公告的情况下，对第三人的效力

目前多数国家法律规定，在商事交易中，必须在商事登记簿上登记的事项未履行登记或未予以公告的，任何该必须登记事项的参与人都不得以该事项来对抗第三人，除非第三人已经了解该事项的真实情况。

这一规则的前提是，第三人必须是真正的不知情人，必须对当事人在履行商事登记之前是否已具备商行为能力真正不知晓。由这种不知情推导出，第三人必须是登记相关事项的局外人，而不是参与人；第三人的不知情必须是善意的、积极的，而不能是由于第三人自己的严重过失所导致的不知情。此外，第三人由于不知情而产生的对原有事实的信任是导致其法律行为的直接原因。

2. 应登记事项在得到正确登记和公告之后对行为人和第三人的效力

一些国家法律规定，如果登记事项已经登记并已经公布，该事项对第三人生效。但是，如果在登记事项公布之后的一定时间以内，第三人既不知道，也无责任知道该登记事项，那么，该登记事项对其法律行为不生效力。对于这种不生效

力的有效期限，各国法律都有一个严格的限定。例如《德国商法典》规定的有效期为 15 天。

商事登记公告完成后，第三人享有登记簿及附属文件抄阅请求权。第三人得以正当理由，向登记主管机关请求查阅、抄录、复印登记簿及附属文件。除显无必要者或在限定范围外，登记主管机关不应拒绝。

3. 已登记事项在公告发生差错的情况下对第三人的效力

一些国家法律规定，如果登记事项公告有误，第三人可以针对负有登记义务的登记人，根据已公告之事实为法律行为，除非第三人已经知道公告事实有误。在此，第三人必须是善意第三人，必须是该事项的局外人，不能是该事项的直接参与人。同时，第三人对公告内容之信任必须是导致其法律行为的直接原因。

五、商事登记制度改革

在我国，商事登记制度改革的方向是重新界定政府与社会、政府与企业的权利（权力）边界，加快政府职能转变，创新政府监管方式，建立公平开放透明的市场规则，保障创业创新；改革的目标是实现工商注册制度便利化。

工商登记制度改革的内容主要有：一是放宽公司注册资本登记条件。除法律、法规另有规定外，取消公司最低注册资本限制；取消股东（发起人）的首次出资比例和缴足出资的期限的限制；公司实收资本不再作为工商登记事项。二是将企业年检制度改为年度报告制度，任何单位和个人均可查询，使企业相关信息透明化。建立公平规范的抽查制度，克服检查的随意性，提高政府管理的公平性和效能。三是按照方便注册和规范有序的原则，放宽市场主体住所（经营场所）登记条件，由地方政府具体规定。四是大力推进企业诚信制度建设。注重运用信息公示和共享等手段，将企业登记备案、年度报告、资质资格等通过市场主体信用信息系统予以公示。推行电子营业执照和全程电子化登记管理，与纸质营业执照具有同等法律效力。完善信用约束机制，将有违规行为的市场主体列入经营异常的黑名录，并向社会公布，使其"一处违规，处处受限"，提高企业的失信成本。五是推进注册资本由实缴登记制改为认缴登记制，降低开办公司成本。实行由公司股东（发起人）自主约定认缴出资额、出资方式、出资期限等，并对缴纳出资情况真实性、合法性负责的制度。

与工商登记制度改革相配合，全国人大常委会启动立法程序，于 2015 年对我国公司法的资本制度进行了相应的修改。国务院于 2014 年 8 月 7 日发布了《企业信息公示暂行条例》，正式确立企业信息公示制度。该条例的宗旨是通过一系列有针对性的制度设计，构建统一的企业信息公示体系，使社会公众和政府管理部门、行业组织都能够方便、及时、全面地了解企业信息，努力形成企业"一处违规、处处受限"的信用约束机制，为全社会对企业信用状况进行评价和监督提供制度保障，加快社会诚信体系建设，促进企业诚信自律，营造公平竞争的市场环境。

思考题：

1. 试述商事主体法定原则。
2. 简述商事主体的商事能力及其特殊限制。
3. 简述商业名称权的权能与保护。
4. 简述商事账簿与商事审计的不同法律功能或职能及其相互关系。
5. 商事登记有何法律意义与法律效力？

▶ 自测习题

第三章　商　事　行　为

第一节　商事行为概述

一、商事行为的概念

商事行为，又称商行为、商业行为、营业行为，是指商人经营或从事营利事业的各种营利行为。它是相对于民事行为而言，并与商事主体密切联系的概念。商事行为是商法从一般民事法律中独立出来，形成商法独立性的根本原因。

商事行为是大陆法系国家和地区商法中的一个法定概念。在民商分立国家，商事行为是与民事行为对立的，须受商法法典及其特别法、商事习惯法调整；民事行为则受民法法典及其特别法、民事习惯法调整。这两种行为虽同属法律行为，但在商事行为上称为"商事行为"，在民事行为上称为"法律行为"，其行为所生之法律效果彼此互异。在民商合一国家，商事行为常称为"商业""商事"，通过民法典内部规范体系将商事行为与其他民事行为做出区分。无论采取民商分立还是民商合一立法例，大陆法系国家都注重对商事行为概念予以抽象概括。

因大陆法系国家商事立法模式不同，商事行为的内涵和外延也不完全一样。(1)在以德国为代表的主观主义商法模式下，商事行为是指商人从事其商事经营的全部行为，并且只有商人这一特定主体所从事的经营行为才是商事行为，不过，行为人中只要有一方是商人的法律行为就属于商事行为。商人身份是商事行为的核心，非商人不得从事商事行为。(2)在以法国为代表的客观主义商法模式下，商事行为是指商法规定的各种营业活动。商法仅仅规定营业活动的客观内容，即活动的商事性质，任何人均享有遵循法定要求从事商事营业活动的权利，商事行为是任何主体的营利行为。(3)在以日本为代表的折中主义商法模式下，商事行为既包括任何主体从事的营利性营业行为，也包括商事主体从事的任何营业活动。折中主义商事行为的概念受到主观主义与客观主义的双重影响。

对上述三种传统商事行为概念，本书认为，折中主义模式是较好的选择。主观主义对行为人身份有较强的确定性，但缺乏应有的灵活性，不符合现代社会商事活动普及化、淡身份化的现实需求；客观主义对商事行为的类型做出界定，但客观存在的商事行为不胜枚举，立法难以穷尽。作为两者结合的折中主义是相对符合时代发展需要的选择。

我国至今没有商法典和商法通则，商事行为在我国不是一个法定概念。学理上通常认为，商事行为是指法律主体以营利为主要目的而实施的，并且通常具有连续性的经营行为；企业的经营行为一般被视为商事行为，但明显不以营利为目的行为除外。①

二、商事行为的特征

商事行为是一种特殊法律行为，既具有法律行为的共性，又有其自身的特性。与一般法律行为相比，商事行为具有以下特征：

1. 商事行为是以营利为目的的法律行为

商事行为是一种以营利为目的的经营行为，追求利益最大化。营利目的是指行为人从事行为的着眼点和目标，而非行为的结果。行为最终是否实现了营利或能否营利，不影响对商事行为的认定。营利目的之特性，使商事行为区别于行政行为、司法行为、公益行为以及普通的民事行为等非以营利为目的的行为。② 公益机构、政治组织和宗教机构虽然都可能从事经济活动，但它们不以营利为目的，故其行为不属于商事行为。③ 由于商事行为的营利目的是行为人的内在意思，通常根据其外在表现才能推定和判断，故从理论上看，商事行为乃推定法律行为，在商法实践中常借助于法律推定规则。很多国家立法规定，凡是商事主体实施的行为，即可推定其为商事主体为营业实施的行为，从而成为商事行为。

2. 商事行为是经营性行为

经营性是指商事行为具有连续性、计划性、职业性，它表明商事主体至少在一段时间内连续地、不间断地从事某种同一性质的营利活动，为职业性营利行为。一般认为，经营性应具备五要素：其一，行为以营利为目的；其二，营利性活动的计划性；其三，营利性活动的反复性，一次或者偶尔为之，即使是营利性活动也不构成商事行为；其四，行为人活动的连续性；④ 其五，职业登记性。经营性活动是被纳入国家专门管理的活动，与商事登记密切相关，因此，履行了商事登记的行为可以推定为商事行为。商事行为作为经营性行为，除主要表现为营业行为外，还表现为投资行为，这种投资行为主体包括企业，也包括商个人，其标志是具有经营性特征的连续性。

3. 商事行为是商事主体所从事的行为

各国商事立法通常明确规定：商事主体是以商事行为为业者，而商事行为则是商事主体所实施的营业行为，二者表现出互为因果的关系。关于商事主体与商事行为之间的关系，以法国为代表的客观主义立法主张，商事行为并无特

---

① 参见范健、王建文：《商法总论》，法律出版社 2011 年版，第 212 页。
② 参见范健主编：《商法》（第四版），高等教育出版社、北京大学出版社 2011 年版，第 54 页。
③ 参见王保树主编：《中国商事法》（新编本），人民法院出版社 2001 年版，第 51 页。
④ 参见刘清波编著：《商事法》，商务印书馆 1995 年版，第 14 页。

定的主体限制，一般民事主体皆可成为商事行为的实施者，于此情形，一般民事主体即成为商事主体。以日本为代表的折中主义立法同样存在此情形，商事主体所实施的行为必然属于或可推定为商事行为；任何主体基于任何目的而从事的"绝对的商事行为"亦属于当然的商事行为，①一旦实施此行为，该行为者即为商事主体。由此，我们看到，关于商事行为、商人、营业概念的界定中存在交叉与循环论证的情形，商事行为与商事主体之间不存在严格意义上的互为因果关系。但是，从法律行为的本质来考察，任何法律行为都是特定主体所从事的行为，主体的行为能力对于行为的有效性起着决定性的作用。因此，从这个意义上说，商事行为是具有商事行为能力的商事主体所从事的行为。也正是基于此，一些国家尤其是德国商法系国家或地区的法律明确规定，只有商事主体所从事的行为才能成为商事行为，非商事主体从事的行为则一概不能直接认定为商事行为②。但是日本商法规定，不具有商人身份而从事商事行为的，也有可能被认为属于商事行为而受商法调整。例如，《日本商法典》第 2 条规定："公法人的商事行为，以法令无另外规定者为限，适用本法。"

在我国现行商法模式下，企业作为商事主体可以实施商事行为，一般民事主体亦可以作为商个人实施商事行为。同时，并非商事主体所为的一切行为均为商事行为，商事主体所实施的不以营利为目的之行为不能视为商事行为。③

4. 商事行为是体现商事经营特点的行为

商事行为是以商事经营为内容的法律行为，有时又称为市场行为、交易行为或市场交易行为，其涵盖了商事经营的一些重要特征④：其一，具有较高的技术性。商事经营行为，尤其是票据、保险、证券、信托、公司收购、兼并、重组、电子商务行为，等等，要求行为人不仅要熟悉法律规定，而且要精通操作技术，严格依照相应规范活动。其二，强调公开性。尽管商事主体在经营过程中往往会形成其特有的商业秘密，需要采取保护商业秘密的措施，然而，为维护交易安全（商事交易行为会直接影响交易相对人甚至社会公众的利益，必须以一定的方式使交易相对人或社会公众获得交易对方与交易内容相关的信息）往往颁行确保信息公开的强制性法律规范，如商事登记制度、企业信息公示制度、上市公司信息披露制度等。其三，注重商事效率与外观主义。与民法中强调行为人的真实意思表示不同，商事行为特别注重外观主义，以维护交易安全。商法强调商事行为的简便性、迅捷性，因而往往确立交易形态定型化的行为范式，并采取短期消灭时

---

① 参见范健主编：《商法》（第四版），高等教育出版社、北京大学出版社 2011 年版，第 55 页。
② 参见《德国商法典》第 343 条："商事行为是指属于经营商人的营业的一切行为。"
③ 参见范健主编：《商法》（第四版），高等教育出版社、北京大学出版社 2011 年版，第 57 页。
④ 参见范健主编：《商法》（第四版），高等教育出版社、北京大学出版社 2011 年版，第 56 页。

效（诉讼时效）原则。

5. 商事行为是受法律严格规范和约束的行为

商事行为是法律赋予商人的一种特权行为，即允许行为人为实现营利目的、超越普通社会伦理和社会组织规范而实施法律容忍和法律设定的特权行为。例如营利目的、有限责任、风险投资、对赌协议、专有经营、特许保护等。为了在法律上平衡这种经营特权，法律对商事行为又予以特别约束和规范，赋予行为人特别的义务和责任，如信息公开、公司治理结构中的权力制衡、经营权信托、人格否认、无过错责任、主体法定、主体登记与信息公示制度等。因此，商事行为是受到法律严格规范和约束的行为，并且通常是法律所设定的行为；如果超越了法律赋权与确权，行为人为营利所实施的行为不能认定为商事行为，相反会被视为违法行为。即使是商事经营中的习惯行为，一旦发生争议，只有法律追认其效力，才能成为有效的商事行为。

三、商事行为的分类

鉴于我国现行法律体系中无形式意义上的商法，亦未在立法上确立商事行为的概念，本书以商法理论通说及大陆法系国家、英美法系国家商法为依据，将商事行为做如下划分①。

（一）单方商事行为与双方商事行为

根据商事行为的双方是否均为商人，将商事行为分为单方商事行为和双方商事行为。

单方商事行为，亦称混合交易行为，是指行为人一方为商事主体而另一方不是商事主体所从事的行为。销售商与消费者之间的买卖行为，银行与储户之间的存款行为等均属此类。关于单方商事行为的法律适用，各国商法的规定不尽相同。大陆法系国家商法通常规定，只要行为人中有一方是商事主体，则交易双方都应适用商法。英美法系国家商法则规定，若行为人中只有一方是商人，则该商人适用商法，作为另一方的非商人不适用商法。

双方商事行为是指当事人双方都作为商事主体而从事的行为。这类行为必然应适用商法，其法律性质及法律适用，在各国理论与实践中均无争议。

（二）一般商事行为与特殊商事行为

根据商法对商事行为进行调整的共性和特性的不同，将商事行为分为一般商事行为和特殊商事行为。

---

① 参见范健、王建文：《商法学》，法律出版社 2007 年版，第 46—47 页。

一般商事行为是指在商事交易中具有共性，并受商法规则调整的行为。① 它主要涉及商事物权行为、商事债权行为、商事交易结算行为、商事给付行为、商事交易中的谨慎义务等。一般商事行为实际上是关于商事行为的一般规则，在商法典中应当归于商事行为通则的范畴。

特殊商事行为是指在商事交易中具有个性，并受商法中的特别法（专门法、单行法）或特别规则调整的商事行为。特殊商事行为产生的基础在于商事交易具有特殊性以及商法对不同类型商事交易调整的特别需求。传统商法理论中的特殊商事行为主要分为商事买卖、商事运输、商事仓储、商事担保、商事代理、商事居间、商事行纪、商事保险、海商、商事票据、商事证券等；随着社会的发展，特殊商事行为在传统的基础上有了更新的发展，如期货、银行、信托、基金交易、融资租赁、信息咨询、特许经营、连锁经营、电子商务等。

（三）绝对商事行为与相对商事行为

根据行为的客观性质和是否附加条件为标准，将商事行为分为绝对商事行为和相对商事行为。

绝对商事行为，亦称客观商事行为，指仅根据行为的形式或性质以及法律的规定而必然确定为商事行为的行为。其行为的性质不因行为人的身份和行为方式的不同而变化，即无论行为人是否为商事主体，也无论是否以营业的方式进行。绝对商事行为是客观主义商法的产物，是客观主义商法理论在商事行为制度中的具体体现。绝对商事行为只能由法律限定列举，不得进行法律上的推定解释。一般情况下，许多国家都规定，投机性买卖行为、票据行为、证券交易行为、融资租赁行为、保险行为、海商事行为等都属于绝对商事行为。

相对商事行为，亦称主观商事行为、营业商事行为，它是指在法律所列举的范围内，仅由商人实施或仅基于营利性目的实施时方可认定为商事行为的行为。行为的主观性、行为的自身性质、行为人的身份都可成为认定商事行为构成的要素。相对商事行为的基本特征在于其性质具有相对性或条件性。若行为主体或行为目的不符合法定条件，则该行为只构成一般法律行为，只能适用民法的一般规定，不能适用商法。由此，相对商事行为被视为主观意义上的商事行为，而主体的商人资格与行为的营利性是主观认定的依据。

（四）基本商事行为与辅助商事行为

依据商事行为在同一经营活动中引起商事关系成立的作用不同，将商事行为分为基本商事行为和辅助商事行为。

---

① 参见范健主编：《商法》（第四版），高等教育出版社、北京大学出版社 2011 年版，第 58—59 页。

基本商事行为是指直接从事经营的商事行为。它是绝对商事行为和相对商事行为的总称，并且构成了商事主体与商事行为概念的基础。传统的基本商事行为主要为"直接媒介商品交易"的行为，如买卖商事行为，又被称为固有商事行为。随着经济的发展，基本商事行为的概念得到了明显的扩大，如旅馆、饭店、娱乐业等本为间接商品交易、直接提供服务的行为，也被视为基本商事行为。

辅助商事行为，又称附属商事行为，是指行为本身并不直接达到商事主体欲达到的营利目的，但能对以营利为目的的商事行为的实现起辅助作用的商事行为，它是依附于商人身份及其他商事行为的商事行为，如代理行为、广告行为等。[①]

（五）必然商事行为与推定商事行为

依据商事行为的认定由法律直接规定还是需根据行为性质推定的不同，将商事行为分为必然商事行为和推定商事行为。

必然商事行为又称固有商事行为，是指由商事主体实施的经营行为，或商法典明确列举规定，即便非商事主体实施亦应认定其商事行为性质的行为。在商法规范完备的情况下，对商事行为的认定都可直接依据法律的规定。

推定商事行为又称准商事行为，是指不能依据商法规定直接认定，必须在商法规定或事实的基础上加以推定才能确认其性质的商事行为。推定商事行为通常与行为主体的营利性经营行为有联系，如非商事主体以营利为目的而从事的咨询服务、信息服务等均属此类。

四、特殊商事行为规则

特殊商事行为，又称具体商事行为，是与一般商事行为相对应的概念。特殊商事行为产生的基础是不同类型商事行为内在的特殊性以及商法对不同类型商事行为法律调整的特别需求。综观各国商事立法，对特殊商事行为的调整在立法技术上一般采用两种方式：一是商法典与商事单行法并行模式，即在商法典中主要规定传统的特殊商事行为，另以商事单行法规定新型的特殊商事行为；二是基本由商事特别法或商事专门立法调整，即在未制定商法典的国家，特殊商事行为由商事单行法调整。[②]

特殊商事行为在发展中形成了具有自身特色的规则和制度。特殊商事行为通常包括商事买卖、商事行纪、商事运输、商事仓储、商事居间、商事期货、商事信托、商事票据、商事保险、海商、商事特许经营等内容。我国对商事票据、商事信托、商事保险、商事特许经营和海商等特殊商事行为已有专门立法，下面简

---

① 参见范健主编：《商法》（第四版），高等教育出版社、北京大学出版社2011年版，第58页。
② 参见范健主编：《商法》（第四版），高等教育出版社、北京大学出版社2011年版，第60页。

要介绍几种在本书其他章节中未直接涉及的特殊商事行为及其规则。

（一）商事买卖

商事买卖是商法中重要、常见的特殊商事行为之一，它是指出卖人转移标的物的所有权于买受人、买受人支付价款的商事法律行为。在各国商法中，商事买卖以民事买卖为基础和出发点，但与民事买卖不可相提并论，二者在买卖的概念、性质、对象以及原则等方面不尽相同。在民商分立的大陆法系国家，其商法典从保护商事交易迅速、明确、安全的角度出发，通常都对商事买卖行为进行特别规定，以区别于一般的民事行为，内容主要涉及商事买卖中的迟延责任、商事买卖中给付标的物瑕疵责任等特殊性问题。我国至今没有制定专门的商事买卖法，我国《民法典》合同编第九章"买卖合同"可以视为我国现行法律中关于买卖的专门规定，但没有区别商事买卖和民事买卖，没有对商事买卖做出有别于一般民事买卖的特殊规定，商事买卖规则在立法上也不完善。[①] 商事买卖规则主要有严格限制商事买卖合同中的免责条款、最大限度自治和简约、保护普通民众、无过错责任、短期时效等。

（二）商事代理

商事代理是最基本的商事行为之一，有狭义和广义之分。狭义的商事代理是指具有商人身份的人以自己的名义或以委托人的名义，为委托人买卖或提供其他服务，并从中获取佣金的营业性活动；广义的商事代理还包括商业雇用人对企业的代理活动，如经理或其他雇员的代理。[②] 从行为角度考察，商事代理指在商事交易中，代理人在代理权限内，以被代理人的名义实施法律行为，并由被代理人承担其结果的商事行为。[③] 商事代理以民事代理关系为其法律关系的构成基础，但在主体、客体和内容上与民事代理存在一定的差异。这种差异在大陆法系的不同国家中又存在区别：以商事主体为立法中心的国家，强调代理商的资格；以商事行为为立法中心的国家，则强调行为的营利性。[④] 商事代理的特点和规则主要体现在以下三点：

第一，商事代理可以为非显名代理。民事代理制度一般要求代理人在实施代理行为时应显示被代理人的名义，否则不发生代理的法律效力。而商事代理规则并无此要求，商事行为的代理人在实施代理行为时，即使不显示被代理人的名

拓展阅读

天津市长芦盐业总公司与中国铁路物资沈阳有限公司买卖合同纠纷二审民事判决书

---

① 参见范健主编：《商法》（第四版），高等教育出版社、北京大学出版社2011年版，第61页。

② 参见徐强胜：《商法导论》，法律出版社2013年版，第350页。

③ 参见范健主编：《商法》（第四版），高等教育出版社、北京大学出版社2011年版，第61页。

④ 参见范健主编：《商法》（第四版），高等教育出版社、北京大学出版社2011年版，第61页。

义，其行为的结果仍对被代理人发生代理的法律效力。

第二，商事代理权的存续基于营业存续。民事委托代理建立在本人与代理人之间的信赖关系基础之上，具有严格的人身属性，其代理权的存续以本人的存在为要件。但是商事行为的代理权与民法上的代理权不同，其实质是营业的代理，甚至是企业组织的一部分，故而只要营业存续，代理权就不随本人的死亡而消灭，代理人在营业主死亡后当然地成为其继承人的代理人，不需要实施新的授权行为。① 授权行为的基础法律关系不局限于委托，还包括雇用和合伙的情形。商事代理人既可以是商人（代理商为受托人的情形），也可以是非商人（代理商是营业辅助的情形）。② 但非商人委托商人实施商事行为的情形一般不适用于上述商事行为代理权存续的规则。

第三，商事代理权的权限较大。民事代理人负有善良管理人的注意义务及按本人所授权的意思处理代理事项的义务。我国《民法典》第 162 条规定："代理人在代理权限内，以被代理人的名义实施的民事法律行为，对被代理人发生效力。"换言之，民事行为代理的权限仅在本人授权的范围之内，而对于商事行为代理权的权限、范围，多数国家规定：商事行为的代理，在不违背被代理人授权意思的范围内，可以实施未被委托的行为。据此，本书认为，商事行为的代理人可以根据商事交易的变化而采取灵活的措施来行使其代理权。

（三）商事居间

商事居间是指商事主体为获取一定的报酬（佣金）而从事的为委托人与第三人订立合同提供缔约机会或进行介绍，以促成合同订立的行为。居间人出现于古罗马时代，但那时的居间行为以官方行为为主。随着资本主义经济的发展，商事居间在 19 世纪兴起，并逐步取代具有官方性质的居间行为。与代理一样，商事居间以民事居间关系为其构成和存在的基础，但两者在主体、客体和内容方面都存在差异，这种差异产生的根本原因在于，作为商事行为，商事居间的营利性导致其行为的构成、行为的有效性以及行为的后果等方面有别于民事居间。

（四）商事行纪

商事行纪是指商事主体以自己的名义为委托人购买或销售货物、有价证券等，由此获取报酬，并以此作为职业性经营的行为。从行为角度考察，行纪行为是大陆法系国家商法中的一种典型商事行为。在民商分立的国家，只有商法典才规定行纪商或行纪商事行为，而民法典并无关于行纪的规定。

---

① 参见［日］田边光政：《商法总则：商行为法》，日本新世社 1999 年版，第 175 页。

② 参见［日］酒卷俊雄、庄子良男：《商行为法》，青林书院，第 43—44 页；［日］服部荣三等：《商法通则：商事行为法》（第 4 版），日本评论社 1997 年版，第 93 页。

商事行纪与代理、居间不同，具有自身的特殊规则：其一，商事行纪人以自己的名义从事贸易活动，以自己的名义作为合同当事人，法律后果由行纪人自己承担。而在一般的民事代理行为中，当事人通常是以委托人的名义进行活动的，其法律、经济后果归属于委托人。其二，商事行纪人为委托人从事贸易活动，因交易所产生的经济上的损益全部归属于委托人。

拓展阅读

陶某某与上海中原物业顾问有限公司居间合同纠纷上诉案

（五）商事留置

商事留置是指在双方商事行为中，债权人为了实现其债权，留置债务人的物或有价证券，并在其不履行义务时，变卖或对标的物折价以受偿其债权的行为。

商事留置权与民事留置权均因债权而产生。但两者之间存在明显的区别：民事留置权是基于衡平原则，即为了平衡债权人和债务人之间的关系，规定被担保的债权和留置的标的物必须具有牵连关系，也就是只有当因物产生债权而不获清偿时，才能行使对该物的留置权；商事留置权对这种牵连关系并没有特别要求，商法上并不要求主债权与留置权必须存在牵连关系。这主要是考虑到商人之间交易的持续性特点而认可流动性的担保。

（六）商事保证

商事保证是指在商事经营中，保证人和债权人约定，当债务人不履行债务时，保证人按照约定履行债务或者承担责任的行为。商事保证与普通民事保证不一样，必须是为商事经营活动提供的保证，保证行为中至少有一方必须是商人。与普通民事保证相比，商事保证有其特殊规则：

（1）商事保证的独立性。民事保证通常以存在主债权债务关系为前提，商事保证不以主债权的存在为条件，如公司董事对公司信息披露真实性的担保；或者虽有主债权，却不因为主债权消灭而当然失效，如票据的保证。

（2）商事保证的单独性。在民事保证中，担保权是一种相对权，即保证人必须与债权人签订保证合同而成立保证关系；在商事保证中，保证人不需要与债权人订立合同就可以成立保证关系。①

（3）商事保证形式的严格性。商事保证通常在形式上有一定的格式要求，属于要式合同。例如票据的保证，须严格按票据法规定的格式和内容在票据或粘单上进行记载。

（4）商事保证的保证人通常无先诉抗辩权。在一般民事保证中，保证行为通常为一般担保，保证人享有先诉抗辩权。在商事保证中，一些国家商法明确规定

---

① 参见王保树主编：《中国商法》，人民法院出版社 2010 年版，第 99 页。

商事担保为连带担保，商人作为保证人不享有先诉抗辩权。

（七）商事债权的时效制度

商事债权的时效是指商事债权失效的权利性质和失效的时间计算。各国法律都不同程度地规定商事债权的时效制度严于民事债权的时效制度。例如我国《民法典》规定，债权人在时效期间内未行使权利，将会丧失胜诉权，但不因此消灭实体权利。但我国《票据法》则规定，如果持票人没有在时效期间内行使票据权利，票据权利将会消灭。① 又如，一些国家法律明确规定商事债权的时效期间通常短于民事债权的时效期间。

（八）商事信用

商事信用是英美法系国家商法的概念，指在商品销售、提供服务、提供贷款等商事交易中取得商品、接受服务或贷款的一方，同意在规定的未来某日期支付货款、服务报酬、贷款本息的承诺。这种承诺代表一种保证，体现了信守诺言的行为。西方社会流行的记账买卖就是一种简单的商事信用。当然，目前的商事信用更多地与信用担保联系在一起。尽管我国现实社会中存在商事信用，但该方面的商事规则和立法尚不健全。

（九）融资租赁

融资租赁是在传统民事租赁行为基础上发展起来的一种商事行为，是指出租人和承租人双方商事主体约定，出租人根据承租人的决定，向承租人选定的第三人（供货方）购买承租人选定的物品，然后将其租给承租人长期使用，以收取承租人支付的租金的方式来收回投资的一种商事行为。

融资租赁实质上是将传统民商法中的买卖行为、租赁行为、金融信贷行为三者合为一体而创造出的新的商事行为。它是在传统民商法律行为基础上发展起来，集融资与融物、贸易与技术更新于一体的新型商事行为，代表着特殊商事行为在当代的发展。现代西方发达国家对融资租赁一般有专门立法，而我国有关融资租赁商事行为的规则，主要规定在《民法典》合同编第十五章"融资租赁合同"之中。②

（十）商事仓储

商事仓储是由商事主体所从事的仓库经营，即保管人对存货人交付的仓储货

---

① 《票据法》第 17 条第 1 款规定："票据权利在下列期限内不行使而消灭：（一）持票人对票据的出票人和承兑人的权利，自票据到期日起二年。见票即付的汇票、本票，自出票日起二年；（二）持票人对支票出票人的权利，自出票日起六个月；（三）持票人对前手的追索权，自被拒绝承兑或者被拒绝付款之日起六个月；（四）持票人对前手的再追索权，自清偿日或者被提起诉讼之日起三个月。"

② 参见范健主编：《商法》（第四版），高等教育出版社、北京大学出版社 2011 年版，第 63 页。

物进行储存和保管的商事行为。大陆法系国家商法典中，仓储是一种典型的商事行为，但这一商事行为是以民法中的寄托行为理论为基础的。在传统商法中，仓储包括仓储和保管，两者在立法上未做十分严格的区分。我国《民法典》合同编将保管和仓储分别立法，第二十一章和第二十二章分别规定了"保管合同"和"仓储合同"，强调二者之间的区别。仓储合同自成立时生效，仓储合同没有规定的，通常适用保管合同的有关规定。

（十一）商事运输

商事运输包括货运和旅客运输。商事货运是以特定的标的物为运输对象的特殊运输商事行为，是运输交易中的基本行为方式。这种商事行为是一般运输商事行为的基础，并与其他的运输商事行为，如客运商事行为等，保持着密切的联系。商事货运是典型的商事行为，是商法调整的对象。旅客运输是指承运人将旅客从起运地点运输到约定地点，旅客、托运人或者收货人支付票款或者运输费用这样一个完整连续的行为。旅客运输是一种特殊的商事行为。由于旅客运输涉及人身问题，因而在很多国家，它不仅由商法调整，而且更多地涉及民法、旅客运输法、交通法等法律法规。在一些没有制定统一运输法的国家，常常将运输法中的基本原则规定在货运行为之中。我国《民法典》合同编并未对货运和旅客运输做出严格区分并分别立法，而是将这两方面的问题统一规定在第十九章"运输合同"之中。

第二节 营 业

一、营业概述

（一）营业的概念和特点

"营业"是指运营中的营利事业，既包括组织和经营活动，也包括财产关系。营业可以分为主观营业和客观营业。主观营业指各种营利事业之经营活动，这种活动不仅具有连续性、计划性、同类性等特点，还附有规则性、制度性，并可附属特定的财产，即营业财产。营业财产即客观营业，指营业所依赖的财产或资产。

营业是以相对完整的规则体系，即"营业制度"表现出来的一种特殊形态的商事行为。由此，其相关制度主要包括营业构成、营业权、营业自由与限制、营业场所、营业资产、营业转让等。

在商法理论中，"营业"是重要的概念之一，它与商人概念及商事行为概念几乎具有同等的地位，正是营业概念的桥梁作用使商人概念与商事行为概念有机地结合起来。这一特点，从以往大陆法系商法典立法中关于商人和商事行为概念的界定中清晰可见。

与一般商事行为概念不完全一样，营业是更为系统化和体系化的商事行为制度，它将行为与资产有机联系起来，构成了商事行为的资产与资本价值。

营业具有以下特点：

第一，营业是与商事主体联系在一起的概念，并且只能是商事主体所从事的组织行为。非商事主体基于特别法律之规定从事营业活动，就活动本身而言，应适用商事主体关于营业的规则。

第二，营业的内容不仅仅应该遵守法律，而且应该为人知悉、不违背善良风俗。

第三，营业可以成为权利的客体，即与营业财产合一，具有财产属性，可以增值和贬值，可以转让、出资、租赁、担保等。

第四，营业是综合性行为，既包括商事主体的具体经营行为，也包含商事主体的组织管理行为。

作为一个法律术语，"营业"之内涵将随着时代变化而不断丰富。

（二）营业权

营业权是指商事主体基于平等的主体资格和营业机会，自由选择特定商事领域进行经营，从事以营利为目的的活动而免受国家法律之外的不合理限制和其他主体干预的权利。[①] 它是商事主体因营业而产生的受法律保护的权利，具有概括性、变动性和外向性的特点。由于我国至今没有关于营业的专门立法，因此在我国，营业权不是一个法定权利，而是一种推定权利，通常，各国是通过竞争法、行政法和侵权法等对营业权进行调整的。

营业权的核心内容是营业自由及其保护，具体而言，包括营业机会平等享有的自由、营业资格取得的自由、营业进入与退出的自由、营业领域选择的自由、营业事项自主设定的自由、营业方式自我决定的自由、经营管理独立决策的自由以及营业侵权有效救济方式选择的自由，等等。[②]

（三）营业权的保护

营业权的保护可分为宪法保护、民法保护、竞争法保护、刑法保护。

就宪法层面而言，营业权是现代社会的基础性权利，它兼容人格权和财产权双重权利特征。营业权保护是宪法的一项重要内容，在大多数国家的宪法中已得到普遍的承认，营业权的法定化已使营业权成为一项不容置疑的基本人格权和财产权。由于历史的特殊原因，中华人民共和国成立以来的宪法性文件对"营业

① 参见肖海军：《营业权的提出与理论意义》，《岳麓法学评论》（第 7 卷），湖南大学出版社 2012 年版，第 66 页。

② 参见肖海军：《营业权论》，法律出版社 2007 年版，第 43—46 页。

权"未做规定，但是，我国现行《宪法》中"国家保护个体经济、私营经济等非公有制经济的合法的权利和利益。国家鼓励、支持和引导非公有制经济的发展，并对非公有制经济依法实行监督和管理""公民的合法的私有财产不受侵犯"等规定，一定程度上体现了国家在保护人格权和公民财产权的同时，对财产取得过程中的营业权提供保护。

营业权的民法保护主要是由《民法典》侵权责任编提供的。对于相互间不存在竞争关系的商事主体产生营业权上的损害的，可以依照《民法典》侵权责任编的规定进行救济。

营业权的竞争法保护主要是通过反不正当竞争和反垄断法对相互间具有竞争关系的商事主体的不正当竞争和垄断行为而进行的法律调整。对此，我国1993年颁布的《反不正当竞争法》与2007年颁布的《反垄断法》都有相应的明确规定。

营业权的公法保护还可以体现在刑法上，当行为人采取犯罪手段侵犯商事主体的营业权时，权利人可以依据《刑法》规定，通过国家强制手段追究行为人的责任。

根据我国现行法律，对营业权的侵权行为，既可以追究民事责任，也可以追究行政和刑事责任。

二、营业资产

（一）营业资产的概念

营业资产，又称营业财产（即客观意义上的营业），是指商事主体所拥有的、基于营利目的而形成的并用于营业活动的全部财产。[①] 营业财产包括不动产、动产、债权及债务、有形资产及无形资产等。在商法上，营业资产对商事营业活动的存在及其独立性具有独特的价值和意义。

（二）营业资产的特征

营业资产具有特殊的法律属性：其一，营业资产具有财产属性，也称资本属性；其二，营业资产的价值实现既取决于财产，更依赖于营业；其三，营业资产具有整体性、确定性、可转让性特点，但可流通性常常成为评价资产优劣的标志。

营业资产的另一法律特性在于其具有独立性，即：独立为实现特定营业目的而结合；独立构成特定化资产；独立资产价值大于各项财产累加的价值总和；独立于资产权利人的其他财产。

---

① 参见邹海林、张辉：《商法基础理论研究的新发展》，中国社会科学出版社2013年版，第179页。

（三）营业资产的分类

营业资产通常可以做出如下分类：

（1）有形财产与无形财产。这是从资产的静态状态考察所做出的分类。前者是具有物理外观的财产，如商品、现金、有价证券、器具、原材料等。后者包括商誉、商业名称、商业秘密、客户资源、知识产权和地理位置等。

（2）积极财产与消极财产。这是从资产与负债角度所做出的分类。积极财产包括物（不动产、动产等）、权利（物权、债权、专利权、商标权、著作权等）、无形资产（商业秘密、商誉、客户资源等）；消极资产包括营业过程中各种负债形成的资产。

虽然营业资产由积极财产和消极财产构成，但它并不单纯是这些财产的简单集合，它是为实现一定的社会活动目的而组织起来的有机统一体。因此，它不仅是物和权利，还包含了由营业活动积累起来的各种事实关系，如商誉、客户关系、商业秘密等，其价值高于各种财产的总和。[1] 营业资产的无形状态，常常是最有价值的，导致财产溢价的部分是"信用"[2]。

三、营业转让

营业转让是大陆法系国家商法典中通常规定的一项专门制度。我国没有营业转让的专门立法，对与营业转让相类似的公司转投资、公司合并、公司分立、企业资产转让等涉及资产流动的事项，由公司法和企业法等分别调整，最高人民法院也发布了与此相关的司法解释。

（一）营业转让的概念

营业转让是指商事主体将其所拥有的组织化的营业全部或者部分转让给受让人的行为，它既包括经营者地位的转移，也包括营业财产的转让，其实质是特定经营权的让与。

（二）营业转让合同

营业转让合同是指出让人与受让人之间基于意思自治原则就营业转让中的标的、权利、义务等事宜做出的合意约定。营业转让合同属无名合同，其具有与一般合同不同的特点。

1. 营业转让合同的客体

营业转让合同的客体（即"标的物"）是营业资产，营业资产作为被转

---

① 参见［日］龙田节：《商法略说》，谢次昌译，甘肃人民出版社1985年版，第22—23页。

② 参见［日］松波仁一郎：《日本商法论》，秦瑞玠、郑钊译述，中国政法大学出版社2005年版，第42页。

让财产，其整体性、不可分割性是转让合同客体特殊性的重要标志，它包括不动产、动产、知识产权、区别性标记、商誉及其他商事人格权、各种有价值的事实关系，也包括作为营业转让客体必须具备的构成要素。对上述财产的任何一部分的单独转让，都不能构成营业资产的转让，也不构成营业转让。将营业资产作为一个整体进行转让的行为，是营业转让的本质特征，符合企业维持的原则。相比之下，我国《民法典》规定的合同客体则通常仅指狭义上的物，一般不包括知识产权等无形财产权，也不包括事实关系，更不包括整体性要素。

2. 营业转让人的义务

（1）营业转让义务。营业转让人应当履行转让营业资产的义务。由于营业资产的构成复杂，营业转让人在转让营业资产时，要根据构成营业资产的各种财产形态，分别履行财产转移义务，并办理相关手续。比如在物和权利的移转中，动产交付，不动产、商号、知识产权的移转，商业秘密传授，及上述权利的变更登记，有价证券的交付及其必须履行的名义交换，债权人对债务人的通知与承诺，转让人和第三人此前订立的劳动合同、聘任合同、销售合同、借贷合同等，伴随营业转让而同时转让给受让人，但须得到这些合同的对方当事人的同意。[1] 营业转让不同于买卖合同标的物的转移，转让人不仅需要转移构成营业的一切财产，而且负有转移构成营业的一切事实关系的义务。[2]

（2）竞业禁止义务。营业转让人的竞业禁止义务，是指在一定的时间和区域内营业转让人不得经营与所转让的营业相同或类似的活动。营业转让是营业的整体出让，包括有形资产和无形资产，如商业信用、客户资源、商业秘密、专利技术等，如果不禁止转让人经营相同或相似营业，就会导致受让人利益受损，受让目的落空，导致营业转让制度失去价值。因此，多数国家将营业转让人的竞业禁止义务规定为法定义务。在我国，营业转让人的竞业禁止义务还不是一个法定义务，只能由转让双方通过合同约定予以强制性约束。

（3）营业的瑕疵担保义务。由于在营业转让合同履行过程中，受让方因受到专业技术等多种因素限制，常常难以在较短时间内了解受让营业的全部真实信息，为维护交易安全，转让人除了对受让人履行移转营业的义务外，还应承担对所转让营业的瑕疵担保义务，包括物和权利的瑕疵担保义务。在我国，这类义务也主要通过合同约定予以强制性规定。

3. 营业转让合同中的第三人保护

营业转让合同中的第三人主要是营业的债权人、劳动者等及与营业转让有法

① 参见王保树主编：《中国商法》，人民法院出版社 2010 年版，第 75—76 页。
② 参见朱慈蕴：《营业规制在商法中的地位》，《清华法学》2008 年第 4 期。

律上利害关系的人。原则上，营业转让合同是双方法律行为，根据合同的相对性，不具有对外效力。然而，营业转让是营业资产的一体性移转，事实关系的移转也是转让人的义务，因此，营业转让必然会涉及第三人的利益，转让过程中的不公平条款会使第三人的利益遭受损失，所以需要予以特别关注。对此，多数国家也都明确规定了与第三人权利保护有关的条款，不过，我国在这方面处于立法空白状态。

第三节　连锁经营与特许经营

一、连锁经营概述

（一）连锁经营的概念

连锁经营是指若干商事主体在商品销售营业中，通过共同取得同一特许经营权、使用统一商号等方式，经营同类商品、接受同一货源、进行统一管理、共享规模效益，但各自分散独立核算经营的一种现代商业经营模式。连锁经营是一种特殊的商事行为。

连锁经营于19世纪中叶首创于美国，随后很快影响到欧洲、日本等地。20世纪三四十年代，连锁经营已经在世界许多国家得到较为普遍的发展。连锁经营在我国起步较晚，20世纪80年代中期，伴随商业体制改革才被引入我国。但此后发展迅速，目前已成为我国主要商业经营模式之一。

不同国家、国际组织创立的规则对连锁经营做出了不同的定义。我国自1997年以来颁布的涉及连锁经营的多部行政法规、规章、文件中都不同程度对连锁经营概念下了定义，彼此也不尽相同，并由此导致连锁经营的法律内涵和外延、法律关系的构成也不尽相同。

我国关于连锁经营的立法主要有：1997年国内贸易部印发的《连锁店经营管理规范意见》，2002年国务院体改办、国家经贸委发布的《关于促进连锁经营发展的若干意见》，2009年文化部颁布的《网吧连锁企业认定管理办法》，2010年中华全国供销合作总社制定的《农村日用消费品连锁经营网络规范》《农业生产资料连锁经营网络规范》等。

（二）连锁经营的分类

不同国家因不同商业习惯对于连锁经营有不同的分类方式。在我国，实践中习惯依据经营权和所有权之间的集中程度作为标准，将连锁经营分为直营连锁、特许连锁和自由连锁三种类型。

直营连锁又称正规连锁，是指由连锁总部直接投资、经营、管理各个连锁分店的连锁经营模式。直营连锁的所有权和经营权集中统一于总部，总部对全部连锁企业实施集中领导、统一标准化经营管理，在经营战略与计划、物资与货源采购、人事安排、审计与税务、广告与营销等诸方面直接控制各连锁分支机构；在财务上实行统一核算制度；各直营连锁分支机构的负责人是雇员而非分支机构的所有者。直营连锁具有所有权和经营权高度集中、特许人与被特许人之间形成纵向产权关系等法律特点。

特许连锁又称加盟连锁，最早出现于 19 世纪中期的西方国家，经过一百多年的发展，现已成为全球主导的商业模式。特许连锁，是指特许人以特许经营合同的形式，将自己所拥有的产品或业务、商号、商标、标识、专利和专有技术、经营和管理模式等授予被特许人使用，被特许人在特许权限范围内从事经营活动，并按特许合同约定向特许人支付相应报酬的经营模式。特许连锁具有所有权集中和经营权分散、特许人与被特许人之间具有纵向合同关系而非产权关系等法律特点。

自由连锁又称自愿连锁，是指由产权独立的零售商自愿组成的，实行集中进货、统一制定销售战略、统一使用物流及信息等设施的契约型联合经营模式。自由连锁中各连锁分支机构均为独立法人，各自的资产所有权关系不变，各成员使用共同的店名，与总部订立有采购、促销、宣传等方面的合同，并按合同开展经营活动，各分支机构不仅独立核算、自负盈亏、人事自主，而且在经营品种、经营方式、经营策略上也有很大的自主权，各分支机构成员可自由退出。

自由连锁与特许经营在形成原因、总部与分支机构之间及分支机构相互之间的关系、相互间的权利义务关系等方面存在明显的差异。

（三）连锁经营的组织机制

连锁经营的组织机制由连锁总部、连锁分店、连锁配送中心组成。

连锁总部又称总公司，是指以自己独立的财产发起或主导连锁企业开展连锁经营活动，并始终位于连锁经营活动的组织或统领地位，独立承担责任的商人。连锁总部通常承担整个连锁经营企业的品牌建设、产品和市场开发、货物采购配送、质量管理、市场调研、分支机构经营指导、教育培训、财务核算与管理等工作。连锁总部均为独立的法人。

连锁分店又称连锁门店，是指连锁经营总部之下的不同产权形式的分支机构，是构成整个连锁体系的基本组织单位，其主要职能是根据连锁总部的经营方针和规范要求，开展日常的经营活动。连锁分店，按其在连锁系统中不同的连锁形式，即分店与总部所有权以及经营权集中程度的不同，其法律关系和法律地位有很大差别，它可以是总部之下有产权关系的分公司和子公司，也可以是没有产权关系、纯粹实行联营形式的分支机构。

连锁配送中心是指隶属或独立于连锁总部，承担各连锁分店所需商品的运输、仓储、加工、集配等任务的综合流通机构，其核心是销售代理和商品配送。隶属于连锁总部的配送中心为法人的分支机构，如分公司、子公司，其经营活动必须得到部门的授权才能进行；独立于连锁总部的配送中心为独立的法人组织，其与连锁总部或连锁门店之间主要是契约关系，它们之间的合同主要属于物流行业合同，其经营活动可自主为之。

（四）连锁经营的法律特征

连锁经营是一种具有现代管理特征的商事行为，一方面，它具有经营管理的规范性、内部架构和运营的组织性、外部活动的统一性等重要法律特征；另一方面，它也具有限制竞争的潜在法律风险。

经营管理的规范性体现了连锁经营是具有高度规范化的商事行为，其规范性主要表现在三个方面：其一，经营组织形式的规范性；其二，经营手段、方式、行为的规范性；其三，经营管理程序和内容的规范性。连锁经营的规范化管理是连锁企业高效运转的保证。

内部架构和运营的组织性是连锁经营商事行为的又一重要特点。总部、配送中心和门店三部分组成的营运系统的组织性，按照总部的统一指示和要求集中采购与配送、质量管理、财务管理、经营指导、市场调研、商品开发、促销策划、教育培训等具体行为的组织性，都充分表明这一商事行为的组织性特点。

外部活动的统一性充分发挥了连锁经营所具有的资源集中利用和高效利用优势。这主要表现为：其一，资本的集中；其二，企业管理和决策权的集中；其三，连锁经营企业对市场资源的集中利用。

限制竞争的潜在法律风险，是连锁经营在取得规模效益的同时，对市场自由、公平竞争秩序的挑战，也是连锁经营具有隐蔽性的法律特征。主要表现为连锁经营一方对另一方进行价格限制、竞争业务限制、搭售限制等情形。不过，连锁经营的限制竞争获得允许，也要求限制竞争具有正当性。

二、特许经营概述

（一）特许经营法律关系

特许经营关系是一种复合契约关系。首先，它是营业合作契约关系；其次，它是特许权授予契约关系；最后，它包含买卖、租赁、培训、开店、货物运输等商业契约关系。但是，在特许经营关系中，特许人与被特许人之间不是母公司与子公司或分支机构之间的关系，也不是代理关系、分销关系、雇佣关系，更不是简单的商标许可关系。特许经营关系是一种特殊的商事法律关系。

特许经营法律关系由主体、客体和内容构成，它涉及特许人与被特许人之间的权利、义务关系，及各自与第三方发生的法律关系。

特许经营法律关系分为内部法律关系和外部法律关系。内部法律关系是特许人和被特许人之间基于特许经营权许可使用形成的合同关系。特许人和被特许人在产权上没有从属性，各自对外独立享有权利并承担义务。在特许内部权利义务分配上，遵循合同自由原则。外部法律关系是特许人、被特许人基于共同利益与第三人，如消费者、竞争者、债权人或债务人、社会公众等之间形成的法律关系。

特许经营法律关系的主体是指参与特许经营法律关系，享受权利、承担义务的商人，在不同类型的特许经营中，主体存在一定的差异，一般包括特许人、被特许人、分区特许经营中的分特许人等。

特许人是指在特许经营中，将其享有的特许权授予被特许人使用的商人。我国《商业特许经营管理条例》规定，只有企业才能成为特许经营中的特许人，商自然人和企业以外的其他单位不得作为特许人从事特许经营活动。同时法律还规定了特许人必须具备的其他要件。被特许人是指在特许经营活动中，经特许人授权而获得特许权使用资格的商人，又称"特许经营者"。商业实务中，特许人常被称为"总部"，被特许人则被称为"加盟商"或"加盟店"。我国《商业特许经营管理条例》规定，被特许人是从事商事经营的经营者，即商人，可以是商法人，也可以是商自然人。

特许经营法律关系的客体——特许经营权，又称特许权，是指由特许人授权被特许人依照特许人指定的经营模式以自己的名义从事商事交易，特许人可以因此获得财务回报的权利。

关于特许经营权的定义和性质，各国立法和学理解释并不一致。特许经营权实质上是由企业商誉权及其他无形财产权复合形成的特别知识产权。

在法律上，特许经营权具有权利内容开放性、权利期限性、权利地域性、权利转让依赖性、权利非绝对排他性等基本特征。

（二）特许经营合同

特许经营合同是特许人和被特许人缔结的，由特许人授予被特许人特许权，双方基于特许经营而确立的权利、义务以及由此而产生的各种关系的合意。由于特许人与被特许人之间没有产权关系，特许经营合同构成了独立的特许双方的契约关系。

特许经营合同是一种特殊的商事合同，具有格式合同和固有继续性合同性质，是诺成合同、要式合同、双务合同。我国没有对有偿合同进行专门立法。关于特许经营合同的特别规定，主要见于2007年国务院颁布并施行的《商业特许经营管理条例》，该条例第二章对特许经营合同的内容、合同的解除、特许经营期限以及费用等做出了明确规定。除此以外，特许经营合同还受《民法典》《专利法》《商标法》《著作权法》《反不正当竞争法》《反垄断法》《外商投资法》《产品质量法》《消费者权益保护法》《公司法》《劳动法》《计算机软件保护条例》《企业法人登记管理条例》等法律法规有关内容的调整。

　　根据我国法律规定，特许经营合同必须采用书面形式。在订立特许经营合同时，特别需要注意的是特许人和被特许人的法律义务的特殊性。特许人的主要义务有：特许经营权无瑕疵的义务，持续提供信息、货物或货物标准、技术指导服务、广告宣传的义务，特许权人独占许可的义务等。被特许人的主要义务有：支付特许经营权使用费的义务，实施经营并做出实质性投资的义务，维护特许经营声誉的义务，接受检查监督的义务，保护特许经营体系和商业秘密的义务等。我国在特许经营合同的订立方面，还设立了冷却期制度，允许被特许人在特许经营合同订立后的一定期限内，单方解除合同。并且该解除权的行使不需要任何理由，是减少被特许人投资风险的制度设计。

　　特许经营的法律责任分担也是特许经营合同具有特殊性的一个问题。该法律责任从理论上可以分为两个部分：一是内部责任，即特许经营合同当事人之间的法律责任，法律性质上主要是违约责任，责任的划分问题完全可以依靠《民法典》合同编以及相关法律予以确定；二是外部责任，即特许经营合同当事人与其他第三人之间的法律责任，法律性质上可能是违约责任或侵权责任。外部责任相对比较复杂，因为该责任涉及特许人、被特许人和与被特许人交易的第三人三方的利益关系，尤其对第三人的责任究竟由特许人还是被特许人承担，抑或连带承担，往往引发争议。不同学者对这种责任划分原则提出了不同观点，如以被特许人自己责任原则为主，特许人补充责任为辅；以特许人连带责任为补充等。这些观点对立法和司法实践都产生着不同的影响。

拓展阅读

李某某诉山东亿家乐房产经纪咨询有限公司特许经营合同纠纷案

第四节　电子商务

一、电子商务法概述

　　电子商务是指以数据电文为交易手段进行的商务活动。电子商务法是指调整以数据电文为交易手段进行的商务活动中所产生的社会关系的法律规范的总称。所谓数据电文，按照《联合国国际贸易法委员会电子商务示范法》的规定，是指"经由电子手段、光学手段或类似手段生成、储存或传递的信息，这些手段包括但不限于电子数据交换、电子邮件、电报、电传或传真"①。

电子商务是一种节省交易费用的交易形式。首先，它有助于消费者在极短时间获得信息，完成购物活动及服务需求；其次，它也有助于企业全面节省经营成本（店面及人力成本、广告及信息沟通、促销费用、跨界业务差旅费用等），提升企业服务（例如，网络企业可以每周 7 天、每天 24 小时提供接待、订约，甚至维护服务）。但电子商务因采"非面对面"的交易形式，远程交易、陌生人交易、中介交易、匿名交易的频次均大大增加，由此也会提升交易风险，可能有害于商事秩序的维持。因此，有必要予以专门立法。

二、电子商务行为主体

（一）电子商务行为主体的概念

电子商务行为主体，是指通过电子商务方式进行交易的企业、个人和其他组织。根据电子商务主体在电子商务交易中的角色及功能的不同，可将其区分为电子商务交易的当事人、网络服务提供商及电子结算中介方等。

交易主体受制于交易结构，电子商务主体也因电子商务交易形式的不同而有所差异。例如，在 B2C② 的交易形式中，电子商务主体涉及电子商务企业、个人用户及网络服务供应商三类当事人。而在 C2C③ 的交易形式中，电子商务主体则涉及双方个人用户和网络服务提供商两类当事人。

事实上，电子商务只是一种现代的交易技术工具，是一种高级形态的信息存储、处理、传递工具。只要有人接入互联网设备，就可以成为网络用户，就可能发生电子商务交易，从而成为电子商务行为主体。因此，所有网络用户，无论是企业、个人，还是其他组织，甚至政府部门，都有可能成为电子商务行为主体。④ 例如，美国统一州法委员会于 1999 年制定的《统一电子交易法》规定，该法所称的"人"是指"个人、公司、商业信托、地产、信托、合伙、有限责任公司、联合体、合资企业、政府部门、上市公司或者其他法律或商业实体"⑤，范围极为广泛。

（二）电子商务企业的法律形态

电子商务企业，是指以互联网为基础，以网站或网页形态出现的虚拟企业。

---

① 参见郭鹏主编：《电子商务法》，北京大学出版社 2013 年版，第 2 页。
② B2C，全称 Business-to-Customer，中文指"商对客"电子商务模式。
③ C2C，全称 Customer-to-Customer，中文指消费者个人与个人之间的电子商务模式。
④ 参见郭鹏主编：《电子商务法》，北京大学出版社 2013 年版，第 24 页。
⑤ 参见美国统一州法委员会《统一电子交易法》（1999 年）第 2 条"定义"之第 12 项。

在互联网形态下，电子商务企业作为商事主体的特殊形式，表现出一定程度的虚拟性。网络企业以数字或者网页等电子形式表现出来，其主体是否真实存在、实际控制主体是谁、是否为数码信息指示的用户以及主体的国籍、住所地、资信状况等，都存在极大的判断困难，"虚拟"在某种意义上可能意味着"欺诈"。对电子商务企业的规范管理，在法律结构上可能不同于实体企业，电子商务企业可能是独立的企业形式，也可能是实体企业的构成部分。凡此种种，都意味着《公司法》以及其他企业法有关企业设立登记、治理及监管的措施要进行"电子化调整"，才能回应"商事社会"的电子化需求。电子商务企业形态主要分为三种：一为企业网站；二为在线商店，包括在线超市和在线专卖店；三为在线交易平台。在线交易平台的设立者只是向专卖店或其他人提供"店面"服务的企业，而非直接与消费者（购买人或接受服务者）交易的主体，其从事的营业本质上是网络服务。[①]

三、电子商务行为方式

（一）电子商务合同的概念

电子商务以合同形式展开，因此，电子商务合同成为电子商务中的重要内容。电子商务合同是当事人之间通过信息网络以电子形式达成的设立、变更、终止民事权利义务关系的协议。

电子商务合同是运用于商务领域的电子合同，在理论上，电子合同可以运用于一切"可合同"之领域。但基于法律的特别规定以及电子化交易的特别风险，在非商务领域尤其是涉及人身关系、政府审批，或者涉及重大财产关系领域，基于谨慎原则和公共利益维护需求，电子合同的使用往往受到限制。例如，欧盟《关于内部市场中与电子商务有关的若干法律问题的指令（草案）》规定，电子合同不适用于以下合同：需经过公证始得生效的合同；需经政府部门登记备案始得生效的合同；属于婚姻家庭法范畴的合同；属于继承法范畴的合同。我国《电子签名法》第 3 条也规定，电子签名不适用下列文书：涉及婚姻、收养、继承等人身关系的；涉及停止供水、供热、供气等公用事业服务的；法律、行政法规规定的不适用电子文书的其他情形。因此，理论上多将电子商务合同限定为"财产关系范围"[②]。然而，随着电子政务的开展，电子审批、电子登记、电子备案也开始出现，电子商务监管强化使得电子化法律行为的风险降低，电子商务合同的应用范围应当会呈扩展趋势。

---

① 参见郭鹏主编：《电子商务法》，北京大学出版社 2013 年版，第 25—26 页。
② 参见郭鹏主编：《电子商务法》，北京大学出版社 2013 年版，第 48 页。

（二）电子代理人

电子商务合同主体中最为特殊的角色是"电子代理人"。电子代理人，是指被用来独立地进行某一行为、对电子记录或履行独立做出反应，而在做出此种行为或反应时全部或部分地无须人为检查或行为的计算机程序或其他自动化装置。① 电子代理人并非通常意义上具有法律人格的主体，而是一种能执行人的意思的智能化交易工具——电子代理人能按照预设的意思表示模式，代理电子委托人，执行交易者的意思，诸如发出或接受要约、发出修改合同条款的意思表示，等等。

（三）电子商务合同的订立——电子签名

1. 电子签名的概念和使用范围

电子签名，又称电子签章，是指数据电文中以电子形式所含、所附用于识别签名人身份并表明签名人认可其中内容的数据。数据电文，是指以电子、光学、磁或者类似手段生成、发送、接收或者储存的信息。② 新加坡等国家在立法上，将电子签名与数据签名予以区分规定③。

在我国，是否使用电子签名，是一种"私法自治"的安排——民事活动中的合同或者其他文件、单证等文书，当事人可以约定使用或者不使用电子签名、数据电文。当事人约定使用电子签名、数据电文的文书，不得仅因其采用电子签名、数据电文的形式而否定其法律效力。但是，法律明确规定了部分民事行为所涉文书不适用电子签名、数据电文。④ 这是因为这些交易形式对当事人利益影响较大，许可采用电子签名形式，可能使当事人遭遇较大风险，故法律基于慎重之考虑，暂时将其排除在许可电子签名的范围之外。

2. 电子签名的合法性

虽然电子签名之使用乃私法自治事项，但一旦当事人决定使用电子签名，电子签名与数据电文在发送、原件表现形式、保存方式、证据审核等方面，仍须符合法律的强制性规定。

3. 电子签名的效力

电子签名乃签名之一种，可靠的电子签名与手写签名或者盖章具有同等的法律效力。⑤ 但在司法实务中，要判断某项电子签名是否属于可靠的电子签名是一

---

① 参见美国《国际与国内商务电子签章法》第 106 条"定义"第 3 项；阚凯力、张楚主编：《外国电子商务法》，北京邮电大学出版社 2000 年版，第 11 页。

② 参见我国《电子签名法》第 2 条。

③ 参见万以娴：《电子签章法律问题研究》，人民法院出版社 2001 年版，第 32 页。

④ 参见我国《电子签名法》第 3 条。

⑤ 参见我国《电子签名法》第 14 条。

项比较棘手的技术工作。

通常，电子签名须同时符合下列条件，方可视为可靠的电子签名：（1）电子签名制作数据用于电子签名时，属于电子签名人专有；（2）签署时电子签名制作数据仅由电子签名人控制；（3）签署后对电子签名的任何改动能够被发现；（4）签署后对数据电文内容和形式的任何改动能够被发现。当然，电子签名的有效要件也可以由当事人自行约定——当事人也可以选择使用符合其约定的可靠条件的电子签名。①

4. 电子签名的认证

在开放网络环境下，数据电文的商业化应用，须辅之以电子认证制度，以补强数据电文的可靠性。电子认证是一种专业化的信用服务，是以特定机构对电子签名及其签名人的真实性进行验证的具有法律意义的服务。② 在我国，电子签名需要第三方认证的，应由依法设立的电子认证服务提供者提供认证服务。③ 可见，电子认证服务是受到国家管制的信用服务行为。从未来发展来看，当私人认证机构信用提升后，应允许私人公司作为第三方，从事电子认证服务，减少对电子认证的强制管制。

在现行法中，电子认证机构提供电子认证服务，应当具备下列条件：（1）取得企业法人资格；（2）具有与提供电子认证服务相适应的专业技术人员和管理人员；（3）具有与提供电子认证服务相适应的资金和经营场所；（4）具有符合国家安全标准的技术和设备；（5）具有国家密码管理机构同意使用密码的证明文件；（6）法律、行政法规规定的其他条件。④ 电子签名人或者电子签名依赖方因依据电子认证服务提供者提供的电子签名认证服务从事民事活动遭受损失，电子认证服务提供者不能证明自己无过错的，承担赔偿责任。⑤

四、电子支付

（一）电子支付的概念与特征

电子支付是电子交易的当事人，包括消费者、厂商和金融机构，使用电子手段进行的货币支付或资金流转。与传统支付方式相比较，电子支付具有以下

---

① 参见我国《电子签名法》第 13 条。
② 参见白锐主编：《电子商务法》，清华大学出版社、北京交通大学出版社 2013 年版，第 82—83 页。
③ 参见我国《电子签名法》第 16 条。
④ 参见我国《电子签名法》第 17 条。
⑤ 参见我国《电子签名法》第 28 条。

特征：①

其一，所依托的支付载体不同。电子支付是采用先进技术，以数字化方式来完成信息传输，进而实现支付目的的支付行为。电子支付依赖数字流转实现货币或者资金流动，此与传统支付方式通过现金、票据、银行汇兑等物理实体来完成款项支付不同。

其二，所依托的支付媒介不同。电子支付是在一个开放的系统平台中使用先进的通信手段完成，如互联网等。而传统支付则多在较为封闭的银行体系内部通过传统通信媒介完成。

其三，所涉主体不同。电子支付所涉法律关系较为复杂，一般涉及多方当事人，如消费者、商品或服务的提供者、金融机构及认证机构等。而传统支付所涉法律关系及主体则相对较为简单。

其四，支付效率不同。与传统支付方式相比较，电子支付运用先进的电子技术，大大提升了支付效率。而传统支付方式通常跨期较长，支付效率相对较低。

（二）电子支付的类型

按照不同标准可对电子支付的类型做不同区分。例如，有人按照电子支付指令发起方式之不同，将电子支付区分为自动柜员机交易、销售点终端交易、电话支付、移动支付和网上支付等不同类型。② 也有人将其区分为智能卡、电子现金与电子钱包、电子支票、电子资金划拨等不同类型。③ 按照《非金融机构支付服务管理办法》第 2 条的规定，非金融机构支付服务，是指非金融机构在收付款人之间作为中介机构提供下列部分或全部货币资金转移服务：网络支付；预付卡的发行与受理；银行卡收单；中国人民银行确定的其他支付服务。而网络支付，是指依托公共网络或专用网络在收付款人之间转移货币资金的行为，包括货币汇兑、互联网支付、移动电话支付、固定电话支付、数字电视支付等。预付卡，是指以营利为目的的发行的、在发行机构之外购买商品或服务的预付价值，包括采取磁条、芯片等技术以卡片、密码等形式发行的预付卡。银行卡收单，是指通过销售点（POS）终端等为银行卡特约商户代收货币资金的行为。

电子支付涉及电子货币发行和资金流转管制等法律问题。例如，微信红包的发放涉及资金流转。因此，法律基于金融秩序维护的需要，必然会对运用电子技术进行的支付方式进行干预。其中，最容易引发争议的是非金融机构组织的第三

---

① 参见白锐主编：《电子商务法》，清华大学出版社、北京交通大学出版社 2013 年版，第 169 页；郭鹏主编：《电子商务法》，北京大学出版社 2013 年版，第 94 页。

② 参见白锐主编：《电子商务法》，清华大学出版社、北京交通大学出版社 2013 年版，第 172—173 页。

③ 参见郭鹏主编：《电子商务法》，北京大学出版社 2013 年版，第 95 页。

方支付。电子支付（或电子资金划拨）执行过程与票据交易相似，具有无因性，即无论某笔资金交易的基础原因法律关系成立与否、合法与否，均不会否定电子支付行为本身的有效性。指令人不得以其指令有误或支付原因不合法为由要求银行撤销已完成的支付行为，而只能就错收的款项向与自己有直接法律关系（债权债务关系）的收款人主张不当得利之返还。[①]

（三）第三方支付

1. 第三方支付的概念

所谓第三方支付，系指银行及非银行金融机构之外的"非金融机构"所从事的支付服务。随着网络信息、通信技术的快速发展和支付服务的不断细化分工，越来越多的非金融机构借助互联网、手机等设备和信息技术广泛参与支付业务。非金融机构提供的支付服务与银行业既合作又竞争，已经成为一种重要的力量。[②]

第三方支付机构为商家与消费者之间建立一个独立而有公信力的平台，确保双方收付款的安全和快捷，极大地促进了电子商务的发展。经过多年的发展，我国第三方电子支付市场已经初具规模，支付宝、财付通等第三方支付机构纷纷崛起，第三方电子支付服务走进了千家万户。

鉴于第三方支付的快速发展，中国人民银行于 2010 年制定公布了《非金融机构支付服务管理办法》，专门对非金融机构支付服务予以规制。非金融机构提供支付服务，应当依据该办法规定取得《支付业务许可证》，成为支付机构。支付机构依法接受中国人民银行的监督管理。未经中国人民银行批准，任何非金融机构和个人不得从事或变相从事支付业务。支付机构应当按照《支付业务许可证》核准的业务范围从事经营活动，不得从事核准范围之外的业务，不得将业务外包。支付机构不得转让、出租、出借《支付业务许可证》。

2. 第三方电子支付的类型

第三方电子支付实质上是由非银行机构基于互联网提供的小额电子资金划拨服务，支付平台通过提供银行支付结算系统接口和通道服务或虚拟账户满足客户的收付款需要。从国内外实践来看，第三方电子支付有以下两种模式：一是支付通道模式。即支付平台向消费者提供银行网关的代理服务，消费者直接进入银行账户，由银行完成转账，其典型代表是美国的 PayPal。二是支付平台账户模式。在此种支付模式下，用户在支付平台设立虚拟账户，并可对账户进行充值、收款和付款。支付平台可以参与到交易中，通过虚拟账户来提高支付的安全度，其典

---

① 参见郭鹏主编：《电子商务法》，北京大学出版社 2013 年版，第 105 页。

② 参见郭鹏主编：《电子商务法》，北京大学出版社 2013 年版，第 105 页。

型代表是支付宝。[①]

第五节 商事运输

一、商事运输概述

商事运输是指基于营利目的及营业需要而由商事主体实施的货物运送行为。商事运输与民事运输的主要区别在于:

其一,运送主体不同。商事运输是商事主体(例如,经过登记的专业运输公司)实施的运送行为,商事主体实施该运送行为是基于营利及营业目的。而一般民事运输未必都由商事主体实施(例如,基于友谊,由邻居开车帮助运送电脑回家,通常不属于商事运输),其实施运送也多非基于营业需求,往往具有偶然性。

其二,运送标的不同。民事运输一般指旅客的运送,也包括偶然的货物运送。我国《民法典》合同编将运输合同分为客运合同、货运合同和多式联运合同。广义的商事运输也包括货物运送及旅客运送,而狭义的商事运输仅指货物运送行为。

基于运输工具及运输方式的不同,商事运输可以区分为陆上商事运输、海上商事运输、航空运输及多式联运。

二、陆上商事运输

陆上商事运输主要包括铁路运输与公路运输。铁路运输,是以铁路设施为运送工具的陆上商事运输形式。公路运输,是以公路设施为运送工具的陆上商事运输形式。基于运载工具之不同及法律规制之差异,各国通常对铁路及公路运输予以特别立法调整。

(一)铁路运输

铁路运输中的铁路具有多样性,包括国家铁路、地方铁路、专用铁路和铁路专用线。国家铁路是指由国务院铁路主管部门管理的铁路。地方铁路是指由地方人民政府管理的铁路。专用铁路是指由企业或者其他单位管理,专为本企业或者本单位内部提供运输服务的铁路。铁路专用线是指由企业或者其他单位管理的与国家铁路或者其他铁路线路接轨的岔线。

---

① 参见李莉莎:《第三方电子支付风险的法律分析》,《暨南学报(哲学社会科学版)》2012年第6期。

1. 铁路运输承运人

铁路运输承运人，是指铁路运输企业。该类企业具有较大特定性，通常须获得特定资质许可，方能从事铁路运输行为。基于铁路运输的重要性，在货运史上，铁路运输企业多由国家控制或国家经营，或者以法律或行政特许方式允许私营。

铁路运输承运人具有联合运输、相继运输的特点——通常由多个承运人共同完成一批货物的运输。例如，从北京运送货物到长沙，需经多个铁路局相继联运，该多个承运人的行为构成一个完整的运输行为。

2. 铁路运输合同

铁路运输合同是明确铁路运输企业与旅客、托运人之间权利义务关系的协议。货物运单是合同或者合同的组成部分。与一般商事合同具有较强的意思自治特点不同，铁路运输合同属"公共商事行为"，合同的法律形式、运送的标的物、价格条款及合同的变更与解除等都受到较多管制，体现了"商法公法化"的特点。

其一，合同法律形式受限。一般民事运输合同，多为私人契约，而铁路运输合同多为格式合同，且受到公共法律的干预，其变造和转让受到限制。例如，《铁路法》第 27 条规定："国家铁路、地方铁路和专用铁路印制使用的旅客、货物运输票证，禁止伪造和变造。禁止倒卖旅客车票和其他铁路运输票证。"一般而言，大宗物资运输，有条件的可按年度、半年度或季度签订货物运输合同，也可签订更长期限的运输合同；其他整车货物运输，应按月度签订运输合同。按月度签订的运输合同，可以用月度要车计划表代替。零担货物和集装箱货物运输，以货物运单作为运输合同。按年度、半年度、季度或月度签订的货物运输合同，经双方在合同上签字确认后，合同即告成立。托运人在交运货物时，还应向承运人按批提出货物运单，作为运输合同的组成部分。零担货物和集装箱货物的运输合同，承运人在托运人提出的货物运单上加盖车站日期戳后，合同即告成立。

其二，运送标的物受限。因为铁路运输涉及公共安全，运输标的受到法律限制。例如，《铁路法》第 28 条规定："托运、承运货物、包裹、行李，必须遵守国家关于禁止或者限制运输物品的规定。"

其三，合同价格条款受限。因铁路运输合同属公共商事合同，其价格条款受到法律严格限制，要求有关货物运输收费标准予以公示。例如，《铁路法》第 25 条规定："铁路的……货物、行李的运价率实行政府指导价或者政府定价，竞争性领域实行市场调节价。政府指导价、政府定价的定价权限和具体适用范围以中央政府和地方政府的定价目录为依据。铁路……货物运输杂费的收费项目和收费标准，以及铁路包裹运价率由铁路运输企业自主制定。"但铁路的货物运价、货物运输杂费的收费项目和收费标准，必须公告；未公告的不得实施。

其四，合同变更与解除受限。铁路货物运输合同必须经双方同意，并在规定的变更范围内办理变更。货物运输合同在货物发送前，经双方同意，可以解除。但货物一旦发送，其解除即应受到限制，否则会给承运人造成较大损失。这一规定比《民法典》合同编中货运合同的规定更为严格。按照《民法典》第829条的规定，在承运人将货物交付收货人之前，托运人可以要求承运人中止运输、返还货物、变更到达地或者将货物交给其他收货人，但是应当赔偿承运人因此受到的损失。

3. 承运人责任

铁路运输企业在运输过程中，应当承担优先运输、准点与安全运输、足额运输等责任。

首先，铁路运输企业应承担优先运输责任。即铁路运输企业对抢险救灾物资和国家规定需要优先运输的其他物资，应予优先运输。

其次，铁路运输企业应承担安全准点运输责任。即铁路运输企业应当保证货物运输的安全，做到列车正点到达。铁路运输企业应当按照合同约定的期限或者国务院铁路主管部门规定的期限，将货物运到目的站；逾期运到的，铁路运输企业应当支付违约金。铁路运输企业逾期30日仍未将货物交付收货人的，托运人、收货人有权按货物灭失向铁路运输企业要求赔偿。

最后，铁路运输企业应承担足额运输赔偿责任。即铁路运输企业应当区分以下情况，对承运的货物自接受承运时起到交付时止发生的灭失、短少、变质、污染或者损坏，承担赔偿责任：（1）托运人或者旅客根据自愿申请办理保价运输的，按照实际损失赔偿，但最高不超过保价额。（2）未按保价运输承运的，按照实际损失赔偿，但最高不超过国务院铁路主管部门规定的赔偿限额。如果损失是由于铁路运输企业的故意或者重大过失造成的，不适用赔偿限额的规定，按照实际损失赔偿。由于下列原因造成的货物、包裹、行李损失的，铁路运输企业不承担赔偿责任：（1）不可抗力；（2）货物或者包裹、行李中的物品本身的自然属性，或者合理损耗；（3）托运人、收货人或者旅客的过错。

（二）公路运输

公路运输中的公路也具有多样性。公路按其在公路路网中的地位分为国道、省道、县道和乡道，并按技术等级分为高速公路、一级公路、二级公路、三级公路和四级公路。具体划分标准由国务院交通主管部门规定。

1. 公路运输承运人

公路运输承运人须是经过国务院交通行政主管部门批准并持有运输经营许可证的单位和个人。与铁路运输只能由企业承担运输任务不同，个体汽车运输在公路运输中比较常见，尤其在农村货物运输市场中占有较大份额。

2. 公路运输合同

公路运输应签订运输合同，但与铁路运输须采书面合同形式不同，公路运输合同可以书面形式、口头形式或其他形式订立。公路运输合同分为定期运输合同和一次性运输合同两种。前者适用于承运人、托运人之间商定的，在一定时期内批量进行货物运送的行为；后者多采取一次性填写托运单（运单）的方式进行，在托运人填写托运单并向承运人交付货物，经承运人签字确认后，公路运输合同成立生效。托运单是一种简化的货物运输合同凭证。

3. 承运人责任

从事公路货物运输的承运人须持有经营公路货物运输的营业执照，否则，不能从事商事意义上的公路货物运输。

在公路运输中，承运人应当安全、及时地将货物运送到约定地点，并对运输过程中货物的毁损、灭失承担赔偿责任，但承运人证明货物的毁损、灭失是因不可抗力、货物本身的自然性质或者合理损耗以及托运人、收货人的过错造成的，不承担赔偿责任①。对于货物的毁损、灭失的赔偿额，当事人有约定的，按照其约定；没有约定或者约定不明确，依照《民法典》第 510 条的规定仍不能确定的，按照交付或者应当交付时货物到达地的市场价格计算。法律、行政法规对赔偿额的计算方法和赔偿限额另有规定的，依照其规定。

此外，《公路法》第 50 条还规定了承运人合规运送的义务与责任，即："超过公路、公路桥梁、公路隧道或者汽车渡船的限载、限高、限宽、限长标准的车辆，不得在有限定标准的公路、公路桥梁上或者公路隧道内行驶，不得使用汽车渡船。超过公路或者公路桥梁限载标准确需行驶的，必须经县级以上地方人民政府交通主管部门批准，并按要求采取有效的防护措施；运载不可解体的超限物品的，应当按照指定的时间、路线、时速行驶，并悬挂明显标志。运输单位不能按照前款规定采取防护措施的，由交通主管部门帮助其采取防护措施，所需费用由运输单位承担。"

三、海上商事运输

海上商事运输，是指在海域上以船舶为工具所进行的货物运送行为，可以分为国际海上货物运输和国内海上货物运输，包括海江之间、江海之间的直达货物运输。但我国《海商法》第四章有关海上货物运输合同的规定，不适用于我国国内港口之间的海上货物运输。本书所谓海上商事运输，主要指国际海上货物运输。

---

① 参见《民法典》第 832 条。

（一）海上货物运输合同

海上货物运输合同，是指承运人收取运费，负责将托运人托运的货物经海路由一港运至另一港的合同。承运人或者托运人可以要求书面确认海上货物运输合同的成立。但是，航次租船合同应当书面订立。电报、电传和传真具有书面效力。

在海上货物运输中，提单是极为重要的法律文件。提单，是指用以证明海上货物运输合同和货物已经由承运人接收或者装船，以及承运人保证据以交付货物的单证。提单中载明的向记名人交付货物，或者按照指示人的指示交付货物，或者向提单持有人交付货物的条款，构成承运人据以交付货物的保证。在货物由承运人接收或者装船后，应托运人的要求，承运人应当签发提单。提单可以由承运人授权的人签发，提单由载货船的船长签发的，视为代表承运人签发。

承运人同收货人、提单持有人之间的权利、义务关系，依据提单的规定确定。承运人签发提单以外的单证用以证明收到待运货物的，此项单证即为订立海上货物运输合同和承运人接收该单证中所列货物的初步证据。承运人签发的此类单证不得转让。

（二）承运人责任

1. 承运人的合同责任

承运人应当妥善地、谨慎地装载、搬移、积载、运输、保管、照料和卸载所运货物，按照约定的、习惯的或者地理上的航线将货物运往卸货港。承运人所运载的货物未能在明确约定的时间内，在约定的卸货港交付的，为迟延交付。由于承运人的过失，致使货物因迟延交付而灭失或者损坏的，承运人应当负赔偿责任。由于承运人的过失，致使货物因迟延交付而遭受经济损失的，即使货物没有灭失或者损坏，承运人仍然应当负赔偿责任。

但货物发生的灭失或者损坏是由于下列原因之一造成的，承运人不负赔偿责任：（1）船长、船员、引航员或者承运人的其他受雇人在驾驶船舶或者管理船舶中的过失；（2）火灾，但是由于承运人本人的过失所造成的除外；（3）天灾，海上或者其他可航水域的危险或者意外事故；（4）战争或者武装冲突；（5）政府或者主管部门的行为、检疫限制或者司法扣押；（6）罢工、停工或者劳动受到限制；（7）在海上救助或者企图救助人命或者财产；（8）托运人、货物所有人或者他们的代理人的行为；（9）货物的自然特性或者固有缺陷；（10）货物包装不良或者标志欠缺、不清；（11）经谨慎处理仍未发现的船舶潜在缺陷；（12）非由于承运人或者承运人的受雇人、代理人的过失造成的其他原因。

2. 实际承运人的责任

在海上货物运输中，承运人将货物运输或者部分运输委托给实际承运人履行的，承运人仍然应当依法对全部运输负责。对实际承运人承担的运输，承运人应当对实际承运人的行为或者实际承运人的受雇人、代理人在受雇或者受委托的范围内的行为负责。

但是，在海上运输合同中明确约定合同所包括的特定的部分运输由承运人以外的指定的实际承运人履行的，合同可以同时约定，货物在指定的实际承运人掌管期间发生的灭失、损坏或者迟延交付，承运人不负赔偿责任。承运人与实际承运人都负有赔偿责任的，应当在此项责任范围内负连带责任。

四、航空运输

航空运输分为公共航空运输与通用航空运输。公共航空运输，是指以营利为目的，使用民用航空器运送旅客、行李、邮件或者货物的行为。通用航空，是指使用民用航空器从事公共航空运输以外的民用航空活动，包括从事工业、农业、林业、渔业和建筑业的作业飞行以及医疗卫生、抢险救灾、气象探测、海洋监测、科学实验、教育训练、文化体育等方面的飞行活动。

（一）航空运输承运人

我国对航空运输实施比较严格的管制。企业从事公共航空运输，应当向国务院民用航空主管部门申请领取经营许可证。取得公共航空运输经营许可，应当具备下列条件：（1）有符合国家规定的满足保证飞行安全要求的民用航空器；（2）有必需的依法取得执照的航空人员；（3）有不少于国务院规定的最低限额的注册资本；（4）法律、行政法规规定的其他条件。公共航空运输企业不得运输法律、行政法规规定的禁运物品。公共航空运输企业未经国务院民用航空主管部门批准，不得运输作战军火、作战物资。

在我国，能从事经营性通用航空运输的仅限于企业法人，而且应当向国务院民用航空主管部门申请领取通用航空经营许可证，并依法办理工商登记。从事非经营性通用航空运输的，应当向国务院民用航空主管部门办理登记，方能取得承运人资格。

（二）航空运输合同

在航空运输过程中，应当订立航空运输合同。客票和航空货运单作为证明航空运输合同存在的证据，也具有重要的意义。

在货物运输过程中，承运人有权要求托运人填写航空货运单，托运人有权要求承运人接受该航空货运单。但托运人未能出示航空货运单、航空货运单不符合规定或者航空货运单遗失，不影响运输合同的存在或者有效。

航空货运单是航空货物运输合同订立和运输条件以及承运人接收货物的初步证据。航空货运单上关于货物的重量、尺寸、包装和包装件数的说明具有初步证据的效力。除经过承运人和托运人当面查对并在航空货运单上注明经过查对或者书写关于货物的外表情况的说明外，航空货运单上关于货物的数量、体积和情况的说明不能构成不利于承运人的证据。

（三）承运人责任

因发生在航空运输期间的事件，造成货物毁灭、遗失或者损坏的，承运人应当承担责任。但是，承运人证明货物的毁灭、遗失或者损坏完全是由于下列原因之一造成的，不承担责任：（1）货物本身的自然属性、质量或者缺陷；（2）承运人或者其受雇人、代理人以外的人包装货物的，货物包装不良；（3）战争或者武装冲突；（4）政府有关部门实施的与货物入境、出境或者过境有关的行为。航空运输期间，是指在机场内、民用航空器上或者机场外降落的任何地点，托运行李、货物处于承运人掌管之下的全部期间。上述期间，不包括机场外的任何陆路运输、海上运输、内河运输过程，但是，此种陆路运输、海上运输、内河运输是为了履行航空运输合同而装载、交付或者转运，在没有相反证据的情况下，所发生的损失视为在航空运输期间发生的损失。

货物在航空运输中因延误造成的损失，应由承运人承担责任，但是，承运人证明本人或者其受雇人、代理人为了避免损失的发生，已经采取一切必要措施或者不可能采取此种措施的，不承担责任。在货物运输中，经承运人证明，损失是由索赔人或者代行权利人的过错造成或者促成的，应当根据造成或者促成此种损失的过错的程度，相应免除或者减轻承运人的责任。任何旨在免除法律规定的承运人责任或者降低法律规定的赔偿责任限额的条款，均属无效，但是，此种条款的无效，不影响整个航空运输合同的效力。

五、混合运输：多式联运

在现代社会，因为商事交易跨区范围扩张，不同区域交通事业发展不平衡，运用多种交通工具共同完成运输任务成为必然——多式联运就是一种十分重要的混合运输方式。

所谓多式联运，是指多式联运经营人以两种以上的不同运输方式，负责将货物从接收地运至目的地交付收货人，并收取全程运费的行为。以两种以上的不同运输方式进行运输是多式联运区别于传统运输的最大特征，因此，多式联运又称为混合运输。多式联运经营人收到托运人交付的货物时，应当签发多式联运单据。按照托运人的要求，多式联运单据可以是可转让单据，也可以是不可转让单据。

在多式联运合同中，多式联运经营人处于较为特殊的位置。多式联运经营人，是指本人或者委托他人以本人名义与托运人订立多式联运合同的人。他是事主，而非托运人的代理人或代表人，也非参加多式联运的各承运人的代理人或者代表人。多式联运经营人通常可区分为两类：一类是自己拥有运输工具，并且直接参加了运输合同的履行；另一类是自己不拥有或不经营运输工具，也不直接从事运输活动，而是在签订多式联运合同后，组织其他承运人进行运输。无论何种情形，多式联运经营人都要对与之签订合同的托运人或收货人承担全程运输的义务。

在多式联运过程中，货物的毁损、灭失发生于多式联运的某一运输区段的，多式联运经营人的赔偿责任和责任限额，适用调整该区段运输方式的有关法律规定。当然，多式联运经营人可以与参加多式联运的各区段承运人就多式联运合同的各区段运输约定相互之间的责任，但该约定不影响多式联运经营人对全程运输承担的义务。因托运人托运货物时的过错造成多式联运经营人损失的，即使托运人已经转让多式联运单据，托运人仍然应当承担损害赔偿责任。

六、商事物流

运输仓储业的发展，促使商事物流日益成为一个相对独立的产业。商事物流业是融合运输、仓储、货代、信息等产业的复合型服务业，是支撑国民经济发展的基础性、战略性产业。加快发展现代物流业，对于促进产业结构调整、转变发展方式、提高国民经济竞争力和生态文明建设具有重要意义。但因物流产业具有综合性特点，立法规制非常困难。为促进物流业健康发展，国务院专门制定了《物流业发展中长期规划（2014—2020 年）》（国发〔2014〕42 号），在未来条件成熟时，有必要制定专门的《商事物流法》，以规制目前失范的商事物流行为。

思考题：

1. 如何理解商事行为的特殊性？
2. 何为营业？简析营业资产的特征及其分类。
3. 如何认识特许经营法律关系？
4. 连锁经营具体包括哪些类型？
5. 试析电子商务中的电子签名与支付问题。
6. 试析商事运输的类型与特征。

▶ 自测习题

第四章 公 司 法

第一节 公司法概述

一、公司的概念与特征

（一）公司的概念

公司法是规范公司的组织与活动的法律，因此要正确理解公司法的概念，首先必须搞清公司的概念。由于各国公司法律制度的差异，对公司概念的表述也不尽一致。

在英美法系国家，公司是指数人出于共同目的而进行的组合，常常是为了营利而经营业务，对于合伙难以胜任的联合，一般采用这种组织形式。[①] 由此可见，英美法系国家在学理上强调公司是有别于合伙的组合，确认公司的本质属性有三，即数人组合、营利目的和法人地位。

在大陆法系国家，公司作为典型的法人，在法人范畴体系中一般被递进定位为：是有别于公法人的私法人，是区别于财团法人的社团法人，又是不同于公益社团法人的营利社团法人。因而，公司是指依法定程序设立的以营利为目的的社团法人。[②]

我国《民法典》总则编把法人分为营利法人、非营利法人和特别法人。以取得利润并分配给股东等出资人为目的成立的法人，为营利法人。营利法人包括有限责任公司、股份有限公司和其他企业法人等。为公益目的或者其他非营利目的成立，不向出资人、设立人或者会员分配所取得利润的法人，为非营利法人。非营利法人包括事业单位、社会团体、基金会、社会服务机构等。依据我国《民法典》和《公司法》的规定，在我国，公司是指在中国境内由股东出资依法设立的，以取得利润并分配给股东等出资人为目的成立的营利法人。

（二）公司的特征

尽管各国对公司定义的表述略有差异，但公司作为世界性的经济组织形式一般具有以下特征：

1. 营利性

公司是以取得利润并分配给股东等出资人为目的而成立的营利法人，因此

---

① 参见［英］戴维·M.沃克：《牛津法律大辞典》，邓正来等译，光明日报出版社1988年版，第188页。

② 参见石少侠主编：《公司法学》（第四版），中国政法大学出版社2015年版，第1—2页。

营利性是公司的本质特征之一。公司的营利性特征有两层含义：一是设立公司的目的是获取利润。任何投资者出资设立公司，就其目的而言，都是为了获取利润。尽管以营利为目的开始，而以经营亏损乃至破产告终的公司不在少数，但并不因此而丧失公司设立目的上的营利性特性。二是公司应连续地从事同一性质的经营活动。公司作为以营利为目的的法人，必须是连续不断地进行经营活动，且其从事的经营活动须有固定的内容，即有确定的经营范围。

2. 社团性

社团性亦称联合性，是指公司作为人的结合，其股东和股权一般应具有多元性。对于公司应否具有社团性特征，在我国学术界曾有较大的认识分歧。有些学者认为，随着一人公司的地位逐渐为许多国家的法律所承认，公司已逐渐失去其社团性特征。[1] 有些学者则认为，无论从公司的本质看，还是从各国公司法的规定看，公司都应当主要是一种社团法人，这是公司与独资企业的根本区别。忽视了公司的社团性或联合性特征，极易把公司与独资企业混同起来。持此观点的学者认为，尽管我国修订后的《公司法》承认了一人公司，但一人公司只不过是公司的特殊组织形态，并不因此而否认主要以社团性为常态的公司特征。[2]

3. 法人性

世界各国的公司法都赋予公司，特别是有限责任公司和股份有限公司以法人地位。因此，公司乃是法人的典型形态，法人性是公司的重要特征。公司作为法人必须具备以下条件：（1）必须依法设立。在我国，公司要取得法人资格，不仅必须具备《民法典》规定的条件，而且必须按照《公司法》规定的条件和程序设立。（2）必须有独立的财产。公司的财产源于股东的投资，股东的投资集合为公司法人的独立财产。（3）能够独立地承担民事责任。公司应以其全部财产对外承担民事责任，这是公司法人人格独立的集中表现。

总之，一个规范的、常态的、法律意义上的公司，原则上应同时具备以上三个特征。欠缺其中任一特征，除非为公司法所认可，都不可能成为真正法律意义上的公司。反之，具备以上三个特征，尽管该企业未以公司命名，它也是真正法律意义上的公司，亦应受公司法的规制和调整。

二、公司法的对象与性质

（一）公司法的调整对象

公司法是调整公司在设立、组织、活动和解散的过程中所发生的全部组织关

---

[1]　参见江平主编：《新编公司法教程》，法律出版社1994年版，第24页。

[2]　参见石少侠：《公司法》，吉林人民出版社1996年版，第6页。

系和部分财产关系的法律规范的总称。一言以蔽之，广义的公司法既包括公司法典，也包括《民法典》和其他民商事法律、法规中有关公司的规范，以及最高人民法院为贯彻实施公司法所做出的具有法律效力的司法解释。

基于公司法的定义及公司法的内容，公司法的调整对象主要是：

（1）公司的全部组织关系。公司法所调整的公司组织关系表现在以下四个方面：一是发起人相互间或股东相互间在公司设立、变更和解散等过程中发生的关系；二是在公司成立后股东与公司相互间的关系；三是股东会、董事会、监事会和经理等公司内部组织机构在公司治理中的相互关系；四是在设立、变更和解散等活动中公司与市场监管机关等相互间所发生的社会关系。

（2）公司的部分财产关系。公司在经营活动中所发生的财产关系是多种多样的，公司法只调整那些与公司组织关系有着密切联系的财产关系，主要是股东的出资与转让、股票的发行与交易、债券的发行与转让、资本的增加与减少、盈利的分配与亏损的分担等。至于那些与公司组织关系无关的公司对外经营活动所产生的其他合同关系等，则不由公司法调整。

综上可见，公司法对公司关系的调整既涉及公司的全部组织关系，又涉及公司内部的部分财产关系。概言之，公司法是侧重于调整公司的全部组织关系，并辅之以调整公司部分财产关系的法律规范的总称，公司法是团体法与财产法的结合。

（二）公司法的性质

第一，公司法是组织法。凡规范主体活动的法，大都可依其内容之不同分为两种：或侧重于规范行为的主体，或侧重于规范主体的行为。规范前者的法，谓之组织法；规范后者的法，称为行为法。公司法既规范主体及主体的行为，又规范主体内部的财产关系，但以规范主体与主体行为为主，故公司法实为组织法或团体法。

第二，公司法是公法化了的私法。按照公法与私法划分的理论，民法与商法（包括公司法）都属于私法。但由于"19世纪以个人为本位的国家已为20世纪以社会为本位的国家所代替。国家政府权力的扩大，促成私权自治范围的缩小"[①]。公司法已被越来越多的法学家作为私法"社会化""公共化""公法化"的例证。从本质上说，公司法虽应归类于私法，但是由于国家对经济组织及其活动的干预越来越多，今天的公司法已不再是18、19世纪的公司法，它已逐渐被公法化，是最典型的公法化了的私法。

---

① 参见［美］约翰·亨利·梅利曼：《大陆法系》，顾培东、禄正平译，知识出版社1984年版，第112页。

第三，公司法是国家管理公司的行为规范。同任何法律一样，公司法是由国家制定或认可的，并以国家的强制力保证实施的行为规范，其核心是通过公司法来实现国家对公司的管理。公司法不仅是国家行政机关对公司进行管理的法律依据，而且是国家司法机关审理公司案件的法律准绳，更是公司规范自身活动的行为准则。因而公司法既规范和制约公司自身的活动，还制约着国家行政机关对公司的监管行为，以及国家司法机关对公司主体行为效力的评价，具有一体遵行的效力。

三、公司的分类与种类

（一）公司的分类

根据各国公司法所确认的法定分类标准及公司法理论研究中所公认的学理分类标准，公司的分类主要有以下六种。

1. 无限公司、有限公司、股份有限公司、两合公司和股份两合公司

按照公司及公司股东对公司债务所负责任的不同，可以把公司分为无限公司、有限公司、股份有限公司、两合公司和股份两合公司。这是某些大陆法系国家的公司法对公司进行的最基本的法律分类。

2. 人合公司、资合公司和人合兼资合公司

按照公司信用基础的不同，可以把公司分为人合公司、资合公司和人合兼资合公司。这是大陆法系国家的公司法学者对公司所进行的一种学理分类。

凡公司的经营活动着重于股东个人条件的，是人合公司，其信用基础在于股东个人的信用，而不在于公司资本的多少；凡公司的经营活动着重于公司资本数额的，即为资合公司，其信用基础在于公司的资本，而不在于股东个人的信用；凡公司的经营活动兼具人的信用和资本信用两个方面的，即为人合兼资合公司。

3. 封闭式公司和开放式公司

按照公司资本筹集方式及出资转让方式的不同，可以把公司分为封闭式公司和开放式公司。这是英美法系国家对公司的基本分类。

封闭式公司，又称少数人公司、不上市公司、私公司，是指资本全部由设立该公司的股东所拥有，不能对外发行股份，股东的出资证明不能在股票市场上自由流通的公司。此种公司类似于大陆法系国家中的有限责任公司。开放式公司，又称多数人公司、上市公司，是指可以公开招股，股票可以在股票市场公开进行交易的公司。此种公司类似于大陆法系国家中的股份有限公司。

4. 母公司和子公司

按照一个公司对另一个公司的控制与依附关系，可以把公司分为母公司和子

公司。

凡拥有另一公司的股份已达到控股程度并直接掌握其经营活动的公司，是母公司或控制公司；凡资本大部分受他公司控制的公司，则是子公司。就法律地位而言，二者都是具有独立主体资格的法人，依法独立承担民事责任。

5. 总公司和分公司

按照公司内部的管辖系统及隶属关系，可以把公司分为总公司和分公司。

总公司亦称本公司，是管辖该公司全部组织（包括分公司）的总机构，总公司在法律上具有法人资格。分公司是总公司下设的分支机构，在业务、资金、人事等诸方面均受总公司管辖。分公司在法律上和经济上都没有独立性，不具有法人资格。

6. 本国公司、外国公司和跨国公司

按照公司的国籍，可以把公司分为本国公司、外国公司和跨国公司。

我国对公司国籍的认定，兼采设立准据法主义和设立行为地法主义，即凡依我国法律在我国被批准登记设立的公司，不论外资多少，均为本国公司，是我国的法人。

外国公司不是按其所在国的法律而设立的，只是在得到该国的认许或批准，并办理必要的登记手续后，在该国进行营业活动。因此，外国公司一般均为外国总公司在他国所设立的分公司，对分公司业务活动所在地的国家来说，其为外国公司。

跨国公司是指以本国为基地或中心，在不同国家或地区设立分公司、子公司或投资企业，从事国际性生产经营活动的经济组织。就跨国公司的性质而言，它并非一个严格的公司法概念，实为政治经济学或国际经济法的范畴。跨国公司在法律上不是一个独立的实体，其内部关系具体表现为母公司与子公司、总公司与分公司及其他参股投资关系，并受相应的法律规范调整。

（二）公司的种类

我国《公司法》第 2 条规定："本法所称公司是指依照本法在中国境内设立的有限责任公司和股份有限公司。"可见在我国只承认有限责任公司和股份有限公司两种公司类型。

1. 有限责任公司

（1）有限责任公司的概念与特征

有限责任公司，又称有限公司，是指由 50 个以下股东出资设立的，每个股东以其所认缴的出资额为限对公司承担责任，公司以其全部财产对公司的债务承担责任的营利法人。

与其他公司类型相比较，有限责任公司具有以下特征：第一，股东人数的限制性。我国公司法规定股东人数上限为 50 人。第二，股东责任的有限性。有限责任公司的股东，仅以其出资额为限对公司负责，原则上对公司及公司的债权人不负其他任何财产责任。第三，股东出资的非股份性。有限责任公司的资本一般不分为股份，每个股东只有一份出资，但其数额可以不同，股东仅以其出资额为限对公司负责。第四，公司资本的封闭性。有限责任公司的资本只能由全体股东认缴，不能向社会募集，不能发行股票，其资本具有封闭性特点。第五，公司组织的简便性。有限责任公司的设立程序简便，只有发起设立，而无募集设立；有限责任公司的组织机构亦较简单、灵活，其股东会由全体股东组成，董事由股东会选举产生；股东会的召集方法及决议的形成程序亦较简便。第六，资合与人合的统一性。有限责任公司虽然从本质上说是一种资本的联合，但因其股东人数有上限的规定，资本又具有封闭性的特点，故股东相互间又具有人身信任因素，具有人合的色彩，是资合与人合的统一。

（2）一人公司

一人公司，系一人有限责任公司的简称，是指只有一个自然人股东或者一个法人股东的有限责任公司。一人公司是有限责任公司的特殊组织形式，有狭义和广义之分。狭义的一人公司，仅指股东为一人，全部资本由一人拥有的公司，又称形式上的一人公司。广义的一人公司不仅包括形式上的一人公司，也包括实质上的一人公司，即公司的真正股东只有一人，其余股东仅为持有最低股份的挂名股东，多表现为家族式公司。我国 1993 年制定的《公司法》除承认国有独资公司外，对一人公司未予承认。2005 年修订的《公司法》全面承认了一人公司，2013 年修订的《公司法》又取消了对一人公司最低注册资本额的规定，以及股东应当一次足额缴纳公司章程约定的出资额的规定。

（3）国有独资公司

国有独资公司，是指由国家单独出资、由国务院或者地方人民政府授权本级人民政府国有资产监督管理机构履行出资人职责的有限责任公司。国有独资公司是我国公司法针对中国的特殊国情，专门设定的一种特殊的有限责任公司类型。相较一般意义上的有限责任公司，国有独资公司及其内部治理结构具有以下特征：第一，公司股东的单一性。国有独资公司的股东仅有一人，这是它与两个以上的股东所组建的有限责任公司的主要区别。第二，单一股东的特定性。依照公司法的规定，国有独资公司的单一股东只能是国务院或者地方人民政府授权的本级人民政府国有资产监督管理机构，由国有资产监督管理机构行使股东权利并履行出资人职责。第三，特定股东责任的有限性。国有独资公司的股东虽仅为一人，但单一股东并不因此而承担无限责任，股东仍仅以其投资额为限对公司承担责任。因此，国有独资公司实质上是有限责任公司的一种特殊类型。第四，公司负责人的专任制。国有独资公司实行负责人的专任制度。国有独资公司的董事长、副董事长、董事、高级管理人员，未经国有资产监督管理机构同意，依法不得在其他有限责任公司、股份有限公司或者其他经济组织兼职。

2. 股份有限公司

（1）股份有限公司的概念与特征

股份有限公司，又称股份公司，是指注册资本由等额股份构成并通过发行股票筹集资本，股东以其认购的股份为限对公司承担责任，公司以其全部资产对公司债务承担责任的营利法人。

与其他公司类型相比较，股份有限公司具有以下特征：第一，股东责任的有限性。股份有限公司的股东仅以其所认购的股份为限对公司负责。第二，资本募集的公开性。股份有限公司可以通过发行股票的方式定向或不定向地筹集公司的资本。第三，股东出资的股份性。股份有限公司的资本要均分为等额的股份，每个股东所持有的股份数额可以不同，但每股的金额必须相等。第四，公司股票的流通性。股份有限公司的股票可以作为交易的标的，原则上可以自由买卖。股票交易有两种形式，一为上市交易，即在证券交易所挂牌交易；二为柜台交易，即在证券公司的柜台直接交易。第五，公司财产的独立性。股份有限公司股东的出资，构成了公司的独立财产，形成了公司法人所有权，使股份有限公司成为最典型的法人组织。

（2）上市公司

上市公司，是指其股票在证券交易所上市交易的股份有限公司。上市公司具有以下特点：第一，上市公司是股份有限公司的一种。第二，上市公司是股票在证券交易所进行交易的股份有限公司。第三，上市公司必须符合法定条件，且须履行审批程序。未经批准，不得上市。

四、公司的设立

（一）公司设立的概念

公司设立，是指发起人为组建公司，使其取得法人资格所进行的一系列法律行为的总称。公司设立的本质在于使一个尚不存在或正在形成中的公司逐渐具备条件并取得民商事主体资格。

公司设立与公司成立是两个完全不同的概念，其主要区别在于：（1）发生阶段不同。设立行为发生于公司成立之前，成立行为则发生于公司被依法核准登记之时，是设立行为被法律认可的一种法律后果。（2）行为性质不同。设立行为发生于发起人或发起人与认股人之间，是一种私法行为，它体现民商法所普遍倡导和遵循的平等、自愿、诚实信用和平等交换的基本原则，其要素是设立人的意思表示；而成立行为则发生于发起人与登记主管机关之间，实际上是公司设立行为与公司设立主管机关和登记机关的登记行为或认可行为的结合，是公司取得法人资格及相关权利能力和行为能力的法律事实或法律状态，此时的行为主要是登记主管机关的行政行为，具有公法性质。（3）法律效力不同。在公司设立阶段，公司尚不具备独立的法律主体资格，其以设立中公司的名义或以发起人的名义对内、对外所签订的合同被称为"先公司合同"或"设立中公司的合同"。设立中公司的对内、对外关系一般被视同为合伙，如公司最终未获准登记，因设立中公司签订的"先公司合同"所发生的债权债务关系，类推适用有关合伙的规定，即由发起人承担连带责任；如公司被核准成立，发起人为设立公司所实施的法律行为，其后果归属于公司，其债权债务则由成立后的公司承继。[①]（4）解决有关行为争议的依据不同。设立过程中的争议和纠纷，一般依照发起人之间订立的协议解决。而成立过程中因设立事实能否得到登记机关或审批机关的登记认可或批准所产生的争议，一般依照有关行政法规解决，并多表现为行政争议，当事人可以提起行政诉讼。

（二）公司设立的方式

1. 发起设立

发起设立，亦称共同设立或单纯设立，是指公司的资本由发起人全部认购，不向发起人之外的任何人募集而设立公司的方式。发起设立具有设立程序简单的优点。其资本的筹集无须履行复杂的招股程序，可以有效地缩短公司设立的周期，减少公司的设立费用，降低公司的设立成本，因而是世界上较为通行的公司设立方式。有限责任公司和股份有限公司都可以采用发起设立的方式来组建。

2. 募集设立

募集设立，亦称渐次设立、复杂设立，是指发起人仅认购公司一定比例的股份，其余部分向外公开募集而设立公司的方式。募集设立与发起设立的主要不同在于公司在设立阶段可以向外招募股份，因此，只有股份有限公司方能采取募集设立方式设立公司。我国《公司法》第77条第3款规定："募集设立，是指由发起人认购公司应发行股份的一部分，其余股份向社会公开募集或者向特定对象募集而设立公司。"由此可见，我国的募集设立可以分为社会募集设立和定向募集设立两种形式。社会募集设立，是指公司发行的股份除由发起人认购外，其余股份应向社会公众公开发行。定向募集设立，是指公司发行的股份除由发起人认购

[①] 详见《最高人民法院关于适用〈中华人民共和国公司法〉若干问题的规定（三）》（简称《公司法司法解释（三）》）第1条至第5条的规定。

外，其余部分可向特定法人或特定自然人（如内部职工等）发行，但不公开向社会发行。采取社会募集方式设立的公司，被称为社会募集公司；采取定向募集方式设立的公司，被称为定向募集公司。

（三）公司设立的效力

公司设立的效力，是指公司设立活动所产生的法律后果。公司设立最直接的法律后果有二：一是公司经过设立程序，符合法定条件，被依法核准登记，取得法人资格；二是公司经过设立程序，但不符合法定条件或违反法律强制性规定，公司不能成立或导致公司设立无效和撤销。无论是公司成立还是不成立，均存在发起人行为后果由谁承担及发起人的责任等问题，这也是公司设立行为效力的重要内容。

（四）发起人的责任

发起人是公司设立行为的具体实施者。按照我国《公司法》和相关司法解释的规定，发起人除应承担公司未成立的先公司合同责任外，还须承担下列责任：

（1）公司成立，发起人须承担资本充实责任。发起人须保证公司在登记时，其财产的实际价值不少于章程所规定的资本额。如果公司登记时其财产不能满足章程所规定的数额，发起人有义务填补这部分差额。

（2）公司不成立，发起人须对设立行为所产生的债务和费用承担连带责任。当公司不能成立时，须由发起人对设立行为所生费用和债务负连带赔偿责任，对已收股款负返还的连带责任。在采取募集方式设立公司的情况下，发起人对认股人已缴纳的股款负有返还并加算银行同期存款利息的责任。

（五）公司章程

公司章程，是指公司必备的规定公司组织及活动的基本规则的书面文件，是以书面形式固定下来的股东共同一致的意思表示。它既是公司成立的基础，也是公司赖以生存的灵魂。

依据法律对公司章程记载的事项有无明确规定，以及所记载事项对章程效力的影响，章程的记载事项可分为绝对必要记载事项、相对必要记载事项和任意记载事项。

绝对必要记载事项，是指法律规定的章程中必须予以记载的、不可缺少的事项。公司章程缺少其中任何一项或任何一项记载不合法，就会导致整个章程的无效。对于章程的绝对必要记载事项，各国公司法都予以明文规定，主要是公司性质所要求的章程的必备条款，通常包括公司的名称、住所地、经营范围、注册资本、利润分配、财产责任等。

相对必要记载事项，是指由法律列举规定的、可以听凭章程制定人自主决定是否载入章程的事项。此类事项一旦章程予以记载，便发生效力。如果不予记载或某项记载不合法，则仅该事项无效，章程的其他事项仍然有效，不影响整个章程的效力。

任意记载事项，是指只要不违反法律的强行规定、公共秩序和善良风俗，章程制定人便可根据实际需要载入章程的事项。此类事项只要记载于公司章程，便与其他事项同样具有约束力，非依股东会的特别决议不能变更。如不记载，不影响整个章程的效力；如记载不合法，也仅该事项无效，章程的其他事项仍具效力。

2005年修订后的《公司法》在强化对公司法律规制的同时，突出强调了公司法人的团体自治，而公司自治则主要表现在如何正确处理章程约定与法律规定的关系。根据我国公司法的规定，章程与法律的关系及其效力主要表现在以下三个方面：第一，法律授权章程规定。即法律对有关事项未做规定，而是明文授权由章程规定。例如，《公司法》第44条第3款规定："董事长、副董事长的产生办法由公司章程规定。"第二，章程规定优于法律规定。即法律与章程对某些事项均有规定，在章程规定与法律规定不尽一致时，优先适用章程规定。例如，《公司法》第42条规定："股东会会议由股东按照出资比例行使表决权；但是，公司章程另有规定的除外。"第三，章程规定补充法律规定。即法律对某些事项虽有规定，但未尽事宜允许章程补充法律规定。例如，《公司法》第43条第1款规定："股东会的议事方式和表决程序，除本法有规定的外，由公司章程规定。"由前可见，公司章程在公司自治中具有十分重要的作用。

五、公司的人格

（一）公司人格的独立

一个设立中的公司，实施了法定的设立行为，履行了法定的设立程序，经核准登记，即取得法人资格。公司作为最典型的法人，具有独立的人格，一方面体现在它能够独立地承担民事责任；另一方面，则表现在公司必须独立于股东之外。公司能够具有独立的法人人格，一是因为它具备了团体人格独立的四大要素，即独立财产、独立名称、独立意思和独立责任。二是因为公司与股东人格的分离，这种分离的基础就是有限责任制，亦即股东仅以其出资额为限对公司承担责任，超过了出资额，股东则无责任。在这个意义上说，有限责任制是现代公司制度的核心，被称为"传统的奠基石"。

公司有无独立的法人人格，直接关系到市场经济活动中有无适格的主体。在国有企业改革中，我国一直把公司人格独立作为追求的目标之一，希望通过确认企业法人和公司的独立人格，来实现政企分开和政企分离。我国《公司法》第 3 条第 1 款规定："公司是企业法人，有独立的法人财产，享有法人财产权。公司以其全部财产对公司的债务承担责任。"在我国，公司是典型的法人，可以说公司制度的发展就是法人制度的发展，公司制度的完善也是法人制度的完善。

由于公司是具有独立责任能力的法人，所以在对外投资、提供担保等问题上所受限制较为严格。一是公司对外投资的对象受到限制，我国《公司法》第 15 条规定："公司可以向其他企业投资；但是，除法律另有规定外，不得成为对所投资企业的债务承担连带责任的出资人。"二是公司对外投资、提供担保的表决程序较为严格，《公司法》第 16 条规定："公司向其他企业投资或者为他人提供担保，依照公司章程的规定，由董事会或者股东会、股东大会决议；公司章程对投资或者担保的总额及单项投资或者担保的数额有限额规定的，不得超过规定的限额。公司为公司股东或者实际控制人提供担保的，必须经股东会或者股东大会决议。前款规定的股东或者受前款规定的实际控制人支配的股东，不得参加前款规定事项的表决。该项表决由出席会议的其他股东所持表决权的过半数通过。"

（二）公司人格的否认

公司人格的否认，又被形象地概括为"揭开公司的面纱"，是指在具体的法律关系中，基于特定事由，否认公司的独立法人人格，使股东对公司债务承担无限责任。它不是对公司人格的永久剥夺，因此其效力是对人的，而不是对世的；是基于特定原因，而非普遍适用的。在这个意义上理解，公司人格的否认与德国的"责任贯彻"理论、日本的"透视"理论以及大陆法系的"直索责任"异曲同工，都体现了法律对公司债权人至为周到的保护。

如前所述，要实行法人制度，必须承认法人人格独立和股东责任有限。然而，公司实践表明，将人格独立和有限责任绝对化或推向极致，亦可能导致对债权人有失公正，使公司成为规避侵权责任的工具，甚至为控制股东滥用公司的人格创造了机会。[1] 公司人格否认原则表明了法律的这样一种价值取向：法律应充分肯定公司人格独立的价值，将维护公司的独立人格作为一般原则。同时，又不

---

[1]　最能说明问题的是发生在印度中央邦政府博帕尔市的一起案件。1984 年 12 月 3 日，由美国的一家母公司在印度博帕尔市设立的全资子公司美资联合碳化物印度有限公司，因储存甲基异氰酸盐的金属罐泄漏，致使当地居民两万多人直接死亡，55 万人间接死亡，20 多万人永久残废。对此，印度政府要求赔偿 31.2 亿美元，印度高等法院也做出了受害者胜诉的判决。如果在此案中坚持子公司是法人，法人人格独立、财产独立、责任独立，这家子公司的全部财产也难以弥补受害人损失的万分之一。在这种情形下，为维护公平与正义，印度高等法院的法官援引了美国在司法实践中首创的"揭开公司面纱"原则，判决由设在美国的母公司对其子公司的债务承担连带责任。但令人遗憾的是，此案判决迄今未被执行。

能容忍股东滥用公司法人独立地位和股东有限责任，损害公司债权人的利益。因而，公司人格否认原则始终是、也只能是对公司人格独立原则的有益而必要的补充。正是二者的功能互补，才使法人制度得以发展和完善，才维护了法律的公平与正义。

我国《公司法》第20条第1款规定："公司股东应当遵守法律、行政法规和公司章程，依法行使股东权利，不得滥用股东权利损害公司或者其他股东的利益；不得滥用公司法人独立地位和股东有限责任损害公司债权人的利益。"该条第3款规定："公司股东滥用公司法人独立地位和股东有限责任，逃避债务，严重损害公司债权人利益的，应当对公司债务承担连带责任。"《公司法》第63条规定："一人有限责任公司的股东不能证明公司财产独立于股东自己的财产的，应当对公司债务承担连带责任。"这两条规定原则上确立了"公司人格否认制度"。

2019年9月11日，经最高人民法院审判委员会民事行政专业委员会第319次会议原则通过的《全国法院民商事审判工作会议纪要》（以下简称《九民会议纪要》）强调指出：在审判实践中，要准确把握《公司法》第20条第3款规定的精神。一是只有在股东实施了滥用公司法人独立地位及股东有限责任的行为，且该行为严重损害了公司债权人利益的情况下，才能适用。损害债权人利益，主要是指股东滥用权利使公司财产不足以清偿公司债权人的债权。二是只有实施了滥用法人独立地位和股东有限责任行为的股东才对公司债务承担连带清偿责任，而其他股东不应承担此责任。三是公司人格否认不是全面、彻底、永久地否定公司的法人资格，而只是在具体案件中依据特定的法律事实、法律关系，突破股东对公司债务不承担责任的一般规则，例外地判令其承担连带责任。人民法院在个案中否认公司人格的判决，其既判力仅仅约束该诉讼的各方当事人，不当然适用于涉及该公司的其他诉讼，不影响公司独立法人资格的存续。如果其他债权人提起公司人格否认诉讼，已生效判决认定的事实可以作为证据使用。四是《公司法》第20条第3款规定的滥用行为，实践中常见的情形有人格混同、过度支配与控制、资本显著不足等。在审理案件时，需要根据查明的案件事实进行综合判断，既审慎适用，又当用则用。实践中存在标准把握不严而滥用这一例外制度的现象，同时也存在因法律规定较为原则、抽象，适用难度大，而不善于适用、不敢于适用的现象，均应引起高度重视。

总之，公司人格独立与公司人格否认是两个极具哲理性的规则。在这一对关系中不仅包含着我国建立现代企业制度的目标追求，还蕴含着对债权人利益及交易安全的价值判断，须联结考察、辩证分析，方能悟出其中所包含的衡平、和谐的思想。在司法实践中要处理好二者的关系，需慎用并准确适用公司人格否认原则，不能因此而导致对法人制度的破坏。

第二节 公司的资本制度

一、公司资本的构成

公司资本专指在公司成立时由章程所确定的由股东出资构成的公司财产总额。依据我国《公司法》第 27 条规定，有限责任公司和股份有限公司的资本由货币、实物、知识产权、土地使用权等可以用货币估价并可以依法转让的非货币财产等构成。

（一）货币

货币或现金是最基本的资本构成，任何公司类型都离不开货币出资，因为货币是商品交易的一般等价物，公司要进行交易，货币则必不可少。以货币出资不仅价值量准确，无须重新作价，且运用自如，不受限制。

（二）实物

实物，又称有形资产，主要包括建筑物、厂房和机器设备等。并非任何实物都可以作为股东的出资，股东出资的实物应为公司生产经营所需的建筑物、设备或其他物资，这是实物作为股东出资的先决条件。股东对用以出资的实物必须拥有所有权，并应出具拥有所有权和处分权的有效证明。对于以实物出资的，各国公司法都规定必须一次付清，并办理将实物出资变更到公司名下的移转手续。

（三）知识产权

知识产权包括专利权、商标权、著作权、专有技术等。专利权是指按专利法的规定，由国家专利机关授予发明人、设计人或其所属单位在一定期限内对某项发明创造享有的专有权。商标权是指企业、事业单位或个体工商业者对于依照法定程序，经由商标局核准的注册商标所享有的商标专用权。著作权，又称版权，是指文学、艺术和自然科学、社会科学作品的作者及其相关主体依法对作品所享有的人身权利和财产权利。专有技术，又称秘密技术或技术诀窍，是指从事生产、管理和财务等活动领域的一切符合法律规定条件的秘密知识、经验和技能，其中包括工艺流程、公式、配方、技术规范、管理和销售的技巧与经验等。

（四）土地使用权

土地使用权，是指非土地所有人对土地加以利用和取得收益的权利。在我国，土地归国家和集体所有，非土地所有人可以通过出让或转让方式取得土地使用权。因此，土地使用权可区分为国有土地使用权与集体土地使用权，二者均可作价，以此出资入股。

（五）其他

除上述所列各项外，依法可以转让的并可以用货币估价的非货币财产，如股权、债权等，都可以作为股东的出资。

值得注意的是，关于股东出资的禁止，我国《市场主体登记管理条例》第13条第2款规定："出资方式应当符合法律、行政法规的规定。公司股东、非公司企业法人出资人、农民专业合作社（联合社）成员不得以劳务、信用、自然人姓名、商誉、特许经营权或者设定担保的财产等作价出资。"

二、公司资本制度的类型

经过长期的实践，世界各国已经形成了相对独立的三种公司资本制度，即法定资本制、授权资本制和折中资本制。

法定资本制，又称确定资本制，是指公司在设立时，必须在章程中对公司的资本总额做出明确的规定，并须由股东全部认足，否则公司不能成立。

授权资本制，是指在公司设立时，资本总额虽应记载于章程，但并不要求发起人全部认足，只认定并缴付资本总额中的一部分，公司即可成立；未认定部分，授权董事会根据需要，可随时发行新股募集之。

折中资本制，又称认可资本制，是介于法定资本制与授权资本制之间的一种公司资本制度。折中资本制在不同国家的公司法中的表现形式及具体内容有所差异，有的将公司资本限定为发行资本，而非注册资本；有的对授权发行资本的期限或数额加以特别限定；有的则在实行法定资本制的基础上，允许在附条件增资或授权增资时采取授权资本制。

比较法定资本制与授权资本制，从不同角度观之，二者利弊兼存。

首先，为大陆法系国家所奉行的法定资本制，因其强调公司资本的确定、不变和维持，加之在公司设立时就要求全部注册资本落实到人，显然具有保证公司资本真实、可靠，防止公司设立中的欺诈和投机行为，以及有效地保障债权和交易安全等优点，故至今仍为一般大陆法系国家所采用。但同时，由于法定资本制要求在公司成立后增资时，须履行股东会决议、变更章程、变更登记等烦琐程序，因此，实行法定资本制的诸多不便也是显而易见的。

其次，为英美公司法所创立的授权资本制，因其并不要求发起人全部认足公司注册资本，甚至只认缴注册资本总额中的一小部分，公司亦可成立，显见它具有便于公司迅速成立的优点。特别是在授权资本制下，公司增资时，可随时发行新股募集之，无须变更章程，亦不必履行变更登记程序，故适应市场经济对公司决策迅速、高效的客观要求。然而，由于在授权资本制下，公司的实收资本可能微乎其微，且注册资本的相当部分未能落实到人，加之资本内容复杂，显然它更可能被欺诈行为所利用，减弱了对公司债权人利益的保护。此外，将发行新股的权利完全赋予董事会，对股东权益的保护也有失周全。

基于我国《公司法》第 26 条、第 80 条的规定，本书认为我国公司法实际采用的是法定资本制。为了进一步激发中小投资者的创业活力，更好地发挥公司的作用，2013 年对《公司法》进行了第四次修订。此次修订在资本制度方面的主要变化是：第一，除采取募集方式设立的股份有限公司，以及 27 类特殊金融公司①仍须实行注册资本实缴制度外，将其他公司注册资本由实缴登记制改为认缴登记制；第二，除法律、行政法规以及国务院决定对注册资本最低限额另有规定外，取消了其他公司注册资本的最低限额，进一步降低了市场的准入门槛；第三，改革监管制度，减少对市场主体自治事项的干预，明确公司实收资本不再作为工商登记事项，公司登记时无须提交验资报告；第四，构建市场主体的信用信息公示制度，完善信用约束机制，强化公司的自我管理，加强对市场主体经营行为的监管，以切实保障交易安全。

三、出资与转让

（一）出资

1. 股东出资方式

世界各国对有限责任公司股东出资方式的立法主要有以下三种模式：一是出资平等主义，即规定有限责任公司股东的每份出资额是均等的，股东可以认购一份，也可以认购数份。二是出资不平等主义，指股东只能认购一份出资，但各股东所认缴的出资额可以不同。在我国的公司实践中，有限责任公司股东的出资基本上是采用出资不平等主义，也即单一出资制。三是基本出资制，是出资平等主义与出资不平等主义两种出资方式的结合，即每一股东只能认购一份出资，每一份出资数额可以不同，但必须是基本出资数额的整倍数。

对于股份有限公司股东的出资方式，世界各国的立法规定基本一致，均确认资本分为股份，股份集为资本。股份为资本构成的最小单位，具有不可分性；股份的表现形式为股票，具有可流通性。

2. 股东出资的缴纳

出资是股东最基本的义务，任何公司的股东都必须履行出资义务。有限责任公司的资本总额应由各股东全部认足，至于出资是否必须一次缴清，各国立法规

---

① 这 27 类特殊金融公司是：采取募集方式设立的股份有限公司、商业银行、外资银行、金融资产管理公司、信托公司、财务公司、金融租赁公司、汽车金融公司、消费金融公司、货币经纪公司、村镇银行、贷款公司、农村信用合作联社、农村资金互助社、证券公司、期货公司、基金管理公司、保险公司、保险专业代理机构和保险经纪人、外资保险公司、直销企业、对外劳务合作企业、融资性担保公司、劳务派遣企业、典当行、保险资产管理公司、小额贷款公司。

定不同。我国公司法允许股东分期缴纳出资。《公司法》第 26 条第 1 款规定："有限责任公司的注册资本为在公司登记机关登记的全体股东认缴的出资额。"第 28 条第 1 款规定："股东应当按期足额缴纳公司章程中规定的各自所认缴的出资额。股东以货币出资的，应当将货币出资足额存入有限责任公司在银行开设的账户；以非货币财产出资的，应当依法办理其财产权的转移手续。"

3. 违反出资义务的民事责任

（1）有限责任公司股东违反出资义务的责任

一是违约责任。我国《公司法》第 28 条第 2 款规定："股东不按照前款规定缴纳出资的，除应当向公司足额缴纳外，还应当向已按期足额缴纳出资的股东承担违约责任。"

二是差额补足责任。我国《公司法》第 30 条规定："有限责任公司成立后，发现作为设立公司出资的非货币财产的实际价额显著低于公司章程所定价额的，应当由交付该出资的股东补足其差额；公司设立时的其他股东承担连带责任。"《公司法司法解释（三）》第 15 条进一步明确："出资人以符合法定条件的非货币财产出资后，因市场变化或者其他客观因素导致出资财产贬值，公司、其他股东或者公司债权人请求该出资人承担补足出资责任的，人民法院不予支持。但是，当事人另有约定的除外。"

（2）股份有限公司发起人的责任

公司不能成立时，发起人对设立行为所产生的债务和费用负连带责任（《公司法》第 94 条第 1 项）。

公司不能成立时，发起人对认股人已缴纳的股款，负返还股款并加算银行同期存款利息的连带责任（《公司法》第 94 条第 2 项）。

在公司设立过程中，由于发起人的过失致使公司利益受到损害的，应当对公司承担赔偿责任（《公司法》第 94 条第 3 项）。

在公司设立过程中，发起人不按照公司章程的规定缴纳出资的，应当按照发起人协议承担违约责任（《公司法》第 83 条第 2 款）。

股份有限公司成立后，发起人未按照公司章程的规定缴足出资的，应当补缴；其他发起人承担连带责任（《公司法》第 93 条第 1 款）。

股份有限公司成立后，发现作为设立公司出资的非货币财产的实际价额显著低于公司章程所定价额的，应当由交付该出资的发起人补足其差额；其他发起人承担连带责任（《公司法》第 93 条第 2 款）。

（二）转让

1. 有限责任公司股东出资的转让

有限责任公司股东出资的转让须遵守下列规定：

（1）有限责任公司的股东之间可以相互转让其全部或者部分股权，这是各国公司法通行的规定。因为在股东相互间的转让，一般不会涉及人合或信任问题，但这类转让可能产生公司控制权问题等争议。

（2）股东向股东以外的人转让股权应当经其他股东过半数同意。要对外转让股权的股东应就其股权转让事项书面通知其他股东征求同意，其他股东自接到书面通知之日起30日内未答复的，视为同意转让。如果出现其他股东半数以上不同意转让的，为保证股东出资退股自由，不同意的股东应当购买该转让的股权；如果既不同意转让又不购买的，依法应视为同意转让。

（3）经股东同意转让的股权，在同等条件下，其他股东有优先购买权。判断是否构成同等条件时，应当综合考虑转让股权的价格、支付方式及期限等因素。两个以上股东主张行使优先购买权的，要协商确定各自的购买比例；协商不成的，按照转让时各自的出资比例行使优先购买权。

（4）转让股权本质上属于处理私权，应当奉行意思自治的原则。公司章程对股权转让另有规定的，从其规定。

（5）股权的转让除出于股东自愿外，还可能因法院依照强制执行程序而转让。在这种情形下，《公司法》规定法院应当通知公司及全体股东，其他股东在同等条件下有优先购买权。其他股东自法院通知之日起满20日不行使优先购买权的，视为放弃优先购买权。

（6）在转让股权后，公司应当注销原股东的出资证明书，向新股东签发出资证明书，并相应修改公司章程和股东名册中有关股东及其出资额的记载。对公司章程的该项修改无须再由股东会表决。

（7）有下列情形之一的，对股东会该项决议投反对票的股东可以请求公司按照合理的价格收购其股权：一是公司连续5年不向股东分配利润，而公司该5年连续盈利，并且符合公司法规定的分配利润条件的；二是公司合并、分立、转让主要财产的；三是公司章程规定的营业期限届满或者章程规定的其他解散事由出现，股东会会议通过决议修改章程使公司存续的。虽出现上述情形，但自股东会会议决议通过之日起60日内，股东与公司不能达成股权收购协议的，股东可以自股东会会议决议通过之日起90日内向人民法院提起诉讼。

（8）自然人股东死亡后，其合法继承人可以继承股东资格。但是，公司章程另有规定的除外。

（9）有限责任公司的股东未履行或者未全面履行出资义务即转让股权，受让人对此知道或者应当知道，公司请求该股东履行出资义务的，受让人应对此承担连带责任；公司债权人依照《公司法司法解释（三）》第13条第2款的规定向该股东提起诉讼，可同时请求前述受让人对此承担连带责任。受让人承担责任后，可向该未履行或者未全面履行出资义务的股东追偿。但是，当事人另有约定的除外。

（10）股权转让后尚未向公司登记机关办理变更登记，原股东将仍登记于

其名下的股权转让、质押或者以其他方式处分，受让股东以其对于股权享有实际权利为由，请求认定处分股权行为无效的，人民法院可以参照《民法典》第 311 条的规定处理。原股东处分股权造成受让股东损失，受让股东请求原股东承担赔偿责任，对于未及时办理变更登记有过错的董事、高级管理人员或者实际控制人承担相应责任的，人民法院应予支持。受让股东对于未及时办理变更登记也有过错的，可以适当减轻上述董事、高级管理人员或者实际控制人的责任。

2. 股份有限公司股东出资的转让

股份有限公司的股东持有的股份可以依法转让，但不得违反以下规定：

（1）股东转让其股份，应当在依法设立的证券交易场所进行或者按照国务院规定的其他方式进行。

（2）记名股票由股东以背书方式或者法律、行政法规规定的其他方式转让；转让后由公司将受让人的姓名或者名称及住所记载于股东名册。股东大会召开前 20 日内或者公司决定分配股利的基准日前 5 日内，不得进行股东名册的变更登记。但是，法律对上市公司股东名册变更登记另有规定的，从其规定。

（3）无记名股票的转让，由股东将该股票交付给受让人后即发生转让的效力。

（4）发起人持有的本公司股份，自公司成立之日起 1 年内不得转让。公司公开发行股份前已发行的股份，自公司股票在证券交易所上市交易之日起 1 年内不得转让。

（5）公司董事、监事、高级管理人员应当向公司申报所持有的本公司的股份及其变动情况，在任职期间每年转让的股份不得超过其所持有本公司股份总数的 25%；所持本公司股份自公司股票上市交易之日起 1 年内不得转让。上述人员离职后半年内，不得转让其所持有的本公司股份。公司章程可以对公司董事、监事、高级管理人员转让其所持有的本公司股份做出其他限制性规定。

（6）公司不得收购本公司股份。但是，有下列情形之一的除外：一是减少公司注册资本；二是与持有本公司股份的其他公司合并；三是将股份用于员工持股计划或者股权激励；四是股东因对股东大会做出的公司合并、分立决议持异议，要求公司收购其股份的；五是将股份用于转换上市公司发行的可转换为股票的公

司债券；六是上市公司为维护公司价值及股东权益所必需。公司持有本公司的股份与公司原理相悖，因为公司不能成为本公司的股东，因此公司法对因上述情形而出现的公司持有本公司股份的，都规定了具体的注销或转让期限。

（7）公司不得接受本公司的股票作为质押权的标的。

（8）上市公司的股票，依照法律、行政法规和证券交易所的交易规则上市交易。

四、增资与减资

（一）增资

增资即增加资本，是指公司为筹集资金、扩大营业，依照法定的条件和程序增加公司的资本总额。由于增资能够增强公司的实力，提高公司的信用，扩大公司的经营规模，不会对社会交易安全和债权造成威胁，各国公司法对增资的条件限制较少，各类公司在必要时均可依法定程序增加资本。

有限责任公司的增资属特别决议，须经代表 2/3 以上表决权的股东通过，方能做出决议。股东对新增注册资本额有优先认购权，采用单一出资制的，可以由股东按原有的出资比例增加相应的资本，增资后各股东的出资比例不变，也可以通过增加新股东并增加新的出资方式进行。

股份有限公司的增资亦须经出席会议的股东所持表决权的 2/3 以上通过。增资的方式有三种：一是增加股份的数额，即公司在原定股份总数之外发行新的股份；二是增加股份的金额，即公司在不改变原定股份总数的情况下增加每个股份的金额；三是既增加股份的数额又增加股份的金额，即同时采用前两种方法。在实践中多采用第一种方法。股份有限公司增加资本，除可采用上述方法外，还可以将公司的公积金转为公司资本。

（二）减资

减资即减少资本，是指公司因资本过剩或亏损严重，根据生产经营的实际情况，依照法定条件和程序减少公司的资本总额。按照资本不变原则的要求，一般不允许公司减少资本。因为资本的减少有可能危及交易的安全，可能减弱对债权人的保护。但当公司的预定资本过多，从而形成资本过剩并造成公司资本凝固，以及当公司的营业状况不佳、亏损严重，致使公司的资本额与其实有资产差额悬殊时，如仍坚持资本不变，就可能造成资本在公司中的凝滞，不利于充分发挥社会财富的经济效益，资本也就失去了它作为公司运营的物质基础和标示公司信用状况的应有作用。在这种情况下，就应当允许公司依照法定程序来减少公司资本。

与增资相同，减资决议的做出亦须经代表 2/3 以上表决权的股东通过。公司决议减少注册资本时，必须编制资产负债表及财产清单。公司应当自做出减少注册资本决议之日起 10 日内通知债权人，并于 30 日内在报纸上公告。债权人自接到通知书之日起 30 日内，未接到通知书的自公告之日起 45 日内，有权要求公司清偿债务或者提供相应的担保。

股份有限公司的减资决议亦应由出席股东所持表决权的 2/3 以上通过。减少公司发行的任何类别股份的总数，还必须报有关部门审查同意。同时，须履行与有限责任公司相同的法定减资程序。

第三节　股份与股权

一、股份

（一）股份的概念与特点

股份是股份有限公司资本构成的最小单位，即公司的全部资本分为金额均等的股份，全部股份金额的总和即为公司资本的总额。换言之，资本分为股份，股份集为资本。

股份有限公司的股份与他种公司类型股东的出资相比较，具有以下特点：

第一，股份是资本构成的最小单位，具有不可分性。资本分为股份，股份则不可再分，是资本构成的基本单位。股份的不可分性并不排除某一股份为数人所共有，当股份为数人所共有时，股权一般应由共有人推定一人行使。共有人对股份利益的分享，不是对股份本身的分割。

第二，股份是对资本的等额划分，具有金额的均等性。股份所代表的资本额一律相等。额面股份表现为股份金额相等，无额面股份则表现为在资本总额中所占比例的相等。

第三，股份是股权的基础，具有权利上的平等性。股份是股东法律地位的表现形式，股份所包含的权利义务一律平等。每一股份代表一份股权，股东权利义务的大小，取决于其持有股份数额的多少。

第四，股份表现为有价证券，具有自由转让性。股份表现为股票，是股票的实质内容，而股票则是股份的证券形式，是公司签发的证明股东所持股份的凭证。除法律对特定股份的转让有限制性规定外，股份可以自由转让和流通。股份的转让和流通，是通过股票交易形式进行的，合法取得股票者即合法取得股份，从而亦即取得股权。

（二）股份的种类

1. 普通股和特别股

这是依股东享有权益和承担风险的大小所做的分类。

（1）普通股，即普通股份，是指对公司权利一律平等，无任何区别待遇的股份。普通股是公司资本构成中最基本的股份，也是公司资本构成中风险最大的股份。普通股具有三个特点：一是股息不固定，视公司有无利润及利润多少而定，且须在支付了公司债利息和优先股股息后方能分配；二是在公司清算时，普通股股东分配公司剩余财产须排列于公司债权人和优先股股东之后；三是普通股股东一般都享有表决权，即参与公司决策的权利。普通股股东在公司获利时是主要的受益者，其股息率上不封顶；在公司亏损时是主要的受害者，是公司中风险最大的股份。

（2）特别股，亦称类别股，是指在普通股之上附加某种权利或限制、扩张某些权利的股份类别。以普通股为基准，凡比普通股具有优先权的股份为优先股；凡权利不及普通股权利者为后配股或劣后股。近年来，对类别股的研究已成为公司法理论研究的热点问题之一，在公司实践中也出现了类别股设置形态多样化的趋势。例如，限于表决权类的类别股和附特殊权利的类别股，前者主要以超级表决权股、无表决权股为代表，后者则主要以附董事选任权股、一票否决权股为表现形式。类别股的出现使公司的内部治理结构更加复杂，在立法和司法上都是需要进一步深入研究的问题。

2. 额面股和无额面股

这是依股份是否以金额表示所做的分类。

（1）额面股，是在股票票面上标明了一定金额的股份。额面股的每股金额必须一致，其发行价格可以高于股份金额，即允许溢价发行，但不允许以低于股票面额的价格发行股份。

（2）无额面股，又称比例股或部分股，即股票票面不表示一定金额，只表示其占公司资本总额一定比例的股份。此种股份的价值随公司财产的增减而增减，其实际上占公司资产总额比例的价值是一个变数。我国禁止发行无面值股票（无额面股），只允许发行额面股。

3. 记名股和无记名股

这是依是否在股票上记载股东的姓名所做的分类。

（1）记名股，是将股东的姓名或名称记载于股票的股份。记名股份的权利只能由股东本人享有，记名股的转让必须由股东以背书形式进行，将受让人的姓名或名称记载于公司股票之上，并将受让人的姓名或名称记载于公司股东名册之中。否则，转让不产生对抗之效力。记名股票被盗、遗失或者灭失，股东可以依照《民事诉讼法》规定的公示催告程序，请求人民法院宣告该股票失效。人民法院宣告该股票失效后，股东可以向公司申请补发股票。

（2）无记名股，是股票上不记载股东姓名或名称的股份。无记名股份与股票不可分离，凡持有股票者，即为公司股东，享有股权。在买卖无记名股票时，将股票交付给受让人，即发生转让的效力。

4. 表决权股和无表决权股

这是依股份有无表决权所做的分类。

（1）表决权股，即享有表决权的股份。表决权股的股东在任免董事人选等公司重大问题上，有权无条件地行使表决权。

（2）无表决权股，是依法或依据章程被剥夺了表决权的股份。依法被剥夺表决权的股份主要是公司的自有股份；依据章程自愿放弃表决权的股份，主要是享有特别分配利益的优先股。

二、股权

（一）股权的概念与种类

股权，亦即股东权，可作狭义和广义理解。狭义的股权是指股东因向公司出资而享有的权利。广义的股权则是对股东权利和义务的总称。本节采用狭义的股权概念，并在此基础上阐述股权的有关问题。

股权是任何公司类型中的股东都普遍享有的权利。股东之所以向公司出资，归根结底无非是要据此取得股权，从而实现自己的经济目的。因此，股权实为公司法中的核心问题之一。

各国公司法理论通常确认的股权分类主要有以下几种：

一是按股权内容不同，将股权分为自益权与共益权。这是公司法理论对股权做出的最基本的分类，也是在公司实践中最常用的股权分类。自益权是股东以自己的利益为目的而行使的权利，主要包括发给出资证明或股票的请求权、股份转让过户的请求权、分配股息红利的请求权，以及分配公司剩余财产的请求权等。共益权是股东以自己的利益并兼以公司的利益为目的而行使的权利，主要包括出席股东会的表决权、任免董事等公司管理人员的请求权、查阅公司章程及簿册的请求权、要求法院宣告股东会决议无效的请求权以及对公司董事、监事提起诉讼权等。

二是按股权性质不同，将股权分为固有权与非固有权。固有权又称不可剥夺权，是公司法赋予股东的不得以章程或股东会决议予以剥夺或限制的权利。非固有权又称可剥夺权，是指依章程或股东会决议可剥夺或可限制的权利。共益权多属固有权，而自益权则多属非固有权。

三是按股权行使方式不同，将股权分为单独股东权与少数股东权。单独股东权是指可以由股东一人单独行使的权利，包括股东在股东会上的表决权，宣告股东会决议无效的请求权等。此种权利只要普通股股东持有一股即可享有，每一股东都可依自己的意志单独行使。少数股东权是指持有已发行股份一定比例以上的股东才能行使的权利。例如我国《公司法》规定，股份有限公司中持有公司10%以上股份的股东有召开临时股东会的请求权，此即为少数股东权。

（二）股权的行使

1. 股权的代理行使

股东既可以亲自行使股权，也可以委托代理人代为行使股权，这在一般情况下并无问题。需要探讨的是对代理行使股权应否有所限制，是否允许招揽代理权。对此，我国公司法未做规定，我们主张应对代理行使股权有所限制，每个代理人代为行使的股权总数以不超过资本总额的3%为宜。对于招揽代理权的行为应予禁止，主要理由是：与其让小股东通过招揽代理权的方式来抗衡大股东，决定公司的命运，还不如让大股东直接主宰公司的前途。因为按照出资多少与风险大小相一致的原则，大股东一般会比小股东更加关心公司的发展和前途，更加关注自己的投资能否盈利。

2. 股东知情权的行使

股东知情权，是指法律赋予股东的通过查阅、复制公司章程、股东会与董事会决议、公司会计报告、公司会计账簿等文件材料，了解公司运营状况和公司高级管理人员业务活动的权利。股东知情权是一个权利体系，是股东实现股权的前提和基础。

我国《公司法》第33条、第97条赋予股东的是法定知情权，是股东权利中的基础性权利，依法应当严格保护。对公司法这两条法定知情权的行使，在公司实践中产生了较多的争议。为完善股东知情权的行使，《最高人民法院关于适用〈中华人民共和国公司法〉若干问题的规定（四）》（简称《公司法司法解释（四）》）做出了如下规定：一是结合诉的利益原则，明确了股东就《公司法》第33条、第97条的规定享有诉权，并规定了有限责任公司原股东享有有限诉权。二是结合司法实践经验，对股东查阅公司会计账簿可能存在的不正当目的进行了列举，明确划定了公司拒绝权的行使边界。三是明确规定公司不得以公司章程、股东协议等方式，实质性剥夺股东的法定知情权。公司以此为由拒绝股东行使法定知情权的，法院不予支持。四是为保障股东知情权的行使，允许股东聘请中介机构执业人员辅助查阅。五是允许股东请求未依法履行职责的公司董事、高级管理人员赔偿损失，以防止从根本上损害股东知情权。在司法实践中，争议最大的问题是股东能否查阅公司的会计凭证。对此，《公司法司法解释（四）》虽然没有做出明确的规定，但从解释的主旨及有权机关所做出的解释说明看，显然股东应有权查阅公司的会计凭证。股东及辅助股东查阅公司文件材料的会计师、律师等行使知情权后泄露公司商业秘密，导致公司合法利益受到损害的，公司有权请求该股东、会计师、律师赔偿相关损失。

3. 股东利润分配权的行使

利润分配权，是指股东按照出资或股份比例请求公司分配利润的权利。公司是否分配和如何分配公司的利润，原则上属于公司自治的范畴，原则上法院不应介入。因此，《公司法司法解释（四）》明确规定，股东请求公司分配利润的，应当提交载明具体分配方案的股东会或者股东大会的决议；未提交的，法院不予支持。但是，由于近年来公司大股东滥用股权，损害小股东利润分配权的现象时有发生。例如，公司不分配利润，但董事、高级管理人员领取过高薪酬；或者由控股股东操纵公司购买与经营无关的财物或者服务，用于其自身使用或者消费；或者隐瞒、转移公司利润等。为此，《公司法司法解释（四）》又规定了强制分配，即在公司股东滥用权利，导致公司不分配利润给其他股东造成损失的，法院可以适当干预，以实现对公司自治失灵的矫正。

（三）股权的确认

股权的确认实质上就是对股东资格的确认。在司法实践中，因股东资格而产生的股权确认之诉是较为常见的一种纠纷和诉讼，也是在法理上和实务中较为复杂的诉讼。特别是在公司法实行认缴资本制后，由于取消了公司最低资本额的规定，又没有对股东认缴的出资做出必要的期限限制，致使对股东股权的确认更加复杂。在公司实务中，股权确认主要涉及三种情形，即不出资、瑕疵出资和隐名出资。

1. 不出资的股权确认

不出资，是指股东虽然在章程中承诺出资，但实际上在公司成立后至股权发生争议时并未出资。例如，甲乙丙三人发起设立丁有限责任公司，章程约定丁公司的注册资本为300万元，甲乙丙各出资100万元，且章程规定出资的认缴期限为50年。在公司设立时和公司成立后，甲乙分别分次实际缴付了各自认缴的全部出资，而丙却以种种理由分文未缴。在此种情形下，如何认定丙的股权呢？在认缴资本制下，首先，因公司法未对股东的出资期限做出法定限制，而章程约定的最终出资期限尚未届满，在这种情形下，就不能否定未出资股东的股东资格。其次，在股东未出资的情形下，如不加区分地任其与其他已出资股东享有同等股权，显然对已全部履行了出资义务的股东是极不公平的。因此，我国《公司法》第34条明确规定："股东按照实缴的出资比例分取红利；公司新增资本时，股东有权优先按照实缴的出资比例认缴出资。但是，全体股东约定不按照出资比例分取红利或者不按照出资比例优先认缴出资的除外。"《公司法司法解释（三）》第16条又进一步规定："股东未履行或者未全面履行出资义务或者抽逃出资，公司根据公司章程或者股东会决议对其利润分配请求权、新股优先认购权、剩余财产分配请求权等股东权利作出相应的合理限制，该股东请求认定该限制无效的，人民法院不予支持。"本书认为，在股东不履行出资义务的情形下，不仅要限制该股东的自益权，还应对其共益权的行使做出必要的限制。最后，在公司实缴资本及公司盈余不能全部清偿到期债权的情形下，还应确认股东出资责任加速到期规则，即不以公司章程约定的最后出资期限为限，责令不履行出资义务的股东提前缴付出资，以切实保护债权人的利益，维护交易安全。[①]

2. 瑕疵出资的股权确认

瑕疵出资，是指股东用以出资的财产、财产权利或出资行为不符合法律规定或章程约定。瑕疵出资主要有三种表现形式：一是出资不足，二是出资不实，三是抽逃出资。出资不足，是指虽有出资行为，但未依约足额缴纳出资。出资不实，是指虽有出资行为，且形式上已足额缴纳，但用以出资的非货币财产的实际价值显著低于公司章程所定价额。抽逃出资，是指虽有出资行为，且已足额缴纳，但在公司成立后以各种理由非法撤资，从而导致公司注册资本的减少。

出资不足，依法要承担违约责任。我国《公司法》第 28 条规定：股东未按照公司章程的规定足额缴纳出资的，除应当向公司足额缴纳外，还应当向已按期足额缴纳出资的股东承担违约责任。

出资不实，依法要承担补足差额责任。我国《公司法》第 30 条规定："有限责任公司成立后，发现作为设立公司的非货币财产的实际价额显著低于公司章程所定价额的，应当由交付该出资的股东补足其差额；公司设立时的其他股东承担连带责任。"

抽逃出资，依法要承担改正、罚款责任。我国《公司法》第 200 条规定："公司的发起人、股东在公司成立后，抽逃其出资的，由公司登记机关责令改正，处以所抽逃出资金额百分之五以上百分之十五以下的罚款。"

3. 隐名出资的股权确认

隐名出资，是指实际出资人以他人名义登记为股东的行为。对隐名出资性质的确认有如对"阴阳合同"（又称"黑白合同"）效力的认定，是一个较为复杂的问题。

隐名出资的原因多种多样，性质不同，效力也不尽一致。常见的多为规避法律强制性规定而隐名，例如，公务员为规避法律和行政法规有关国家机关的公务人员不得投资办企业的规定，而以亲朋好友的名义进行投资。也有因其他合法原因而隐名的，实务中的情况较为复杂。

对于隐名股东与显名股东的关系，应视其相互关系的性质及形成的基础和前

---

① 参见李建伟：《认缴制下股东出资责任加速到期研究》，《人民司法》2015 年第 9 期。

提做出不同的判断。因规避法律强制性规定而形成的隐名出资，原则上应依法确认该种行为无效，隐名者不得成为公司的股东。在具体案件的处理上，除否定此类隐名出资者的股权外，不得免除其应负责任，隐名出资者仍须对公司债务承担相应的民事责任，这也是基于对交易安全和对善意第三人利益的保护。因其他原因而隐名的，如隐名股东与显名股东发生股权争议，或者公司债权人与显名股东发生债权争议，《公司法司法解释（三）》都做出了明确的规定。

（四）股权的转让

1. 有限责任公司股东的股权转让

股权的转让实际上就是股东出资的转让。有限责任公司具有人合的因素，由于在股东相互间的转让，一般不会涉及人合或信任问题，因此，有限责任公司的股东之间可以相互转让其全部或者部分股权。股东向股东以外的人转让股权则应当经其他股东过半数同意。要对外转让股权的股东应就其股权转让事项书面通知其他股东征求同意，其他股东自接到书面通知之日起30日未答复的，视为同意转让。如果其他股东半数以上不同意转让的，为保证股东出资退股自由，不同意的股东应当购买该转让的股权；如果既不同意转让又不购买的，应视为同意转让。

经股东同意转让的股权，在同等条件下，其他股东有优先购买权。判断是否具备"同等条件"时，应当考虑转让股权的数量、价格、支付方式及期限等因素。两个以上股东主张行使优先购买权的，应协商确定各自的购买比例；协商不成的，按照转让时各自的出资比例行使优先购买权。转让股权本质上属于处理私权，应当奉行意思自治的原则。公司章程对股权转让另有规定的，从其规定。

股权的转让除出于股东自愿外，还可能因法院依照强制执行程序而转让。在这种情形下，公司法规定法院应当通知公司及全体股东，其他股东在同等条件下有优先购买权。其他股东自法院通知之日起满20日不行使优先购买权的，视为放弃优先购买权。在转让股权后，公司应当注销原股东的出资证明书，向新股东签发出资证明书，并相应修改公司章程和股东名册中有关股东及其出资额的记载。对公司章程的该项修改不需再由股东会表决。

有限责任公司的股东未履行或者未全面履行出资义务即转让股权，受让人对此知道或者应当知道，公司请求该股东履行出资义务、受让人对此承担连带责任的，法院应予支持；公司债权人依照《公司法司法解释（三）》第13条第2款的规定向该股东提起诉讼，同时请求受让人对此承担连带责任的，法院应予支持。受让人根据规定承担责任后，有权向该未履行或者未全面履行出资义务的股东追偿。但是，当事人另有约定的除外。

股权转让后尚未向公司登记机关办理变更登记，原股东将仍登记于其名下的股权转让、质押或者以其他方式处分，受让股东以其对于股权享有实际权利为由，请求认定处分股权行为无效的，法院可以参照《民法典》第311条的规定处理。原股东处分股权造成受让股东损失，受让股东请求原股东以及未及时办理变更登记有过错的董事、高级管理人员或者实际控制人承担相应责任的，法院应予支持；受让股东对于未及时办理变更登记也有过错的，可以适当减轻董事、高级管理人员或者实际控制人的责任。

2. 股份有限公司股东的股份转让

在我国，股份有限公司的股东持有的股份可以依法转让，但不得违反以下规定：（1）股东转让其股份，应当在依法设立的证券交易场所进行或者按照国务院规定的其他方式进行。（2）记名股票由股东以背书方式或者法律、行政法规规定的其他方式转让；转让后由公司将受让人的姓名或者名称及住所记载于股东名册。股东大会召开前20日内或者公司决定分配股利的基准日前5日内，不得进行股东名册的变更登记。但是，法律对上市公司股东名册变更登记另有规定的，从其规定。（3）无记名股票的转让，由股东将该股票交付给受让人后即发生转让的效力。（4）发起人持有的本公司股份，自公司成立之日起1年内不得转让。公司公开发行股份前已发行的股份，自公司股票在证券交易所上市交易之日起1年内不得转让。（5）公司董事、监事、高级管理人员应当向公司申报所持有的本公司的股份及其变动情况，在任职期间每年转让的股份不得超过其所持有本公司股份总数的25%；所持本公司股份自公司股票上市交易之日起1年内不得转让。上述人员离职后半年内，不得转让其所持有的本公司股份。公司章程可以对公司董事、监事、高级管理人员转让其所持有的本公司股份做出其他限制性规定。（6）除法定情形外，公司不得收购本公司股份。（7）公司不得接受本公司的股票作为质押权的标的。（8）上市公司的股票，依照法律、行政法规和证券交易所的交易规则上市交易。

（五）股东代表诉讼

股东代表诉讼，又称股东派生诉讼或股东衍生诉讼，是指当公司的合法权益受到不法侵害而公司怠于起诉时，符合法定条件的股东有权为了公司的利益以自己的名义直接向人民法院提起的诉讼。

股东代表诉讼的原告应为股东，包括普通股股东与优先股股东。在股东提起诉讼之后，其他股东可以参加该诉讼成为共同原告，但股东是被告的除外。股份有限公司的股东要成为适格的原告，根据我国《公司法》第151条的规定，还需要满足连续180日以上单独或合计持有公司1%以上股份的条件，有限责任公司的股东则无此限制。对于股东代表诉讼的被告，我国《公司法》未做限制，《公司法》第151条第1、2款规定了公司董事、监事、高级管理人员均可成为股东代表诉讼的被告，该条第 3 款规定了侵犯公司合法权益、给公司造成损失的他人也可成为股东代表诉讼的被告。

我国《公司法》对股东代表诉讼设置了前置程序，股东在起诉前应书面请求监事会、监事、董事会、执行董事向人民法院起诉，只有在遭到后者拒绝，或者自后者收到请求之日起 30 日内未起诉，或有《公司法》第 151 条第 2 款规定的紧急情况，股东才能向法院提起代表诉讼。

第四节　公司的组织机构

一、公司组织机构概述

（一）公司组织机构的含义

公司的组织机构是为了适应公司的组织机能和治理结构而依法设置的实现其商事权利能力和商事行为能力的有机统一的组织系统，通常包括公司的意思形成机构、业务执行机构和内部监督机构。广义的公司组织机构还包括公司的工会组织和公司内部的其他职能部门。公司的组织机构是由公司本身的组织机能所决定的，是公司组织机能所承载的公司内部治理结构的外在表现形式。

公司的组织机构是公司赖以存在和运作的组织保障，是公司实现其商事权利能力和商事行为能力的组织基础，更是公司治理结构内涵与外延的价值追求与逻辑表现。稳定、健全的组织机构对公司的有效运作至关重要，也是判断公司治理能力和治理水平的重要标志。因此，各国公司立法在造就了公司法人的同时，也设计了体现公司治理结构的公司组织机构。我国公司法规定的公司组织机构主要是股东会、董事会、监事会和公司经理。

（二）公司组织机构设置的基本原则

为实现公司治理的价值追求，无论何种类型的公司法，在设置公司的组织机构时，都要遵循下列基本原则：

1. 分权制衡原则

尽管各国公司内部组织机构的设置并不存在统一的模式，但分权制衡是各国公司共同奉行和遵循的基本原则。各国公司的组织机构大都按照所有权和经营权相分离的原则来设置，普遍遵循决策权、执行权、监督权三权相互配合、相互制约的思想。在大陆法系国家，公司组织机构的设置一般采用"双轨制"，即在股东会或股东大会之下分设董事会和监事会，其中，由全体股东组成的股东会或股东大会是公司的权力机关，行使公司决策权；由股东会或股东大会选举产生的董事会为公司的业务执行机关，行使经营管理权；监事会为公司的内部监督机构，代表股东对董事及经理的业务活动进行监督。在英美法系国家，公司组织机构的设置一般采用"单轨制"，即在股东会或股东大会之下只设董事会而不设监事会。为了实现分权制衡，在董事会中分别设置了内部董事和外部董事。内部董事亦称业务董事，主要负责公司的生产经营；外部董事亦称独立董事，通常由会计师、律师等专业人士充任，主要负责对公司和内部董事行为的监督。可见英美法系国家虽不设监事会，但不乏权力制衡机制，其对公司的分权制衡是在董事会内部实现的。无论是"双轨制"还是"单轨制"，都体现了"以权力制约权力"和"分权制衡"的基本原则。

2. 效率优先原则

公司是以营利为目的的社团法人。面对瞬息万变的现代商事活动，公司必须高效运作，因而，效率成为公司内部组织机构设置的重要原则。一个公司能否以高效决策来面对不断变化的市场，关系到公司的生死存亡。要使公司如同自然人一样反应敏捷、进退自如，就必须赋予其构筑精巧、反应灵活的内部组织机构。公司内部组织机构的设置既要分权制衡，同时又不能相互掣肘、扯皮，影响公司的决策效率。

3. 民主与集中相结合原则

公司是由多数人为特定目的而组成的社团法人。因此，保证公司的决议确能代表与反映内部成员之共识，且客观上符合该团体的最大利益，是公司立法的基本任务之一，也是设计公司组织机构必须坚持的一项原则。否则，就会违背"谁投资、谁决策、谁收益"这一基本法则，动摇公司赖以存在的基础。此外，日益复杂的商事交易和经营活动，在客观上也要求决策者必须集思广益。但是，现代公司制度的民主化并不意味着公司运营控制的民主化。在股权越来越分散的情况下，由股东决定公司所有事务已不可能，也无法适应高速、快捷的现代公司经营的客观需要。因此，为提高决策效率，使经营者更好地为出资人谋取经济利益，就必须赋予公司董事、经理等经营管理人员更多的经营自主权，在保证董事和董事会不滥用权力的前提下，达到科学、高效决策的目的。

二、股东会

(一) 股东会的概念

对股东会的概念有广义和狭义的理解。从广义上说，股东会泛指在各类公司中由全体股东组成的公司权力机构，它包括股份有限公司的股东大会和有限责任公司的股东会。从狭义上说，股东会专指由全体股东组成的有限责任公司的权力机构，在股份有限公司中则专称股东大会。本章对股东会的含义采取广义说。

无论是何种类型的公司，股东会都具有以下特征：第一，股东会须由全体股东组成，凡是具有股东资格者均是股东会的成员，有权出席股东会会议；第二，股东会是公司的最高权力机构，也是公司的意思形成机构；第三，股东会是公司的法定但非常设机构，仅以普通年会和临时会议的形式行使职权，在股东会闭会后，股东只能通过有关参与权的行使，对公司的生产经营活动施加影响。

（二）股东会的职权

有限责任公司的股东会和股份有限公司的股东大会的职权基本一致，股东会和股东大会依法行使下列职权：（1）决定公司的经营方针和投资计划；（2）选举和更换非由职工代表担任的董事、监事，决定有关董事、监事的报酬事项；（3）审议批准董事会的报告；（4）审议批准监事会或者监事的报告；（5）审议批准公司的年度财务预算方案、决算方案；（6）审议批准公司的利润分配方案和弥补亏损方案；（7）对公司增加或者减少注册资本做出决议；（8）对发行公司债券做出决议；（9）对公司合并、分立、解散、清算或者变更公司形式做出决议；（10）修改公司章程；（11）公司章程规定的其他职权。

对上述所列事项，股东以书面形式一致表示同意的，可以不召开股东会会议，直接做出决定，并由全体股东在决定文件上签名、盖章。

（三）股东会的种类

股东会通常分为普通会议和特别会议两种。

1. 普通会议

普通会议，又称股东常会、股东年会或定期会议，是指公司按照法律或章程的规定按时召开的会议。普通会议是必须召集的股东会议，一般是一年一次。普通会议是全体股东行使最高决策权的基本形式，它通常行使法律或章程所规定的基本职权，也可以安排议定特殊事项。

2. 特别会议

特别会议，又称临时会议或特别股东会，是指在普通会议之外不定期召开的全体股东会议。我国《公司法》第100条规定，有下列情形之一的，应当在两个月内召开临时股东大会：（1）董事人数不足法定人数或章程所定人数的2/3时；（2）公司未弥补的亏损达实收股本总额的1/3时；（3）单独或者合计持有公司股份10%以上的股东请求时；（4）董事会认为必要时；（5）监事会提议召开时；（6）公司章程规定的其他情形。《公司法》第39条规定：代表1/10以上表决权的股东，1/3以上的董事，监事会或者不设监事会的公司的监事提议召开临时会议的，应当召开临时会议。

（四）股东会的召集

1. 召集人

无论是普通会议，还是特别会议，召集人原则上为董事会，由董事长主持；

董事长不能履行职务或者不履行职务的，由副董事长主持；副董事长不能履行职务或者不履行职务的，由半数以上董事共同推举一名董事主持。董事会或者执行董事不能履行或者不履行召集股东会会议职责的，由监事会或者不设监事会的公司的监事召集和主持；监事会或者监事不召集和主持的，代表 1/10 以上表决权的股东可以自行召集和主持。

2. 召集程序

股东会的召集应以书面形式于会议召开的一定期限之前通知或通告股东。我国《公司法》规定，召开股份有限公司的股东大会会议，应当将会议召开的时间、地点和审议的事项通知各股东；临时股东大会应当于会议召开 15 日前通知各股东；发行无记名股票的，应当于会议召开 30 日前公告会议召开的时间、地点和审议事项。

3. 股东表决权及其行使

表决是股东会做出决议的重要方式，表决权是指股东基于股东地位而享有的就股东会的议案做出一定意思表示的权利。表决权是公司股东权利的中心内容，是股东基于其股东地位而享有的一种固有权利，除非依据法律规定，不得以公司章程或股东会决议予以剥夺或限制。

由公司的资合性特点所决定，多数国家的公司立法都确立了股东行使表决权的基本原则，即资本多数决原则和一股一票原则。我国公司法也规定股份有限公司股东大会的表决采取一股一票制；有限责任公司股东会由股东按出资比例行使表决权。我国《公司法》在坚持"一股一票制"的同时，为维护中小股东的权益，允许公司章程决定实行累积投票制。

股东表决权的行使以股东亲自行使为常态，股东表决权的行使方式可以分为本人投票与委托投票、现场投票与通信投票、直接投票与累积投票等。

（五）股东会决议的种类

对于股东会的不同决议事项，法律规定了不同的多数标准。根据具体的决定事项和多数标准，股东会的决议分为普通决议和特别决议。普通决议指决定公司的普通事项时采用的以简单多数通过的决议，经出席会议的股东所持表决权过半数通过，决议即可生效；特别决议是指决定公司的特别事项时采用的以绝对多数才能通过的决议，须经出席会议的股东所持表决权的 2/3 以上通过。

（六）股东会的会议记录

各国公司法一般都规定，股东会的决议事项应有完备的记录。在记录中，应载明会议的时间、地点、主席、议事的内容和结果等，并由主席签名盖章。我国《公司法》规定：股东会议应将所议事项的决定制成会议记录，主持人、出席会议的股东、董事应当在会议记录上签名。会议记录应与出席股东的签名册及代理出席的委托书一并保存。

（七）股东会决议的无效与撤销

根据《公司法》第 22 条第 1 款的规定，公司股东会或者股东大会的决议内容违反法律、行政法规的无效。公司股东、董事、监事等与股东会或者股东大会的决议内容有直接利害关系的人，均可提出请求确认无效之诉，法院应当依法受理。

根据《公司法》第 22 条第 2 款的规定，股东会或者股东大会的会议召集程序、表决方式违反法律、行政法规或者公司章程，或者决议内容违反公司章程的，股东可以自决议做出之日起 60 日内，请求人民法院撤销。

股东依照前述规定提起诉讼的，人民法院可以应公司的请求，要求股东提供相应担保。

公司根据股东会或者股东大会决议已办理变更登记的，人民法院宣告该决议无效或者撤销该决议后，公司应当向公司登记机关申请撤销变更登记。

拓展阅读

李某某诉上海佳动力环保科技有限公司决议撤销纠纷案

三、董事会

（一）董事会的概念

董事会是由股东会选举产生的，由全体董事组成的行使经营决策和管理权的公司必设的集体业务执行机关。董事会具有以下内涵：第一，董事会是公司的业务执行机关。尽管股东是公司财产的最终所有人，股东会是权力机构，但股东会做出的各项决议必须由董事会负责主持实施和执行。第二，董事会是集体执行公司事务的机关，其权限通常应以会议之形式行使。第三，董事会是公司经营决策的领导机关。第四，董事会是公司的法定常设机关。

（二）董事会的职权

董事会作为公司的业务执行和经营管理机构，具有广泛的职权。这种职权概括起来有两个方面，即对内的经营管理权和对外的业务代表权。

我国《公司法》对董事会的职权采用列举的方式规定，董事会主要行使以下职权：（1）召集股东会会议，并向股东会报告工作；（2）执行股东会的决议；（3）决定公司的经营计划和投资方案；（4）制订公司的年度财务预算方案、决算方案；（5）制订公司的利润分配方案和弥补亏损方案；（6）制订公司增加或者减少注册资本以及发行公司债券的方案；（7）制订公司合并、分立、解散或者变更公司形式的方案；（8）决定公司内部管理机构的设置；（9）决定聘任或者解聘公司经理及其报酬事项，并根据经理的提名决定聘任或者解聘公司副经理、财务负责人及其报酬事项；（10）制定公司的基本管理制度；（11）公司章程规定的其他职权。

（三）董事会的产生和组成

在公司成立后，董事一般应由股东会选任，董事会由符合条件的董事组成。根据我国《公司法》规定，股份有限公司的董事会由 5—19 人组成。董事会设董事长 1 名，可设副董事长。董事长和副董事长由董事会以全体董事过半数选举产生。董事长负责召集和主持董事会会议，检查董事会决议的实施情况。副董事长协助董事长工作，董事长不能履行职务或者不履行职务的，由副董事长履行职务。有限责任公司的董事会由 3—13 人组成，但股东人数较少或者规模较小的有限责任公司，可以设一名执行董事，不设董事会。无论有限责任公司还是股份有限公司，董事长、副董事长的产生办法由公司章程规定，董事长对内为股东会、董事会的主席，对外则多为公司的法定代表人。

（四）董事会会议

1. 董事会会议的种类

与股东会会议的分类相一致，董事会会议亦可分为普通会议和特别会议。普通会议是公司法和公司章程规定的定期召开的董事会，我国《公司法》第 110 条第 1 款规定："董事会每年度至少召开两次会议。"特别会议也称临时会议，是不定期的、在必要时召开的董事会会议。

2. 董事会会议的召集

为保证董事会会议的效率，我国《公司法》规定董事会会议由董事长负责召集并主持，如果董事长不能履行职务或者不履行职务的，由副董事长召集和主持；副董事长不能履行职务或者不履行职务的，由半数以上董事推举一名董事召集和主持。对于会议的召集期限和程序，公司法规定每次会议应当于会议召开 10 日前通知全体董事和监事。

3. 董事会会议的决议

董事会决议的表决实行一人一票制，即每一名董事对所需决议的事项有一票表决权。股份有限公司的董事会会议应有过半数的董事出席方可举行。董事会做出决议，必须经全体董事的过半数通过。有限责任公司董事会的议事方式和表决程序可由公司章程规定。

4. 董事会决议的无效与撤销

根据《公司法》第 22 条第 1 款的规定，董事会的决议内容违反法律、行政法规的无效。公司股东、董事、监事等与董事会的决议内容有直接利害关系的人，均可提出请求确认无效之诉，法院应当依法受理。根据《公司法》第 22 条第 2 款的规定，董事会的会议召集程序、表决方式违反法律、行政法规或者公司章程，或者决议内容违反公司章程的，股东可以自决议做出之日起 60 日内，请求人民法院撤销。

5. 董事会会议记录

董事会应当对会议所议事项的决定作成会议记录，出席会议的董事应在会议记录上签名。董事会会议记录既是作为决议已获通过的证明和贯彻决议、执行业务的依据，又是董事对董事会决议承担责任或免除责任的根据。我国《公司法》第112条第3款规定："董事应当对董事会的决议承担责任。董事会的决议违反法律、行政法规或者公司章程、股东大会决议，致使公司遭受严重损失的，参与决议的董事对公司负赔偿责任。但经证明在表决时曾表明异议并记载于会议记录的，该董事可以免除责任。"据此，董事会有必要做好会议记录并妥善保存，以备审查。

（五）董事的义务和责任

1. 董事的义务

按照我国公司法的规定，董事、监事、高级管理人员对公司负有忠实义务和勤勉义务。《公司法》第147条规定，董事、监事、高级管理人员不得利用职权收受贿赂或者其他非法收入，不得侵占公司的财产。第148条规定，董事、高级管理人员不得有下列行为：（1）挪用公司资金；（2）将公司资金以其个人名义或者以其他个人名义开立账户存储；（3）违反公司章程的规定，未经股东会、股东大会或者董事会同意，将公司资金借贷给他人或者以公司财产为他人提供担保；（4）违反公司章程的规定或者未经股东会、股东大会同意，与本公司订立合同或者进行交易；（5）未经股东会或者股东大会同意，利用职务便利为自己或者他人谋取属于公司的商业机会，自营或者为他人经营与所任职公司同类的业务；（6）接受他人与公司交易的佣金归为己有；（7）擅自披露公司秘密；（8）违反对公司忠实义务的其他行为。董事、高级管理人员违反上述规定，所得收入应当归公司所有。

2. 董事的责任

（1）董事对公司的责任。董事管理公司事务应尽忠诚、勤勉义务。董事（包括监事、高级管理人员）执行公司职务时违反法律、行政法规或者公司章程的规定，给公司造成损失的，应当承担赔偿责任。

（2）董事对股东的责任。董事（包括高级管理人员）违反法律、行政法规或者公司章程的规定，损害股东利益的，股东可以向人民法院提起诉讼。

四、监事会

（一）监事会的概念

监事会是对公司的业务活动进行监督和检查的公司常设机构。我国实行"双轨制"，公司法对监事会或监事的设置采取强制性规定：有限责任公司设监事会，其成员不得少于 3 人。股东人数较少或者规模较小的有限责任公司，可以设 1—2 名监事，不设监事会。股份有限公司设监事会，其成员不得少于 3 人。

（二）监事会的职权

监事会作为公司的法定监督机构，其职权主要包括：（1）检查公司的财务；（2）对董事、高级管理人员执行公司职务的行为进行监督，对违反法律、行政法规、公司章程或者股东会决议的董事、高级管理人员提出罢免的建议；（3）当董事、高级管理人员的行为损害公司的利益时，要求董事、高级管理人员予以纠正；（4）提议召开临时股东会会议，在董事会不履行法定的召集和主持股东会会议职责时召集和主持股东会会议；（5）向股东会会议提出提案；（6）依法对董事、高级管理人员提起诉讼；（7）公司章程规定的其他职权。为了保证监事能够及时了解公司的经营决策和业务执行情况，公司法还规定监事有权列席董事会会议，并对董事会决议事项提出质询或者建议；监事会、不设监事会的公司的监事发现公司经营情况异常，可以进行调查；必要时，可以聘请会计师事务所等协助其工作，费用由公司承担；监事会、不设监事会的公司的监事行使职权所需的费用，由公司承担。

（三）监事会的组成

我国公司的监督机构原则上采取委员会制，规定监事会的人数不得少于 3 人。但股东人数较少和规模较小的有限责任公司可不采取委员会制，可仅设1—2 名监事。监事会应当包括股东代表和适当比例的公司职工代表，其中职工代表的比例不得低于 1/3，具体比例由公司章程规定。

（四）监事的任免

监事会中的股东代表，由股东会选举产生，职工代表则由公司职工通过职工代表大会、职工大会或者其他形式民主选举产生。监事的任职资格与董事、经理的任职资格相同。

（五）监事的任期

我国《公司法》规定，监事的任期与董事相同，每届任期为 3 年，可以连选连任。

（六）监事的义务与责任

监事与董事、高级管理人员一样，依法对公司负有忠实义务和勤勉义务。疏于履行职责而给公司造成损害的，应对公司承担赔偿责任。

五、经理

（一）经理的概念和职权

经理，又称经理人，是指由董事会做出决议聘任的主持日常经营工作的公司负责人。作为董事会的辅助机关，经理从属于董事会，对于专属于董事会做出决议的经营事项，经理不得越俎代庖，擅自做出决定。经理的职权范围通常是来自董事会的授权，只能在董事会或董事长授权的范围内对外代表公司。

我国《公司法》规定，有限责任公司可以设经理，股份有限公司设经理，均由董事会聘任或者解聘。经理的法定职权是：（1）主持公司的生产经营管理工作，组织实施董事会决议；（2）组织实施公司年度经营计划和投资方案；（3）拟订公司内部管理机构设置方案；（4）拟订公司的基本管理制度；（5）制定公司的具体规章；（6）提请聘任或者解聘公司副经理、财务负责人；（7）决定聘任或者解聘除应由董事会决定聘任或者解聘以外的负责管理人员；（8）董事会授予的其他职权。公司章程对经理职权另有规定的，从其规定。公司董事会可以决定由董事会成员兼任经理。

（二）经理的选任与解聘

作为董事会的辅助执行业务机构，经理的选任和解聘均由董事会决定。董事会在选聘经理时，应对候选者进行全面综合的考察。我国公司法对经理的任职资格做出了与董事相同的要求，不符合法律规定的任职资格的人不得成为公司经理。经理入选后，其经营水平和经营能力要接受实践检验，要通过述职、汇报和其他形式接受董事会的监督。董事会根据经理的表现，可决定续聘或解聘，并决定经理的报酬事项。

（三）经理的义务与责任

经理作为基于委任关系而产生的公司代理人，依法对公司负有忠实义务和勤勉义务。经理违反法律、行政法规或者公司章程规定的义务，使公司遭受损失的或损害股东利益的，应对公司或股东负赔偿责任。

第五节　公司的合并与分立

一、公司的合并

（一）公司合并的概念与形式

公司合并，是指两个或两个以上的公司依照法定程序归并为其中的一个公司或创设另一个新的公司的法律行为。

公司合并的法定形式有吸收合并和新设合并两种。一个公司吸收其他公司为吸收合并，被吸收的公司解散。两个以上公司合并设立一个新的公司为新设合并，合并各方解散。具体来说，吸收合并是指两个或两个以上的公司合并后，其中有一个公司（吸收方）存续，而其余公司（被吸收方）均归消灭的法律行为。

新设合并又称创设合并，是指两个或两个以上的公司合并后，参与合并的公司均归于消灭，在此基础上另行成立一个新的公司的法律行为。

（二）公司合并的程序

1. 签订合并协议

公司合并应当由合并各方签订合并协议，即由参加合并的各公司在平等自愿基础上就合并的有关事项达成一致协议。在实践中，合并协议一般应载明下列事项：合并各方的名称、住所；合并后存续公司或新设公司的名称、住所；合并各方的资产状况及其处理办法；合并各方的债权债务处理办法；存续公司或新设公司因合并而增资所发行的股份总数、种类和数量；合并各方认为有必要协商一致的其他事项。

2. 通过合并决议

公司的合并与股东利益关系重大，故必须经全体股东或股东会通过合并决议。合并决议为特别决议，有限公司的合并须有代表 2/3 以上表决权的股东通过；股份有限公司的合并须有出席会议股东所持表决权的 2/3 以上同意。

3. 编制资产负债表和财产清单

公司合并时，合并各方应编制资产负债表和财产清单，以明确各方的财产状况，便于公司债权人了解。

4. 通知和公告债权人

公司合并直接关系到债权人权利的实现，故公司应当自做出合并决议之日起 10 日内通知债权人，并于 30 日内在报纸上公告。债权人自接到通知书之日起 30 日内，未接到通知书的自公告之日起 45 日内，可以要求公司清偿债务或者提供相应的担保。不清偿债务或者不提供相应的担保的，公司不得合并。

5. 办理合并登记

公司合并必然引起公司的消灭、新设和变更，公司应在法定期限内向登记机关办理有关登记手续。合并后存续的公司，登记事项发生变更，应办理变更登记；因合并而消灭的公司办理解散登记；因合并而新设的公司办理设立登记。

（三）公司合并的法律效果

公司合并的法律效果体现在以下三个方面：一是公司的消灭、变更和新设。在新设合并时，参与合并的公司均消灭，在此基础上产生一个新的公司；在吸收合并时，只有一个公司继续存在，其余公司消灭，但存续公司的资本、股东等发生了变化，存续公司应修改公司章程，并办理变更登记。二是权利义务的概括移转。因合并而消灭的公司，其权利义务一并移转给合并后存续的公司或新设的公司承受。存续的公司或新设的公司承受的权利义务不仅包括实体法上的权利义务，如债权债务，还包括程序法上的权利义务。三是股东资格的当然承继。合并前公司的股东继续成为合并后存续公司或新设公司的股东，原来股东的股份按照合并协议的规定转换为合并后公司的股份。

二、公司的分立

（一）公司分立的概念与形式

公司的分立，是指一个公司依法定程序分为两个或两个以上公司的法律行为。

公司的分立分为新设分立和派生分立两种。新设分立又称分解分立，是指将一个公司的资产进行分割，然后分别设立两个或两个以上的公司，原公司因此而消灭。派生分立又称存续分立或分拆分立，是指在不消灭原公司的基础上，将原公司资产分出一部分或若干部分而再成立一个或数个公司的行为。

（二）公司分立的程序

1. 股东会决议

公司分立与股东利益密切相关，因此分立应由股东会以特别决议确定。有限责任公司的分立必须经代表 2/3 以上表决权的股东通过；股份有限公司的分立必须经出席会议的股东所持表决权的 2/3 以上通过。国有独资公司的分立必须由国有资产监督管理机构决定，其中重要的国有独资公司的合并、分立，应当由国有资产监督管理机构审核后，报本级人民政府批准。

2. 通知和公告债权人

对债权人而言，公司的分立将引起公司财产及其债务状况的变化，直接关系其债权的实现。因此，公司应当自做出分立决议之日起 10 日内通知债权人，并于 30 日内在报纸上公告。

3. 由分立后的各公司代表签署内部分立协议

公司分立经股东会和债权人通过后，由分立后的各公司的代表根据股东会的决议，就资产分割、债权债务的分担、股权安排等事项及其具体实施办法达成一致协议。协议的主要内容有：（1）原公司的名称、住所；（2）分立后存续公司、新设公司的名称、住所；（3）原公司的资产负债状况及其处理办法；（4）存续公司、新设公司发行股份的总数、种类和数量；（5）向原公司股东换发新股票或股权证明书的有关规定；（6）分立的具体日期。该协议不得与股东会决议相抵触，否则协议无效。该协议对分立后的各公司具有法律约束力。

4. 编制资产负债表及财产清单

公司分立，其财产作相应的分割。分割的具体数额和办法根据股东会的决议和分立协议进行。分割时公司应当编制资产负债表及财产清单。

5. 申请登记

派生分立后存续的公司，其股东、资本等发生了变化，应依法办理变更登记；新设分立时新设的公司，应依法办理设立登记；分立后解散的公司，应依法办理注销登记。登记后，还应办理公告。但该公告非分立之生效要件和对抗要件，仅起告知公众之作用。

（三）公司分立的法律效果

公司分立引起公司的变更、解散和新设。对进行分立的公司本身而言，分立可能导致其解散或资本和股东的变更。对于股东而言，分立引起其与原公司关系及其股权的数量和结构等的变化。对债权人而言，分立引起债务人主体的变化。分立应当公平善意地进行，若分立过程中财产分割不公或以分立作为逃避债务的手段，股东、债权人可以采取必要的司法救济。实践中，有的公司为了达到逃避债务的目的，往往将公司中经营较好的部分单独分出来，成立一个新的公司；或将公司的资产转移到新设的公司，由只剩下一个空壳的公司承担债务。这种做法严重损害了债权人的合法权益，危害社会的经济秩序。对此，我国有关的司法解释规定，以逃避债务为目的的分立无效。

第六节 公司的解散与清算

一、公司的解散

（一）公司解散的概念

对公司解散的概念，学者们有不同的理解，有的以解散为公司法人资格消灭的原因，认为"公司之解散，非公司法人人格之消灭，乃公司法人人格之消灭之原因。详言之，即已成立之公司，发生法律上之原因，而丧失其营业上之能力"[1]。有的主张解散是公司法人资格消灭的一种程序，解散虽不会立即导致法人消灭，但它必将会导致法人消灭。[2] 根据我国《公司法》的规定，解散不仅是指法律或章程规定的解散原因，还包括结束公司营业、处理公司善后等一系列活动，当公司出现解散事由时，其法人资格尚未消灭，在清算范围内，其法人资格仍视为存续。因此，认为解散属于公司法人资格消灭的程序较为妥当。据此，公司解散，可以定义为公司因法律或章程规定的解散事由出现而停止营业活动并逐渐终止其法人资格的行为，它是公司主体资格消灭的必经程序。

（二）公司解散的原因

公司解散可以分为自愿解散和被迫解散两类。

---

[1] 张国键：《商法概论》，三民书局 1980 年版，第 186 页。
[2] 参见江平主编：《法人制度论》，中国政法大学出版社 1994 年版，第 154 页。

　　公司自愿解散的原因包括：（1）公司存续期间届满或章程规定的其他解散事由发生；（2）公司权力机关决定解散；（3）因公司合并、分立而解散。

　　导致公司被迫解散的情形包括：（1）法院判决解散。我国《公司法》182条规定："公司经营管理发生严重困难，继续存续会使股东利益受到重大损失，通过其他途径不能解决的，持有公司全部股东表决权百分之十以上的股东，可以请求人民法院解散公司。"《最高人民法院关于适用〈中华人民共和国公司法〉若干问题的规定（二）》第1条规定："单独或者合计持有公司全部股东表决权百分之十以上的股东，以下列事由之一提起解散公司诉讼，并符合公司法第一百八十二条规定的，人民法院应予受理：（一）公司持续两年以上无法召开股东会或者股东大会，公司经营管理发生严重困难的；（二）股东表决时无法达到法定或者公司章程规定的比例，持续两年以上不能做出有效的股东会或者股东大会决议，公司经营管理发生严重困难的；（三）公司董事长期冲突，且无法通过股东会或者股东大会解决，公司经营管理发生严重困难的；（四）经营管理发生其他严重困难，公司继续存续会使股东利益受到重大损失的情形。"（2）主管机关命令解散。我国《公司法》第198条规定了公司被撤销登记和被吊销营业执照的情形，《公司登记管理条例》第32条第2款、第63条、第64条、第67条、第68条、第71条、第73条、第78条做了详细的补充规定。

拓展阅读

林某某诉常熟市凯莱实业有限公司、戴某某公司解散纠纷案

　　（三）公司解散的登记和效力

　　公司解散时，除因破产和合并而解散外，应在法定期限内向公司所在地登记机关办理解散登记。经核准登记后，还应在公司所在地公告。其目的在于使有关利害关系人知悉公司解散的事实，从而免受不可预见的损害，以保护社会交易的安全。

　　公司解散虽不直接消灭公司的法人资格，但产生一系列的法律后果。首先，公司一经解散，其权利能力便受到限制，除为了清算的必要外，公司不得进行任何业务活动，不得处理公司的财产。其次，公司原来的代表机关和业务执行机关（董事会、经理等）均丧失其地位和职权，不得代表公司行使职权，其地位由清算组织取代。公司解散后，公司与股东的法律关系仍然存在，公司法中关于股东与公司关系的规定仍然适用。

二、公司的清算

（一）公司清算的含义

　　公司清算，是指公司解散后，处分其财产，终结其法律关系，从而消灭公司法人资格的法律程序。公司除因合并或分立而解散外，因其他原因引起的解散均须经过清算程序。因为公司是由投资者共同出资组建的法人实体，为保护股东和债权人的利益，必须依法将其资产向股东和债权人进行分配，方能终结其现存的全部法律关系。

（二）公司清算的种类

根据清算是否在破产情形下进行，可以将清算分为破产清算和非破产清算。破产清算，是指公司不能清偿到期债务被依法宣告破产时，由法院组织清算组对公司资产进行清理，并将破产财产公平地分配给债权人，并最终消灭公司法人资格的程序。破产清算始终在法院的严格监督下进行。非破产清算，是指公司资产足以清偿全部债务的情况下进行的清算，包括自愿解散的清算和强制解散的清算，此种清算的财产除用以清偿公司的全部债务外，还要将剩余财产分配给公司的股东。非破产清算可以转化为破产清算，在非破产清算过程中，清算组如果发现公司的资产不足以清偿债务时，应当转为破产清算。

根据清算是依公司自行确定的程序还是依照法定程序进行，可以将清算分为任意清算和法定清算。任意清算，是指在公司自愿解散的情况下，依公司章程的规定或全体股东同意的清算方法，处分公司的财产。法定清算，是指公司依照法律规定的程序进行的清算。广义上的清算包括任意清算和法定清算。狭义上的清算一般仅指法定清算。

依照清算是否受到法律或行政机关的干预，法定清算又可以分为普通清算和特别清算。普通清算，是指由公司自行依法组织的清算组按法定程序所进行的清算。特别清算，是指当解散的公司实行普通清算有显著困难时，由法院或行政机关命令组织清算组并加以监督所进行的清算。

（三）清算中公司的机关

公司解散后至办理注销登记之前这段时间，公司虽解散，但在清算目的范围内，法人资格继续存在。但是，公司一经解散，公司董事、经理的地位和职权便随之消灭，改由清算组接管公司的财产和事务。在普通清算时，公司的董事一般担任清算人。此外，清算期间公司股东会和监事会仍然存在，可以行使原有的职权，但以清算事务为限。公司在清算期间开展与清算无关的经营活动的，由公司登记机关予以警告，没收违法所得。

（四）清算人

1. 清算人的选任

清算人是公司解散后负责处理清算事务之人，一般为自然人，其与解散中公司之间的关系，按照公司法的规定应为公司的负责人，在清算目的范围内代表公司、处理公司事务、依照公司法的规定行使职权、承担相应的义务和责任。

清算人的产生方式主要有三种：一是由法律规定。我国《公司法》规定，有限责任公司的清算组由股东组成。二是由股东选任。我国《公司法》规定，股份有限公司的清算组由董事或者股东大会确定其人选。三是由法院指定。我国《公司法》规定，逾期不成立清算组进行清算的，债权人可以申请人民法院指定有关人员组成清算组，进行清算。人民法院指定的清算组成员可以从下列人员或者机构中产生：（1）公司股东、董事、监事、高级管理人员；（2）依法设立的律师事务所、会计师事务所、破产清算事务所等社会中介机构；（3）依法设立的律师事务所、会计师事务所、破产清算事务所等社会中介机构中具备相关专业知识并取得执业资格的人员。

2. 清算人的解任

清算人有不当行为或不称职的行为时，可以将其解任。解任的方式有两种：一是由股东会解任。股东选任的清算人，股东可以决议将其解任。但法院选任的清算人，股东会无权将其解任。二是由法院依利害关系人申请将清算人解任。人民法院可以根据债权人、股东的申请，或者依职权更换清算组成员。

3. 清算人的职权

清算人作为清算中公司的机关，在执行清算事务范围内，相当于董事的地位，享有与董事同等的权利和义务。我国《公司法》规定，清算组在清算期间行使下列职权：（1）清理公司财产，编制资产负债表和财产清单。（2）通知或者公告债权人。清算组应当自成立之日起 10 日内通知债权人，并于 60 日内在报纸上公告。债权人应当自接到通知书之日起 30 日内，未接到通知书的自公告之日起 45 日内，向清算组申报其债权。债权人申报债权，应当说明债权的有关事项，并提供证明材料。清算组应当对债权进行登记。（3）处理与清算有关的公司未了结的业务。（4）清缴所欠税款以及清算过程中产生的税款。（5）清理债权、债务。（6）处理公司清偿债务后的剩余财产。（7）代表公司参与民事诉讼。（8）申请宣告破产。

4. 清算人的义务

清算人作为清算中公司的机关，对公司负有忠实和勤勉的义务，履行职务必须遵守法律、法规和公司章程的规定及股东会的决议。清算组成员应当忠于职守，依法履行清算义务，不得利用职权收受贿赂或者其他非法收入，不得侵占公司财产。清算人还负有善良管理人的注意义务。如清算人怠于履行义务，因故意或者重大过失给公司或者债权人造成损失的，清算人对公司要承担连带赔偿责任。

（五）清算程序

公司清算一般需经过下列程序：（1）组织清算组。（2）公告和通知债权人，催报债权。（3）清理公司财产、编制资产负债表和财产清单，制定清算方案。

（4）收取债权，清偿债务。清偿公司债务须按下列顺序进行：支付清算费用→支付职工工资和劳动保险费用→缴纳所欠税款→清偿公司其他债务。（5）分配剩余财产。在清偿公司债务后仍有剩余财产的，要按照股东的出资比例或持股比例分配给公司股东。（6）清算完结。公司清算结束后，清算组应当制作清算报告，报股东会、股东大会或者人民法院确认，并报送公司登记机关，申请注销公司登记，公告公司终止。

思考题：

1. 简述公司的设立方式与效力。

2. 试析有限责任公司与股份有限公司之异同。

3. 简述公司资本的构成与公司资本制度的类型。

4. 试析公司人格否认原则的司法适用。

5. 有限责任公司股东转让出资须符合哪些规定？

6. 简述公司各组织机构在公司治理中的地位及其主要职权。

7. 简述公司合并与分立的形式、程序与法律后果。

8. 简述公司清算的种类、程序与清算人的职权、义务。

▶ 自测习题

第五章　非公司企业法

第一节　个人独资企业法

一、个人独资企业的概念与特征

（一）个人独资企业的概念

个人独资企业，也称独资企业、单一业主制企业，或独资商号、独资所有制、单人公司、个体企业等，是指由一个自然人投资，财产为投资者个人所有，投资人以其个人财产对企业债务承担无限责任的经营实体。个人独资企业的产权属于业主所有，企业的收入和亏损与业主的收入和亏损具有同一性，企业的债务实质上就是业主的债务。

（二）个人独资企业的特征

个人独资企业是与公司企业、合伙企业并存的三大企业法律形态，同其他两种企业形式相比较，个人独资企业具有以下法律特征：

第一，从投资主体来看，我国的个人独资企业的投资主体只能是一个自然人。个人独资企业的投资人只能是自然人，不能是法人和其他组织，而且必须是具有权利能力和行为能力的自然人，且须具有中国国籍。

第二，从法律地位来看，个人独资企业不具有法人资格。个人独资企业与投资人财产、责任的混同和意思能力上的同一性使得其从根本上失去了法人所成立的基础，这也就决定了其不具备法人资格的法律地位特征。

第三，投资人对企业的财产依法享有所有权和经营管理权。个人独资企业的财产，包括投资人投入企业的财产和企业在经营中所积累的财产，并且，由于投资人仅为一个自然人，其意思与企业的意思是完全同一的，投资人对企业的事务有绝对的控制与支配权，其就企业事务做出个人决定时在法律上没有义务去征求别人的意见或听从别人的指挥，可以完全按照自己的意志去经营企业，对企业的财产享有完全的经营管理权。

第四，投资人以其个人财产对企业的债务承担无限责任。由于个人独资企业的投资人只有一个自然人，对于企业在从事经济活动时所形成的债务，就只能由享有企业财产所有权的投资人承担了，因此企业的负债等于投资人个人的负债，当企业资不抵债时，投资人要以其全部个人财产对企业债务负无限责任。

二、个人独资企业的设立制度

（一）个人独资企业的设立条件

个人独资企业的设立是指个人独资企业投资人依照法律规定的条件和程序，

创设个人独资企业的过程。根据我国《个人独资企业法》第 8 条的规定，设立个人独资企业必须具备以下条件：

1. 投资人为一个自然人

个人独资企业的投资人仅为一个自然人，自然人以外的团体或组织作为投资者单独投资设立的企业，虽可称之为"独资企业"，但各国在立法实践中通常将其当作一人公司看待。个人独资企业的投资人，必须是具有相应的权利能力和完全民事行为能力，且不受法律限制的自然人。此外，作为个人独资企业投资人的该自然人必须具有中国国籍。

2. 有合法的企业名称

名称是企业的标记，与自然人一样，拥有合法的名称是企业从事经济活动的必要条件，是企业区别于其他民事主体的重要标志。个人独资企业有相对独立的法律人格，应有自己的名称。

3. 有投资人申报的出资

《个人独资企业法》没有规定企业的最低资本限额，但要求投资人申报与其申办企业规模相当的经营资金，因为企业的生产经营需要企业有一定稳定的资金保证，同时，将企业的财产暂时地同企业主的财产区别开来，有利于企业的财务、会计管理和企业生产经营业绩的计算。

4. 有固定的生产经营场所和必要的生产经营条件

固定的生产经营场所和必要的生产经营条件是企业开展经营活动的物质基础，个人独资企业虽然规模小，但亦不能例外。

5. 有必要的从业人员

"企业是人的要素和物的要素相结合而产生的实体。"[①] 个人独资企业规模虽然较小，组织机构比较简单，但也必须要有与其经营规模相适应的从业人员。至于人数的多少，法律并无具体规定，而由企业主或经营管理人员视情况而定。

（二）个人独资企业的设立程序

个人独资企业的设立程序是指法律规定的投资人设立个人独资企业时应遵循的步骤和采用的方式、方法或者说是应当履行的一系列法律手续的总称。一般而言，个人独资企业的设立程序主要包括设立申请和审查登记。

1. 设立申请

设立个人独资企业，申请人是企业投资人，投资人也可以委托其代理人向个人独资企业所在地的登记机关申请设立登记。投资人申请设立个人独资企业，应

---

① 参见郭富青主编：《企业法》，中国政法大学出版社 2003 年版，第 75 页。

当向登记机关提交法律规定的相关文件。

2. 审查登记

登记机关应在收到投资人或其委托代理人的设立申请之日起 15 日内，根据《个人独资企业法》的规定进行审查，对符合登记条件的，予以登记，发给营业执照；对不符合登记条件的，不予登记，并应当给予书面答复，说明理由。个人独资企业营业执照的签发日期，为个人独资企业的成立日期。

（三）个人独资企业分支机构的设立

个人独资企业的分支机构是指企业在住所地以外设立的从事业务活动的办事机构。个人独资企业分支机构的设立登记程序与个人独资企业的设立程序大体相同，由投资人或者其委托的代理人向分支机构所在地的登记机关申请登记，领取营业执照。个人独资企业分支机构经核准登记后，应将登记情况报该分支机构所属个人独资企业的原登记机关备案。分支机构的民事责任，由设立该分支机构的个人独资企业承担。

拓展阅读

王某刚与王某安、第三人岚县大源采矿厂侵犯出资人权益纠纷案

三、个人独资企业的治理结构

（一）业主的权利和义务

个人独资企业的业主即个人独资企业的投资人，对企业的财产和经营管理享有绝对的权利，并承担相应的义务、责任。

业主的权利主要体现在以下五个方面：（1）业主对企业财产享有所有权。（2）业主的有关权利可以依法进行转让或继承。（3）业主对个人独资企业的生产经营活动享有完全的决策权、管理权和监督权。（4）若委托或者聘用人员管理企业事务，业主对受托人或被聘用人员管理个人独资企业事务的行为有监督权，若发现受托人或者被聘用人员违反合同或有其他不法行为时，可撤销委托或解除聘用关系。（5）业主有扩大企业经营规模，设置分支机构的权利。

业主的义务、责任包括：（1）业主应依法纳税。（2）业主以个人财产对个人独资企业债务承担无限责任。

（二）个人独资企业的权利、义务

根据《个人独资企业法》和有关法律、行政法规的规定，个人独资企业的权利主要体现在以下四个方面：（1）依法取得贷款。（2）依法取得土地使用权。（3）拒绝摊派权。（4）法律、行政法规规定的其他权利。

个人独资企业的义务主要有：（1）依法开展经营活动，不得从事法律禁止从事的业务。（2）依法建立财务会计制度。（3）依法维护职工利益，做好环境保护工作。

（三）个人独资企业的事务管理

个人独资企业虽然规模小，组织机构简单，业主对企业的经营管理享有绝对的控制权，但作为一种企业形态，业主在经营活动中不可能事必躬亲，企业要有一定的组织机构和专门的人员来负责诸如重大问题的决策、日常生产的指挥、经营事务的安排和具体活动的执行等，这就需要企业有健全的组织管理制度。个人独资企业投资人有权自主选择企业事务的管理模式。根据我国《个人独资企业法》，个人独资企业的管理模式主要有自行管理、聘任管理和委托管理三种。

自行管理，即由个人独资企业投资人本人对企业的经营事务直接进行管理。由于个人独资企业投资人对企业享有绝对的所有权和实际的控制权，在实际生活中，一般单一经营、技术含量低和经营规模较小的企业，投资人可以自任企业厂长、经理，自行管理企业事务。

聘任管理，即个人独资企业投资人聘用他人管理个人独资企业事务。在现实生活中，有些个人独资企业经营面较广，技术含量较高，且规模较大，这些企业仅由投资人亲自经营有时是不够的，企业不仅要招用直接从事生产活动的普通职工，也需要委托或聘用具有相应技术能力和管理知识的管理人员负责企业事务的管理，即由投资人委托或聘任其他具有民事行为能力的人负责企业的事务管理。

委托管理，须由投资人与受托人签订书面合同，明确委托的具体内容和授予的权利范围。这样，通过书面合同明确投资人和受托人或被聘用人相应的权利义务，既有利于企业事务执行人执行职务，也便于投资人对企业事务执行人的监督，同时在发生纠纷时有利于明确相应的责任。

根据《个人独资企业法》的规定，受托人或者被聘用人在管理企业事务过程中应承担的相应义务和责任有：（1）受托人或被聘用的人员应当履行诚信、勤勉义务，按照与投资人签订的合同负责个人独资企业的事务管理。（2）受托人或者被聘用人管理企业事务时不得有下列行为：第一，利用职务上的便利，索取或收受贿赂；第二，利用职务或者工作上的便利侵占企业财产；第三，挪用企业的资金归个人使用或者借贷给他人；第四，擅自将企业资金以个人名义或者以他人名义开立账户储存；第五，擅自以企业财产提供担保；第六，未经投资人同意，从事与本企业相竞争的业务；第七，未经投资人同意，同本企业订立合同或者进行交易；第八，未经投资人同意，擅自将企业商标或者其他知识产权转让给他人使用；第九，泄露本企业的商业秘密；第十，法律、行政法规禁止的其他行为。受托人或被聘用的人员违反规定从事上述行为，侵犯个人独资企业财产权益的，责令退还侵占的财产；给企业造成损失的，依法承担赔偿责任；有违法所得的，没收违法所得；构成犯罪的，依法追究刑事责任。（3）接受个人独资企业投资人对其管理企业事务行为的监督。

四、个人独资企业的解散与清算

（一）个人独资企业的解散

个人独资企业的解散是指独资企业因出现某些法定的事由导致其民事主体资格消失。有人认为，个人独资企业的解散是指个人独资企业的终止。[①] 其实，企业的解散与终止是不同的，企业解散、破产后经过清算，办理完注销登记后才终止，在此之前企业仍可以以企业名义从事企业尚未完结的经营活动。可见，解散和破产是企业终止的原因。对于个人独资企业而言，企业是由自然人出资建立的，并且自然人对企业债务承担无限责任，我国现行《企业破产法》中没有规定个人破产制度，因此从实践来看，个人独资企业终止的原因只有解散，而没有破产。根据《个人独资企业法》，个人独资企业有下列情形之一时，应当解散：

（1）投资人决定解散。个人独资企业是由一个自然人投资设立的，投资人对企业有绝对的控制权和支配权。在经营过程中，投资人可能由于种种原因而解散企业。

（2）投资人死亡或者被宣告死亡，无继承人或者继承人决定放弃继承。在投资人死亡或者被宣告死亡的情况下，如果无继承人或全部继承人放弃继承，该独资企业失去继续经营的必备条件，故应当解散。

（3）被依法吊销营业执照。这是个人独资企业强制解散的原因，具体包括以下情形：违反《个人独资企业法》的规定，提交虚假文件或采取其他欺骗手段，取得企业登记，情节严重的；涂改、出租、转让营业执照，情节严重的；个人独资企业成立后无正当理由超过6个月未开业，或者开业后自行停业连续6个月以上的。

（4）法律、行政法规规定的其他解散情形。

（二）个人独资企业的清算

个人独资企业的清算是指出现个人独资企业解散的事实后，处理解散企业未了结的法律关系的程序。清算结束，进行注销登记，独资企业才最后消灭。我国个人独资企业的清算包括以下程序：

（1）确定清算人或者成立清算组。清算人是指清算企业中执行清算事务及对外代表者。根据我国《个人独资企业法》的规定，个人独资企业解散，由投资人自行清算或者债权人申请人民法院指定清算人进行清算。

（2）通知或公告。投资人自行清算的，应当在清算前15日内书面通知债权人，无法通知的，应当予以公告。债权人应当在接到通知之日起30日内，未接

---

① 参见郭富青主编：《企业法》，中国政法大学出版社2003年版，第80页。

到通知的应当在公告之日起 60 日内，向投资人申报其债权。

（3）登记债权。债权人申报债权，说明债权的有关事项，并提供债权的有关证明材料，由投资人或人民法院指定的清算人对债权进行登记。

（4）投资人或者人民法院指定的清算人清理企业财产，编制财务清单，清理企业债权债务。清算人应在债权人申报债权后清理企业债权债务。在清算期间，个人独资企业不得开展与清算目的无关的经营活动。在清偿债务前，投资人不得转移、隐匿财产，个人独资企业及其投资人在清算前或清算期间转移或者隐匿财产、逃避债务的，依法追回其财产，并按照有关规定予以处罚；构成犯罪的，追究刑事责任。

（5）按照法律规定的程序清偿企业债务。个人独资企业解散的，支付清算费用后，应当按照下列顺序清偿：① 所欠职工工资和社会保险费用；② 所欠税款；③ 其他债务。个人独资企业财产不足以清偿债务的，投资人应当以其个人的其他财产予以清偿。个人独资企业解散后，原投资人对个人独资企业存续期间的债务仍应承担偿还责任，但债权人在 5 年内未向债务人提出偿债请求的，该责任消灭。

（6）投资人取回剩余财产。个人独资企业的财产在清偿企业债务后还有剩余的，则投资人取回该剩余财产。

（7）注销登记。个人独资企业清算结束后，投资人或者人民法院指定的清算人应当编制清算报告，并于 15 日内到登记机关办理注销登记。注销登记一旦完成，个人独资企业即告终止。

第二节　合伙企业法

一、合伙企业的概念与分类

（一）合伙企业的概念

根据我国《合伙企业法》第 2 条的规定，合伙企业是指自然人、法人和其他组织依照合伙企业法在中国境内设立的普通合伙企业和有限合伙企业。其中，普通合伙企业由普通合伙人组成，有限合伙企业则由普通合伙人和有限合伙人组成。

（二）合伙企业的分类

1. 普通合伙企业和有限合伙企业

普通合伙企业，是指由普通合伙人组成，合伙人对合伙企业债务承担无限连带责任的合伙企业。这是最为

典型和一般的合伙企业，合伙企业的人合性最强，在合伙企业的成立及运行中，各合伙人之间的信任特别重要。有限合伙企业，是指由普通合伙人和有限合伙人组成，普通合伙人对合伙企业债务承担无限连带责任，有限合伙人则以其出资额为限对合伙企业承担有限责任。有限合伙企业是我国《合伙企业法》确认的一种新型的合伙企业，其合伙人应当在 2 人以上 50 人以下，并至少应当有 1 名普通合伙人。

2. 一般普通合伙和特殊普通合伙

这是对普通合伙企业进行的一种分类。一般普通合伙，是指由 2 个以上的普通合伙人订立合伙协议，各合伙人对合伙企业债务承担无限连带责任的合伙企业。特殊普通合伙，是指以专业知识和专门技能为客户提供有偿服务，部分合伙人对合伙企业债务承担无限责任或无限连带责任，部分合伙人以其在合伙企业中的财产份额为限承担责任的专业服务机构。特殊普通合伙的各合伙人承担责任的具体形式，取决于其与造成企业债务的具体执业行为的关系及其主观过错。

二、合伙企业的设立制度

（一）合伙企业的设立条件

1. 普通合伙企业的设立条件

根据我国《合伙企业法》第 14 条的规定，普通合伙企业的设立条件包括：（1）有 2 个以上合伙人；（2）有书面合伙协议；（3）有合伙人认缴或者实际缴付的出资；（4）有合伙企业的名称和生产经营场所；（5）法律、行政法规规定的其他条件。

2. 有限合伙企业的设立条件

有限合伙企业的设立条件，除了法律有特殊规定外，适用普通合伙企业的设立条件。这里所说"法律的特殊规定"主要有：

（1）合伙人的特殊规定。根据我国《合伙企业法》第 61 条的规定，有限合伙企业由 2 个以上 50 个以下合伙人设立；但是，法律另有规定的除外。有限合伙企业至少应当有 1 个普通合伙人。

（2）合伙企业名称的特殊规定。我国《合伙企业法》第 62 条规定，有限合伙企业名称中应当标明"有限合伙"字样。

（二）合伙企业的设立程序

合伙企业的设立在满足法律规定的实质条件之后，必须经过国家登记机关的登记程序方能成立。合伙企业成立时的登记程序包括以下三个步骤：

1. 申请

设立合伙企业，应当由合伙人向企业登记机关提出设立合伙企业的申请。合伙人在申请设立合伙企业时，应当向企业登记机关提交登记申请书、合伙协议书、合伙人身份证明等文件。

2. 审批

合伙企业登记时需要经过有关部门审批的事项主要包括以下三个方面：（1）对合伙人资格的审批；（2）对合伙目的和合伙企业经营范围的审批；（3）对合伙人某些出资方式的审批。当合伙人以土地使用权等需要国家主管机关批准的财产权利作为向合伙企业的出资时，应当在申请登记之前，得到有关部门的批准。上述事项在获得有关部门的批准之后，应当在申请合伙企业的设立登记时提交该核准文件。

3. 登记

登记机关应当自收到申请登记文件之日起 20 日内做出是否登记的决定，对符合《合伙企业法》规定条件的，应予以登记，发给合伙企业营业执照；如果登记机关认为申请不符合《合伙企业法》规定的条件，决定不予登记的，也应当向合伙人给予书面答复，说明理由。

三、合伙企业的治理结构

（一）合伙人的权利和义务

合伙企业是由合伙人投资设立的，合伙人既是合伙企业的投资者，也是合伙企业财产的共有人，合伙人的权利受合伙企业法及其他相关法律的保护，但合伙人权利的行使须遵守法律的规定，也要受合伙协议的约束，即合伙人也应承担并履行相应的义务。

1. 合伙人的权利

根据我国《合伙企业法》的规定，合伙人对执行合伙企业事务享有同等的权利。这些权利包括：（1）对合伙企业财产所享有的权利。（2）合伙企业经营效益好，需扩大投资规模时，合伙人有权优先投资；合伙人经全体合伙人同意对外转让其财产份额时，在同等条件下，其他合伙人有优先受让权。（3）经营管理权。（4）监督检查权。（5）获得补偿的权利。合伙企业对合伙人在处理正常业务，以及为维持企业的业务或财产所支出的一切必要费用，应当给予补偿。

2. 合伙人的义务

合伙人的义务主要包括：（1）缴纳出资的义务；（2）诚实合作，勤勉敬业的义务；（3）竞业禁止义务。合伙企业存续期间，合伙人不得从事对合伙企业不利的活动，以维护全体合伙人共同的利益，如不得自营或者与他人合伙经营与本合伙企业相竞争的业务；未经全体合伙人同意，或没有合伙协议约定，不得与本合伙企业进行交易。

（二）合伙企业事务的执行

合伙企业事务的执行是指为实现合伙目的而进行业务的活动，是合伙经营活动的体现。合伙企业在本质上属于自然人的联合体，不具备法人资格，因而它不可能像法人那样有复杂、健全的组织机构来执行企业事务，但合伙企业毕竟是一个经营组织体，其具体事务的执行不像个人从事经济活动那样简单。

1. 合伙企业事务执行人

按照合伙协议的约定或者经全体合伙人决定，可以委托一个或者数个合伙人对外代表合伙企业，执行合伙企业事务。作为合伙人的法人、其他组织执行合伙事务的，由其委派的代表执行。

2. 合伙企业事务执行的形式

按照《合伙企业法》的规定，合伙企业事务的执行可以有以下四种形式：

（1）全体合伙人共同执行合伙企业事务。这是执行合伙企业事务的基本形式，也是在合伙企业中经常使用的形式。由全体合伙人共同执行合伙企业事务的，各合伙人都可直接参与经营，处理合伙企业事务，对外代表合伙企业，对内具有同等的权利。

（2）委托一名或者数名合伙人执行合伙企业事务。根据《合伙企业法》的规定，委托一名或者数名合伙人执行合伙企业事务，须由合伙协议约定或者全体合伙人决定，其他合伙人不再执行合伙企业事务。不参加执行事务的合伙人有权监督执行事务的合伙人，检查其执行合伙企业事务的情况。执行合伙企业事务的合伙人应当依照约定向其他合伙人报告事务执行情况以及合伙企业的经营状况和财务状况。

（3）合伙人分别执行合伙企业事务。这是根据合伙企业的需要和各合伙人的业务专长，分别由不同的合伙人负责执行合伙企业事务的一种形式。

（4）聘任合伙人以外的人执行合伙企业事务。经全体合伙人一致同意，可以聘任合伙人以外的人担任合伙企业的经营管理人员，执行具体的合伙企业事务。

3. 合伙企业事务执行的规则

（1）合伙人对合伙企业有关事项做出决议，按照合伙协议约定的表决办法办理。合伙协议未约定或者约定不明确的，实行合伙人一人一票并经全体合伙人过半数通过的表决办法。法律对合伙企业的表决办法另有规定的，从其规定。

（2）必须经全体合伙人同意的合伙企业事务。根据《合伙企业法》的规定，修改合伙协议、接受新合伙人入伙、合伙人对外转让其在合伙企业中的全部或部分财产份额，须经全体合伙人一致同意。

（三）合伙企业事务执行的后果

（1）由一个或者数个合伙人执行合伙企业事务的，执行事务合伙人应当定期向其他合伙人报告事务执行情况以及合伙企业的经营和财务状况，其执行合伙企业事务所产生的收益归合伙企业，所产生的费用和亏损由合伙企业承担。

（2）合伙人分别执行合伙事务的，执行事务合伙人可以对其他合伙人执行的事务提出异议。提出异议时，应当暂停该项事务的执行。如果发生争议，依照合伙企业法的规定做出决定。

（3）受委托执行合伙事务的合伙人不按照合伙协议或者全体合伙人的决定执行事务的，其他合伙人可以决定撤销该委托。

（4）被聘任的合伙企业的经营管理人员应当在合伙企业授权范围内履行职务。被聘任的合伙企业的经营管理人员超越合伙企业授权范围履行职务，或者在履行职务过程中因故意或者重大过失给合伙企业造成损失的，依法承担赔偿责任。

四、合伙企业的财产与责任承担

（一）合伙企业的财产构成

我国《合伙企业法》第 20 条规定："合伙人的出资、以合伙企业名义取得的收益和依法取得的其他财产，均为合伙企业的财产。"可见，合伙企业的财产包括合伙人的出资和合伙企业的收益。

1. 合伙人的出资

合伙人的出资是合伙人在设立合伙企业时，向合伙企业实际缴付的财产或财产权利。

2. 合伙企业的收益

合伙企业的收益是合伙企业在经营过程中以自己的名义所取得的各项财产或财产权利。合伙企业的收益主要包括：（1）合伙企业的营业收入，即合伙企业通过与他人的交易而取得的利润；（2）合伙企业以自己的名义购买的各种财产，包括动产与不动产；（3）合伙企业获得的受赠财产；（4）合伙企业获得的赔偿，即当他人侵犯合伙企业的合法权益时，向合伙企业支付的赔偿金等；（5）合伙企业在经营过程中形成的无形资产，如商号、商誉等；（6）以合伙企业的名义取得的各种知识产权等。

（二）合伙人财产份额的转让

合伙人财产份额的转让是指合伙企业的合伙人向他人转让其在合伙企业中的全部或者部分财产份额的行为。由于合伙人财产份额的转让将会影响到合伙企业以及各合伙人的切身利益，因此，《合伙企业法》对合伙人财产份额的转让做了限制性规定。除合伙协议另有约定外，合伙人向合伙人以外的人转让其在合伙企业中的全部或者部分财产份额时，须经其他合伙人一致同意。有限合伙人可以按照合伙协议的约定向合伙人以外的人转让其在有限合伙企业中的财产份额，但应当提前 30 日通知其他合伙人。合伙人之间转让在合伙企业中的全部或者部分财产份额时，应当通知其他合伙人。

合伙人向合伙人以外的人转让其在合伙企业中的财产份额的，在同等条件下，其他合伙人有优先购买权，但合伙协议另有约定的除外。所谓优先购买权是指在合伙人转让其财产份额时，在多数人接受转让的情况下，其他合伙人基于同等条件可先于其他非合伙人购买的权利。

合伙人以外的人依法受让合伙人在合伙企业中的财产份额的，经修改合伙协议即成为合伙企业的合伙人，依照《合伙企业法》和修改后的合伙协议享有权利，履行义务。

合伙人以其在合伙企业中的财产份额出质的，须经其他合伙人一致同意；未经其他合伙人一致同意，其行为无效，由此给善意第三人造成损失的，由行为人依法承担赔偿责任。有限合伙人可以将其在有限合伙企业中的财产份额出质，但合伙协议另有约定的除外。

（三）合伙企业的责任承担

1. 合伙企业的利润分配和亏损分担

合伙企业的利润分配和亏损分担，按照合伙协议的约定办理；合伙协议未约定或者约定不明确的，由合伙人协商决定；协商不成的，由合伙人按照实缴出资比例分配、分担；无法确定出资比例的，由合伙人平均分配、分担。合伙协议不得约定将全部利润分配给部分合伙人或者由部分合伙人承担全部亏损。除非合伙协议另有约定，有限合伙企业不得将全部利润分配给部分合伙人。

2. 合伙企业债务承担中的具体责任

（1）合伙企业的财产责任

合伙企业是法律主体，合伙企业的财产在合伙企业存续期间，具有稳定性。当合伙企业对外产生债务时，合伙企业应当以其营业的所有财产，对外承担清偿责任。

（2）普通合伙人的无限连带责任

合伙企业不能清偿到期债务的，合伙人承担无限连带责任。合伙人由于承担无限连带责任，清偿额超过其亏损分担比例的，有权向其他合伙人追偿。

合伙人发生与合伙企业无关的债务，相关债权人不得以其债权抵销其对合伙企业的债务；也不得代位行使合伙人在合伙企业中的权利。合伙人的自有财产不足清偿其与合伙企业无关的债务的，该合伙人可以以其从合伙企业中分取的收益用于清偿；债权人也可以依法请求人民法院强制执行该合伙人在合伙企业中的财产份额用于清偿。

（3）特殊的普通合伙人的责任

在特殊的普通合伙企业中，一个合伙人或者数个合伙人在执业活动中因故意或者重大过失造成合伙企业债务的，应当承担无限责任或者无限连带责任，其他合伙人以其在合伙企业中的财产份额为限承担责任。合伙人在执业活动中非因故意或者重大过失造成的合伙企业债务以及合伙企业的其他债务，由全体合伙人承担无限连带责任。合伙人在执业活动中因故意或者重大过失造成的合伙企业债务，以合伙企业财产对外承担责任后，该合伙人应当按照合伙协议的约定对给合伙企业造成的损失承担赔偿责任。

（4）有限合伙人的责任

有限合伙人以其认缴的出资额为限对合伙企业债务承担责任。对于有限合伙人的个人债务，该合伙人可以以其从有限合伙企业中分取的收益用于清偿；债权人也可以依法请求人民法院强制执行该合伙人在有限合伙企业中的财产份额用于清偿。第三人有理由相信有限合伙人为普通合伙人并与其交易的，该有限合伙人对该笔交易承担与普通合伙人同样的责任。有限合伙人未经授权以有限合伙企业名义与他人进行交易，给有限合伙企业或者其他合伙人造成损失的，该有限合伙人应当承担赔偿责任。

新入伙的有限合伙人对入伙前有限合伙企业的债务，以其认缴的出资额为限承担责任。有限合伙人退伙后，对基于其退伙前的原因发生的有限合伙企业债务，以其退伙时从有限合伙企业中取回的财产承担责任。

有限合伙人转变为普通合伙人的，对其作为有限合伙人期间有限合伙企业发生的债务承担无限连带责任。普通合伙人转变为有限合伙人的，对其作为普通合伙人期间合伙企业发生的债务承担无限连带责任。

五、合伙企业的变更、解散与清算

（一）合伙企业的变更

合伙企业的变更是指合伙企业由于登记事项发生变化而进行的变更，主要包括合伙人、合伙协议及合伙企业名称、经营场所等登记事项的变更。其中，合伙人的入伙和退伙是最为重要的变更类型。

入伙是指在合伙企业存续期间，合伙人以外的第三人加入合伙企业并取得合伙人资格的行为。入伙的新合伙人与原合伙人享有同等权利，承担同等责任。入伙协议另有约定的，从其约定。入伙的新合伙人对入伙前的合伙企业的债务承担连带责任。

退伙，是指原合伙人依法退出合伙企业，从而丧失合伙企业合伙人资格的事实。根据我国《合伙企业法》的规定，退伙的形式有：（1）声明退伙，又称自愿退伙，是指合伙人基于自愿的意思表示而退伙。（2）法定退伙，是指直接根据法律的规定而退伙。

法律规定，当入伙、退伙、合伙协议修改等变更事项发生时，应于发生变更事实或做出变更决定之日起 15 日内向登记机关申请企业变更登记。

（二）合伙企业的解散

合伙企业的解散，是指根据合伙协议的约定或法律的规定，结束合伙协议关系，终止合伙企业的行为。合伙企业的解散，虽然合伙人有权自主决定，或者是依法做出决定，但仍然需要遵循一定的规范。我国《合伙企业法》第 85 条明确规定，合伙企业有下列情形之一时，应当解散：（1）合伙协议约定的经营期限届满，合伙人决定不再经营；（2）合伙协议约定的解散事由出现；（3）全体合伙人决定解散；（4）合伙人已不具备法定人数满 30 天；（5）合伙协议约定的合伙目的已经实现或无法实现；（6）被依法吊销营业执照、责令关闭或者撤销；（7）出现法律、行政法规规定的其他原因。

（三）合伙企业的清算

合伙企业的清算，是指在合伙企业解散后，为了终止合伙企业的法律关系，依法确定清算人，了结合伙事务，清理债权债务，分配剩余财产，终止合伙关系的程序。合伙企业的解散是合伙企业终止的原因，合伙企业解散后，完成了清算程序，办理了注销登记，合伙企业才告消灭。

1. 确定清算人

企业解散后，应当确定清算人，由清算人依法主持清算工作。清算人的产生程序与条件必须依法律的规定。确定清算人应遵守以下规定：（1）合伙企业解散，清算人由全体合伙人担任；（2）未能由全体合伙人担任清算人的，经全体合伙人过半数同意，可以自合伙企业解散后 15 日内指定一名或者数名合伙人，或者委托第三人，担任清算人；（3）自合伙企业解散事由出现之日起 15 日内未确定清算人的，合伙人或者其他利害关系人可以申请人民法院指定清算人。

2. 通知和公告

合伙企业解散后应当进行清算，并通知和公告债权人。通知和公告债权人是清算程序的第一步，清算程序与债权人的切身利益相关，为了使其应有的权利能够得到维护，应当对债权人以通知或公告的方式，告知其合伙企业解散并将进行清算的情况。

我国《合伙企业法》第 88 条规定，清算人自被确定之日起 10 日内将合伙企业解散事项通知债权人，并于 60 日内在报纸上公告。债权人应当自接到通知书之日起 30 日内，未接到通知书的自公告之日起 45 日内，向清算人申报债权。债权人申报债权，应当说明债权的有关事项，并提供证明材料。清算人应当对债权进行登记。

3. 执行清算事务

确定清算人后，就由清算人主持清算工作，执行清算事务，具体包括的事务有：（1）清理合伙企业财产，分别编制资产负债表和财产清单；（2）处理与清算有关的合伙企业未了结的事务；（3）清缴所欠税款；（4）清理债权、债务；（5）处理合伙企业清偿债务后的剩余财产；（6）代表合伙企业参加诉讼或者仲裁活动。清算期间，合伙企业存续，但不得开展与清算无关的经营活动。

4. 清偿合伙企业债务

合伙企业的财产原则上按下列顺序清偿：（1）清算费用；（2）合伙企业所欠职工工资和社会保险费用；（3）法定补偿金以及所欠税款；（4）其他债务。

在按照以上顺序清偿完毕之后，如果仍有剩余财产的，由各合伙人按照合伙协议的约定办理；合伙协议未约定或者约定不明确的，由合伙人协商决定；协商不成的，由合伙人按照实缴出资比例分配；无法确定出资比例的，由合伙人平均分配。

5. 编制清算报告

清算结束后，应由清算人编制清算报告，清算报告须经全体合伙人签名、盖章方为有效，清算人应当在清算结束后 15 日内，向企业登记机关报送清算报告。

6. 注销登记

清算人在清算结束后，向企业登记机关报送清算报告时，办理企业注销登记，合伙企业终止。合伙企业注销后，原普通合伙人对合伙企业存续期间的债务仍应承担无限连带责任。

第三节　其他非公司企业法

一、国有企业法

国有企业法是规范国有企业的设立、法律地位、组织形式、治理结构及其与政府关系等方面的法律规范的总称。目前我国的国有企业法除宪法性规范外，主要包括《全民所有制工业企业法》《全民所有制工业企业转换经营机制条例》《全民所有制工业企业厂长工作条例》《全民所有制工业企业职工代表大会条例》《全民所有制工业企业承包经营责任制暂行条例》《全民所有制小型工业企业租赁经营暂行条例》《企业国有资产法》《企业国有资产监督管理暂行条例》以及其他涉及国有企业运营和资产管理的法规和规章。党中央历来重视国有企业的改革。1988 年，党的十三届三中全会强调，在多方面的综合改革中应当特别注重深化企业改革，尤其是大中型国有企业的改革。1993 年党的十四届三中全会提出了转换国有企业经营机制，建立现代企业制度的要求。2003 年党的十六届三中全会提出，要建立健全国有资产管理与监督体制，深化国有企业改革，完善公司法人治理结构，加快推进和完善垄断行业改革。2013 年，党的十八届三中全会指出，必须适应市场化、国际化新形势，以规范经营决策、资产保值增值、公平参与竞争、提高企业效率、增强企业活力、承担社会责任为重点，进一步深化国有企业改革。2015 年，《中共中央、国务院关于深化国有企业改革的指导意见》发布，要求国有企业改革要坚持和完善基本经济制度，坚持社会主义市场经济改革方向，坚持增强活力和强化监管相结合，坚持党对国有企业的领导，坚持积极稳妥统筹推进。

（一）国有企业的概念及特征

国有企业属于全民所有，是推进国家现代化、保障人民共同利益的重要力量。从资本来源和控制的角度出发，广义上的国有企业不仅包括全民所有制企业和国家控股的股份有限公司、有限责任公司以及国有独资公司，还包括其他国有投资机构设立的有限责任公司和股份有限公司；狭义上的国有企业仅包括全民所有制企业和国有独资公司、国有投资机构设立的有限责任公司和股份有限公司。因此，国有企业是指企业财产权属于国家所有或者由国家依法设立的，具有独立经营权的企业法人。可见，国有企业具有以下法律特征：

第一，国有企业属于国家所有或者由国家依法投资设立。由于国有企业是经济体制改革的产物，我国的国有企业设立依据比较复杂，既有依据《全民所有制工业企业法》设立的全民所有制企业，也有按照《公司法》和《企业国有资产监督管理暂行条例》等法律法规设立和运行的国有独资公司和由国家投资设立的有限责任公司与股份有限公司。在全民所有制企业中，企业财产权属于国家所有，但经过多年的国有企业公司制、股份制改革后，目前这类企业数量很少。对于依据《公司法》和《企业国有资产监督管理暂行条例》等法律法规设立和运行的国有企业，国家享有投资者权益。

第二，国有企业具有独立的法人地位。无论是全民所有制企业还是国有独资公司或国家投资设立的有限责任公司和股份有限公司，其均具有独立法人地位，是独立的商事主体，国家和政府只享有投资者权益，不能直接干涉企业的经营管理。

第三，国有企业在经营管理中实行所有权和经营权分离。国有企业是经济体制改革的产物，政企分开和"两权分离"是改革的基本思路，因此在国有企业中实行企业所有权与经营权分离的基本原则，国家作为投资者享有所有者权益，而企业享有独立的经营权。

（二）国有企业的种类及相关概念

1. 国有商业企业和国有公益企业

按照我国分类推进国有企业改革的思路，根据国有资本的战略定位和发展目标，结合不同国有企业在经济社会发展中的作用、现状和发展需要，国有企业可分为国有商业企业和国有公益企业。国有商业企业是指按照市场化要求实行商业化运作，以增强国有经济活力、放大国有资本功能、实现国有资产保值增值为主要目标，依法独立自主开展生产经营活动的国有企业。国有公益企业是指以保障民生、服务社会、提供公共产品和服务为主要目标，引入市场机制，依法独立自主开展生产经营活动的国有企业。

2. 国家出资企业、国家控股企业和国家参股企业

在理解国有企业时，有几个概念与国有企业较为相近，其中最主要的有国家出资企业、国家控股企业和国家参股企业。国家出资企业，是指国家出资的国有独资企业、国有独资公司以及国有资本控股公司、国有资本参股公司。国家控股企业是指在企业的全部资本中，国家资本股本占较高比例，并且由国家实际控制的企业。国家控股包括绝对控股和相对控股。国家绝对控股企业是指国家资本比例大于50%（含50%）的企业，包含未经改制的国有企业；国家相对控股企业是指国家资本虽然比例不足50%，但相对高于企业中的其他经济成分所占比例（相对控股），或者虽不大于其他经济成分，但根据协议规定，由国家拥有实际控制权的企业（协议控制）。国家参股企业是指在企业的全部资本中虽有国家出资，但达不到国家控股要求的企业。

（三）国有企业的法人治理结构

1. 国有企业的决策与管理制度

国有企业的决策与管理，主要实行厂长（经理）负责制与董事会制度。厂长（经理）负责制主要在全民所有制企业中实行，具体是指国有企业的厂长（经理）由国家委派或者由职工民主选举并由国家批准，对企业的生产经营决策及管理负责，厂长（经理）是企业的法定代表人。董事会负责制主要存在于根据《公司法》改制的国有企业中，即由董事会享有经营管理决策权，对企业的生产经营管理负责。国有企业要完善现代企业制度，健全公司法人治理结构，重点是推进董事会建设，建立健全权责对等、运转协调、有效制衡的决策执行监督机制。

2. 国有企业的监督制度

国有企业的监督制度主要包括内部监督和外部监督。内部监督主要是指企业监事会、法律、财务等部门的监督以及企业职工的民主监督。外部监督则主要是

指出资人、外派监事会、审计、纪检的监察监督和巡视工作。国有企业的监督主要通过强化内部监督，建立健全高效协同的外部监督机制来实现。此外，完善国有资产和国有企业信息公开制度，实施信息公开，加强社会监督，建立健全国有企业责任追究机制，对于强化国有企业监督，防止国有资产的流失具有非常重要的意义。

3. 国有企业的民主管理制度

国有企业必须实行民主管理制度，职工代表大会是企业实行民主管理的基本形式，是职工行使民主管理权力的机构。职工代表大会的工作机构是企业的工会委员会。企业的工会委员会负责职工代表大会的日常工作。

车间通过职工大会、职工代表组或者其他形式实行民主管理；工人直接参加班组的民主管理。职工代表大会应当支持厂长依法行使职权，教育职工履行法律规定的义务。

（四）国有企业与政府的关系

国有企业与政府的关系是市场经济体制改革的重要内容。根据"政企分开"的原则，国有企业与政府的关系要以建立现代企业制度为目标，强化企业主体地位，转变政府职能，既要确保企业经营权的独立，又要保护国家和政府作为投资者的权益。因此，要通过完善国有资产监督管理体制正确处理国有企业与政府的关系，以管资本为主推进国有资产监管机构职能转变，改革国有资本授权经营体制，推动国有资本合理流动优化配置，推进经营性国有资产集中统一监管。

二、外商投资企业法

2019 年 3 月 15 日，第十三届全国人民代表大会第二次会议通过《外商投资法》，自 2020 年 1 月 1 日起施行，《中外合资经营企业法》《外资企业法》《中外合作经营企业法》同时废止。2019 年 12 月 12 日，《外商投资法实施条例》通过。《外商投资法》正式施行前依照《中外合资经营企业法》《外资企业法》《中外合作经营企业法》设立的外商投资企业，在 2020 年 1 月 1 日后 5 年内可以继续保留原企业组织形式等。

（一）外商投资与外商投资企业

外商投资，是指外国的自然人、企业或者其他组织（以下简称"外国投资者"）直接或者间接在中国境内进行的投资活动，包括：外国投资者单独或者与其他投资者共同在中国境内设立外商投资企业；外国投资者取得中国境内企业的股份、股权、财产份额或者其他类似权益；外国投资者单独或者与其他投资者共同在中国境内投资新建项目；以及法律、行政法规或者国务院规定的其他方式的投资。

外商投资企业的组织形式、组织机构及其活动准则，适用《公司法》《合伙企业法》等法律的规定。

（二）负面清单管理制度

国家对外商投资实行准入前国民待遇加负面清单管理制度。准入前国民待遇，是指在投资准入阶段给予外国投资者及其投资不低于本国投资者及其投资的待遇。负面清单，是指国家规定在特定领域对外商投资实施的准入特别管理措施。国家对负面清单之外的外商投资，给予国民待遇。外商投资准入负面清单由国务院投资主管部门会同国务院商务主管部门等有关部门提出，报国务院发布或者报国务院批准后由国务院投资主管部门、商务主管部门发布。国家根据进一步扩大对外开放和经济社会发展需要，适时调整负面清单。

负面清单规定禁止投资的领域，外国投资者不得投资。外国投资者投资负面清单规定禁止投资的领域的，由有关主管部门责令停止投资活动，限期处分股份、资产或者采取其他必要措施，恢复到实施投资前的状态，有违法所得的，没收违法所得。为推进我国高水平的对外开放，营造市场化、法治化、国际化一流营商环境，国家正逐步合理缩减外资准入负面清单，依法保护外商投资权益。

另外，国家建立外商投资安全审查制度，对影响或者可能影响国家安全的外商投资进行安全审查。

（三）外商投资企业的组织形式与投资权益

外商投资企业的组织形式、组织机构及其活动准则，适用《公司法》《合伙企业法》等法律的规定。外国投资者在依法需要取得许可的行业、领域进行投资的，应当依法办理相关许可手续。有关主管部门应当按照与内资一致的条件和程序，审核外国投资者的许可申请。

外商投资企业的登记注册，由国务院市场监督管理部门或者其授权的地方人民政府市场监督管理部门依法办理。国家建立外商投资信息报告制度。外国投资者或者外商投资企业应当通过企业登记系统以及企业信用信息公示系统向国务院商务主管部门报送投资信息。国务院商务主管部门、市场监督管理部门应当做好相关业务系统的对接和工作衔接，并为外国投资者或者外商投资企业报送投资信息提供指导。外商投资信息报告的内容和范围按照确有必要的原则确定。通过部门信息共享能够获得的投资信息，不得再行要求报送。

国家对外国投资者的投资不实行征收。在特殊情况下，国家为了公共利益的需要，依照法律规定对外国投资者的投资实行征收的，应当依照法定程序、以非歧视性的方式进行，并按照被征收投资的市场价值及时给予补偿。

外商投资需要办理投资项目核准、备案的，按照国家有关规定执行。外国投资者在中国境内的出资、利润、资本收益、资产处置所得、取得的知识产权许可使用费、依法获得的补偿或者赔偿、清算所得等，可以依法以人民币或者外汇自由汇入、汇出。任何单位和个人不得违法对币种、数额以及汇入、汇出的频次等进行限制。外商投资企业的外籍职工和中国香港、澳门、台湾地区职工的工资收入和其他合法收入，可以依法自由汇出。

依据《外商投资法实施条例》第 44 条，《外商投资法》施行前依照《中外合资经营企业法》《外资企业法》《中外合作经营企业法》设立的外商投资企业（简称"现有外商投资企业"），在《外商投资法》施行后 5 年内，可以依照《公司法》《合伙企业法》等法律的规定调整其组织形式、组织机构等，并依法办理变更登记，也可以继续保留原企业组织形式、组织机构等。自 2025 年 1 月 1 日起，对未依法调整组织形式、组织机构等并办理变更登记的现有外商投资企业，市场监督管理部门不予办理其申请的其他登记事项，并将相关情形予以公示。

三、合作社法

现代意义上的合作社起源于 1844 年由英国纺织工人建立的罗虚代尔公平先锋社。我国在 1950 年形成了《合作社法（草案）》，后因政治运动，合作社的发展出现了异化。在改革开放后的经济实践中，合作社在农村经济生活中发挥了重要作用。我国的合作社主要是指农民专业合作社。2017 年，我国对 2006 年颁布的《农民专业合作社法》进行了修订，为规范农民专业合作社的组织和行为，鼓励、支持、引导农民专业合作社的发展，保护农民专业合作社及其成员的合法权益，推进农业农村现代化提供了法律依据。

（一）农民专业合作社的概念及特征

农民专业合作社，是指在农村家庭承包经营基础上，农产品的生产经营者或者农业生产经营服务的提供者、利用者，自愿联合、民主管理的互助性经济组织。农民专业合作社有以下特征：

第一，农民专业合作社的成员以农民为主体，并以服务成员为宗旨，谋求全体成员的共同利益。其以成员为主要服务对象，提供农业生产资料的购买、使用，农产品的生产、销售、加工、运输、贮藏及相关服务，农村民间工艺及制品、休闲农业和乡村旅游资源的开发经营，以及与农业生产经营有关的技术、信息、设施建设运营等服务。

第二，合作社成员入社自愿、退社自由，地位平等，并实行民主管理。

第三，合作社盈余主要按照成员与农民专业合作社的交易量（额）比例返还。

第四，具有法人资格。农民专业合作社依法登记，取得法人资格。合作社对由成员出资、公积金、国家财政直接补助、他人捐赠以及合法取得的其他资产所形成的财产，享有占有、使用和处分的权利，并以这些财产对债务承担责任。合作社成员以其账户内记载的出资额和公积金份额为限对农民专业合作社承担责任。

第五，农民专业合作社为扩大生产经营和服务的规模，发展产业化经营，提高市场竞争力，可以依法自愿设立或者加入农民专业合作社联合社。

（二）农民专业合作社的设立

1. 设立条件

依据《农民专业合作社法》第12条，设立农民专业合作社，应当具备下列条件：（1）有5名以上法律规定的成员；（2）有符合法律规定的章程；（3）有符合法律规定的组织机构；（4）有符合法律、行政法规规定的名称和章程确定的住所；（5）有符合章程规定的成员出资。

2. 出资形式

依据《农民专业合作社法》第13条，农民专业合作社的成员可以以货币出资，也可以以实物、知识产权、土地经营权、林权等可以用货币估价并可以依法转让的非货币财产，以及章程规定的其他方式作价出资；但是，法律、行政法规规定不得作为出资的财产除外。农民专业合作社成员不得以对该社或者其他成员的债权充抵出资；不得以缴纳的出资抵销对该社或者其他成员的债务。

3. 设立程序

依据《农民专业合作社法》，设立农民专业合作社，须有申请、审查登记程序。

设立农民专业合作社应当召开由全体设立人参加的设立大会。设立时自愿成为该社成员的人为设立人。申请设立农民专业合作社，应当由全体设立人指定的代表或者委托的代理人向登记机关提交法律规定的文件。

申请人提交的登记申请材料齐全、符合法定形式，登记机关能够当场登记的，应予当场登记，发给营业执照。不能当场登记的，登记机关应当自受理申请之日起20日内，做出是否登记的决定。予以登记的，发给营业执照；不予登记的，应当给予书面答复，并说明理由。营业执照签发日期为农民专业合作社的成立日期。

农民专业合作社应当按照国家有关规定，向登记机关报送年度报告，并向社会公示。

4. 转投资

农民专业合作社可以依法向公司等企业投资，以其出资额为限对所投资企业承担责任。

（三）农民专业合作社的治理结构

1. 成员大会

农民专业合作社成员大会由全体成员组成，是合作社的权力机构。农民专业合作社召开成员大会，出席人数应当达到成员总数的 2/3 以上。成员大会选举或者做出决议，应当由本社成员表决权总数过半数通过；做出修改章程或者合并、分立、解散，以及设立、加入联合社的决议应当由本社成员表决权总数的 2/3 以上通过。章程对表决权数有较高规定的，从其规定。农民专业合作社成员大会有定期大会和临时大会，定期大会每年至少召开一次，会议的召集由章程规定。临时大会是在当 30% 以上的成员提议、执行监事或者监事会提议或者章程规定的情形出现时，应当在 20 日内召开。农民专业合作社成员超过 150 人的，可以按照章程规定设立成员代表大会。成员代表大会按照章程规定可以行使成员大会的部分或者全部职权。

依法设立成员代表大会的，成员代表人数一般为成员总人数的 10%，最低人数为 51 人。

2. 理事会和监事会

农民专业合作社设理事长一名，可以设理事会。理事长为本社的法定代表人。可以设执行监事或者监事会。理事长、理事、经理和财务会计人员不得兼任监事。理事长、理事、执行监事或者监事会成员，由成员大会从本社成员中选举产生，依照法律和章程的规定行使职权，对成员大会负责。理事会会议、监事会会议的表决，实行一人一票。理事长或者理事会可以按照成员大会的决定聘任经理和财务会计人员，理事长或者理事可以兼任经理。经理按照章程规定或者理事会的决定，可以聘任其他人员。经理按照章程规定和理事长或者理事会授权，负责具体生产经营活动。

（四）农民专业合作社的合并、分立、解散和清算

农民专业合作社应自合并决议做出之日起 10 日内通知债权人。合并各方的债权、债务应当由合并后存续或者新设的组织承继。

农民专业合作社分立，其财产做相应的分割，并应当自分立决议做出之日起 10 日内通知债权人。分立前的债务由分立后的组织承担连带责任。但在分立前与债权人就债务清偿达成的书面协议另有约定的除外。

农民专业合作社因下列原因解散：（1）章程规定的解散事由出现；（2）成员大会决议解散；（3）因合并或者分立需要解散；（4）依法被吊销营业执照或者被撤销。

合作社在解散时，应当依法成立清算组。清算组自成立之日起接管农民专业合作社，负责处理与清算有关的未了结业务，清理财产和债权、债务，分配清偿

债务后的剩余财产，代表农民专业合作社参与诉讼、仲裁或者其他法律程序，并在清算结束时办理注销登记。

（五）农民专业合作社联合社

3 个以上农民专业合作社在自愿的基础上，可以出资设立农民专业合作社联合社。农民专业合作社联合社应当有自己的名称、组织机构和住所，由联合社全体成员制定并承认的章程，以及符合章程规定的成员出资。农民专业合作社联合社依法登记，取得法人资格，领取营业执照，登记类型为农民专业合作社联合社。

农民专业合作社联合社以其全部财产对该社的债务承担责任；农民专业合作社联合社的成员以其出资额为限对农民专业合作社联合社承担责任。

农民专业合作社联合社应当设立由全体成员参加的成员大会，其职权包括修改农民专业合作社联合社章程，选举和罢免农民专业合作社联合社理事长、理事和监事，决定农民专业合作社联合社的经营方案及盈余分配，决定对外投资和担保方案等重大事项。农民专业合作社联合社不设成员代表大会，可以根据需要设立理事会、监事会或者执行监事。理事长、理事应当由成员社选派的人员担任。农民专业合作社联合社的成员大会选举和表决，实行一社一票。

思考题：

1. 个人独资企业有哪些法律特征？
2. 我国的合伙企业有哪些种类？
3. 试述我国合伙企业的事务执行及责任承担制度。
4. 我国国有企业有哪些种类？国有企业的法律特征有哪些？
5. 试述我国国有企业制度的改革。
6. 试述我国农民专业合作社的特征与治理结构。

▶ 自测习题

第六章　商业银行法与支付法

第一节　商业银行法

一、商业银行法概述

（一）商业银行的概念与特征

商业银行是我国最为重要的金融机构。金融，简单地说，就是货币资金的融通，包括货币发行、流通和回笼、存款吸收与支付、贷款的发放与回收、有价证券的发行与交易等与货币流通和银行信用有关的一切活动。正如习近平指出的："金融是现代经济的血液。血脉通，增长才有力。"[①] 其以杠杆撬动和网络联结的方式推动经济扩张发展，尤其能为实体经济提供重要支撑，是扩大资金融通的核心渠道。但是，金融业同时又具有高度的脆弱性："防范化解金融风险，特别是防止发生系统性金融风险，是金融工作的根本性任务，也是金融工作的永恒主题。"[②] 为此，我国的金融活动应该通过中央银行、商业银行、政策性银行以及信托公司、保险公司和其他金融机构进行。商业银行便是其中最为重要的一类金融机构。

商业银行，是指依照《商业银行法》和《公司法》设立的吸收公众存款、发放贷款、办理结算等业务的企业法人。它的基本职能是通过各种融资渠道和信用手段筹集货币资金，为商品生产和商品流通提供所需要的货币资金和信用工具，并为工商企业和居民提供支付结算等金融服务，是现代市场经济最为重要的金融机构。

商业银行具有以下特点：第一，商业银行是以利润最大化为经营目的的商事企业。不同于中央银行和专门经营政策性货币信用业务的政策性银行，商业银行是自主经营、自担风险、自负盈亏、自我约束，以获取利润为经营目的和发展动力的商业性企业。第二，商业银行是从事商业性信用货币业务的金融机构。商业银行不直接从事商品生产和流通，其经营对象不是普通商品，而是货币、资金，其业务活动的范围不是生产流通领域而是货币信用领域。第三，商业银行是以从事存贷款等金融业务为基础性业务并以存贷款之间的利差作为主要利润来源的金

[①] 习近平：《携手推进"一带一路"建设——在"一带一路"国际合作高峰论坛开幕式上的演讲》（2017 年 5 月 14 日），人民出版社 2017 年版，第 9 页。

[②] 中共中央党史和文献研究院编：《十八大以来重要文献选编》（下），中央文献出版社 2018 年版，第 797 页。

融机构，属于储蓄银行而非投资银行。①

（二）商业银行的主要职能

1. 信用中介职能

信用中介职能是指银行通过其负债业务，把社会上的各种闲散货币资金集中到银行里来，再通过资产业务把它投向经济各部门。它是商业银行的最基本职能。

2. 支付中介职能

支付中介职能是指商业银行利用其技术、网络、资源为客户代理收付、汇兑、转账等资金转移的功能。它是商业银行最初和最先具有的职能，该职能和信用中介职能相互推进，构成商业银行借贷资本的整体运作。

3. 信用创造职能

信用创造职能指的是存款货币的创造，即存款货币的派生能力，是商业银行在信用中介职能和支付中介职能的基础上产生的一种派生职能。商业银行在吸收存款的基础上发放贷款，在支票流通和转账结算的基础上，贷款可以转化为存款，在存款不提取的情况下，商业银行就增加了资金来源。最后在整个银行体系，形成数倍于原始存款的派生存款。这是商业银行区别于其他金融机构的重要特征。

4. 金融服务职能

金融服务职能是商业银行充当客户财务顾问，提供各种商情咨询、征信服务的职能。金融服务职能是在银行基本职能发展的基础上形成的。

5. 经济调节职能

经济调节职能是指商业银行通过其信用中介活动，调剂社会各部门的资金短缺，同时在人民银行货币政策和其他国家宏观政策的指引下，实现对经济结构、消费比例投资、产业结构等方面的调整的职能。商业银行通过其在国际市场上的融资活动还可以调节本国的国际收支状况。

此外，作为重要的金融机构，商业银行在为客户进行风险识别和风险控制等方面也发挥着越来越重要的作用，成为商业银行的一项基本职能。

（三）商业银行法的概念和性质

商业银行法，是调整商业银行设立、变更、终止及开展业务活动中发生的各

---

① 尽管随着经济和金融业的发展，商业银行的业务范围不断拓展，不再局限于传统的短期性资金融通，开始向代收代付款项、提供信用证服务、发行信用卡、出租保管箱、提供信息咨询等多功能的、综合性的金融服务方向发展，但吸收存款和发放贷款仍是商业银行最为基础和核心的业务，也是其最基本的利润来源。其他金融机构一般不被允许从事存贷款业务。

种社会关系的法律规范的总称。同样，商业银行法是我国金融法不可分割的组成部分。金融法的体系是由调整不同领域的金融关系的法律规范组成的统一整体。由于我国采取的是分业经营和分业监管体制，在金融业不断发展的过程中，逐步形成了银行法、证券法、保险法、信托法和基金法等完整的金融法体系。商业银行法属于银行法的重要分支。

商业银行法有其独特的调整对象，主要有以下三类经济关系：第一，商事组织关系，即商业银行在设立、变更、终止和运营过程中所发生的组织关系；第二，商事经营关系，即商业银行在经营过程中与其他市场主体之间发生的以货币信用为基础的商事交易和服务关系；第三，监督管理关系，即商业银行在组织运营过程中发生的政府和商业银行之间的监督管理关系。

鉴于银行业的特殊性，银行业属于国家特殊管制领域。银行领域立法涵盖了中央银行法和正在酝酿中的政策性银行立法，但《中国人民银行法》和其他政策性银行立法在部门法属性上更接近于经济法。当然，商业银行法在一定程度上体现了公权力的干预，具有一定的经济法色彩和综合法的属性，但其主要调整的是商业银行与其他市场主体之间的商事关系，遵循的是平等、自愿、等价有偿和诚实信用等私法基本原则，因此其本质上仍然属于私法，是商法体系的有机组成部分，具有商事组织法和商事行为法的双重特征。

二、商业银行的设立、变更、接管和终止

（一）商业银行的设立

商业银行的设立是指商业银行发起人依照法律规定的条件和程序，通过筹建商业银行并使商业银行取得法律关系主体资格的法律行为。与普通商事企业相比，商业银行在设立程序上采用的是审批注册制（核准制），在设立条件上规定得比较严格。

1. 设立条件

我国《商业银行法》第 11 条规定，设立商业银行应当经过国务院银行业监督管理机构的审查批准，未经批准的，任何单位和个人不得从事吸收公众存款等商业银行业务，任何单位不得在名称中使用"银行"字样。

根据《商业银行法》相关条款规定，设立商业银行应具备以下条件：

（1）有符合《商业银行法》和《公司法》规定的章程。

（2）有符合《商业银行法》规定的最低限额以上的注册资本。设立全国性商业银行的注册资本最低限额为 10 亿元人民币；城市商业银行的注册资本最低限额为 1 亿元人民币，农村商业银行的注册资本最低限额为 5 000 万元人民币；注册资本应当是实缴资本；国务院银行业监督管理机构根据审慎监管的要求可以

调整注册资本最低限额，但不得少于前述规定的限额。

（3）有具备任职专业知识和业务工作经验的董事、高级管理人员。

（4）有健全的组织机构和管理制度。

（5）有符合要求的营业场所、安全防范措施和与业务有关的其他设施。

设立商业银行还应当符合其他审慎性条件，如风险管理、内部控制、资本充足率等。

2. 设立程序

我国对商业银行的设立实行核准制，由国家金融监督管理总局①审批并颁发经营许可证，具体程序包括申请、审批、登记、公告四个环节。其中，申请又分为筹建申请和正式申请。

（1）筹建申请。申请人应当向国务院银行业监督管理机构提交筹建申请等文件，筹建申请答复期为 3 个月，筹建申请经批准后即可筹建，筹建期为 6 个月。

（2）正式申请。筹建申请经审查符合要求的，申请人即可递交正式申请，申请文件包括章程草案以及持有注册资本 5% 以上的主要股东的资信证明等资料文件。

（3）审批。国务院银行业监督管理机构依照法定条件，决定是否批准申请。该决定应该在收到申请开业文件之日起 30 日内做出。经批准设立的商业银行，由国务院银行业监督管理机构颁发经营金融业务许可证。

（4）登记。商业银行办理经营金融业务许可证后，凭该许可证到工商行政管理部门办理登记，领取营业执照。

（5）公告。经批准设立的商业银行，由国务院银行业监督管理机构予以正式公告。

（二）商业银行的变更

商业银行的变更是指商业银行的组织或重大事项的改变，包括主体变更和事项变更。其中，主体变更主要指商业银行的合并和分立；事项变更主要涉及银行名称、注册资本、住所、业务范围、股权结构及章程修改等的变更。商业银行主体变更以及重大事项变更，除应符合《公司法》的规定外，还须报经国家金融监督管理总局审查、批准。此外，更换董事、高级管理人员时，也应当报经国家金融监督管理总局审查其任职资格。

（三）商业银行的接管

商业银行已经或者可能发生信用危机，严重影响存款人的利益时，国务院银

---

① 2023 年 3 月，中共中央、国务院印发了《党和国家机构改革方案》，决定在中国银行保险监督管理委员会的基础上组建国家金融监督管理总局，不再保留中国银行保险监督管理委员会。

行业监督管理机构可以对其实行接管。商业银行的接管，是指国务院银行业监督管理机构通过一定的接管组织，按照法定的条件和程序，全面控制和管理商业银行业务活动的行为。

接管由国务院银行业监督管理机构以书面形式做出决定，并组织实施。接管自接管决定实施之日起开始。自接管开始之日起，由接管组织行使商业银行的经营管理权。在接管期间，被接管人的法律主体资格并不因接管而丧失，被接管的商业银行的债权债务关系也不因接管而变化。

接管行为，就其法律性质而言，是对问题银行的一种行政救济措施，其目的是通过对接管的商业银行采取整顿或改组等措施，保护存款人的利益，恢复商业银行的正常经营能力。

（四）商业银行的终止

商业银行的终止，是指因商业银行出现解散、被撤销和被宣告破产等法律规定的情形，消灭其主体资格的法律行为，其实质是商业银行从金融市场的退出。

与普通商事企业的终止事由相同，商业银行的终止事由也包括解散、被撤销以及被宣告破产三种情形，且均须履行必要的清算程序。但是，作为金融机构，商业银行的终止对金融市场有重大影响，对存款人利益也有重大利害关系，因此不能简单地适用《公司法》或《企业破产法》的一般规定，而有其特殊的程序和要求：第一，商业银行不得自行决定终止，无论是申请解散还是申请破产，都须事先取得银行业监督管理机构的批准。第二，银行清算须在银行业监督管理机构的组织或监督下进行。第三，债权债务清算中注重对存款人利益的保护。

为了依法保护存款人的合法权益，及时防范和化解金融风险，国务院于2014年10月29日通过了《存款保险条例》，于2015年5月1日开始实施，存款保险制度经过了20多年的酝酿，开始在我国落地。存款保险制度，是指我国境内设立的商业银行、农村合作银行、农村信用合作社等吸收存款的银行业金融机构向存款保险基金管理机构交纳保费，形成存款保险基金，当投保的银行业金融机构发生经营危机或濒临破产时，存款保险基金管理机构依照规定向存款人偿付被保险存款，并采取必要措施维护存款以及存款保险基金安全的制度。存款保险实行限额偿付，目前最高偿付限额为人民币50万元，但中国人民银行会同国务院有关部门可以根据经济发展、存款结构变化、金融风险状况等因素调整最高偿付限额，报国务院批准后公布执行。

三、商业银行业务与经营原则

（一）商业银行的业务概述

商业银行的传统业务可以概括为负债业务、资产业务和中间业务。商业银行的负债业务是指商业银行筹措资金、形成资金来源的业务，是商业银行资产业务和中间业务的基础，由资本金、借款和吸收存款等构成。其中，存款业务是商业银行最主要的负债业务。商业银行的资产业务是指商业银行运用其积累的货币资金从事各种信用活动的业务，是商业银行取得收益的主要途径，包括发放贷款、进行投资、买卖外汇、票据贴现等，其中最主要的业务是发放贷款和进行投资。中间业务则是指不构成商业银行表内资产、表内负债，形成银行非利息收入的业务，如担保、承兑、信用证等担保类业务，贷款承诺等承诺类业务，以及支付结算、代理服务等金融服务类业务。

我国《商业银行法》第 3 条规定，商业银行可以经营的业务包括：吸收公众存款；发放短期、中期和长期贷款；办理国内外结算；办理票据承兑与贴现；发行金融债券；代理发行、代理兑付、承销政府债券；买卖政府债券、金融债券；从事同业拆借；买卖、代理买卖外汇；从事银行卡业务；提供信用证服务及担保；代理收付款项及代理保险业务；提供保险箱服务；国务院银行业监督管理机构批准的其他业务。需要说明的是，上述 14 项业务只是法定允许商业银行经营的业务种类，具体到个别的商业银行，其经营范围由商业银行章程规定，并须报国务院银行业监督管理机构批准。

此外，《商业银行法》对商业银行的禁止性业务及例外做出了明确规定。该法第 43 条规定，商业银行不得从事信托投资和证券经营业务，不得向非自用不动产投资或者向非银行金融机构和企业投资，但国家另有规定的除外。目前我国推行的仍是分业经营和分业监管的金融体制。在金融市场尚不成熟、金融机构自我约束机制尚未有效建立的情况下，该种体制有助于隔离风险，但是也制约金融机构创新和竞争能力的提升。随着我国金融环境的改善和金融机构自我约束能力的增强，应考虑稳妥地推进由分业经营向综合经营的金融体制转变。

（二）商业银行的经营原则

商业银行作为金融企业，其业务具有高风险性。因此，商业银行应遵循自主经营、自担风险、自负盈亏、自我约束的"企业化经营"或"独立经营"指导思想，除了恪守平等、自愿、等价有偿、公平竞争等民商法原则之外，我国《商业银行法》第 4 条还明确规定，"商业银行以安全性、流动性、效益性为经营原则"。

安全性原则，是指商业银行在进行业务活动时，应充分考虑按期收回资金本金的可靠程度，确保银行资产的安全。安全性原则主要是针对商业银行的资产业务而言的，是商业银行业务经营的首要原则，具体通过对各种风险的防范和控制来实现。

流动性原则，是指商业银行要保障资金的流动和融通，要能够及时、充分地满足客户的提存和借贷的需求，包括资产和负债的流动，主要是通过资产结构和负债结构的适当安排来保证资产的流动性。

效益性原则，指商业银行在从事资产负债等业务的过程中，必须以盈利为目标，并努力使利润最大化，追求最佳的经济效益。

商业银行上述经营原则既相互对立又相互统一。安全性是商业银行正常经营的基础，流动性则是资产安全的保障，效益性原则是商业银行的最终目标，也是维持商业银行流动性和保证银行安全性的重要基础。这就要求商业银行在经营过程中要寻求三者之间的动态平衡与协调，在坚持安全经营、确保流动性的前提下，不断提升经营效益。

（三）商业银行的存款业务制度

1. 存款业务制度概述

存款业务，是指商业银行等依法具有存款业务资格的金融机构接受客户存入资金，存款人可以随时或按约定时间支取本金和利息的一种信用业务。

存款是商业银行的负债业务，形成商业银行和存款人之间的债权债务关系。在存款法律关系中，存款人是商业银行的债权人，享有对存款本金及其利息的请求权；银行是存款人的债务人，对存款人负有随时或依照约定的时间向存款人支付存款本金及利息的义务。

根据不同的标准，存款可以划分为不同的类别。根据存款主体的不同，可将存款分为单位存款和个人储蓄存款；根据存款的期限和提取方式的不同，可将存款分为活期存款和定期存款；根据存款币种的不同，可将存款分为人民币存款和外汇存款；根据存款支取方式的不同，可将存款分为支票存款、存单（折）存款、通知存款、协定存款等。

各国银行法均规定有存款业务的基本规则，我国法律和行政法规也有针对存款业务的规范，其基本原则是稳健、安全经营，保护存款人的利益。基本内容包括：存款业务经营特许、存款机构依法缴存存款准备金和留足备付金、以合法正当的方式吸收存款、保证存款本金和利息支付等。

2. 储蓄存款业务制度

储蓄存款是指个人将其所有或者合法持有的人民币或外币，自愿存入中国境内储蓄机构的存款，是居民个人与银行之间发生的一种债权债务关系。

商业银行办理个人储蓄存款业务，应当遵循存款自愿、取款自由、存款有息、为存款人保密的原则。除非法律另有规定，对个人储蓄存款，商业银行有权拒绝任何单位或者个人查询、冻结、扣划。

我国长期以来实行的是有管理的浮动利率管理体制。商业银行需要按照中国人民银行规定的存款利率上、下限，确定存款利率，并予以公告，禁止商业银行超出中国人民银行规定的存款利率幅度提高或降低利率。但2015年10月，随着中国人民银行对存款利率上限设置的取消，实施了数十年的存、贷款利率管制宣告结束，基本上实现了利率的市场化。

商业银行应当保证存款本金和利息的及时与足额支付。活期存款，可以随时支取。定期存款在期限届满时支取；未到期的定期存款，储户提前支取的，商业银行按支取日挂牌公告的活期储蓄存款利率计付利息。逾期支取的定期储蓄存款，其超过原定期限的部分，除约定自动转存的外，按支取日挂牌公告的活期储蓄存款利率计付利息。

持有记名式存单（折）的储户丧失存款凭证后，可请求商业银行暂停支付，商业银行经查实后符合条件时应予以办理。储户未及时办理挂失手续的，应自行承担存款财产损失之风险；银行未办理挂失止付的，应承担赔偿储户损失的责任。

存款人死亡后，银行应凭合法继承人提供的由银行所在地的公证机构出具的继承证明书或依据法院发生效力的判决书、裁决书或者调解书办理过户或支付手续，也可以直接向存单持有人直接支付。

3. 单位存款业务制度

单位存款，又称机构存款，是指个人储蓄存款之外的所有存款，是企业、事业、机关和社会团体等单位在金融机构办理的人民币存款，包括财政性存款和商业性存款。其中财政性存款由中国人民银行专营。根据存款期限和支取期限的不同，单位的商业性存款有定期存款、活期存款、通知存款、协定存款等多种形式。

根据我国现行法律及有关行政法规，单位存款需要遵循以下原则：

第一，强制交存，是指各类开户单位对其现金收入，除开户银行核定的现金库存限额外，必须存入开户银行，不得自行保存和擅自坐支。这一原则既有利于保障资金安全，又可以通过强制促进非现金结算，加速资金的周转。

第二，限制支出，包括对支出次数和支取方式的限制。根据有关规定，对于单位的定期存款，可全部或部分提前支取，但只能提前支取一次。此外，各类机构对其存款的使用，除了在规定范围和在银行转账结算起点金额以下可以采用支取现金的方式外，必须采用通过银行转账结算的方式进行。

第三，监督使用。商业银行对各存款机构的存款使用享有监督权，对违反者可予以制裁。

商业银行对存款人负有保障存款安全和保守秘密的法定义务，但这一义务并非绝对。在各个国家，法律在规定银行负有保密与维护客户存款安全义务的同时，为了执法与司法的需要又做了许多例外规定，如司法、安全以及海关、税务等国家机关可以依照特定的职权和程序对特定存款人的存款实施查询、冻结或划扣，商业银行有义务予以协助。

依法查询、冻结、划扣存款人的存款，应符合如下三个条件：（1）查询、冻结、划扣必须有法律依据。其中除对单位存款的查询依据包括行政法规外，对个人存款的查询以及对个人存款和单位存款的冻结和划扣的法律依据仅限于立法机关所制定的法律，行政法规不能作为依据。（2）查询、冻结、划扣应当是法律所规定的有权单位的依法执行职务的行为。（3）查询、冻结、划扣应当依照法定的程序进行。

拓展阅读

中国银行股份有限公司衡阳分行与中国建设银行股份有限公司衡阳市分行、刘某某财产损害赔偿纠纷再审案

（四）商业银行的贷款业务制度

1. 贷款业务概述

贷款是商业银行依法将货币资金按一定的利率贷放给客户并约定期限偿还的一种信用活动，反映的是商业银行与借款人之间的债权债务关系。

根据不同的标准，贷款有不同的划分，常见的分类方式有三种：第一，按照贷款期限的不同，可以分为贷款期限在 1 年以下的短期贷款、在 1 年以上 5 年以下的中期贷款和 5 年以上的长期贷款。第二，按照贷款人是否承担风险，可分为自营贷款和委托贷款。前者是由贷款人以合法方式筹集资金自主发放的贷款，其风险由贷款人承担；后者是指商业银行接受有关单位或部门的委托，作为受托人，根据委托人确定的贷款对象和贷款条件等代为发放、监督使用并协助收回的借款，其风险由委托人承担。第三，按贷款有无担保，可分为信用贷款、担保贷款和贴现贷款。贷款人根据借款人的信誉而发放的无担保的贷款为信用贷款，由借款人提供一定的人或物的担保作为履行债务保障的贷款则为担保贷款，贴现贷款是指贷款人以购买借款人未到期的商业票据的方式发放的贷款。

2. 商业银行经营贷款业务的基本原则

第一，合法原则。商业银行经营贷款业务应当遵守法律、法规，任何不符合国家法律、法规的放贷行为，都应当被禁止。

第二，自主经营原则。商业银行有权根据自身信贷资金的营运状况、贷款项目的盈利前景、借款人的资信情况和偿还能力等，依法自主决定贷与不贷、贷多贷少。任何单位和个人不得强令商业银行发放贷款或者提供担保；商业银行有权拒绝任何单位和个人强令其发放贷款或者提供担保。

第三，安全性、流动性、效益性相统一的原则。商业银行发放贷款，应严格审查，加强管理，确保贷款债权的安全；应按照资产负债比例管理的有关规定，控制中长期贷款的比重，加强资产的流动性管理，并在法律允许的范围内，努力追求自身经济效益的最大化。

第四，公平竞争原则。此项原则是商业银行在开展贷款业务中，处理与同业之间关系的基本准则。应当公平竞争，相互协作，不得从事不正当竞争。在贷款业务上的不正当竞争，主要表现为违反规定擅自提高或降低贷款利率，或者变相提高或降低贷款利率。

第五，有担保原则。商业银行发放贷款，除委托贷款外，借款人应当提供担保。

3. 商业银行贷款业务及其限制

商业银行应自主开展贷款业务，但同时也须遵循审慎与稳健经营的指导思想，禁止从事下列行为：

第一，违反资产负债比例监管规定发放贷款。资产负债比例监管，是以资本与相关负债的比例制约资产总量及资产结构，从而保持信贷资产安全性、流动性、协调一致的监管措施，这些指标包括资本充足率、资本流动性比例、存贷款比例以及单个贷款比例等。目前我国资产负债比例法定监管指标有：（1）资本充足率不得低于8%；（2）流动性资产余额与流动性负债余额的比例不得低于25%；（3）对同一借款人的贷款余额与商业银行资本余额的比例不得超过10%；（4）国务院银行业监督管理机构对资产负债比例管理的其他规定。

第二，向关系人发放信用贷款或以优于其他借款人同类贷款的条件向关系人发放贷款。此处的关系人包括：商业银行的董事、监事、管理人员、信贷业务人员及其近亲属；上述人员投资或担任高级管理职务的公司、企业或者其他经济组织。

第三，向不具备法定贷款资格和条件或生产、经营、投资国家明文禁止的产品、建设项目或生产经营、投资项目未取得批准文件或环境保护部门许可及有其他严重违法行为的借款人发放贷款。

第四，未经中国人民银行批准，对自然人发放外币币种的贷款。

第五，给委托人垫付资金，但国家另有规定的除外。

第六，提供无担保的信用贷款，但经商业银行严格审查，确认借款人资信良好，确有偿还能力的除外。

（五）商业银行结算业务与其他业务法律制度

1. 商业银行结算业务

商业银行结算业务即转账结算业务，是指通过银行账户的资金转移实现债权债务清结的行为，是以信用收付代替现金收付的业务。结算业务与存款业务、贷款业务并列，构成商业银行的三大核心业务。目前的结算形式主要有银行汇票、商业汇票、银行本票、支票、汇兑、委托收款和异地托收承付以及信用卡等方式。

银行结算通过银行转账进行，开立账户是实现银行结算的先决条件。存款人应按照规定使用银行结算账户办理结算业务，不得出租、转借银行结算账户，不得利用银行结算账户套取银行信用。

2. 同业拆借与票据贴现业务

同业拆借是指为解决短期资金流动性需要，商业银行、非银行金融机构同业之间相互融通短期资金的活动，其实质是金融机构之间依法发生的借贷关系。[①]同业拆借的意义在于调剂头寸金额临时性资金短缺，提高银行的资金运用效率并满足必要的流动性要求。我国商业银行间同业拆借由中国人民银行统一负责管理、组织、监督和稽核。商业银行用于拆出的资金只限于缴足准备金、留足备付金、归还中国人民银行到期贷款之后的闲置资金，拆入的资金只能用于弥补票据清算、先支后收等临时性资金周转的需要。国家严禁非金融机构和个人参与同业拆借活动。

票据贴现，是指票据持有人在票据未到期之前向银行贴付一定利息而发生的票据转让行为，体现的是贴现银行对贴现申请人的授信行为，即由贷款人以购买借款人未到期的票据的方式放贷。[②]票据贴现可以分为贴现、转贴现和再贴现三种。贴现是指客户（持票人）将没有到期的票据出卖给贴现银行，以便提前取得现款。一般企业向银行办理的票据贴现就属于此。转贴现是指银行将以贴现购得的没有到期的票据向其他商业银行所做的票据转让，它是商业银行间相互拆借资金的一种方式。再贴现则指，贴现银行持未到期的已贴现汇票向中国人民银行的贴现，通过转让票据取得中国人民银行再贷款的行为。转贴现和再贴现实际上是商业银行的负债业务。

3. 商业银行担保、代理、保管及投融资

商业银行担保业务，是指商业银行应申请人的请求，以保函或备用信用证形式向债权人或受益人承诺，当债务人未按有关合同偿付债务或履行义务，由银行承担责任，即银行作为保证人担保债务的履行，同时收取相应担保费用的一种金融业务。担保业务目前已经成为商业银行非常重要的一项中间业务。

商业银行具有商业网点多、服务面广、信息灵通、专业管理等优势，所以其可以从事代理发行政府债券、代理兑付、代理收付款项、代理保险、代理买卖外

---

① 同业拆借对于借出资金的银行而言，是一笔资产业务；对于借入资金的银行来讲，则是一笔负债业务，具有金额大、期限短、利率低、无担保等特点。

② 票据贴现行为实际上是票据的背书转让行为，有关背书转让行为适用票据法的规定。

汇等广泛的代理业务。在代理业务中，商业银行与委托人之间形成委托代理关系，适用代理的一般法律规则。

保管业务属于银行的传统业务，保管的范围通常包括贵重物品、重要文件或有价证券等。银行的保管服务包括委托代保管服务和出租保管箱服务。委托代保管服务中的银行与委托人之间是财产保管关系，适用合同法中有关保管合同的有关规定。出租保管箱服务中的银行与客户之间是财产租赁关系，适用合同法中租赁合同的有关规定。

商业银行的投融资业务包括投资业务和融资业务。商业银行的投资业务，是指商业银行购买有价证券或直接投资参股经营其他企业以获取收益的行为。投资业务是商业银行两大资产业务之一，也是商业银行收入的重要来源。较之放贷业务，投资业务风险性更大，因此，各国政府对商业银行的投资业务都有不同程度的限制，以保障银行资产的安全以及存款人的利益。目前，我国商业银行可购买的有价证券仅局限于安全性、收益性及流动性较有保障的政府债券及金融债券，而向其他企业的投资则仅主要局限于银行之间。

商业银行融资业务是指商业银行为解决资金需求而实施的筹措资金的行为。商业银行的融资包括股权融资和债权融资两种类型。随着我国金融体制改革及多层次资本市场建设的稳步推进，商业银行通过上市，借助资本市场吸收优质资产，逐步实现了股权多元化的格局，股权融资成为商业银行发展壮大的一条重要途径。至于债权融资，目前主要包括发行金融债券和境外借债两种方式。发行金融债券和境外借债是商业银行的负债业务，因其直接关系到债券持有人的权益问题以及国家外债规模和结构状况。为此，《商业银行法》第45条规定，商业银行发行境外债券或者到境外借债，应当依照法律、行政法规的规定报经批准。

四、商业银行的风险管理和内部控制制度

《商业银行法》第59条规定："商业银行应当按照有关规定，制定本行的业务规则，建立、健全本行的风险管理和内部控制制度。"商业银行的各项业务都具有很大的风险性，特别是贷款业务，如果管理不严格、制度不完善，商业银行的经营安全就会受到威胁，可能导致信用危机的产生。为此，中国人民银行制定了《贷款通则》，银行业监督管理机构也先后发布了《商业银行合规风险管理指引》《银行业金融机构全面风险管理指引》《流动资金贷款管理暂行办法》《个人贷款管理暂行办法》《商业银行表外业务风险管理办法》等规范性文件。商业银行需要根据国务院银行业监督管理机构和中国人民银行的规定，建立相应的贷款责任制和资产风险管理制度以及针对贷款企业的信用评级制度；建立健全贷款

"三查"、岗位分离、审贷职能分离制度的贷款制约机制和呆账准备金制度以及现金管理制度等各项风险管理制度，加强合规管理。

第二节　商事支付法

一、商事支付法概述

（一）商事支付法的界定

商事交易是一种信用交易。在现实生活中，交换者之间没有时间间隔的商品交换几乎不存在，总会发生商品（含服务）的给予与货款（含服务费）支付在时间和空间上的分离。因此，如何支付便成为商事交易中无法回避的问题。所谓支付，是指由于商品交易、劳务供应、资金调拨及其他行为而发生的货币收付行为。随着技术手段的不断更新，支付手段不断演进，支付工具日趋多样化。目前，我们在经历了实物支付阶段和信用支付阶段之后，正在迅速进入一个电子支付的崭新时期，有关商事主体之间围绕支付活动所产生的社会关系更加多样和复杂，从而产生了专门调整商事支付关系的法律规范，这些法律规范可以统称为商事支付法①。目前，我国尚未有专门的商事支付立法，有关规范主要散见于《民法典》《商业银行法》《票据法》《电子签名法》等立法中，或表现为《非金融机构支付服务管理办法》《支付结算办法》《银行卡业务管理办法》等行政法规和部门规章。

（二）支付体系与支付方式

支付体系，是指为实现和完成支付活动所制定的一系列法规制度、所建成的基础设施等形成的有机整体，包括传达支付指令的支付工具、支持支付工具运用的支付系统、确保支付活动的法规制度和基础设施安排等，是一国金融市场的基础设施核心，主要由支付服务组织、支付工具、支付系统、支付账户、支付结算管理、支付法规制度等组成。

支付服务组织是指向客户提供支付账户、支付工具和支付服务的金融机构以及为这些机构运行提供清算和结算网络服务的支付清算组织，目前主要包括中央银行、商业银行和支付清算组织以及第三方支付组织等。

支付工具是指传达债权债务人支付指令，实现债权债务清偿和货币资金转移的载体，包括现金和非现金支付工具，其中非现金支付工具主要有票据（含电子

---

① 目前，"商事支付法"还不是一个成熟的概念，对何为"商事支付法"及其由哪些规范构成，学界还存在不同认识。

支票)、银行卡、商业预付卡等。

支付系统是指支撑各种支付工具应用、实现资金清算并完成资金最终转移的通道。我国的支付系统正在由以现金支付和转账结算为主的手工联行向以电子化支付为代表的现代支付系统快速转变,形成了以人民银行支付系统为核心,以银行业金融机构内支付系统为基础,以票据支付系统、银行卡支付系统、互联网支付等为重要组成部分的支付清算网络系统。

支付方式是各种交易发生后付款的具体形式。按照支付媒介载体的不同,支付方式可分为现金支付和非现金支付,其中非现金支付又包括票据支付和以塑料卡、磁条卡、集成电路卡等卡基为介质的银行卡支付以及以电子数据为媒介的电子支付(包括电子支票、移动支付、自动柜台机交易、电子划款、销售点终端交易)等。根据是否借助互联网,支付方式又有线上支付和线下支付之分。线上支付也称在线支付,是指买方、商家、网上银行或非金融机构之间用安全手段,把银行卡、电子货币、电子支票等支付信息通过互联网安全地传送到银行或支付公司以完成支付的支付方式。线下支付是相对于线上支付而言的,指不通过互联网而完成的支付方式,具体有货到付款、邮局汇款、银行转账、POS 机刷卡和当面现金交易等。

二、现金支付

现金支付是商事交易最基本的支付手段。现实生活中,小额的即时清结交易多采取现金支付方式,但现金支付存在携带不便利、不安全等问题。加之现金支付导致货币直接流入社会,形成社会购买力,直接影响物价稳定,同时,出于防范和打击洗钱等犯罪活动的需要,国家鼓励使用非现金支付方式,并对现金支付的使用做出严格控制。开户单位必须严格按照国家规定的开支范围使用现金,结算金额超过起点的,不得使用现金,不准擅自坐支现金,不准编造用途套取现金;开户单位必须依照规定接受开户银行的监督。同时,对机关、团体、企事业单位、其他经济组织及个体工商户大额现金支付实施备案制度。

三、银行电子支付

资金支付是民商事交易活动中不可或缺的环节,其本质是货币债权在付款人和收款人之间转移的过程。[①] 早期的支付方式主要是现金以及信用证和票据等,随着 20 世纪计算机及网络技术的出现,货币的转移在电子技术的支撑下,逐步

---

① 参见中国支付清算协会编著:《支付清算理论与实务》,中国金融出版社 2017 年版,第 4—7 页。

地向无纸化方向发展。电子货币的出现使得付款人和收款人可以通过银行账户间的货币数字变动实现交易的电子化支付。技术化的电子支付系统关涉资金交易的安全和金融系统的稳定，中国人民银行按照我国支付清算需要，分别建立了大额支付结算系统、小额支付结算系统和网上支付跨行清算系统以及境内外币支付系统等支付系统，并与各商业银行内部的电子支付系统相连接，实现资金的电子化支付。其中，大额支付结算系统是利用现代计算机技术和通信网络开发建设的处理同城和异地跨行之间大额资金汇划的支付系统，其结算资金无限额，实行逐笔实时、全额清算；小额支付结算系统是继大额实时支付系统之后，中国人民银行建设运行的又一重要应用系统，是中国现代化支付系统的主要业务子系统和组成部分，它具有处理业务种类多、业务量大的特点，支持代收支付业务以及代付业务，结算资金限定在100万元以内；网上支付跨行清算系统，则支持网上支付等新兴电子支付业务，被誉为"超级网银"，它实现了各商业银行网银系统的互联互通，结算资金限额为100万元，业务指令逐笔发送、实时轧差、定时清算；境内外币支付系统，则是为中国境内的银行机构和外币清算机构提供外币支付服务的实时全额支付系统。

支付结算系统在现代商事交易中虽然并非交易关系的核心，却关乎交易的实现，是商事交易不可或缺的重要基础设施，且具有网络连接性、公共服务性及系统重要性，对资金的顺利交割、交易秩序的稳定以及金融安全都具有至关重要的意义。为了防范风险，保障金融运行的稳健与金融安全，国际清算银行和国际证监会组织于2012年发布了《金融市场基础设施原则》，将"安全、高效"作为金融市场基础设施的基本原则，将重要支付系统作为需要强化监管的金融基础设施，提出了监管标准，规定了监管部门职责，要求加强对金融市场基础设施的监管。为此，中国人民银行于2013年下发《关于实施〈金融市场基础设施原则〉有关事项的通知》，并于2016年制定了《大额支付系统业务处理办法》《小额支付系统业务处理办法》《中国人民银行支付系统运行管理办法》《中国人民银行支付系统数字证书管理办法》等部门规章，为银行电子支付的有效运行和实施提供了基础性保障。

四、银行卡支付

（一）银行卡支付概述

银行卡是商业银行或其他金融机构向社会发行的具有消费信用、转账结算、存取现金等全部或部分功能的支付工具的统称，主要包括信用卡和借记卡。银行卡通常用塑料磁条卡或金融芯片卡制成，卡上印有发卡银行名称、持卡人姓名、号码、有效期等信息。为了增强保密性及利用现代电子技术，银行卡上一般都记载有持卡人的账号等相关资料供 ATM、POS 机等电子终端鉴别、识别银行卡真伪时使用。持卡人在特约商户或服务网点购买商品或享受服务时，不必支付现金，只需要在 POS 机刷卡签名或在互联网支付平台上输入密码即可完成支付。

随着电子商务的发展，银行卡不仅仅是非现金支付工具，而且已经演变为电子支付工具，目前很多网上支付大多是围绕银行卡展开的，银行卡已成为最重要的网上支付工具。可以说，作为一种新型的综合性金融支付工具，银行卡是现代电子技术发展到一定阶段的产物，代表着支付工具从实物货币到票据、从纸币向电子货币变迁的必然趋势。

（二）银行卡的种类

1. 按清偿方式不同分类

按清偿方式不同，银行卡分为信用卡和借记卡。

信用卡，是指商业银行等金融机构依法向资信状况良好的单位和个人签发的，凭以向特约单位购物、消费及存取现金，具有消费信用特征的特制载体卡片，是一种特殊的信用凭证和支付工具。信用卡按照是否向发卡银行交付备用金分为贷记卡和准贷记卡两类。贷记卡是发卡银行或信用卡公司给予持卡人一定信用额度，持卡人可在信用额度内先消费后还款，允许透支的信用卡。贷记卡是本源意义上的信用卡，国外发行的信用卡大多是贷记卡。准贷记卡是指持卡人须先按发卡银行的规定向发卡行交付一定金额的备用金，当备用金不足支付时，可在发卡银行提供的信用额度内透支的信用卡。

借记卡是先存款后消费，一般不允许透支。借记卡按照功能分为转账卡（含储蓄卡）、专用卡、储值卡。转账卡是实时扣账的借记卡，具有转账结算、存取现金和消费功能。专用卡是具有专门用途，在特定区域使用的借记卡，具有转账结算和存取现功能。专门用途是指在百货、餐饮、宾馆、娱乐行业以外的用途。储值卡也称预付卡，持卡人预先在卡内储存一定的款项，交易时直接从卡内扣除。随着卡基支付市场的快速发展，预付卡等新型支付产品大量出现，其发行主体已不限于银行。在我国目前就存在和银行卡相对应的商业预付卡。

2. 按发卡对象不同分类

按发卡对象不同，银行卡分为单位卡和个人卡。面向国家机关、企事业单位、社会团体等单位发行的银行卡，称为单位卡。基于公务和商务目的不同，单位卡又可分为公务卡和商务卡。面向个人发行的银行卡为个人卡。单位卡只能在境内使用，不得提取现金。

3. 按银行卡使用流通范围分类

按银行卡使用流通范围，银行卡分为国际卡、国内卡以及地区卡。国际卡可在全球任一国际信用卡组织或信用卡中心所属的收单机构或特约商户中适用；国内卡只能在发卡银行所在国家范围内使用；地区卡只能在指定地区使用。

4. 按账户币种不同分类

按照账户币种不同，银行卡可分为人民币卡、外币卡和双币卡。发卡银行和持卡人以人民币作为清算货币的银行卡为人民币卡，以除人民币以外的货币作为清算货币的银行卡为外币卡，支持两种货币进行支付清算的银行卡为双币卡。

（三）银行卡的性质与功能

无论借记卡还是信用卡都具有支付功能。银行卡的使用大大减少了现金和票据的使用，属于先进的现代支付工具。除具有支付功能外，银行卡还具有储蓄、汇兑转账及消费信贷等全部或部分功能。其中，借记卡主要具有储蓄和支付功能，信用卡还具有消费信贷的借贷功能。

（四）银行卡法律关系

银行卡业务运作中往往涉及多方当事人，包括持卡人、发卡机构、收单机构以及银行卡特约商家四方当事人，由此产生多方法律关系。其中，发卡机构与持卡人之间的法律关系是基于双方签订的银行卡领用合同和银行卡章程而产生的。借记卡持有人与发卡机构之间主要是储蓄存款和委托支付关系，而信用卡持卡人与发卡机构之间则融合了委托支付、消费信贷以及储蓄存款等多重法律关系。发卡机构与特约商家之间的法律关系属于委托给付关系，即发卡行委托特约商家按照合同约定受理银行卡，并提供持卡人所要购买的商品或服务。发卡机构与收单机构之间则形成委托付款关系，即收单机构受发卡机构的委托代发卡机构向特约商家履行支付义务。持卡人与特约商户之间是商品买卖或服务合同关系。

1. 发卡机构的权利与义务

发卡机构通常是银行或信用卡公司等金融机构。发卡机构有权依照银行卡合同或银行卡章程，通过发行银行卡获得持卡人支付的银行卡年费、信用卡透支利息、滞纳金、持卡人享受各种服务而支付的手续费、特约商户支付的回佣分成以及低成本存贷利差和国际卡交易中的货币转换费等权利。同时，应履行向持卡人发行银行卡、定期向持卡人寄送对账单并收取应收款项、向收单行和特约商户授权、保留持卡人的账户记录，以及向持卡人提供激活卡片、设置密码及挂失、争议服务以及保障客户信息和资金安全等义务。如果发卡行制发的银行卡及交易系统存在技术缺陷，银行卡被盗刷给持卡人造成了经济损失，发卡行应当在自己的过错范围内承担赔偿损失的法律责任。

2. 收单机构的权利与义务

收单机构包括从事银行卡收单业务的银行业金融机构，以及获得银行卡收单业务许可、为特约商户提供银行卡受理并完成资金结算服务的支付机构。收单机构有权依据协议在代发卡机构向特约商家履行付款义务后请求发卡机构偿还其垫付费用等合同权利，并承担相应义务。

3. 特约商户的权利与义务

特约商户是指提供商品或服务，并与收单机构签订银行卡受理协议、按约定受理银行卡并委托收单机构为其完成交易资金结算的经营机构和个人。特约商户有权要求收单机构按协议约定受理银行卡并将交易资金结算到其收单银行结算账户。同时，应履行如下基本义务：（1）基于真实的商品交易或服务背景受理银行卡，并遵守相应银行卡品牌的受理要求，不得歧视和拒绝同一银行卡品牌的不同发卡机构的持卡人。（2）按规定使用受理终端和收单机构结算账户，不得利用其从事或协助从事非法活动。（3）妥善处理交易数据信息、保存交易凭证，保障交易信息安全。（4）不得因持卡人使用银行卡而向持卡人收取或变相收取附加费用，或降低服务水平。

4. 持卡人的权利与义务

持卡人是指银行卡的合法持有人，即与银行卡对应的银行账户的所有人。持卡人与发卡机构签订银行卡合同，享有银行卡带来的消费便利及其他权利。当持卡人的正当用卡行为被特约商家无理拒绝时，持卡人可以要求发卡行承担违约责任，而发卡行则可以根据其与特约商家之间的约定，要求特约商家承担违约责任。

同时，持卡人也负有遵守银行卡合同及银行卡账户适用的规章制度的义务，主要包括：妥善保管银行卡及卡片信息、密码、交易凭证的义务；在约定的信用额度内消费并在约定的偿还日前偿还约定的偿还额的义务；不得通过虚构交易等方式套取银行信用的义务等。如果由于故意或重大过失导致银行卡信息泄露，由此造成持卡人财产损失，其后果由持卡人自己承担。银行卡透支或逾期还款，应承担违约责任，恶意透支情节严重构成犯罪者，还应承担刑事责任。银行卡套现行为既是一种违约行为，也是一种违反银行卡管理规定的违法行为，行为人不仅应承担违约责任，情节严重者还将承担其他法律责任。

（五）银行卡纠纷及其处理

传统的银行卡纠纷主要是以银行为原告，以持卡人经催收仍欠款不还为基础诉讼事实，以偿还信用卡欠款、滞纳金为诉讼请求的纠纷。该类纠纷诉讼的基础事实和诉讼请求相对固定，法律关系比较单一，主要是银行卡合同纠纷，可依据合同法的有关原理或规定进行处理。

不过，随着银行卡支付手段的普及和银行卡服务市场的快速发展，银行卡纠纷不断增多，纠纷类型也呈现出复杂化的特点。尤其是，随着银行卡盗刷事件的大量增多，以银行卡盗用为代表的新型银行卡纠纷剧增。这些新型的银行卡纠纷具有违约责任和侵权责任竞合、纠纷主体多样、法律关系复杂以及案外事实对裁判影响权重增大等特点，从而增加了纠纷处理的难度。①

银行卡盗刷纠纷的根源是非法分子的盗刷行为，由此造成的损失最终应由盗刷者承担，但持卡人往往会以发卡行或特约商户为被告提起违约或侵权之诉，发卡行也可能会以持卡人或特约商户为被告提起违约或侵权之诉。在处理该类纠纷中，应重点分析银行卡交易当事人在案外人刷卡过程中是否存在过错，以及过错与持卡人或发卡行的损失之间是否存在因果关系。如果银行未尽到谨慎注意义务（包括银行工作人员泄露信息、没能采取必要的技术识别和防范措施、当持卡人账户资金出现异常划拨时没有实施及时通知持卡人等危害救助手段以避免损失发生或进一步扩大等），发卡银行应就其过错范围承担责任；反之，如果持卡人没有尽到谨慎注意义务（如持卡人随意将银行卡密码告诉他人，擅自出借、出租或将银行卡随意交由他人使用，轻信犯罪分子利用短信群发送的中奖或消费确认等虚假信息，导致银行卡信息被盗以及银行卡丢失后没能及时挂失导致损失扩大等），则其应承担由此造成的不利后果。特约商户如果疏于对交易者的身份进行审查或者没能采取措施导致客户信息泄露，违反特约商户应尽的注意义务，也应承担相应的民事责任。

由于持卡人和发卡行之间、发卡行与特约商户及收单机构之间存在合同关系，受害方可以基于合同关系向合同相对方主张违约责任，责任承担方在承担违约责任之后，可基于与其他当事人的合同关系向其他有过错方追偿，也可向真正的侵权人（银行卡的盗刷人）追偿（这属于因第三人原因导致的违约）。持卡人和特约商户之间无直接的合同关系，因此只能提起侵权纠纷。此种情况下，如果特约商户没有尽到注意义务，则发卡行和特约商户构成不真正连带责任。特约商户对基于自身过错侵害持卡人利益造成其财产损失承担侵权责任，同时由于发卡行和特约商户之间存在委托代理关系，发卡行对于代理人过错行为造成的损害也应承担连带赔偿责任。因此，持卡人既可以向发卡行主张违约责任，也可以向发卡行主张侵权责任。发卡行对持卡人承担责任后，可以向特约商户追偿。同理，如果是由于持卡人出借、出租银行卡供他人使用，或者与特约商户串通恶意套现，遭受损失的银行也可以基于合同关系或侵权事实提起违约或侵权之诉，处理原则同上。

五、商业预付卡与第三方支付

（一）商业预付卡与第三方支付概述

支付业务原本属于传统银行业务，但随着银行卡产业和电子商务的快速发

---

① 参见盛勇强、柴洪峰主编：《银行卡纠纷案例集》，法律出版社 2015 年版，第 186—187 页。

展，网络电子技术、移动通信技术的迅速普及和应用，银行卡的应用领域和支付渠道正在发生巨大变革。越来越多的电子商务和移动通信企业等非金融机构开始与银行合作，通过发行商业预付卡及提供网络技术支撑平台对客户银行卡进行操作从而完成支付。尤其是专门为电子商务提供技术服务、独立于电子商务的第三方服务机构通过设立第三方支付平台而成为现代支付市场中的弄潮儿。

商业预付卡，也可称商事预付卡，是指具有一定资质的商业企业或发卡机构，以磁条卡、芯片卡等特定载体和形式发行，由购卡方预先支付一定款项，持卡人可在特定时间和范围内分次购买商品和服务的权利凭证。目前在我国，商事预付卡以预付和非金融机构发行为典型特征。

在我国，按发卡人不同，预付卡可划分为两类：一类是专营发卡机构发行，可跨地区、跨行业、跨法人使用的多用途预付卡；另一类是商事企业发行，只在本企业或同一品牌连锁商业企业购买商品、服务的单用途预付卡。单用途预付卡与传统商家的预付费卡（储值卡）近似，而多用途预付卡在功能上和银行借记卡类似，只不过发卡人是非金融机构。

尽管商事预付卡有一定的交易媒介和储值功能，但与货币的法定计价单位属性存在本质区别，且其主要目的并不是储值而是支付消费。因此，本质上属于一种新型支付工具。① 同时，多用途预付卡还具备第三方支付的特征。

第三方支付也称非金融支付，是指具备一定实力和信誉保障的独立机构提供与商业银行支付结算系统接口的交易支持平台的网络支付模式。目前，国内许多具备较强银行技术接口的服务商，在商业银行基础支付层提供统一平台和接口的基础上，提供网上支付通道，连接银行和商家，通过与商家的合作或银行的二次结算获得分成收益。该支付模式是电子商务快速发展的产物。在通过第三方支付平台的交易中，买方选购商品或服务后，使用第三方平台提供的账户进行款项支付，由第三方通知商家货款（服务费）到达、进行发货（提供服务）；买方检验物品（接受服务）后，就可以通知付款给卖家，第三方再将款项转至卖家账户。第三方支付机构属于独立于电子商务交易双方的第三方服务型中介机构，担当中介保管及监督的职能，并不承担什么风险，实质上从事的是一种支付托管行为，通过支付托管实现支付保证。第三方支付企业由最早的互联网电子商务领域开始，随后移动运营商也开始与支付服务提供商及银行合作，推出了微信支付、手机刷卡支付等移动支付业务。第三方支付融合了网上支付、电话支付、移动支付

---

① 严格意义上讲，商业预付卡只是一般商业机构使用的替代性支付工具，消费支付本身不属独立的支付服务业务，但在人们的生活消费中占据了较为重要的地位，故本书仍将其纳入商事支付法的范畴进行介绍。

等多种支付手段，适应和促进了电子商务的快速发展，也带来了支付体系的重大变革。

就支付服务业务而言，第三方支付不可能独立存在，须与客户的银行卡或商业预付卡捆绑，通过支付平台对客户的银行卡或商业预付卡进行操作，完成支付，是连接用户、银行及产品或服务提供商的桥梁和纽带，其所构筑的网络支付平台将金融机构、移动运营商、用户、商户等产业链之间错综复杂的关系打通，实现基于互联网技术的跨行支付交易，从而在不同的交易主体之间形成错综复杂的商事交易关系。

（二）商业预付卡支付

目前，我国对商业预付卡的发行和使用有严格的管理。首先，对商业预付卡的发行实行准入管制。其中，对非金融机构发行多用途预付卡业务实行核准制，对开展单用途预付卡业务的企业实行企业备案制。其次，我国在预付卡发行环节实行限额发行和有限的实名登记制度，对购卡结算方式进行管理。此外，我国还规定了客户备付金、预付资金及预收资金余额控制管理制度，包括禁止发卡人以任何形式挪用客户备付金、发卡人须在商业银行开立备付金专用存款账户存放备付金、发行单用途预付卡的发卡企业应对预收资金进行严格管理，预收资金只能用于发卡企业主营业务，不得用于不动产、股权、证券等投资及借贷等。

商业预付卡支付业务涉及多方法律关系，其中单用途商事预付卡和多用途商事预付卡所涉当事人不同，其法律关系的复杂程度及性质也不完全相同。

商事企业根据自己的经营需要而发行的单用途商事预付卡，因发卡人和商家是同一机构，法律关系相对简单。对于持卡人来讲，该类商事预付卡是一种债权凭证；对于发卡机构而言，则是一种以企业信用为担保的债务凭证，故发卡人与持卡人之间的债权债务关系是其承载的基本法律关系。这种债权债务关系产生的基础是预付卡章程及当事人之间的契约，属于一种合同关系。这种合同关系融合了资金存管和商品（服务）分期买卖合同双重性质。发卡人负有按约定妥善保管持卡人预付资金，保障持卡人资金使用权和采取措施保障业务处理系统信息安全和运行质量以及提供持卡人所需要的商品和服务等义务；享有在收到持卡人的消费和付款指示时，将应付款项从持卡人的卡内资金中予以扣除，以及依约定收取服务费等权利。

对于专营发卡机构以营利为目的发行的、在发行机构之外购买商品或服务的多用途预付卡，因发卡人和商家并非同一人，就会涉及发卡人、持卡人和特约商家（特约商户）三方当事人。其具体法律关系的性质则需要依据当事人的不同而分别加以认定。

发卡人与持卡人之间的法律关系主要体现在预付章程或双方签订的协议文本

中，双方之间存在合同关系。这种合同关系兼具资金存管和委托付款两类合同的不同属性。此外，在预付卡的购买和使用过程中，发卡人和持卡人还会产生其他合同约定或者法律规定的权利和义务。例如发卡人在特定条件下要求购卡人提供身份信息，对购卡结算方式进行限制，有义务为其发行的预付卡拓展商家、提供受理服务，以及保护持卡人的知情权和隐私权等权利，持卡人负有按规定使用预付卡等义务。此外，发卡人对持卡人还负有告知、保密、预付安全保障义务，禁止发卡人以任何形式挪用客户备付金。

发卡人与特约商家之间的关系主要体现在双方签署的合作协议中。协议一般约定，特约商家向发卡人支付一定比例的加盟费，并允许发卡人从其收取的消费款中提取一定比例的手续费；持卡人在特约商家处购物或消费，特约商家委托发卡人将应付账款从持卡人存管在发卡人的备付金账户转账到特约商家的结算账户以代替持卡人付款，从而在发卡人与特约商家之间形成委托合同关系。

持卡人与特约商家之间的关系属于商品买卖合同或服务合同关系。它不同于普通商品买卖或服务提供法律关系之处在于发卡人作为支付中介的介入，由发卡人代替持卡人向特约商家从客户备付金账户中支付购物款或消费款。在此种法律关系中，特约商家应提供与支付结算相同的商品或服务，不得对预付卡的使用施加不公平的限制。

（三）第三方支付

1. 第三方支付中的法律关系

第三方支付是指非金融机构在收付款人之间作为中介机构提供的网络支付、预付卡发行与受理、银行卡收单等部分货币或资金转移服务。在电子商务中，交易双方都要与第三方支付机构发生法律关系。付款方与收款方均与第三方支付机构之间建立了委托付款与委托收款的委托代理关系。其中，付款方与第三方支付机构之间还兼有资金保管法律关系，即付款方在确认付款之前，付款方的资金由第三方支付机构代为保管。第三方支付机构自身不是银行，其向客户提供的服务是支付处理服务而不是银行业务，对客户的资金不拥有所有权。除此之外，第三方支付机构与银行之间也因资金往来而形成委托关系。通过支付机构与银行之间的协议，银行和支付机构之间可以进行某种形式的数据交换和相关信息确认，进而实现付款人和收款人之间资金的转移和支付的最终完成。需说明的是，随着2017年《中国人民银行支付结算司关于将非银行支付机构网络支付业务由直连模式迁移至网联平台处理的通知》发布，互联网第三方支付直连模式被取消，其清算功能被剥离，互联网平台事实上只保留了"收单"等服务功能，已不再具有"支付系统"中的清算功能。尽管第三方支付机构提供的只是支付信息服务和技术支持，但其作为支付清算重要组成客观部分的事实则无可争议。尤其随着数字经济发展，第三方支付平台加入网联平台后，其作为支付系统的重要参与者，系统重要性不断增强，对其加强监管的呼声也随之不断高涨。[1]

2. 对第三方支付机构及其活动的监管

党的二十大报告指出，要加强和完善现代金融监管，强化金融稳定保障体系，依法将各类金融活动全部纳入监管，守住不发生系统性风险底线。虽然技术被广泛认为是中性的，技术本身并不具有金融风险属性，但在实践中，技术又容易与一些不当金融行为相互交织，成为欺诈、洗钱等活动的工具。为了规范行业发展秩序，保护消费者合法权益，预防和化解风险，国家在鼓励互联网金融创新的前提下，不断强化对第三方支付内容的监管，先后出台了《非金融机构支付服务管理办法》《非银行支付机构网络支付业务管理办法》等规范性文件。

（1）行业准入监管

根据有关规定，非金融机构提供支付服务，应当依据《非金融机构支付服务管理办法》规定取得《支付业务许可证》，成为支付机构，并依法接受中国人民银行的监督管理。只有信誉良好，拥有良好支付业务设施、组织机构、内部控制制度、安全保障措施、反洗钱措施，并有符合要求的出资人和熟悉支付业务的高级管理人员的非金融类有限责任公司或股份有限公司，方可申请《支付业务许可证》。申请人拟在全国范围内从事支付业务的，其注册资本最低限额为1亿元人民币；拟在省（自治区、直辖市）范围内从事支付业务的，其注册资本最低限额为3 000万元人民币。注册资本最低限额为实缴货币资本。

（2）业务活动监管

支付机构应当遵循安全、效率、诚信和公平竞争的原则，依法合规经营，不得损害国家利益、社会公共利益和客户合法权益。

支付机构之间的货币资金转移应当委托银行业金融机构办理，不得通过支付机构相互存放货币资金或委托其他支付机构等形式办理。除特别许可外，支付机构不得办理银行业金融机构之间的货币资金转移；不得经营或者变相经营证券、保险、信贷、融资、理财、担保、信托、货币兑换、现金存取等业务。

支付机构应当按照审慎经营的要求，制定支付业务办法及客户权益保障措施，建立健全风险管理和内部控制制度，确定并公开披露支付业务的收费项目和收费标准，制定支付服务协议，明确其与客户的权利和义务、纠纷处理原则、违约责任等事项，并公开披露支付服务协议的格式条款。

支付机构应当确保客户备付金及支付安全。支付机构的实缴货币资本与客户

---

[1] 参见岳彩申：《互联网金融平台纳入金融市场基础设施监管的法律思考》，《政法论丛》2021年第1期。

备付金日均余额比例不得低于 10%，客户备付金应当存放在在商业银行开立的备付金专用存款账户上，禁止截留或挪用。

支付机构应当依法保守客户的商业秘密，并妥善保管客户身份基本信息、支付业务信息、会计档案等资料。①

（3）支付机构的民事责任

支付机构与网络用户之间形成了网络服务合同关系，应当确保网络用户个人信息和资金的安全，因自身过错导致用户隐私泄露和账户资产遭受损失的，应当依据《民法典》的有关规定承担赔偿责任。

六、其他方式支付

除现金支付、银行卡支付及微信等新兴的第三方支付等支付方式外，信用证和票据也是商事交易中较为传统的支付工具。信用证是指开证银行应申请人的要求并按其指示向第三方开立的载有一定金额的，在一定的期限内凭符合规定的单据付款的书面保证文件，即银行开立的有条件的承诺付款的书面凭证，其主要适用于国际贸易结算。

信用证虽以贸易合同为基础，但它一经开立，就成为独立于贸易合同之外的另一种契约，并由开证行以自己的信用做出付款保证（即将进口商人的信用转化为银行信用），从而使信用证业务呈现为一种纯粹的凭单据付款的单据业务。信用证的上述特征为买卖双方提供了信用保障，特别是有效地化解了卖方在货物提供后不能及时收回货款的担忧，因而受到国际贸易的普遍欢迎。

> **拓展阅读**
>
> 中国银行北京市分行与北京利达海洋生物馆有限公司、北京国际信托投资有限公司委托开立信用证纠纷案

信用证所涉及的当事人主要有开证申请人、开证银行、通知银行、受益人、议付行和付款行等。根据其性质、期限、流通方式等特点，可以分为跟单信用证和光票信用证、不可撤销信用证和可撤销信用证、保兑信用证和不保兑信用证、即期信用证和远期信用证、可转让信用证和不可转让信用证，以及即期付款信用证、延期付款信用证、承兑信用证和议付信用证等。

---

① 随着二维码支付的不断完善和扫码支付方式日趋普及，2021 年 10 月，《中国人民银行关于加强支付受理终端及相关业务管理的通知》发布，从支付受理、终端业务管理、特约商户管理、收单业务监测三个方面入手，对收单机构和清算机构提出了一系列管理要求。同时，条码支付也被纳入监管，具体规定了个人收款码的使用规范。2021 年 12 月，中国人民银行发布《条码支付互联互通技术规范》，按照"统一通用、便捷友好、安全可控、兼容并蓄"原则，在切实保障用户信息与资金安全前提下，规定了条码支付互联互通的编码规则、报文要素、安全要求等内容。

在国际贸易的早期阶段，各国有着不同的关于信用证交易的规则和习惯，但自 20 世纪 30 年代起，国际组织就开始了信用证规则统一的努力。1933 年，国际商会正式公布了《跟单信用证统一惯例》，从而确立了信用证规则在国际范围内的统一。其后该文件经过了多次修订，目前最新版本是 2007 年 7 月 1 日生效的《跟单信用证统一惯例》（UCP600）。

我国的票据支付是随着市场经济体制改革的进程，作为金融体制改革的组成部分而发展起来的。1988 年我国银行支付结算体制进行改革，确立了以票据为主体内容的支付结算制度。我国《票据法》《票据管理实施办法》等法律法规的出台，对票据支付的发展起到了至关重要的作用。目前，尽管各种新的支付工具不断出现并被广泛使用，但票据支付在全部结算业务中的占比仍很高。尤其是随着科学技术的发展，人类社会开始运用现代通信、计算机和网络技术对票据的某些环节或全过程实施电子化处理，使票据这种传统支付工具焕发出新的生命力。

票据除了具有支付功能外，还具有流通和信用等其他功能。为了充分保证票据功能的实现，绝大多数国家制定了专门的票据法以规制票据行为和调整票据法律关系。鉴于票据及其规则的特殊性，对票据支付及与其相关的票据行为，本书将设专节予以介绍。

第三节　票　据　法

一、票据法概述

（一）票据的概念和特征

票据一词有广义和狭义之分。广义的票据，是指用以证明或以设定权利为目的而制成的各种书面凭证，如股票、债券、本票、提单、车船票、借据等。狭义的票据，是指出票人依法签发的约定自己或委托他人于到期日无条件按票面金额向收款人或持票人付款的有价证券，包括汇票、本票、支票，是以支付一定金钱为目的的有价证券。作为支付凭证，票据虽然集支付功能、流通功能及信用功能于一体，但支付功能是其最基础和最核心的功能。

与其他有价证券或权利凭证相比，票据具有独特的法律属性，主要表现在：

第一，票据是设权证券。与股票、债券等证明权利的证权证券[1]不同，票据

---

[1] 证券有设权证券和证权证券之分。权利义务产生于证券作成之前，证券的作成仅在于证明一定的权利存在的，为证权证券；权利义务发生在证券作成之后，证券的作用在于创设一定的权利的，为设权证券。

不是用以证明已经存在的权利而是创设票据权利，属于设权证券。

第二，票据是金钱债权证券。票据权利人可以对票据义务人行使付款请求权，但票据持有人所能主张的是确定数额金钱的交付，而不能向债务人主张其他物或行为。这不同于提单、舱单等具有物权证明效力的物权证券，也不同于股票、债券等持有人享有的是确定的金钱给付的资本证券。

第三，票据是要式证券。票据的记载事项是由法律规定的，只有根据法律规定的要件和形式制作，才能产生法律效力，从而有别于一般债权凭证的随意性记载。

第四，票据是一种无因证券。持票人行使票据权利时，无须说明其取得票据的原因，只要占有票据就可以行使票据权利，即使取得票据的原因关系无效，对票据关系也不发生影响。

第五，票据是文义证券。票据上的权利义务必须以票据上的文字记载为准。有关票据债权人或票据债务人均应当对票据上所记载的文义负责，不得以任何方式或理由变更票据上文字记载的意义。

（二）票据的功能

票据是金融工具的一种，是商业信用的载体，在长期的历史发展过程中，形成了汇兑、支付、信用和融资等多重功能。

首先，汇兑功能是票据最基本、最原始的功能。它是指票据具有克服现金异地运送、跨空间兑换困难的作用，现行汇票制度主要是基于实现汇兑功能而构建的。其次，票据具有代替现金为支付的功能，在当事人双方互为债权人和债务人时，可以运用票据进行债务抵销；票据还具有结算功能，结算可以被看作两个支付行为的完成，是支付功能的体现。再次，票据还是商业信用工具，具有信用功能。现代商品交易中，信用交易大量存在，通过票据的签发，可以将挂账信用转化为票据信用，把一般债权转化为票据债权，使得权利外观明确清晰、偿债时间确定，同时贴现制度的存在又使得持票人可以提前将票据转化为现金，将商业信用进一步转化为银行信用，[①] 而背书制度在客观上又增强了票据的信用功能，因为背书人依法负有承兑和担保付款的义务，背书越多，信用越强。此功能在远期票据上体现得尤为明显。最后，融资功能是现代票据制度中最新发展起来的一种经济功能，具体指利用票据来实现筹集或融通资金的目的，实现此功能主要依赖于票据的流通。近年来，票据的融资功能开始被企业所推崇，未到期票据的交换与买卖也日趋活跃，票据市场已经成为短期资金融通的重要场所。当然，不同种类的票据，其功能的侧重点有所不同。

正因如此，电子银行、支付宝、微信支付等创新型支付工具的使用，虽然对

---

① 参见于莹：《票据法》，高等教育出版社 2004 年版，第 13 页。

票据汇兑和支付功能产生了一定的冲击，但由于创新型支付工具的功能相对单一，不具有票据作为有价证券所具有的信用和融资等功能，所以它们在短时期内很难取代票据的地位。

（三）票据法与票据法上的法律关系

票据法有广义和狭义之分。广义的票据法，又称实质票据法，指一切有关票据的法律规范，不仅包括名为"票据法"的票据规范，还包括其他法律中对票据的规定；狭义的票据法则仅指专门规范票据关系的法律规范，又称形式票据法。我国现行《票据法》于 1995 年 5 月 10 日由第八届全国人大常委会第十三次会议通过，并根据 2004 年 8 月 28 日第十届全国人大常委会第十一次会议的决定进行了修正。

票据关系是指由票据法所确认和规范的基于当事人的票据行为而发生的票据权利义务关系。它的产生、变更、消灭基于当事人的意愿，是票据法调整的最为核心的法律关系。

票据法上的非票据关系，是指由票据法直接规定的非直接由票据行为产生但与票据行为有密切关联的法律关系。该权利义务的形成并非直接依据当事人的意愿设立，而是由法律直接加以规定，即基于票据法上的规定而产生。票据法上的非票据关系，主要有：（1）汇票回单签发关系；（2）票据返还关系；（3）票据复本的签发与返还关系；（4）誊本的持票人与原本接受人之间的票据原本返还关系；（5）利益偿还关系；（6）损害赔偿关系。

二、票据基本法律制度

（一）票据行为

1. 票据行为的概念和种类

广义上的票据行为，是指以产生、变更或消灭票据权利义务关系为目的的法律行为，包括出票、背书、承兑、保证、保付，以及付款、参加付款、划线、涂销等行为。狭义上的票据行为，则仅指以发生或转移票据上权利、负担票据上债务为目的的要式法律行为，其以负担票据上的债务为目的。一般所称的票据行为即狭义的票据行为，它是票据上权利义务关系成立的基础，只包括出票、背书、承兑、保证、参加承兑、保付六种。其中，出票、背书、保证为汇票、支票、本票三种票据所共有，承兑和参加承兑仅见于汇票，保付仅见于支票。我国未规定参加承兑和保付，因此，我国狭义的票据行为仅指出票、背书、承兑和保证。[①]狭义票据行为又可以分为基本票据行为和附属票据行为。基本票据行为，或称主

---

① 上述其他行为虽然在票据流通及票据权利实现方面的法律地位也很重要，却不是承担票据意义上的行为，因此，不能作为票据行为对待，而只能属于准票据行为。

票据行为，是指创设票据的原始行为，即出票行为；其他三种票据行为是以出票行为为前提所进行的行为，属于附属票据行为。

出票，是当事人签发并交付票据的行为，属于基础票据行为，由票据制作和交付两个环节构成。

背书，是指持票人以转让票据权利或将票据权利授予他人为目的，在票据背面或在粘单上记载有关事项并签章的行为。通过背书转让或授予他人票据权利的人为背书人，接受经背书转让之票据或权利的人为被背书人。背书转让一经成立，即发生法律效力，产生票据权利移转、票据权利证明和票据责任担保等背书效力。

承兑，是汇票独有的附属票据行为。它是指汇票付款人承诺在汇票到期日支付汇票金额的票据行为。并非所有的汇票都需要承兑。见票即付的汇票持有人可以随时提示汇票和请求付款，无须承兑。但是，在定日付款、出票后定期付款、见票后定期付款等远期汇票中，票据只有经过付款人的承兑，付款人才能正式成为票据上的主债务人，承担起汇票到期付款的责任。

保证，是指票据债务人以外的人以担保票据债务的履行为目的而进行的票据行为。它是适用于汇票、本票的附属票据行为。票据保证兼具保证行为和票据行为的双重特征。作为一种保证行为，它具有从属性特性；作为一种票据行为，它又具有独立性的特征。

2. 票据行为的特征

票据行为具有要式性、文义性、无因性、独立性等特点。

首先，票据行为具有要式性，即票据行为要严格遵照票据法规定的格式和程序进行，否则票据行为无效。

其次，票据行为具有文义性，即票据上所载的权利义务内容必须严格按照票据上所载文义确定，不得以任何方式或理由变更票据上文字记载的意义。

再次，票据行为具有无因性，即权利人享有票据权利只以持有符合票据法规定的有效票据为必要，至于票据赖以发生的原因则在所不问。其实质是将票据行为与作为其发生前提的原因相分离，从而使票据行为的效力不再受其发生原因存在与否及效力瑕疵的影响。票据行为无因性是为了保障票据的流通和安全，而由票据法特别加以规定的。例如，在基于买卖关系这一原因而签发票据之后，即使后来买卖合同无效或解除，原因关系的债务人不再负价金给付义务，但其出票行为依然有效。如果票据已流入第三人之手，则出票人不得援引原因关系的瑕疵对抗第三人。我国《票据法》第 13 条规定，"票据债务人不得以自己与出票人或者与持票人的前手之间的抗辩事由，对抗持票人"，即体现了此意旨。[①] 我国

---

① 参见曾世雄、曾陈明汝、曾宛如：《票据法论》，中国人民大学出版社 2002 年版，第 36—37 页。

《票据法》在追求使用方便、高效的同时，基于票据运作安全的考虑，其第 10 条、第 21 条、第 74 条、第 88 条等强调原因关系的真实，但不能当然地从这些规定中推断出其否定了票据行为的无因性。转让票据时，即使在不具有交易关系或债权债务关系的人之间签发的情况下，签发或转让票据的行为效力如何，仍然只需审查这些行为在形式上是否符合票据法的要求。如果票据法要求的形式要件具备，票据行为就当然有效。票据行为人不能因为违法签发或转让票据而主张自己所为的票据行为无效。[①]《最高人民法院关于审理票据纠纷案件若干问题的规定》第 14 条就是票据无因性的具体体现和维护。

最后，票据行为具有独立性，即就同一票据所为的若干票据行为分别依各行为人在票据上记载的内容，独立地发生效力，一票据行为无效，不影响其他行为的效力。例如，根据《票据法》第 6 条规定，"无民事行为能力人或者限制民事行为能力人在票据上签章的，其签章无效，但是不影响其他签章的效力"。票据行为的独立性，既是票据行为无因性和票据行为文义性的逻辑结果，也是加强票据流通、保护持票人利益的必然选择。因为既然票据行为和票据的产生原因相分离，人们只能依据票据记载的内容来判断票据行为的效力，那么，记载完备、符合票据法要求的票据行为就应该有效。反之，如果后票据行为因前票据行为无效或撤销，那么整个票据关系势必混乱，将严重危及票据的流通和交易安全。

票据行为的上述特征，是基于票据的流通性和安全性需要而由票据法加以特别规定的，它并不是法逻辑的必然产物，而是法技术的结果。票据行为要式性及文义性的特征，使票据行为具有了客观、确定的外观，提高了当事人辨认和交易的效率，也是权利外观理论在票据行为上的体现，而无因性和独立性则进一步加强了票据的流通性和安全性，为票据的流通和安全使用带来了极大的便利。

（二）票据权利

票据权利是指持票人向票据债务人请求支付票据金额的权利，包括付款请求权和追索权。付款请求权又称第一次请求权，是指持票人对汇票的承兑人、本票的发票人、支票的保付人等付款人行使请求其支付票据金额的权利。追索权是指因持票人在不能获得付款或汇票承兑被拒绝等法定原因发生时，向其前手请求支付票据金额的权利。

票据权利的取得方式包括原始取得和继受取得两种。不依赖他人的转让行为、直接依据法律规定而取得票据权利的，即为原始取得；持票人通过某种法律行为从有票据处分权人处取得票据的，则为继受取得。继受取得又可细分为票据法上的继受取得和非票据法上的继受取得。前者是基于票据法规定的方式而取得

---

① 参见王小能主编：《中国票据法律制度研究》，北京大学出版社 1999 年版，第 41 页。

票据权利，后者则基于非票据法规定的方式而取得票据权利。

票据权利的行使，主要通过票据的提示承兑、提示付款、行使追索权等程序来实现。票据权利的行使，往往同时需要票据的保全措施。票据保全的方式包括提示票据、要求付款人提供拒绝承兑或拒绝付款的证明等。持票人对票据债务人行使票据权利或者保全票据权利，应当在票据当事人的营业场所和营业时间内进行，票据当事人无营业场所的，应当在其住所进行。

票据债务人对债权人的付款请求，可以提出一定的合理理由予以对抗，并拒绝履行票据权利，此为票据抗辩，是债务人保护自己的一种手段。票据抗辩可分为物的抗辩和人的抗辩。基于票据本身存在的事由而发生的抗辩，称为物的抗辩。这一抗辩可以对任何持票人提出，又称绝对抗辩。人的抗辩，又称相对抗辩权，指票据债务人仅可以抵抗特定票据债权人的抗辩。该抗辩基于票据当事人之间的特定关系而产生，多与票据的基础关系有关。票据抗辩的提出，使票据权利陷入不稳定的状态，并由此可能造成流通性的破坏。为此，票据法规定了票据抗辩的切断制度，即无论是何种类型的抗辩，票据债务人均不得以自己与出票人或者与持票人的前手之间的抗辩事由，对抗持票人。但是，持票人明知存在抗辩事由而取得票据的除外。

票据权利的消灭是指因发生一定的法律事实而使票据权利不复存在。票据权利消灭之后，票据上的债权债务关系也随之消灭。票据权利可因履行、免除、抵销等事由的发生而消灭，我国《票据法》第 17 条则着重规定了持票人的票据权利因时效届满而消灭的四种情形：（1）持票人对出票人和承兑人的权利，自票据到期日起 2 年。见票即付的汇票、本票，自出票日起 2 年。（2）持票人对支票出票人的权利，自出票日起 6 个月。（3）持票人对前手的追索权，自被拒绝承兑或者被拒绝付款之日起 6 个月。（4）持票人对前手的再追索权，自清偿日或者被提起诉讼之日起 3 个月。

持票人因超过票据权利时效或者因票据记载事项欠缺而丧失票据权利的，仍享有民事权利，可以请求出票人或者承兑人返还其与未支付的票据金额相当的利益。这种权利也称利益返还请求权或利益偿还请求权。由于这种权利是为救济持票人在票据权利丧失后的利益，而不是票据权利本身，因此它不是一种票据权利，而是一种票据法上的权利。

（三）票据的伪造和变造

票据的伪造和变造属于票据瑕疵，直接危及票据权利的安全和票据的使用及流通秩序。为此，我国法律明确禁止伪造或变造票据。

票据的伪造，是指无权限人假冒出票人或虚构他人名义进行签章和票据其他记载事项的行为，包括票据本身的伪造和票据上签名的伪造。票据伪造因其违法性而不具有任何票据效力，但因票据行为具有独立性的特点，一行为无效不影响其他行为的效力，故票据上有伪造、变造的签章的，不影响票据上其他真实签章的效力。

票据的变造，是指采用技术手段改变票据上已经记载事项的内容，或增加、减少票据记载事项的内容，从而达到变更票据权利义务关系的目的。在票据被变造的情况下，应依照行为人签章在变造之前还是在变造之后来确定其应承担的责任。① 具体而言，票据上其他记载事项被变造的，在变造之前签章的人，对原记载事项负责；在变造之后签章的人，对变造之后的记载事项负责；不能辨别是在票据被变造之前或者之后签章的，视同在变造之前签章。尽管被变造的票据仍然是有效票据，但变造票据行为本身是一种违法行为，所以，变造人的行为给他人造成损失的，应当对此承担民事责任；构成犯罪的，还应承担刑事责任。

拓展阅读

中国建设银行股份有限公司侯马支行与山西侯马市亨丰贸易有限公司、侯马市天瑞鸿焦铁有限公司、侯马市经济技术开发区昌鑫炉料有限公司票据纠纷案

三、汇票

（一）汇票的概念和种类

汇票是出票人签发的，委托付款人在见票时或者在指定日期无条件支付确定的金额给收款人或者持票人的票据。汇票是一种委托他人进行无条件支付的票据，属于委付证券的一种。它有出票人、付款人和收款人三方基本当事人，其中出票人和付款人为票据义务人，收款人为票据权利人。

根据不同的标准，汇票有不同的类型划分：（1）根据汇票当事人身份的不同，汇票可以分为银行汇票和商业汇票。以银行为出票人并以银行为付款人的汇票，为银行汇票；② 以银行以外的其他商事组织为出票人，以银行或者其他商事组织等为付款人的汇票，则为商业汇票。③（2）根据汇票付款期限的不同，可分为即期汇票和远期汇票。前者是指汇票上无到期日或见票即付的明确记载，收款人或者持票人一经提示汇票、请求付款，付款人就应当承担付款责任的汇票；远期汇票是指汇票上记载了到期日，付款人在到期时承担付款责任的汇票。（3）根据记载到期日方式的不同，远期汇票又可以分为定日付款的汇票、出票后定期付款的汇票、见票后定期付款的汇票。在实际的票据使用过程中，银行汇票均为即

---

① 签章的变造属于票据伪造。票据变造的前提是在变造前须为形式上有效的票据，在变造后仍须为形式上有效的票据。
② 通常情况下，银行汇票中的出票行为与付款行为属同一银行。特殊情况下，也可能不是同一银行。
③ 其中，如果付款人是银行并进行了承兑的，称为银行承兑汇票；当付款人是银行以外的公司并由其进行承兑的，称为商业承兑汇票。

期汇票，商业汇票多为远期汇票。

（二）汇票的出票

1. 汇票的格式

作为要式证券，汇票必须依据票据法规定的记载事项和记载形式制作。根据不同记载事项对汇票效力的不同影响，可以将汇票出票的记载事项划分为必要记载事项、任意记载事项与禁止记载事项。

必要记载事项分为绝对必要记载事项与相对必要记载事项。绝对必要记载事项，是指出票人必须在汇票上做记载，否则汇票无效的事项。根据我国《票据法》第 22 条的规定，汇票必须记载下列事项：（1）表明"汇票"的字样；（2）无条件支付的委托；（3）确定的金额；（4）付款人名称；（5）收款人名称；（6）出票日期；（7）出票人签章。汇票上未记载上述事项之一的，汇票无效。所谓相对必要记载事项，是指在出票时应当予以记载，但如果未做记载，票据法另有补充规定，汇票并不因此而无效。例如付款日期、付款地、出票地等事项。

任意记载事项，是指法律允许当事人自行选择，不记载不影响票据效力，记载则产生票据效力的事项。例如出票人在票据上记载的禁止背书、委托收款背书、质押背书、现金字样、不得转让等事项。

禁止记载事项，是指法律禁止在票据上记载的事项，又分为记载本身无效事项和因记载使汇票归于无效的事项。前者是一般违反票据法规定的事项，若记载，仅导致该事项无效。如出票人违反《票据法》第 26 条规定，在签发的汇票上记载了"免除承担承兑和免除担保付款"，该项记载无效，汇票的效力不受影响。后者则属于与汇票本质相抵触，若记载，不仅此项记载本身无效，整个汇票也因此无效，常见的有"有条件的委托付款"或"不确定金额"等。

2. 出票的条件

为了维护正常的金融秩序和保障当事人的合法权益，我国《票据法》第 21 条规定："汇票的出票人必须与付款人具有真实的委托付款关系，并且具有支付汇票金额的可靠资金来源。不得签发无对价的汇票用以骗取银行或者其他票据当事人的资金。"

3. 出票的效力

出票人按照票据法的规定做成汇票并将其交给收款人后，汇票即对出票时存在的三方当事人——出票人、付款人和持票人产生效力。

第一，出票行为对出票人产生担保承兑与担保付款的效力。即出票人签发汇票后，即承担保证该汇票承兑和付款的责任。出票人在汇票得不到承兑或者付款时，应当向持票人依法清偿相应的金额和费用。

第二，出票行为使持票人取得了付款请求权和追索权等汇票上的权利。在付款人或最后持票人对汇票进行承兑之前，收款人或最后持票人的付款请求权是一种期待权。在付款人承兑以后，该期待权即成为现实权。如果被拒绝承兑或拒绝付款，持票人还可行使追索权。

第三，出票行为对付款人并不必然产生约束力。出票系单方法律行为，只能为他人设权而不能设定义务。因此，出票并不必然对付款人产生法律约束力，只有当付款人承兑时，付款人才负有票据法上的付款义务。

（三）汇票的背书

1. 汇票背书的种类

根据背书的目的不同，汇票背书可分为转让背书和非转让背书两种类型。

转让背书的目的在于转让票据的权利，通常的背书大都属于转让背书。转让背书又可分为一般转让背书与特殊转让背书两种。一般转让背书依其记载事项是否完全分为完全背书和空白背书。其中，载明被背书人名称的转让背书为完全背书，不记载被背书人名称的为空白背书，但我国不承认空白背书。特殊转让背书又可分为禁止转让的背书和无担保背书、回头背书。禁止转让背书是一种限制性背书，即背书人在票据上写明"不得转让"字样的背书。无担保背书是指背书人在票据上载明免除自身担保责任的背书。回头背书又称还原背书或逆向背书，是指以汇票上已有的债务人为被背书人的背书。回头背书的特点在于原票据债务人因背书而持有票据，成为票据权利人。因此，回头背书的追偿权受到限制。

非转让背书的目的并非在于转让票据权利而是另有他用，主要有委托取款背书和设质背书两种主要形式。委托取款背书，是持票人以行使票据上的权利为目的而委托被背书人代为领取票款的背书；设质背书，是指持票人以票据权利设定质权为目的所进行的背书。

2. 汇票背书的格式和内容

背书属于要式票据行为，法律对其格式和内容有严格的要求。主要应注意三点：第一，背书须由背书人签章并记载背书日期；第二，背书不得附有条件；第三，背书人在汇票上记载"不得转让"字样，其后手再背书转让的，原背书人对后手的被背书人不承担保证责任。

3. 背书的连续

以背书转让的汇票，背书应当连续。所谓背书连续，是指在票据转让中，转让汇票的背书人与受让汇票的被背书人在汇票上的签章依次前后衔接，不具有间断性。

持票人以背书的连续，证明其汇票权利，即背书连续产生证明效力。这种证明效力主要表现在以下三个方面：第一，对持票人而言，其所持票据的背书如果具有连续性，法律即推定持票人为合法持票人，可以凭此票据行使票据权利；第二，对付款人而言，在其向背书连续的票据持有人付款时，无须审查对方是否为真正的票据权利人，而可以直接给付；第三，连续的背书除了证明依转让背书取得票据的持票人所享有的票据权利外，也能证明依委托收款背书取得票据的持票人所享有的代为收取票据金额的代理权，或依质押背书取得票据的持票人所享有的票据质押权利。

背书转让并非持票人合法取得票据权利的唯一方式，持票人也可以通过其他方式持有汇票，从而产生背书形式上不连续但实质上连续的问题。为此，法律规定持票人可以依法举证，证明其汇票权利。

4. 背书的效力

对转让背书而言，首先产生权利转移和责任担保的效力，即汇票上的权利因背书而由背书人转移给被背书人；其次，背书人以背书转让汇票后，即承担保证其后手所持汇票承兑和付款的责任。与此同时，背书还具有权利证明的效力，即持票人所持票据的背书如果具有连续性，法律即推定持票人为合法持票人，即可以凭此票据行使票据权利。

对于非转让背书而言，不产生票据权利转移效力，只是根据背书类型的不同，被背书人分别取得受托取款或票据权利的质权。被背书人对票据权利无处分权。

（四）汇票的承兑

承兑是指汇票付款人承诺在汇票到期日支付汇票金额的票据行为，为汇票所独有。付款人决定承兑汇票后，就成为票据主债务人，应当依汇票记载的文义承担到期付款的责任。

承兑的程序因汇票付款日的不同而有所不同。见票即付的汇票无须提示承兑，而定日付款、出票后定期付款的汇票以及见票后定期付款的汇票均须提示承兑。

所谓提示承兑，是指持票人向付款人出示汇票，并要求付款人承诺付款的行为。定日付款或者出票后定期付款的汇票，持票人应当在汇票到期日前向付款人提示承兑。见票后定期付款的汇票，持票人应当自出票日起1个月内向付款人提示承兑。汇票未按照规定期限提示承兑的，持票人丧失对其前手的追索权。

付款人收到持票人提示承兑的汇票时，应当向持票人签发收到汇票的回单。回单上应当记明汇票提示承兑日期并签章。汇票上未记载承兑日期的，以前述规定期限的最后一日为承兑日期。

（五）汇票的保证

保证是由票据债务人以外的他人充当保证人，担保票据债务履行的票据行为。

保证人为出票人、承兑人保证的，应当将保证事项记载在汇票或者粘单上。保证事项包括表明"保证"的字样、保证人名称和住所、被保证人的名称、保证日期、保证人签章。保证人在汇票或者粘单上未记载被保证人姓名的，已承兑的汇票，承兑人为被保证人；未承兑的汇票，出票人为被保证人。保证人在汇票或者粘单上未记载保证日期的，出票日期为保证日期。保证不得附有条件；附有条件的，不影响对汇票的保证责任。

保证人一经做出保证后，除被保证人的债务因汇票记载事项欠缺而无效的外，应对合法取得汇票的持票人所享有的汇票权利承担保证责任。被保证的汇票，保证人应当与被保证人对持票人承担连带责任。汇票到期后得不到付款的，持票人有权向保证人请求付款，保证人应当足额付款。保证人为 2 人以上的，保证人之间承担连带责任。保证人清偿汇票债务后，可以行使持票人对被保证人及其前手的追索权。

（六）汇票的付款

票据付款是指付款人或承兑人在票据到期时对持票人进行的票据金额的支付。它是消灭票据债权债务关系的一种行为，不具备票据行为的属性，只属于一种准票据行为。

付款程序包括提示付款、汇票支付和收回汇票三个阶段。提示付款是持票人在法定日期内出示票据，行使付款请求权以保全票据权利的行为。见票即付的汇票，自出票日起 1 个月内向付款人提示付款；定日付款、出票后定期付款或者见票后定期付款的汇票，自到期日起 10 日内向承兑人提示付款。持票人未按上述规定期限提示付款的，将丧失对其前手的追索权，但持票人未按照前款规定期限提示付款的，在做出说明后，承兑人或者付款人仍应继续对持票人承担付款责任。此外，通过委托收款银行或者通过票据交换系统向付款人提示付款的，视同持票人提示付款。

关于汇票支付，法律规定，对于到期支付的票据，付款人必须在持票人提示付款当日足额付款。付款人对期前支付请求有权予以拒绝，如果付款人在到期日前付款的，由付款人自行承担所产生的责任。付款人及其代理付款人付款时，应当审查汇票背书的连续性，并审查提示付款人的合法身份证明或者有效证件。若因恶意或者有重大过失付款，则应当自行承担责任。

关于收回汇票，因为汇票是缴回证券，持票人获得付款的，应当在汇票上签收，并将汇票交给付款人。持票人委托银行收款的，受委托的银行将代收的汇票金额转账收入持票人账户，视同签收。

（七）汇票的追索权

追索权，是指持票人在汇票到期不获付款或期前不获承兑或其他法定原因发生时，向其前手请求偿还票据金额及其损失的一种票据权利。它是用来弥补付款请求权而设定的第二顺序请求权。

追索权发生应具备以下实质条件：第一，汇票到期被拒绝付款；第二，汇票在到期日前被拒绝承兑；第三，在汇票到期日前，承兑人或付款人死亡、逃匿的；第四，在汇票到期日前，承兑人或付款人被依法宣告破产或因违法被责令终止业务活动。发生上述情形之一的，持票人可以行使追索权。如果持票人因自身的过错，未按法定期限要求及时行使付款请求权，应由持票人自行承担相应责任，持票人丧失对部分票据债务人的追索权。

追索权的发生除了具备前述实质条件之外，还须具备一定的形式条件。这一形式条件是持票人行使追索权必须履行一定的保全手续而不致追索权丧失。保全手续包括：第一，在法定提示期限提示承兑或提示付款；第二，在不获承兑或不获付款时，在法定期限内提供拒绝证明。拒绝证明主要有：拒绝证书、退票理由书和司法文书、有关行政主管部门的处罚决定等其他有效证明。持票人不能提供拒绝证明的，丧失对其前手的追索权，但不免除承兑人或者付款人对持票人所应承担的责任。

为使票据的全部债务人在知悉被拒绝的事实后做好相应的准备，法律规定了持票人通知拒绝事由的义务。持票人应当自收到被拒绝承兑或者被拒绝付款的有关证明之日起 3 日内，将被拒绝事由书面通知其前手；其前手应当自收到通知之日起 3 日内书面通知其再前手。持票人也可以同时向各汇票债务人发出书面通知。通知义务并不是行使追索权的必要条件和程序，未按照规定期限通知的，持票人仍可以行使追索权，但因延期通知给其前手或者出票人造成损失的，持票人应在规定的汇票金额内承担对该损失的赔偿责任。

在追索权对象的确定上，法律允许持票人进行选择和变更。汇票的出票人、背书人、承兑人和保证人对持票人承担连带责任。持票人可以对其中任何一人、数人或者全体行使追索权。持票人对汇票债务人中的一人或者数人已经进行追索的，对其他汇票债务人仍可以行使追索权。被追索人清偿债务后，与持票人享有同一权利。但持票人为出票人的，对其前手无追索权；持票人为背书人的，对其后手无追索权。

请求偿还的金额，即追索金额不同于票据金额。除被拒绝付款的汇票金额外，还应包含相应的利息及为取得有关拒绝证明和发出通知书而支出的费用。被追索人依照规定清偿后，可以向其他汇票债务人行使再追索权，请求其他汇票债务人支付已清偿的全部金额、利息及相关费用。

四、本票

(一) 本票的概念和特点

本票是出票人签发的、承诺自己在见票时无条件支付确定金额给收款人或持票人的票据。在国外，本票以其出票人身份为标准，可以分为银行本票和商业本票，我国《票据法》仅承认银行本票。

本票具有一般票据所共有的性质，但又有不同于汇票和支票的一些特点。首先，本票属于自付票据，它是由出票人本人对持票人付款，而非委托他人付款。其次，本票的基本当事人少，即出票人和收款人，而汇票和支票的基本当事人一般有出票人、付款人和收款人三方。最后，本票是自付证券，其出票人始终是主债务人，因此无须承兑。

本票的背书、保证以及追索权的行使规则与汇票的上述规则无太大差异，本票制度的特殊规则主要体现在出票和付款两个环节上。

（二）本票的出票

我国对本票出票人的资格有较为严格的控制，本票的出票人仅限于经中国人民银行当地分支机构批准办理银行本票业务的银行机构。

本票的出票行为同样以票据的作成和交付两个方面作为其构成要素。根据《票据法》第 75 条的规定，下列记载事项属于绝对必要记载事项：（1）表明"本票"的字样；（2）无条件支付的承诺；（3）确定的金额；（4）收款人名称；（5）出票日期；（6）出票人签章。本票上未记载上述规定事项之一的，本票无效。本票上记载付款地、出票地等事项的，应当清楚、明确。本票上未记载付款地的，以出票人的营业场所为付款地；未记载出票地的，以出票人的营业场所为出票地。

本票出票人一经出票，即成为票据债务人，应负有无条件到期支付票据金额的义务。

（三）本票的付款与见票

本票为见票即付的票据。本票的出票人在持票人于规定的付款期限内提示本票时，必须承担付款的责任。第一次向出票人提示本票是行使第一次请求权，它是向本票的其他债务人行使追索的必经程序，没有按期提示的本票，持票人不能向其前手追索。

本票的见票，是指本票的出票人因持票人的提示，为确定见票后定期支付本票金额的到期日，在本票上记载"见票"字样并签章的行为。因本票无承兑制度，对于见票后定期付款的本票须见票后才能确定到期日，所以法律规定了此项制度。[①] 持票人未按照规定期限提示见票的，丧失对出票人以外的前手的追索权。

由于本票为见票即付的票据，提示票据不是为了确定付款日期而是为了请求

———————————————

① 该制度不适用于见票即付、定日付款和出票后定日付款的本票。

付款，因而与提示付款相差无几。为此，法律规定，本票自出票日起，付款期限最长不得超过 2 个月。

五、支票

（一）支票的概念、种类和特点

支票，是指出票人签发的、委托办理支票存款业务的银行在见票时无条件支付确定的金额给收款人或者持票人的票据。支票的基本当事人包括出票人、付款人和收款人。出票人即存款人，是在批准办理支票业务的银行机构开立可以使用支票的存款账户的单位和个人；付款人是出票人的开户银行；持票人是票面上填明的收款人，也可以是经背书转让的被背书人。

支票分为现金支票、转账支票和普通支票三种。支票上印有"现金"字样的为现金支票，现金支票只能用于支取现金。支票上印有"转账"字样的为转账支票，转账支票只能用于转账。支票上未印有"现金"或"转账"字样的为普通支票，普通支票可以用于支取现金，也可以用于转账，但是在普通支票左上角划两条平行线的，为划线支票，划线支票只能用于转账，不得支取现金。

支票是票据的一种，具有一般票据的共同特征，但也有自己的特殊性：第一，支票的付款人仅限于银行或其他金融机构，此与汇票不同。第二，支票为见票即付的即期票据。见票即付是支票的唯一形式，不存在汇票、本票那样的即期和远期之分。第三，支票是委付证券，不同于本票。第四，支票的无因性受到一定的限制。

票据法关于汇票的一些基本制度原则上同样适用于支票，下面仅介绍支票在签发和使用过程中的一些特殊规则。

（二）支票的出票

支票的出票同样是创设票据权利的基础票据行为，出票人签发支票后，即对支票的收款人承担担保责任；付款人则取得按照支票所载文义代出票人付款的权利及票据法上规定的特定条件下向付款人付款的义务。

支票以银行机构为付款人，其基本作用为即期支付工具。因此，支票的出票具有特殊性，主要体现在法律对支票资金关系的强调和记载事项的特殊性两个方面。

其一，支票的出票须以出票人与付款银行之间的账户合同关系为基础，禁止透支和开立空头支票。出票人只有在与付款银行之间具有真实的资金关系，在付款银行存有"可靠的资金"的情况下，才可签发支票。法律禁止透支签发超过其在付款银行实有存款的空头支票。此外，票据法还对支票存款账户和支票的领用做出了具体规定，不允许支票的出票人签发与其预留本名的签名式样或者印鉴不符的支票。

其二，支票在记载事项与格式上不同于汇票，且不以收款人为绝对必要记载事项。尽管支票同汇票、本票一样，均属于要式证券，法律对其记载格式和事项都有明确的要求，但支票的绝对必要记载事项通常少于汇票和本票，允许由出票人授权后由持票人补记支票金额，且不以收款人为绝对必要记载事项。此外，作为见票即付的近期票据，不能另行记载付款日，这也有别于汇票和本票。

（三）支票的付款

支票属于见票即付的近期票据，无须提示承兑，但须提示付款。作为支付证券，支票提示期限相对较短。除异地使用的支票外，支票的持票人应当自出票日起10日内提示付款。超过提示付款期限的，付款人可以不予付款；付款人不予付款的，出票人仍应当对持票人承担票据责任。

出票人在付款人处的存款足以支付支票金额时，付款人应当在持票人提示付款当日足额付款。如果出票人的存款或者透支合同的金额不足以支付支票金额时，付款人可以拒绝付款。此外，超过提示付款期限的，付款人可以拒绝付款，并对任何持票人不承担责任。

六、票据电子化与票据法未来的发展

随着电子技术的快速发展，票据电子化势不可当。目前，我国《票据法》规定的汇票、本票、支票三类票据中，银行汇票、银行本票和支票均已不同程度地实现了电子化，只有商业汇票仍采用传统的手工处理方式。但是，我国现行《票据法》的有关票据规则均以传统纸质票据作为规范对象，缺乏对电子票据进行规范的必要设计。鉴于电子票据在介质、签章、功能等方面的特殊性，如何确定电子票据的出票、背书、交付等行为的成立与效力，是迫切需要解决的问题。《票据法》应及时修订，将电子票据的法律适用纳入票据法律框架之内，以顺应票据电子化的时代需要。

思考题：

1. 如何理解商业银行的经营原则及综合经营的发展趋势？
2. 商业银行的经营原则是什么？
3. 试分析银行卡的性质、功能及银行卡纠纷处理的主要原则。
4. 试分析支付工具及支付方式的新变化及其对现代支付体系和法律制度的影响。
5. 如何理解票据行为的无因性和独立性？它们对于保障票据功能的发挥有

何特殊意义?

▶ 自测习题

第七章 保　险　法

第一节　保险法概述

一、保险的概念与基本属性

（一）保险的概念

法学意义上的保险，主要是指投保人按照约定向保险人交付保险费，保险人按照约定承担赔偿或给付保险金责任的一种合同关系（射幸合同）。我国《保险法》第 2 条规定："本法所称保险，是指投保人根据合同约定，向保险人支付保险费，保险人对于合同约定的可能发生的事故因其发生所造成的财产损失承担赔偿保险金责任，或者当被保险人死亡、伤残、疾病或者达到合同约定的年龄、期限等条件时承担给付保险金责任的商业保险行为。"由此可见，我国保险法是通过"损失补偿"和"定额给付"这两方面的性质给保险下定义的，即对于具体财产损失（含债务的增加）贯彻损失填补原则，而对生命、健康、身体之上的抽象损失则贯彻定额给付原则的一种合同关系。[①]

（二）保险的基本属性

保险的产生源于危险的存在，无危险则无保险。所谓危险，是指自然事件以及人们从事特定行为时其后果的不确定性。保险法上承保的危险限于危险发生后不可能产生收益而只可能产生损失的纯粹危险。保险是以危险为逻辑起点，以大数法则为主要数理基础，[②] 以危险转移为目的的一种危险处理方式。

从危险管理的角度讲，保险是人们管理危险的一种方式，是与危险回避、危险自留（又称自担）、危险集合、危险中和等并列的一种危险管理方式，属于危险管理方式中危险转移的一种。

从数学和统计学意义上讲，精算和大数法则构成保险的数理基础。比如，要

[①] 实务中的短期健康保险与意外伤害保险在保险费计算、责任准备金提存以及医疗费用给付等方面，与一般财产保险并无不同，在展业方面兼具人身保险与财产保险的性质，故而，寿险公司及财产公司均可经营这两类业务。相应地，这两个保险又被称为中间领域保险或者第三领域保险。虽从保险标的上看属于人身保险，但赔付项目上可以按照损失填补保险来操作。

[②] 17 世纪，欧洲的数学家建立了粗略死亡表。他们通过调查发现，如对新生儿加以统计，各地每年出生的男孩与女孩的比率，几乎为一定的常数，此即大数法则（law of large numbers）。其基本内涵为：个别事物的发生可能是不规则的，但若集合众多的事物来观察就具有相当的规则性。保险制度依据这一数理基础可以将个别危险单位遭受损失的不确定性变为多数单位危险可以预知的损失，从而计算出损失的概率和程度，进而计算出相对公平合理而又稳定的保险费率。

想判定某个患心脏病的 65 岁男性当年是否死亡几乎是不可能的，但通过往年的统计数据精算出某一地域范围内当年患心脏病的 65 岁男性的死亡概率同往年相比是否接近或者相同，应当是可以做到的；同样，尽管不能判定某人当年是否会发生机动车交通事故，但能够计算出某人所在地去年出现交通事故的数据，那么，计算当年与去年乃至往年更长的统计周期该地区交通事故的概率，就能为保险的稳健经营及实现保费和保险金赔付的对价平衡提供有效的数理支撑。

大数法则所依据的集合体越大，确定性的概率就越大；距离过往的时间越接近，概率就越相似；风险越容易确定，保险公司就越愿意承保。这就是人寿保险的费率要比恐怖危险的费率高的原因。从这个角度看，保险既是风险转移的方式，也是风险分散的方式，是将风险从个体头上通过保险公司最终分散到面临同质危险的保险共同体全体成员头上，通过收取个体成员的小额保险费，形成一个足以覆盖共同体成员因保险事故而遭受损失的保险资金池。

二、保险法的概念和地位

（一）保险法的概念

我国保险法是调整保险合同关系、保险组织（保险业）关系和保险业监督管理关系的法律规范的总称。保险合同关系的内容容后详述；保险组织关系主要包括保险组织的形式、设立条件、设立程序、组织机构、经营规则等方面的法律规范；保险业监督管理关系主要包括监督管理机构的权限、监督管理的内容、监督管理的方式和措施、对保险公司的接管等方面的法律规范。

（二）我国的保险立法

从学科划分的意义来看，保险法属于商法，是民商法的特别法。

中华人民共和国第一部《保险法》诞生于 1995 年，分别于 2002 年、2009 年、2014 年、2015 年、2018 年进行了修改。国务院还先后颁布了《外资保险公司管理条例》《机动车交通事故责任强制保险条例》和《农业保险条例》。此外，相关部门规章和最高人民法院关于《保险法》的司法解释也构成广义上的保险法律规范体系。

1980 年我国恢复保险业务以来，我国保险业取得了长足的发展。"十二五"期间，我国保费收入从 2010 年的 1.3 万亿元，增长到 2015 年的 2.4 万亿元；保险业总资产从 2010 年的 5 万亿元，增长到 2015 年的 12 万亿元，全行业净资产已达 1.6 万亿元；利润从 2010 年的 837 亿元，增长到 2015 年的 2 824 亿元；保险深度达到 3.6%，保险密度达到 1 768 元/人。我国保险市场规模先后赶超德国、法国、英国，世界排名由第六位升至第三位。国务院 2014 年 8 月 10 日出台的关于发展现代保险服务业的"新国十条"，提出了"由保险大国向保险强国"转变的保险业发展目标，并对保险业在现代社会中的角色做了重新定位。

中国保监会 2016 年 8 月印发的《中国保险业发展"十三五"规划纲要》提出了"十三五"期间保险业继续高速增长的目标，即：到 2020 年，保费收入达到 4.5 万亿元左右，保险深度达到 5%，保险密度达到 3 500 元/人，总资产达到 25 万亿元左右。实际上，我国 2016 年前三季度已经实现原保费收入约 2.5 万亿元，同比增长 32.18%。其中寿险业务同比增长 36.95%，保险资产管理公司的预计利润总额为 56 亿元，同比增长 23.68%。

2022 年 5 月，中国银保监会发布《中国保险业标准化"十四五"规划》，依据保险行业在加快构建新发展格局、防控金融风险、推动保险业数字化转型等方面需求，在保险业服务实体经济、服务社会民生、提升风险管控能力、促进保险业数字化转型等方面提出发展规划和具体要求。

（三）保险法的特殊属性

以保险合同的特殊性为例，有学者在分析损害赔偿的发生原因时指出，损害赔偿的发生原因可分为四类，即除契约关系、侵权关系、法律规定外，还有保险契约。并且，后者发生的损害赔偿与一般契约关系和侵权行为发生的损害赔偿迥然不同，前两者有一个共同因素，系对契约义务或法律规定的不得侵害他人权利的义务的违反，而保险契约中保险人进行保险给付，以保险事故的发生为条件，保险给付乃保险契约的履行，并无任何上述违反义务的色彩。故自保险契约而发生的损害赔偿，应自成一独立类型。①

可见，即便把保险合同当作合同之债加以对待，也要注意其自身的特殊性，注意其不同于一般合同尤其是买卖合同的特殊所在，因为保险合同具有射幸合同的特性，射幸合同的合同责任并不取决于当事人的违约行为。但是，我国合同法并没有对射幸合同做出专门的规定。

此外，若要更深入地认识保险法规范的特殊性，也需要从更广阔的角度认识保险制度的特殊性。分述如下：

第一，保险合同的标的和对价不同于一般合同。一般合同是在交易双方对交易标的物的使用价值或者价值有不同的评估时，才会达成交易；而保险产品要求保险的危险与保险产品的价格之间贯彻所谓的对价平衡原则（又称"给付均等原则"），即风险和保费相适应。因而，保险业的经营有所谓的"禁止不合理利润原则"②，即保险人经营保险，即使获得投保人或其利害关系人的同意，也不

---

① 参见曾世雄：《损害赔偿法原理》，中国政法大学出版社 2001 年版，第 9—10 页。

② 刘宗荣：《新保险法：保险契约法的理论与实务》，翰庐图书出版有限公司 2011 年版，第 7—8 页。

可以获得不合理的高额利润，主要原因是：一方面，保险人是准金融机构，具有社会责任；另一方面，保险人与投保人间的谈判地位并不平衡，投保方的同意通常是信息不对称情况下的决定，因此保险业必须接受其主管机关的严格监管，以避免不合理的利润，并保证其具有理赔能力。

第二，如果把保险当作一件商品来看，可能除了生存保险之外，对于其他人身保险以及财产保险产品而言，当事人双方都不希望商品的购买方去实际消费该产品。这在商品市场中可能是独一无二的。

第三，在金融诸业中，或许只有保险业直接关乎民生和社会保障。保险中的人身保险直接保障的对象是寿命、身体和健康，是在社会保障制度仅仅提供基本保障的基础上，提供死亡、伤残、医疗等方面救济的一种保障。原因在于，人都是会衰老的，当衰老伴随着劳动能力丧失和收入减少的时候，对人身保险的依赖就会更为迫切。

第四，对投保方来讲，保险是一种金钱换承诺的行为。如果保险期间届满或者保险危险成就而保险金的给付希望落空，或者保险期间经过一段时间或者临近届满之时保险合同的效力产生瑕疵，那么被保险人可能再无重新获取保障的机会，因而特别需要倡导和践行"最大诚信原则"。

第五，保险与其他金融产品一样，通常就是一份合同、一份文件或者一张保险卡，因而需要建立一套专门针对保险等金融消费者权益保护的法律规范体系。

三、保险与相关术语的区别

（一）保险与社会保险

广义上的保险包括商业保险和社会保险。我国《保险法》的调整对象仅限于商业保险，社会保险由《社会保险法》专门调整。二者的差别在于：

（1）运作基础不同。商业保险的运作基础在于当事人的意思自治和合同自由；社会保险具有社会保障的性质，系通过立法的方式强制推行，其内容也由立法做出规定。

（2）运作机构的性质不同。商业保险的主体均为营利性的企业法人，社会保险则由专门的国家机构办理。

（3）保险的宗旨不同。商业保险具有营利性；而社会保险的主要目的在于消除贫困和缩小贫富差距，不具有营利性质，即使所收取的保险费多于其成本和支出，也不得用于利润分配，而充作社会保障基金。

（4）具体类别不同。商业保险尤其是财产保险（含责任保险），赔付的标准根据保费的多少等因素而有差别；社会保险只限于人身保险，主要以健康、养老、失业、医疗等为保障对象，实现全社会或者全行业统筹，按照法定的保障标准给付，没有多投多保的性质和特征。

（5）适用对象不同。商业保险的被保险人可以是符合承保条件的任何人；社会保险的保障对象则有严格规定，符合条件的全体社会成员均应纳入社会保障体系。

（二）保险与储蓄

保险和储蓄都是一种金融措施，尤其是长期人寿保险本身就具有储蓄性质，但二者仍存在以下明显的差异：

（1）实施的方法不同。保险是互助合作行为，只能依靠多数人的互助共济；储蓄是自助行为，可以单独、个别地实施。

（2）给付与反给付的前提条件不同。保险不要求存在个别给付的均等关系，只需要存在综合的、整体的均等给付关系即可，被保险人是否能够得到赔付以及赔付的数量并不完全取决于保险费的多少和交付时间的长短；而储蓄在给付与反给付之间存在个别的均等关系，取款的数量取决于存款的数量和期限。

（3）遵循的原则不同。保险虽也贯彻"投保自愿，退保自由"原则，但如果退保，通常要扣除已经经过的保险期间的保险费或者管理费、手续费，并且退保金往往会少于所缴的保险费；而储蓄的原则是"存款自愿，取款自由"。此外，保险所采用的特殊精算方法并不一定适用于储蓄。

（三）保险与赌博

保险和赌博具有较多的相似性。首先，二者都具有射幸性。其次，二者都不需要在给付和反给付之间建立个别的均等关系。实际上，在保险利益原则和损失补偿原则确定之前，保险和赌博并没有明显的区别。随着16世纪保险利益原则的出现，保险与赌博才区别开来，具体如下：

（1）法律性质不同。保险是各国法律所倡导的良善制度，赌博则被不少国家视为违法行为。

（2）道德认可不同。保险是广受赞许的人类互助精神的发扬，利己利人；赌博则是道德所不倡导甚至谴责的人类贪婪本性的极端流露，试图不劳而获，损人损己。

（3）目的和作用不同。保险是收集保险费建立保险基金，通过互助共济的方式，对被保险人或者受益人予以救济，以达到社会安定的目的的行为；赌博是对财产的意外增加或者减少。保险是使投保人或被保险人"从不安定走向安定"的行为，赌博则是一种"从安定走向不安定"的行为。[1]

---

[1] 参见刘宗荣：《新保险法：保险契约法的理论与实务》，中国人民大学出版社2009年版，第31页。

（4）是否以保险利益为基础不同。保险以保险利益的存在为前提，投保人与保险标的存在一定的利益关系；赌博的对象则可以是与自己没有任何利害关系的财产或者事件。

（5）与危险或获利的关系不同。保险的危险都是客观存在的，投保人没有获利的可能；赌博的危险则都是参与者自找的，且赌博存在获利的可能性，因此才令不少人趋之若鹜。

（四）保险与保证

保险与保证都属于合同关系，都是将风险进行转移的方式，但二者存在如下差异：

（1）法律性质不同。保险合同是独立的合同关系；保证则是效力从属于主合同的从合同。保险既是一种法律关系，又是一种经济制度；保证则纯属法律关系之一种。

（2）法律效力不同。保险合同中，保险人履行的义务是自己应尽的义务，除非作为第一方保险的财产损失保险中保险危险的发生是基于第三者的责任，一般不发生追偿权问题，更无所谓同时履行抗辩权等问题；保证合同中保证人则是代主债务人履行合同义务，而后享有代位追偿权，于一般保证（而非连带责任保证）的场合，保证人还享有先诉抗辩权。

我国保险实务中比较普遍地推行了"保证保险"，主要运用于消费借贷和其他小额借贷领域。保证保险是指，当借款人与贷款人签订借款合同之后，以借款人为投保人、以借款人自己或者债权人为被保险人，当特定的事由发生致使借款人丧失偿还借款的能力，或者当借款人不履行合同约定的还款义务时，由保险公司按照合同约定承担余款偿还义务。

保证保险与保证之间在承担代为清偿责任的主体资格、承担责任的条件、承担责任的性质、承担责任的方式等方面还存在不少差异。

四、保险法律关系

保险法律关系是保险关系的主体之间针对保险客体所形成的权利义务关系。

保险法律关系的主体包括保险合同当事人、保险合同关系人、保险合同辅助人。保险合同当事人是指投保人和保险人；保险合同关系人是指被保险人和受益人；保险合同辅助人则是指保险代理人、保险经纪人、保险公估人。

保险法律关系的客体，又称为保险标的或者保险法所欲保障的保险利益，是保险行为指向的对象，包括财产关系中的有体物、无形利益，以及人身关系中的生命、身体和健康。

下文将保险法律关系的内容分别放在不同的主体中加以阐述。关于保险法律关系的客体，将在本章第三节之"二、保险合同的分类"中一并介绍。保险辅助人则放在本章第四节加以介绍。

1. 投保人

投保人是指与保险人订立保险合同，并按照合同约定负有交付保险费义务的人。

在财产保险中，投保人通常为自己利益订立保险合同，投保人即被保险人，保险事故发生时即实际遭受损失之人。

在人身保险中，投保人可以自己为被保险人并以自己为受益人而投保，也可为保障他人的生命、健康而投保。以他人为被保险人投保的，合同成立之时须对被保险人具有保险利益。

投保人负有交付保险费的义务。保险费数额初次确定并载入保险合同之后，有可能随着保险标的危险状况、保险标的价值等因素的变化而调整。我国《保险法》第52条第1款规定："在合同有效期内，保险标的的危险程度显著增加的，被保险人应当按照合同约定及时通知保险人，保险人可以按照合同约定增加保险费或者解除合同。"第53条规定："有下列情形之一的，除合同另有约定外，保险人应当降低保险费，并按日计算退还相应的保险费：（一）据以确定保险费率的有关情况发生变化，保险标的的危险程度明显减少的；（二）保险标的的保险价值明显减少的。"

保险费的交付方式分为一次性交付（也称"趸交"）和分期交付。分期交付主要适用于长期寿险合同。保险费可以自己交付，也可以由被保险人、受益人或者其他人代为支付。投保人违反交费义务的法律后果表现为：

第一，约定以交付保险费或者首期保费为合同的生效条件时，投保人违反该义务，则保险合同不生效。

第二，对于已经生效的人寿保险合同，投保人违反交付保险费义务，保险人不得请求强制履行，只能依照《保险法》第36条的规定行使合同中止权。人寿保险的保险费，之所以不得用诉讼等强制方式要求投保人支付，主要原因在于：（1）人寿保险关涉人格权，不可勉强；（2）人寿保险原则上视若投资（储蓄），并听任投资人的自由；（3）第一期保险费如不支付，合同往往不生效，以后陆续到期的保险费如不支付，经过犹豫期后其效力即停止，保险人并无损失。

第三，健康保险和意外伤害保险合同中，多约定以保险费的交付作为合同的生效要件，投保人交付保险费之前，合同仅仅成立但不生效，因此，即便是分期交费，第一期保费也不得强制请求。至于第二期之后的保险费，理论上有强制请求权。

第四，财产保险合同中，保险费在合同生效之后可以作为保险人对投保人享有的债权，保险人既可以请求强制交付，也可以在发生保险事故进行赔付时扣除投保人欠交的保险费，还可以依照合同约定解除合同，合同解除前未发生保险事故的，保险人有权要求投保人支付自保险责任开始时至合同解除前期间的保险费。

2. 保险人

保险人，也称承保人，是指与投保人订立保险合同，并按照合同约定承担赔偿或者给付保险金责任的保险公司。保险人负有如下义务：

（1）承担危险的义务。在保险合同中，承担危险是保险人的主要义务，与投保人交付保险费义务构成对待给付。危险承担义务包括三方面：其一，免除投保人或被保险人承担风险之忧虑；其二，保险事故发生前督促或协助被保险人防险防损；其三，保险事故发生后依照约定赔付保险金。

（2）通知与保密义务。保险人的通知义务与保密义务，是保险合同附随义务与后合同义务的体现。我国《保险法》第23条、第24条分别规定，"保险人收到被保险人或者受益人的赔偿或者给付保险金的请求后，应当及时作出核定"，"对不属于保险责任的，应当自作出核定之日起三日内向被保险人或者受益人发出拒绝赔偿或者拒绝给付保险金通知书，并说明理由"。《保险法》第116条同时规定，保险公司及其工作人员在保险业务活动中，不得泄露在业务活动中知悉的投保人、被保险人的商业秘密。

3. 被保险人

被保险人是指其财产或者人身受保险合同保障，享有保险金请求权的人。投保人可以为被保险人。

被保险人在保险关系中主要享有两方面权利：

（1）同意权。财产保险中，经被保险人同意，保险人为维护保险标的的安全，可以采取安全预防措施；人身保险中，投保人以他人为被保险人，投保以死亡为给付保险金条件的合同，须经被保险人同意并认可保险金额，否则合同无效；按照以死亡为给付保险金条件的合同签发的保险单转让或者质押时，须经被保险人书面同意；投保人指定受益人以及变更受益人时，须经被保险人同意。

2015年通过、2020年修正的《最高人民法院关于适用〈中华人民共和国保险法〉若干问题的解释（三）》（以下简称《保险法司法解释（三）》）第1条规定：《保险法》上所谓"被保险人同意并认可保险金额"，可以采取书面形式、口头形式或者其他形式；可以在合同订立时做出，也可以在合同订立后追认。有下列情形之一的，应认定为被保险人同意投保人为其订立保险合同并认可保险金额：第一，被保险人明知他人代其签名同意而未表示异议的；第二，被保险人同意投保人指定的受益人的；第三，有证据足以认定被保险人同意投保人为其投保的其他情形。

（2）保险金赔付请求权。保险人自收到赔偿或者给付保险金的请求和有关证明、资料之日起 60 日内，对其赔偿或者给付保险金的数额不能确定的，应当根据已有证明和资料可以确定的数额先予支付；保险人最终确定赔偿或者给付保险金的数额后，应当支付相应的差额。人寿保险以外的其他保险的被保险人或者受益人，向保险人请求赔偿或者给付保险金的诉讼时效期间为 2 年，自其知道或者应当知道保险事故发生之日起计算。人寿保险的被保险人或者受益人向保险人请求给付保险金的诉讼时效期间为 5 年，自其知道或者应当知道保险事故发生之日起计算。

被保险人的义务主要包括以下方面：（1）危险增加的通知义务。（2）维护财产保险标的安全的义务。（3）保险事故发生的通知义务。投保人、被保险人或者受益人故意或者因重大过失未及时通知，致使保险事故的性质、原因、损失程度等难以确定的，保险人对无法确定的部分，不承担赔偿或者给付保险金的责任，但保险人通过其他途径已经及时知道或者应当及时知道保险事故发生的除外。（4）提供保险事故证明和资料的义务。（5）减损义务。保险事故发生时，被保险人应当尽力采取必要的措施，防止或者减少损失。保险事故发生后，被保险人为防止或者减少保险标的的损失所支付的必要的、合理的费用，由保险人承担；保险人所承担的费用数额在保险标的损失赔偿金额以外的，另行计算，最高不超过保险金的数额。

4. 受益人

受益人是指人身保险合同中由被保险人或者投保人指定的享有保险金请求权的人。投保人、被保险人可以为受益人。在死亡保险之被保险人因保险事故发生而死亡，无法领取保险金时，为尊重其死亡给付处置意愿创设了受益人制度。

受益人具有如下特征：（1）受益人是享有赔偿金请求权的人。（2）受益人由被保险人或者投保人指定。受益人的产生方式包括被保险人直接指定和投保人指定并经被保险人同意两种。无论采用哪种方式，指定受益人的最终决定权都在被保险人。（3）指定的受益人可以变更或撤销。《保险法》第 41 条规定："被保险人或者投保人可以变更受益人并书面通知保险人。保险人收到变更受益人的书面通知后，应当在保险单或者其他保险凭证上批注或者附贴批单。"

按照规定，受益人接受的保险金原则上不能作为被保险人的遗产。受益人可为一人，也可为数人。受益人为数人的，被保险人或者投保人可以确定受益顺序和受益份额；未确定受益份额的，受益人按照相等份额享有受益权。也就是说，数个受益人有受益顺序的，由顺位在先的受益人取得受益权；同一顺序的多数受益人之间没有确定受益份额的，等额分配。部分受益人丧失受益权时，其受益份额原则上归属于其他受益人。

第二节 保险法的基本原则

一、最大诚信原则

（一）最大诚信原则概述

诚实信用原则作为民商法的"帝王条款"，是所有民商事活动都应遵循的基本原则，保险活动自然也不例外。一般认为，由于保险对当事人诚信程度的要求远远高于其他一般的民商事领域，故诚信原则在其中地位更加突出，被称为"最大诚信原则"。[①]

保险法上的最大诚信原则，是指保险合同的双方当事人在合同的订立和履行过程中，必须以最大的诚意履行自己的义务，互不欺骗和隐瞒，恪守合同的约定，以免影响合同的成立以及效力的存续。最大诚信原则在保险法上的确立，主要取决于保险合同的射幸性、内容的格式化、个别给付的不对等性、当事人信息的不充分和不对称，以及保险合同作为特殊买卖合同在风险等方面的诸多不确定性等特征。

最大诚信原则在保险法上主要体现为三项规则：投保人的告知义务、保险人的说明义务、保险人的弃权与禁止反言规则。这里仅对前两项加以阐述。

（二）投保人的告知义务

告知义务是最大诚信原则在保险合同中的重要体现之一。我国《保险法》第 16 条规定："订立保险合同，保险人就保险标的或者被保险人的有关情况提出询问的，投保人应当如实告知。投保人故意或者因重大过失未履行前款规定的如实告知义务，足以影响保险人决定

是否同意承保或者提高保险费率的，保险人有权解除合同。"

告知义务具有如下特征：（1）系法定义务。（2）系先契约义务。（3）系间接义务或不真正义务。所谓不真正义务，是指违反告知义务之时，保险人不能强制履行此项义务，通常也不能请求损害赔偿，仅能对投保人或被保险人课以一定不利益的法律后果（不赔付）以收间接强制之效。

[①] 但有不少学者对最大诚信原则的称谓以及保险法最大诚信原则与民商法或者合同法上的诚实信用原则之间的本源关系提出了疑问。

关于告知义务的主体，投保人负有告知义务自不待言。投保人与被保险人不是同一人时，可将被保险人视同投保人。关于告知义务的范围，我国采取询问告知主义而不是无限告知主义，即保险人就保险标的或者被保险人的有关情况提出询问的，投保人应当如实告知。

投保人违反告知义务的，可能产生如下法律后果：

其一，保险人有权解除保险合同。根据《保险法》第 16 条第 2 款规定，投保人故意或者因重大过失未履行保险法规定的如实告知义务，足以影响保险人决定是否同意承保或者提高保险费率的，保险人有权解除合同。但保险人在合同订立时已经知道投保人未如实告知的情况的，保险人不得解除合同。发生保险事故的，保险人应当承担赔偿或者给付保险金的责任。

其二，保险人对于合同解除前发生的保险事故不承担保险责任。根据《保险法》第 16 条第 4—5 款规定，投保人故意不履行如实告知义务的，保险人对于合同解除前发生的保险事故，不承担赔偿或者给付保险金的责任，且不退还保险费。投保人因重大过失未履行如实告知义务，对保险事故的发生有严重影响的，保险人对于合同解除前发生的保险事故不承担赔偿或者给付保险金的责任，但应当退还保险费。

关于保险人行使解除权的期限，我国《保险法》第 16 条规定，保险人的合同解除权，自其知道有解除事由之日起，超过 30 日不行使而消灭。自合同成立之日起超过 2 年的，保险人不得解除合同；发生保险事故的，保险人应当承担赔偿或者给付保险金的责任。

（三）保险人的说明义务

保险人的说明义务，是指保险人在保险合同订立阶段，依法应当履行的将保险合同条款、所含专业术语及有关文件内容，向投保人陈述或解释的法定义务。我国《保险法》第 17 条规定："订立保险合同，采用保险人提供的格式条款的，保险人向投保人提供的投保单应当附格式条款，保险人应当向投保人说明合同的内容。对保险合同中免除保险人责任的条款，保险人在订立合同时应当在投保单、保险单或者其他保险凭证上作出足以引起投保人注意的提示，并对该条款的内容以书面或者口头形式向投保人作出明确说明；未做提示或者明确说明的，该条款不产生效力。"

关于免责条款的范围，2013 年通过、2020 年修正的《最高人民法院关于适用〈中华人民共和国保险法〉若干问题的解释（二）》（以下简称《保险法司法解释（二）》）第 9 条指出，保险人提供的格式合同文本中的责任免除条款、免赔额、免赔率、比例赔付或者给付等免除或者减轻保险人责任的条款，可以认定为《保险法》规定的"免除保险人责任的条款"。

《保险法司法解释（二）》第 10 条同时规定："保险人将法律、行政法规中的禁止性规定情形作为保险合同免责条款的免责事由，保险人对该条款作出提示后，投保人、被保险人或者受益人以保险人未履行明确说明义务为由主张该条款不成为合同内容的，人民法院不予支持。"

二、保险利益原则

（一）保险利益原则概述

保险利益，又称可保利益，是指投保人或者被保险人对保险标的具有的法律上承认的利益，是在保险事故发生时可能遭受减损的利益。保险利益与保险标的不同，因为在同一保险标的上可能存在数个不同性质的保险利益。比如，房屋所有权人将已经出租的房屋向其债权人设置抵押，则房屋所有权人、抵押权人、承租人都可能就此房屋享有不同性质的保险利益。

英国是世界上最早确立保险利益原则的国家。18 世纪中叶之前，海上保险人通常并不要求被保险人证明其对投保的船舶或货物拥有所有权或其他合乎法律规定的利益关系，结果导致许多人以船舶能否完成其航程作为赌博对象，从而诱使一些人破坏航程的顺利完成，致使出现大量海事欺诈。这一漏洞直到英国《1745 年海上保险法》确立保险利益原则才得以填补。保险利益原则确立之后，保险制度摆脱了原有的赌博属性，成为防范道德风险、分散危险、消化损失、限制赔付程度的重要工具。

我国《保险法》第 31 条、第 48 条规定，人身保险合同在订立时，投保人对被保险人不具有保险利益的，合同无效；财产保险合同在保险事故发生时，被保险人对保险标的不具有保险利益的，不得向保险人请求赔偿保险金。《保险法司法解释（三）》第 3 条规定："人民法院审理人身保险合同纠纷案件时，应主动审查投保人订立保险合同时是否具有保险利益，以及以死亡为给付保险金条件的合同是否经过被保险人同意并认可保险金额。"

（二）保险利益存在的范围和时点

关于人身保险利益的存在范围，我国《保险法》第 31 条规定："投保人对下列人员具有保险利益：（一）本人；（二）配偶、子女、父母；（三）前项以外与投保人有抚养、赡养或者扶养关系的家庭其他成员、近亲属；（四）与投保人有劳动关系的劳动者。除前款规定外，被保险人同意投保人为其订立合同的，视为投保人对被保险人具有保险利益。"

我国《保险法》对于财产保险中保险利益的范围未做具体规定，因此在判定其有无保险利益时只能概括适用该法第 12 条第 6 款的规定："保险利益是指投保人或者被保险人对保险标的具有的法律上承认的利益。"

关于保险利益的存在时点，在人身保险中，保险利益必须于订约时存在，但在财产保险中，保险利益不必于订约时存在，只需在事故发生时存在即可。我国《保险法》第 31 条规定，人身保险合同"订立合同时，投保人对被保险人不具有保险利益的，合同无效"①。《保险法》第 48 条规定，财产保险合同中"保险事故发生时，被保险人对保险标的不具有保险利益的，不得向保险人请求赔偿保险金"。

三、损失补偿原则

严格说来，损失补偿原则不应作为整个保险法的基本原则，而是适用于财产保险或者损失填补型保险合同的基本规则。其适用范围除财产保险之外，还适用于实支实付或者实报实销型的医疗费用保险（意外伤害、健康疾病均可能引起医疗费用支出）。

（一）损失补偿原则概述

损失补偿原则是指在保险期限内发生保险事故致使被保险人遭受损失时，保险人在责任范围内对被保险人遭受的损失进行补偿。该原则要求被保险人获得的保险赔偿不能超过其实际遭受的经济损失。损失补偿原则在保险法上主要表现为如下规则：超额保险的无效规则、重复保险的比例分摊规则、保险代位权规则、委付规则等。责任保险中通常没有上述具体规则的适用余地，在法律适用上可直接适用损失补偿原则。

（二）损失补偿原则的适用范围及规则体现

损失补偿原则对于财产保险的可适用性，理论和实务上并无争议。争议的焦点主要在于其是否适用于人身保险以及适用的范围大小。

拓展阅读

李某某诉西陵人保公司人身保险合同纠纷案

实际上，损失补偿原则的适用范围不限于财产保险，但也并不适用于所有的人身保险。人身保险中的人寿保险属于定额给付型保险而不适用损失补偿原则，但人身保险中的健康保险和意外伤害保险，在其不涉及死亡或伤残给付时，多属对医疗费用和残疾损害费用之补偿，这两类保险通常既有给付的项目内容，也有补偿的项目内容，对于其中的实支实付型医疗费用等，应当适用损失补偿原则。②

比如，中国银保监会 2019 年《健康保险管理办法》第 5 条规定："医疗保险

---

① 《保险法司法解释（三）》第 4 条进一步规定："保险合同订立后，因投保人丧失对被保险人的保险利益，当事人主张保险合同无效的，人民法院不予支持。"

② 参见韩长印：《中间型定额保险的契约危险问题》，《中外法学》2015 年第 1 期。

按照保险金的给付性质分为费用补偿型医疗保险和定额给付型医疗保险。费用补偿型医疗保险，是指根据被保险人实际发生的医疗、康复费用支出，按照约定的标准确定保险金数额的医疗保险。定额给付型医疗保险，是指按照约定的数额给付保险金的医疗保险。费用补偿型医疗保险的给付金额不得超过被保险人实际发生的医疗、康复费用金额。"

损失补偿原则在保险法中主要体现为以下具体规则：（1）超额保险的无效规则，即保险金额超过保险价值的，超过部分无效。（2）重复保险的比例分摊规则，即重复保险的各保险人赔偿保险金的总和不得超过保险价值。除合同另有约定外，各保险人按照其保险金额与保险金额总和的比例承担赔偿保险金的责任。（3）保险代位求偿规则，即因第三者对保险标的的损害而发生保险事故的，保险人自向被保险人赔偿保险金之日起，在赔偿金额范围内代位行使被保险人对第三者请求赔偿的权利。（4）保险委付规则，即保险事故发生后，保险人已支付全部保险金额，并且保险金额等于保险价值的，受损保险标的之上的全部权利归于保险人；保险金额低于保险价值的，保险人按照保险金额与保险价值的比例取得受损保险标的的部分权利。

（三）保险损失补偿的范围

保险损失补偿的范围是指保险人对被保险人进行补偿的项目和种类。通常情况下，保险损失补偿的范围包括如下三项：

（1）保险标的实际损失。由于财产的价格可能受到多种因素的影响而发生上下波动，在这种情况下，保险标的实际损失的确定必须以保险人赔付保险金之时受损财产的实际货币价值为标准进行计算。

（2）施救费用。施救费用是指保险事故发生后，被保险人为了防止或减少保险标的损失所支付的必要的、合理的费用。保险人所承担的费用数额在保险标的损失赔偿金额以外另行计算，最高不超过保险金额的数额。

（3）其他合理费用。其他合理费用是指保险事故发生后，为了确定保险责任范围内的损失而对受损保险标的物检查、估价、出售等所支付的费用，以及有关诉讼、仲裁的费用支出。《保险法》第64条规定："保险人、被保险人为查明和确定保险事故的性质、原因和保险标的的损失程度所支付的必要的、合理的费用，由保险人承担。"第66条规定："责任保险的被保险人因给第三者造成损害的保险事故而被提起仲裁或者诉讼的，被保险人支付的仲裁或者诉讼费用以及其他必要的、合理的费用，除合同另有约定外，由保险人承担。"

（四）保险损失补偿的计算方法

在保险实务中，财产保险标的损失赔偿额的计算方式有四种：

1. 第一危险赔偿方式

第一危险赔偿方式，又称"第一责任赔偿方式"或"第一损失赔偿方式"。

在此方式下，保险标的的价值被分为两部分：第一部分是相当于保险金额的损失，即保险人负责赔偿的第一部分损失；超过保险金额的部分为第二部分损失，保险人对此部分不负责赔偿。这种方式实际上是保险人承认了被保险人的不足额投保。这种赔偿方式的特点是赔偿金额一般等于损失金额，但以不超过保险金额为限，即：当损失金额低于或相当于保险金额时，按损失金额赔付；当损失金额高于保险金额时，则赔偿金额以保险金额为限。此种计算方式往往适用于保险价值较大或者保险标的物通常仅会发生一部分危险的情形。

2. 限额赔偿方式

限额赔偿方式又分为超出一定限额赔偿和不足限额赔偿。前者是指保险人与被保险人双方事先约定一个免责限额，在此限额以内的损失，由被保险人自己承担；超过此限额，由保险人予以赔偿。免责限额在实务中也被称为"免赔额"，具体分为两种：其一，相对免赔额，指保险标的受损程度或金额超过规定的免责限额时，才赔偿被保险人的全部损失；不超过该限额时，不负责赔偿，由被保险人自己承担。其二，绝对免赔额，指保险标的的损失超过免责限额时，只赔付超过部分的损失，即赔款额等于损失金额和免责限额之差。后者是指由保险合同关系双方约定一个限额，在约定责任限额内的损失发生时，由保险公司负责赔偿；如果保险财产虽遭损失，但财产价值在约定的限额之外，则保险人不负赔偿责任。这种赔偿方式普遍适用于农作物收获保险，其特点是保险金额只是产量或产值的一定成数而非全额承保。

3. 比例赔偿方式

比例赔偿方式，又称"比例责任赔偿方式"，是指发生保险事故造成损失后，按照保险金额与出险时保险财产的实际价值的比例来计算赔款。此方式与第一损失赔偿方式的不同之处在于：赔偿额不仅取决于保险金额与损失金额，还取决于保险金额与实际价值的比例。其特点是：（1）在计算赔款时，如果保险金额与保险标的的实际价值一致，则构成足额保险或者全额保险，按照保险标的的实际损失赔偿。（2）保险金额超过保险标的的实际价值的部分，构成超额保险，超出部分无效，保险人不予赔偿。（3）保险金额低于保险财产的实际价值时，构成不足额保险，其差额视作被保险人自保和自留，这时，应按照保险金额与财产实际价值的比例赔偿。计算赔偿的公式为：赔偿金额＝损失金额×保险金额/保险标的的实际价值（保险金额/保险标的的实际价值≤1）。

4. 定值赔偿方式

在海洋运输货物保险、船舶保险和无法鉴定其价值的高档工艺品、古玩、珠宝等特约保险中，保险人与被保险人约定保险价值作为保险金额，出险时不论保险标的当时的实际价值或市价涨落如何，全损按保险金额全部赔偿，部分损失按损失程度赔偿。

（五）保险代位权

保险代位权，是指保险人就被保险人遭受的损失全额支付保险金之后，可以向就该损失对被保险人负有赔偿责任的第三人请求赔偿的权利。保险代位权是在第三人对保险标的的损失负有赔偿责任的情况下，贯彻损失填补原则、避免被保险人从保险人和致害第三人处双重获利的一项制度。保险代位权仅适用于补偿性保险，因为其基础在于损失补偿原则。我国《保险法》第60条第1款规定："因第三者对保险标的的损害而造成保险事故的，保险人自向被保险人赔偿保险金之日起，在赔偿金额范围内代位行使被保险人对第三者请求赔偿的权利。"

根据规定，保险人应以自己的名义行使保险代位求偿权。这是由保险代位权"债的法定移转"的性质决定的。但需要特别注意，根据《保险法司法解释（二）》第16条的规定，"保险人代位求偿权的诉讼时效期间应自其取得代位求偿权之日起算"，而不是延续被保险人求偿权的诉讼时效。

保险人行使代位权无须以被保险人的全部损失已得到完全赔偿为条件。我国《保险法》第60条第3款规定："保险人依照本条第一款规定行使代位请求赔偿的权利，不影响被保险人就未取得赔偿的部分向第三者请求赔偿的权利。"此外，为贯彻损失填补原则，保险人赔偿保险金时，如果被保险人已经从第三者处取得损害赔偿，保险人可以相应扣减被保险人从第三者处已取得的赔偿金额。

依据《保险法》第63条规定，保险人行使代位权时，被保险人有义务提供协助。其应当向保险人提供必要的文件和所知道的有关情况。保险事故发生后，保险人未赔偿保险金之前，被保险人放弃对第三者请求赔偿的权利的，保险人不承担赔偿保险金的责任。保险人向被保险人赔偿保险金后，被保险人未经保险人同意放弃对第三者请求赔偿的权利的，该行为无效。被保险人故意或者因重大过失致使保险人不能行使代位请求赔偿的权利的，保险人可以扣减或者要求返还相应的保险金。

保险代位权的行使受到法定或者约定的限制。比如，我国《保险法》第62条规定："除被保险人的家庭成员或者其组成人员故意造成本法第六十条第一款规定的保险事故外，保险人不得对被保险人的家庭成员或者其组成人员行使代位请求赔偿的权利。"另如，中国保险行业协会2009年制定的《交强险财产损失"互碰自赔"处理办法》规定，凡是有交强险的车辆互碰，仅有不超过2 000元的车损且没有发生人员伤亡和车外财产损失，事故各方协商或交警裁定各方都有责任，在事故各方同意采用"互碰自赔"的情况下，可以采用"互碰自赔"的赔付方法由各车辆所投保的保险公司各自进行赔偿。

（六）保险委付制度

保险委付制度也是损失填补原则的具体体现。所谓保险委付，是指被保险人将保险标的物的一切权利转移给保险人，由此请求其支付全部保险金额的一种行为。我国《保险法》第59条规定："保险事故发生后，保险人已支付了全部保险金额，并且保险金额等于保险价值的，受损保险标的的全部权利归于保险人；保险金额低于保险价值的，保险人按照保险金额与保险价值的比例取得受损保险标的的部分权利。"委付通常适用于海上保险，《保险法》关于损余处理的该条规定，实际上是委付制度在非海上财产保险中的适用。

第三节　保　险　合　同

一、保险合同的概念和特征

（一）保险合同的概念

保险合同是指投保人与保险人之间约定保险权利义务关系的协议。按照协议，投保人向保险人支付一定数额的保险费，保险人承诺于特定事件发生或约定期限届至之时，向投保方赔偿或者给付相应的金钱（保险金）或者其他利益。

保险合同作为合同的一种，属于特种合同，与非保险合同存在较多差异。表现如下：

第一，保险人的合同责任以金钱赔付为常态，这正是保险不能替代其他民事责任方式的原因所在。

第二，保险合同的解除权与一般合同不同。《保险法》第15条规定："除本法另有规定或者保险合同另有约定外，保险合同成立后，投保人可以解除合同，保险人不得解除合同。"

第三，保险合同的效力，部分取决于当事人与保险标的之间的保险利益关系。具体而言，保险法要求人身保险的投保人与被保险人之间在投保之时必须存在保险利益，否则，保险合同无效；而财产保险的被保险人则需在保险事故发生之时存在保险利益关系，否则无权请求保险人赔偿保险金。

第四，如果将保险费视为保险合同或者保险产品中的"价格"，则这种合同价格受到特殊的监管。根据我国《保险法》第136条的规定，关系社会公众利益的保险险种、依法实行强制保险的险种和新开发的人寿保险险种等的保险条款和保险费率，应当报国务院保险监督管理机构批准。

（二）保险合同的特征

就其本身的法律属性而言，保险合同具有如下特征：

1. 保险合同是射幸合同

保险合同是一种典型的射幸合同。投保人根据保险合同交付保险费的义务是确定的，而保险人赔偿或者给付保险金的义务在保险合同订立时尚不确定，最终是否赔付通常取决于保险事故发生与否。如果保险事故不发生，则被保险人只付出保险费而得不到保险人的任何赔付。需要明确的是，保险合同的射幸性只是就单个保险合同而言的。就保险人的全部保险合同来看，保险费与保险金的关系是依据概率精算出来的。保险人所收取的保险费总额与其所赔偿的总额之间，原则上应当大致趋于平衡。此即保险给付的个别不均等与整体均衡原则。

基于保险合同的射幸性，保险法上特别设定了防范道德危险的法律规范，比如：

（1）财产保险的保险金额不得超过保险价值。超过保险价值的，超过部分无效；重复保险的各保险人赔偿保险金的总和不得超过保险价值。

（2）人身保险的投保人在保险合同订立时，对被保险人应当具有保险利益；财产保险的被保险人在保险事故发生时，对保险标的应当具有保险利益。

（3）投保人不得为无民事行为能力人投保以死亡为给付保险金条件的人身保险，保险人也不得承保。父母为其未成年子女投保的人身保险，不受此限。但是，因被保险人死亡给付的保险金总和不得超过国务院保险监督管理机构规定的限额。[①] 未成年人父母之外的其他履行监护职责的人为未成年人订立以死亡为给付保险金条件的合同，应当经未成年人父母同意。

（4）以死亡为给付保险金条件的合同，未经被保险人同意并认可保险金额的，合同无效。按照以死亡为给付保险金条件的合同所签发的保险单，未经被保险人书面同意，不得转让或者质押。

[①]　2016 年 1 月 1 日起执行的《中国保监会关于父母为其未成年子女投保以死亡为给付保险金条件人身保险有关问题的通知》（保监发〔2015〕90 号）规定："一、对于父母为其未成年子女投保的人身保险，在被保险人成年之前，各保险合同约定的被保险人死亡给付的保险金额总和、被保险人死亡时各保险公司实际给付的保险金总和按以下限额执行：（一）对于被保险人不满 10 周岁的，不得超过人民币 20 万元。（二）对于被保险人已满 10 周岁但未满 18 周岁的，不得超过人民币 50 万元。二、对于投保人为其未成年子女投保以死亡为给付保险金条件的每一份保险合同，以下三项可以不计算在前款规定限额之中：（一）投保人已交保险费或被保险人死亡时合同的现金价值；对于投资连结保险合同、万能保险合同，该项为投保人已交保险费或被保险人死亡时合同的账户价值。（二）合同约定的航空意外死亡保险金额。此处航空意外死亡保险金额是指航空意外伤害保险合同约定的死亡保险金额，或其他人身保险合同约定的航空意外身故责任对应的死亡保险金额。（三）合同约定的重大自然灾害意外死亡保险金额。此处重大自然灾害意外死亡保险金额是指重大自然灾害意外伤害保险合同约定的死亡保险金额，或其他人身保险合同约定的重大自然灾害意外身故责任对应的死亡保险金额。"

（5）以被保险人死亡为给付保险金条件的合同，自合同成立或者合同效力恢复之日起2年内，被保险人自杀的，保险人不承担给付保险金的责任，但被保险人自杀时为无民事行为能力人的除外。因被保险人故意犯罪或者抗拒依法采取的刑事强制措施导致其伤残或者死亡的，保险人不承担给付保险金的责任。

（6）未发生保险事故，被保险人或者受益人谎称发生了保险事故，向保险人提出赔偿或者给付保险金请求的，保险人有权解除合同，并不退还保险费。投保人、被保险人故意制造保险事故的，保险人有权解除合同，不承担赔偿或者给付保险金的责任。保险事故发生后，投保人、被保险人或者受益人以伪造、变造的有关证明、资料或者其他证据，编造虚假的事故原因或者夸大损失程度的，保险人对其虚报的部分不承担赔偿或者给付保险金的责任。

2. 保险合同是非要式合同

要式合同是指必须具备法定形式的合同。要式合同若不具备相应的法定形式，可能产生依法不生效或者不得对抗第三人等方面的法律后果。要式合同的种类通常包括：必须经有关机关登记的合同（如法定抵押）、必须采用书面形式的合同、必须公证的合同、必须用书面证据加以证明的合同等。

我国《保险法》第13条第1、2款规定："投保人提出保险要求，经保险人同意承保，保险合同成立。保险人应当及时向投保人签发保险单或者其他保险凭证。保险单或者其他保险凭证应当载明当事人双方约定的合同内容。当事人也可以约定采用其他书面形式载明合同内容。"可见，我国《保险法》明确了保险合同的非要式性。

3. 保险合同是诺成合同

诺成合同，又称为非要物合同，是指依照当事人意思表示即可成立，不以交付标的物或者履行其他给付为成立要件的合同。我国《保险法》第13条第3款规定："依法成立的保险合同，自成立时生效。投保人和保险人可以对合同的效力约定附条件或者附期限。"第14条规定："保险合同成立后，投保人按照约定交付保险费，保险人按照约定的时间开始承担保险责任。"

我国保险实务中常见的做法是，对财产保险合同而言，投保方是否交费通常并不影响合同的生效。因为财产保险合同的期限较短，加上立法并不禁止保险方于合同成立后通过诉讼、仲裁等方式向投保方追索保险费，所以保险公司为拓展业务的需要，往往不会因为投保方一时没有交付保险费而拒绝与之建立有效的合同关系。然而，对于人身保险合同尤其是人寿保险合同，合同的成立虽然也不以交纳保险费为要件，但合同往往约定，投保人不交费的，合同并不生效。

4. 保险合同是属人性合同

一般认为，保险合同是建立在个人属性基础上的合同。被保险人为自然人时，其性别、年龄、种族、嗜好、文化程度、生活习惯、工作环境等，都可能影响到保险人做出的承保决定。被保险人是法人时,其组织方式、经营内容、信用记录、行为倾向、员工结构等因素,也会影响到保险危险发生的概率大小。保险合同的属人性特征在人身保险和财产保险中均有所体现。

我国《保险法》第 32 条第 2、3 款规定:"投保人申报的被保险人年龄不真实,致使投保人支付的保险费少于应付保险费的,保险人有权更正并要求投保人补交保险费,或者在给付保险金时按照实付保险费与应付保险费的比例支付。投保人申报的被保险人年龄不真实,致使投保人支付的保险费多于应付保险费的,保险人应当将多收的保险费退还投保人。"再如,人身保险中,保险公司会将被保险人的职业类别视为设定意外伤害保险费率的考量因素。[①] 财产保险中保险标的用途的不同、被保险人行为习惯的不同,都可能影响到保险费率的高低。比如,我国机动车交强险设定保险费率浮动制度,将被保险机动车辆违章率和事故率作为保险费率增减的适用依据。[②]

除前述特征外,保险合同还具有继续性、双务有偿性、附和性等方面的特征,限于篇幅,此不赘述。

二、保险合同的分类

(一)人身保险和财产保险

以保险标的为划分标准,保险可分为人身保险和财产保险。

1. 人身保险

人身保险合同是以人的寿命、健康和身体为保险标的的保险,具体可分为人寿保险、健康保险、意外伤害保险、年金保险等。

人寿保险是指保险人和投保人约定,如果被保险人死亡、于约定的年限内死亡或者约定的期限届满仍然生存时,由保险人按照约定向被保险人或者受益人给付保险金的保险。

健康保险是指保险人和投保人约定,于被保险人发生疾病或者因此而残疾或死亡时,保险人依照约定向被保险人或者受益人给付保险金的保险。

意外伤害保险是指保险人和投保人约定,在被保险人遭受意外伤害并由此致残或死亡时,由保险人依照约定向被保险人或者受益人给付保险金的保险。

年金保险是指年金保险人于被保险人生存期间或特定期间内,依照合同约定

[①] 实务中,一些保险公司在意外伤害医疗保险合同条款中规定,不同职业类型的被保险人,按公司《职业分类表》规定的保险费率标准收取对应的保费。

[②] 参见《机动车交通事故责任强制保险条例》和《机动车交通事故责任强制保险费率浮动暂行办法》中的相关规定。

一次或分期给付一定金额的保险。①

2. 财产保险

财产保险是以财产及其有关利益为保险标的的保险，又称产物保险。财产保险既可承保有形财产损失，又可承保无形财产损失。按照保险标的的不同，财产保险可分为财产损失保险、责任保险、信用保险与保证保险。

财产损失保险是以被保险人处于相对静止状态的一般性物质财产作为保险标的的保险。按标的不同，又可以细分为以下几种：（1）家庭财产保险；（2）企业财产保险；（3）运输工具保险；（4）运输货物保险；（5）工程保险等。

责任保险是指以被保险人对第三者依法应承担的民事赔偿责任为保险标的的保险。我国常见的责任保险种类包括：（1）第三者责任保险；（2）公众责任保险（包括营业场所责任、电梯责任、建筑工程第三者责任、安装工程第三者责任等）；（3）产品责任保险；（4）雇主责任保险；（5）职业责任（专家责任）保险（包括医师责任、理发师责任、建筑师责任、会计师责任、律师责任等）；（6）环境责任保险；（7）机动车辆第三者责任保险。

信用保险是指以被保险人的信用放贷或信用售货为保险标的的保险。信用保险主要包括出口信用保险和商业信用保险等。

保证保险是为保证合同债务的履行而订立的合同，具有担保合同性质。我国目前的保证保险常见于房屋按揭贷款、汽车消费信贷等领域。

人身保险与财产保险的划分是我国保险法上的分类方式。应当说，以保险标的作为保险营业范围的划分基础，尚属可行。但若以此作为保险合同权利义务的规范基础或者保险赔付的分类方式，则因未能顾及各类保险合同权利义务性质上的差异，容易导致适用上的争议。② 因而，还需特别注意下述第二种保险合同的分类。

（二）损失填补保险和定额给付保险

以保险金赔付方式的不同，或者说以保险利益的存在基础是否是经济上的利益为划分标准，保险可分为损失填补保险和定额给付保险。

当某类保险所载保险利益的存在基础可用金钱计算时，则为损失填补保险。由于财产损失保险与责任保险的保险利益均可用金钱衡量，故均属损失填补保险。健康保险和意外伤害保险中的医疗费用、丧葬费用，也可列为损失填补保

---

① 我国《保险法》并未对人寿保险、健康保险、意外伤害保险、年金保险等做出具体的规定和详细的区分。实际上，年金保险是依保险给付方式进行的分类，不是依保险事故进行的分类，与其他三种保险区分的标准不同。

② 参见梁宇贤、刘兴善、柯泽东、林勋发：《商事法精论》，今日书局有限公司2009年版，第533页。

险。当某类保险所载保险利益的存在基础不可用金钱计算时，则为定额给付保险。基于生命、健康和身体的无价性，人寿保险以及健康和意外伤害保险中的死亡和残废保险一般为定额保险。对于定额给付保险，当事人可以自由约定保险金额，于保险事故发生时直接以该金额给付之。

实际上，财产保险必然为损失填补保险，而人身保险则多为定额给付保险，但人身保险中也有以费用补偿为目的之损失填补保险，因此简单认为人身保险不适用补偿原则（以及禁止不当得利原则和代位追偿权）是不准确的。我国现行保险法的立法体系主要是按照财产保险和人身保险的逻辑体系构建起来的。实际上，如果将体现保险合同权利义务差异的上述分类（即损失填补保险与定额保险）与根据保险标的所做的分类结合起来，或可更便于明晰不同权利义务存在于哪些不同的保险类别之中。

（三）自愿保险和强制保险

以实施方式为划分标准，保险可分为自愿保险和强制保险。

自愿保险又称任意保险，是投保人和保险人在平等互利的基础上，通过协商，采取自愿方式建立的一种保险关系。自愿保险中投保人可以中途退保，但法律、法规另有规定的除外，比如，《保险法》第 50 条规定："货物运输保险合同和运输工具航程保险合同，保险责任开始后，合同当事人不得解除合同。"

强制保险是指国家以立法的形式，规定一定范围的民事主体或保险标的，必须按规定投保的保险。它主要是考虑到社会公共利益、社会安全、国有财产的安全等。我国《保险法》第 11 条第 2 款规定："除法律、行政法规规定必须保险的外，保险合同自愿订立。"我国目前除机动车交通事故第三者责任采取强制保险外，煤矿企业对煤矿井下作业职工的意外伤害、建筑施工企业对从事危险作业的职工的意外伤害、旅行社就自身对游客的损害赔偿责任等领域也建立了强制保险制度。

（四）原保险和再保险

以保险危险转移的层次为划分标准，保险可分为原保险和再保险。

原保险，又称第一次保险，是指投保人和保险人通过订立保险合同建立的原始保险关系。在发生保险事故时，保险人直接对被保险人承担赔偿责任。一般所言"保险"均指原保险。再保险，又称为第二次保险，是指保险人将其承担的保险业务，部分或全部移转给其他保险人的保险。再保险是以原保险人的部分保险责任作为保险标的的保险。

再保险有商业分保（自愿再保险）和法定分保（强制再保险）之分。前者是指由原保险人与分保人自愿协议订立再保险合同；后者是指按照法律或法规规定，原保险人必须将其承保业务的一部分进行分保的再保险。《保险法》第 103

条第 1 款规定："保险公司对每一危险单位，即对一次保险事故可能造成的最大损失范围所承担的责任，不得超过其实有资本金加公积金总和的百分之十；超过的部分应当办理再保险。"

关于再保险的责任承担，《保险法》第 29 条规定："再保险接受人不得向原保险的投保人要求交付保险费。原保险人的被保险人或者受益人不得向再保险接受人提出赔偿或者给付保险金的请求。再保险分出人不得以再保险接受人未履行再保险责任为由，拒绝履行或者迟延履行其原保险责任。"

三、保险合同的成立与生效

关于保险合同的成立，我国《保险法》第 13 条第 1 款规定："投保人提出保险要求，经保险人同意承保，保险合同成立。保险人应当及时向投保人签发保险单或者其他保险凭证。"

保险法对保险合同的形式并无特殊要求。保险实务中，保险合同的书面凭证主要包括投保单、暂保单、保险单和保险凭证等。

由于实践中代签保险合同的问题较为常见，《保险法司法解释（二）》第 3 条规定，投保人或者投保人的代理人订立保险合同时没有亲自签字或者盖章，而由保险人或者保险人的代理人代为签字或者盖章的，对投保人不生效。但投保人已经交纳保险费的，视为其对代签字或者盖章行为的追认。保险人或者保险人的代理人代为填写保险单证后，经投保人签字或者盖章确认的，代为填写的内容视为投保人的真实意思表示。但有证据证明保险人或者保险人的代理人存在《保险法》规定的欺诈等情形的除外。

《保险法》第 14 条规定："保险合同成立后，投保人按照约定交付保险费，保险人按照约定的时间开始承担保险责任。"显然，该条款是将"保险费的实际交纳"作为投保人应当履行的合同义务，而不是保险合同的生效条件。

此外，我国保险法还将"被保险人同意"作为以死亡为给付保险金条件的人身保险合同的生效要件。依此规定，未经被保险人同意，该保险合同虽成立但不生效力。根据规定，单纯以死亡为给付保险金条件的人身保险合同，如果未经被保险人书面同意并认可保险金额，该合同无效；含有死亡、疾病、伤残以及医疗费用等保险责任的综合性人身保险合同，如果未经被保险人书面同意并认可保险金额，该合同的死亡给付部分无效。

四、保险合同的条款解释

由于保险事务的专业性、合同文字的局限性以及保险合同当事人主观认识的差异性，保险合同有可能存在歧义与空白，因而需要对保险合同进行解释。

理论上讲，保险合同的解释方法可参照适用一般合同的解释方法，即遵循合同法关于普通合同的解释方法，一般合同解释原则不能解决时，再适用保险法的特别解释规则。我国《保险法》第30条规定："采用保险人提供的格式条款订立的保险合同，保险人与投保人、被保险人或者受益人对合同条款有争议的，应当按照通常理解予以解释。对合同条款有两种以上解释的，人民法院或者仲裁机构应当作出有利于被保险人和受益人的解释。"此即保险法的疑义利益解释原则。此外，保险法的特别解释原则还包括合理期待原则。

（一）疑义利益解释原则

疑义利益解释原则又称"不利解释原则"，渊源于罗马法法谚"有疑义应为表意者不利益之解释"，是指格式合同的语句有歧义、模糊或者两种以上的解释时，应采取对拟定合同条款一方不利的解释。

疑义利益解释原则的适用应当注意以下四点：（1）只有在适用通常解释原则仍无法解决争议时才能采用。（2）适用的根本前提是保险合同条款的文字存在"疑义"。如果合同文字语义清晰，双方意图明确，尽管当事人事后对保险合同条款理解发生争议，法院或仲裁机关也不能对此条文适用疑义利益解释原则。（3）仅适用于保险合同的基本条款，不适用于特约条款。（4）适用疑义利益解释原则时，不能为了有利于被保险人而进行不合理的解释。

（二）合理期待原则

合理期待原则是指保险合同当事人就合同内容的解释发生争议时，如果合同内容本身不含歧义，应以投保人或被保险人对合同缔约目的的合理期待为出发点对保险合同进行解释。

最早对合理期待原则进行系统性阐释的是美国的基顿法官。基顿法官在其1970年发表的具有前瞻性的论文《保险法上的权利与保险单条款之冲突》中指出，在保险实践中，许多案件用传统理论（如疑义利益解释原则）无法解释，但可以用如下两条原则加以解释：（1）在保险交易中，保险人不能获得任何不合理的利益；（2）投保人与受益人对保险合同条款客观上合理的期待应当得到法律的保护，即使此期待本来会被保单的明示规定所否定。[1]

我国保险法并未明确规定合理期待原则。法学界和保险业界对此存有争议。有理由认为，在诸如保险公司之间或者通过行业格式条款统一确定某些不合法或

[1] See Robert E. Keeton, Insurance Law Rights at Variance with Policy Provisions, 83 *Harvard Law Review*, 1970, pp. 962 - 975. See Robert E. Keeton, and Alan I. Widiss, *Insurance Law: A Guide to Fundamental Principles, Legal Doctrines, and Commercial Practices*, West Publishing Co., 2003, pp. 614, 627-645.

者不合理的免赔条款或扣减条件的场合，合理期待原则有其适用的空间和余地。①

需要强调的是，合理期待原则的适用并不以保单用语存有疑义为必要。即使保险条款语义清楚，对相关条款的理解不存歧义，只要被保险人对保险合同的保障具有合理期待，而按照保险条款的字面内容该合理期待将会落空，就可适用合理期待原则。如果保险条款含混不清，但被保险人并不存在合理的期待，就只能适用疑义利益解释原则。可见，被保险人对保险合同是否存在"客观的合理的期待"才是适用该原则的关键。

五、保险合同的履行

（一）人身保险合同的履行

人身保险合同的履行具有如下特征：（1）保险费之请求原则上不得强制；（2）以生命表或伤残表②作为直接的技术基础；（3）具有储蓄性质；③（4）保险金原则上定额给付；（5）原则上不适用保险代位求偿权。

1. 人身保险合同特殊条款的履行方法

人身保险合同中通常载有一些履行方法特殊的条款，具体包括：

（1）宽限期条款，是指对于人身保险的保险费交付期予以宽限的条款。我国《保险法》第 36 条规定："合同约定分期支付保险费，投保人支付首期保险费后，除合同另有约定外，投保人自保险人催告之日起超过三十日未支付当期保险费，或者超过约定的期限六十日未支付当期保险费的，合同效力中止，或者由保险人按照合同约定的条件减少保险金额。"

（2）年龄误报条款，又称年龄误保条款，是指被保险人的真实年龄于订约时被误报并记载于保单内，保险人允许投保人进行更正，或在保险事故发生后，允许保险人采取相应办法予以处理的一种合同约定。我国《保险法》第 32 条第 1 款规定："投保人申报的被保险人年龄不真实，并且其真实年龄不符合合同约定的年龄限制的，保险人可以解除合同，并按照合同约定退还保险单的现金

---

① 参见韩长印、易萍：《车损险中致害第三人不明时的保险金扣减问题研究》，《法学》2011 年第 11 期。

② 所谓生命表或伤残表，是指对某一范围内的人群在一定时间内的生命现象或伤残情况所做的综合考察，以便找出与死亡率或伤残率有关的因素，尤其是不同年龄层次、职业的人的死亡或伤残的比例，并以列表的方式固定下来。

③ 人身保险合同的储蓄性质突出体现在人寿保险上。而人寿保险中的终身死亡保险比较特殊，兼有保险和储蓄功能。此种保险的保险费，一部分为购买保险的价金，即通常意义上的保险费，另一部分则属于储蓄金。终身保险经过的年数越久，积累的储蓄金越多。由此积累的储蓄金即为保险单的"现金价值"（cash value）或者"返还价值"（surrender value）。

价值……"

（3）自杀条款，是指被保险人在保单生效或者复效后的 2 年内自杀的，保险人不负给付保险金责任的条款。如果自杀发生在 2 年以后，保险人则应承担给付保险金的责任。我国《保险法》第 44 条规定："以被保险人死亡为给付保险金条件的合同，自合同成立或者合同效力恢复之日起二年内，被保险人自杀的，保险人不承担给付保险金的责任，但被保险人自杀时为无民事行为能力人的除外。保险人依照前款规定不承担给付保险金责任的，应当按照合同约定退还保险单的现金价值。"该条款是为了平衡保险人和被保险人之间的利益，即通过 2 年的时间限制，使保险人对保险合同生效后一定期限内的故意自杀行为不承担责任。如此设计，既可以避免被保险人蓄意以自杀方式获取保险金，又可以保护一定期限后实施故意自杀的被保险人的家属或受益人的利益。

2. 人身保险合同中的受益权

受益权，是指受益人享有的依照约定请求给付保险金的权利。受益权与继承权的主要差别在于：基于受益权而受领之保险金，不负担被保险人之债务；但基于继承权而获得的被保险人财产，须以继承的财产为限负担被保险人的债务。

根据《保险法司法解释（三）》规定，投保人指定和变更受益人应当征得被保险人同意，未经被保险人同意的，指定和变更行为无效。当事人对保险合同约定的受益人存在争议，除投保人、被保险人在保险合同之外另有约定外，按照以下情形分别处理：（1）受益人约定为"法定"或者"法定继承人"的，以继承法规定的法定继承人为受益人。（2）受益人仅约定为身份关系，投保人与被保险人为同一主体的，根据保险事故发生时与被保险人的身份关系确定受益人；投保人与被保险人为不同主体的，根据保险合同成立时与被保险人的身份关系确定受益人。（3）受益人的约定包括姓名和身份关系，保险事故发生时身份关系发生变化的，认定为未指定受益人。

《保险法司法解释（三）》规定，投保人或者被保险人指定数人为受益人，部分受益人在保险事故发生前死亡、放弃受益权或者依法丧失受益权的，该受益人应得的受益份额按照保险合同的约定处理；保险合同没有约定或者约定不明的，该受益人应得的受益份额按照以下情形分别处理：（1）未约定受益顺序和受益份额的，由其他受益人平均享有。（2）未约定受益顺序但约定受益份额的，由其他受益人按照相应比例享有。（3）约定受益顺序但未约定受益份额的，由同顺序的其他受益人平均享有；同一顺序没有其他受益人的，由后一顺序的受益人平均享有。（4）约定受益顺序和受益份额的，由同顺序的其他受益人按照相应比例享有；同一顺序没有其他受益人的，由后一顺序的受益人按照相应比例享有。

按照《保险法》的规定，有下列情况之一的，受益人丧失受益权：（1）投保人故意侵害被保险人。投保人故意造成被保险人死亡、伤残或者疾病的，保险人不承担给付保险金的责任。投保人已交足 2 年以上保险费的，保险人应当按照合同约定向其他权利人退还保险单的现金价值。（2）受益人故意侵害被保险人。在受益人为多人的场合，部分受益人故意造成被保险人死亡、伤残、疾病的，或者故意杀害被保险人未遂的，仅该故意侵害被保险人的受益人丧失其受益权，其他受益人仍享有受益权。（3）被保险人故意犯罪致伤残或死亡。因被保险人故意犯罪或者抗拒依法采取的刑事强制措施导致其伤残或者死亡的，保险人不承担给付保险金的责任。投保人已交足 2 年以上保险费的，保险人应当按照合同约定退还保险单的现金价值。（4）被保险人自杀。与被保险人故意犯罪致死不同，被保险人自杀属于故意。因此，为了防止被保险人通过自杀行为使其受益人获得保险金利益，保险合同普遍约定，被保险人在合同生效之日起 2 年内自杀的，除按照约定返还保险单现金价值外，保险人不须向任何人给付保险金。

在没有适格受益人的情况下，保险金作为被保险人的遗产，由保险人依照继承法的规定履行给付保险金的义务。没有适格受益人的情况具体包括：（1）没有指定受益人，或者受益人指定不明无法确定的；（2）受益人先于被保险人死亡，没有其他受益人的；（3）受益人依法丧失受益权或者放弃受益权，没有其他受益人的。受益人与被保险人在同一事件中死亡，且不能确定死亡先后顺序的，推定受益人死亡在先。

《保险法司法解释（三）》同时规定，保险合同解除时，投保人与被保险人、受益人为不同主体，被保险人或者受益人要求退还保险单的现金价值的，人民法院不予支持，但保险合同另有约定的除外。投保人故意造成被保险人死亡、伤残或者疾病，保险人依照《保险法》第 43 条规定退还保险单的现金价值的，其他权利人按照被保险人、被保险人继承人的顺序确定。投保人解除保险合同，当事人以其解除合同未经被保险人或者受益人同意为由主张解除行为无效的，人民法院不予支持，但被保险人或者受益人已向投保人支付相当于保险单现金价值的款项并通知保险人的除外。

（二）财产保险合同的履行

前已述及，按照保险标的的不同，财产保险合同可分为财产损失保险合同、责任保险合同、信用保险合同与保证保险合同。限于篇幅，这里仅介绍责任保险合同中交强险合同的履行。

1. 我国交强险制度概述

交强险是"机动车交通事故第三者责任强制保险"的简称，又称"机动车强制责任保险"，是指由保险公司对被保险机动车发生道路交通事故造成本车人员、被保险人以外的受害人的人身伤亡、财产损失，在责任限额内予以赔偿的强制性责任保险。

我国 2004 年实施的《道路交通安全法》（后于 2007 年、2011 年、2021 年修正）第 17 条规定："国家实行机动车第三者责任强制保险制度，设立道路交通事故社会救助基金。具体办法由国务院规定。"据此，国务院于 2006 年 3 月颁布了《机动车交通事故责任强制保险条例》（以下简称《交强险条例》），自 2006 年 7 月起施行，于 2019 年第四次修订。《交强险条例》明确了交强险制度的适用范围、适用原则、保险各方当事人权利义务以及监督管理机构的职责等。与《交强险条例》相配套，经国务院保险业监督管理机构批准，保险行业协会先后制定和发布了《机动车交通事故责任强制保险条款》（以下简称《交强险条款》）、《机动车交通事故责任强制保险费率浮动暂行办法》。至此，我国交强险制度正式建立。

交强险的投保人是指与保险公司订立交强险合同，并按照合同负有支付保险费义务的机动车的所有人、管理人；被保险人则是指投保人及其允许的合法驾驶人。交强险保障的对象是被保险机动车本车人员和被保险人以外的第三人，并以被保险人对第三方依法应负的民事赔偿责任为保险标的。

我国保障交通事故受害第三人的保险，除了交强险之外，还有"商业三责险"（自愿三责险）作为交强险的溢额保险承担溢额补充责任。两者的差异在于，后者是自愿缔结的、没有统一的责任限额、保障范围相对较窄（约定免赔额、免赔率、除外责任等）、没有如"道路交通事故社会救助基金"那样的辅助补偿制度的责任保险。

2. 强制投保与承保

我国交强险实行强制投保、强制承保、强制续保制度。在中国境内道路上行驶的机动车都有义务投保交强险。机动车所有人、管理人未按照规定投保交强险的，由公安机关交通管理部门扣留机动车，并通知机动车所有人、管理人依照规定投保，处依照规定投保最低责任限额应缴纳的保险费的 2 倍罚款。除非被保险机动车被依法注销登记或者办理停驶，或者经公安机关证实丢失，投保人不得解除交强险合同，当事人也不得以约定加以变更。并且，除非投保人对重要事项未履行如实告知义务，保险公司不得解除交强险合同。机动车交通事故责任强制保险合同期满，投保人应当及时续保。

3. 基础费率与浮动费率

我国交强险实行统一的保险条款和基础保险费率。监管机构按照交强险业务"总体上不盈利不亏损"的原则审批保险费率。"总体上不盈利不亏损"原则，主要体现在费率制定环节，即制定保险费率时就交强险的全部营业保险公司而言并不考虑预期利润，但"总体上不盈利不亏损"并非简单等同于保险公司的经营结果，允许个别保险公司因经营优势而盈利。

根据规定，被保险机动车没有发生道路交通安全违法行为和道路交通事故的，保险公司应当在下一年度降低其保险费率。在此后的年度内，被保险机动车仍然没有发生道路交通安全违法行为和道路交通事故的，保险公司应当继续降低其保险费率，直至最低标准。被保险机动车发生道路交通安全违法行为或者道路交通事故的，保险公司应当在下一年度提高其保险费率。多次发生道路交通安全违法行为、道路交通事故，或者发生重大道路交通事故的，保险公司应当加大提高其保险费率的幅度。在道路交通事故中被保险人没有过错的，不提高其保险费率。

4. 责任范围、免责事项与责任限额

根据规定，被保险机动车发生道路交通事故造成本车人员、被保险人以外的受害人人身伤亡、财产损失的，由保险公司依法在机动车交通事故责任强制保险责任限额范围内予以赔偿。若道路交通事故的损失是由受害人故意造成的，则保险公司不予赔偿。

《交强险条例》第22条规定："有下列情形之一的，保险公司在机动车交通事故责任强制保险责任限额范围内垫付抢救费用，并有权向致害人追偿：（一）驾驶人未取得驾驶资格或者醉酒的；（二）被保险机动车被盗抢期间肇事的；（三）被保险人故意制造道路交通事故的。有前款所列情形之一，发生道路交通事故的，造成受害人的财产损失，保险公司不承担赔偿责任。"

就交强险的免责事项，《交强险条款》第10条规定，交强险不负责赔偿和垫付下列损失和费用：（1）因受害人故意造成的交通事故的损失；（2）被保险人所有的财产及被保险机动车上的财产遭受的损失；（3）被保险机动车发生交通事故，致使受害人停业、停驶、停电、停水、停气、停产、通信或者网络中断、数据丢失、电压变化等造成的损失以及受害人财产因市场价格变动造成的贬值、修理后因价值降低造成的损失等其他各种间接损失；（4）因交通事故产生的仲裁或者诉讼费用以及其他相关费用。

我国交强险在全国范围内实行统一的责任限额，具体分为：（1）死亡伤残赔偿限额；（2）医疗费用赔偿限额；（3）财产损失赔偿限额；（4）被保险人在道路交通事故中无责任的赔偿限额。其中无责任的赔偿限额也分为无责任死亡伤残赔偿限额、无责任医疗费用赔偿限额以及无责任财产损失赔偿限额。可见，我国交强险的责任限额采用分项限额（而不是概括限额）模式，各分项之间不允许打通相互抵用。相对于概括限额而言，对受害人的保障程度较低。

根据中国银保监会发布的、自2020年9月19日开始实施的《关于调整交强险责任限额和费率浮动系数的公告》，对每次事故造成的人身伤亡或者财产损失，各赔偿限额分别为：（1）死亡伤残赔偿限额为 18 万元；（2）医疗费用赔偿限额为 1.8 万元；（3）财产损失赔偿限额为 0.2 万元；（4）被保险人无责任时，无责任死亡伤残赔偿限额为 1.8 万元，无责任医疗费用赔偿限额为 1800 元，无责任财产损失赔偿限额为 100 元。从该条规定可以看出，我国的责任限额采用的是事故限额模式，而不是受害人限额模式，即每次事故不论受害人数多少均须遵从前述责任限额的规定（一次事故最多 20 万元人民币）。这种事故分项限额的赔偿模式，加上责任限额采用的"既保底，又封顶"（不低于也不高于 20 万元）的保障水平，往往使得交强险对于较为严重的交通事故保障不足，迫使被保险人不得不另外购买商业三责险以为补充。[①]

第四节 保 险 业 法

一、保险业法概述

保险业法既可指以经营保险为业的组织体法律规范，还可以指代保险业组织规范之外的保险行业的经营规则以及保险业监管规范等。

根据我国《保险法》规定，我国保险业贯彻"专营原则"与"分业经营"原则。保险业务由依照保险法设立的保险公司以及法律、行政法规规定的其他保险组织经营，其他单位和个人不得经营保险业务。保险业和银行业、证券业、信托业实行分业经营、分业管理，保险公司与银行、证券、信托业务机构分别设立，国家另有规定的除外。违反保险法规定的"专营原则"，擅自设立保险公司、保险资产管理公司或者非法经营商业保险业务的，按照保险法规定，由保险监督管理机构予以取缔，没收违法所得，并处罚款。

混业经营，也叫兼营保险，是指由银行、证券公司等金融机构作为保险人提供的保险。兼营保险主要是银行、保险、证券三大金融业混业经营的产物。我国目前一些银行营业柜台销售的保险并非兼营保险，而是银行为保险公司代销的保险。

此外，根据我国《保险法》的规定，对境内的保险活动实行"限投原则"，即中国境内的法人和其他组织需要办理境内保险的，应当向境内的保险公司投保。

二、保险业组织

为规范保险公司的设立和运营，《保险法》及国家金融监督管理总局对保险

---

① 参见韩长印：《我国交强险立法定位问题研究》，《中国法学》2012 年第 5 期。

公司的设立、运营和管理做出了如下规定：

1. 保险公司设立一律采用核准制

设立保险公司应当经国务院保险监督管理机构批准。

2. 规定了严格的设立条件

具体包括：（1）主要股东具有持续盈利能力，信誉良好，最近3年内无重大违法违规记录，净资产不低于人民币2亿元。（2）有符合《保险法》和《公司法》规定的章程。（3）有不少于人民币2亿元的注册资本，且注册资本必须为实缴货币资本；国务院保险监督管理机构根据保险公司的业务范围、经营规模，可以调整其注册资本的最低限额，但不得低于人民币2亿元的限额。（4）有具备任职专业知识和业务工作经验的董事、监事和高级管理人员；董事、监事和高级管理人员，应当品行良好，熟悉与保险相关的法律、行政法规，具有履行职责所需的经营管理能力，并在任职前取得保险监督管理机构核准的任职资格。高级管理人员的范围由国务院保险监督管理机构规定。（5）有健全的组织机构和管理制度。（6）有符合要求的营业场所和与经营业务有关的其他设施。（7）法律、行政法规和国务院保险监督管理机构规定的其他条件。

三、保险辅助人

保险辅助人包括保险代理人、保险经纪人、保险公估人等，前两者又称保险中介人。

（一）保险代理人

保险代理人，是指根据保险人的委托，向保险人收取佣金，并在保险人授权的范围内代为办理保险业务的单位或者个人。保险代理人为保险人代为办理保险业务，应当签订委托代理协议，依法约定双方的权利和义务及其他代理事项，如有超越代理权限的行为，投保人有理由相信其有代理权并已订立保险合同的，保险人应当承担保险责任，但是保险人可以依法追究越权保险代理人的责任。

保险代理人分为机构代理人和个人代理人，机构代理人又可分为专业代理人和兼业代理人。

保险专业代理机构，是指根据保险公司的委托，向保险公司收取佣金，在保险公司授权的范围内专门代为办理保险业务的机构，包括保险专业代理公司及其分支机构。按照中国保监会2015年修订的《保险专业代理机构监管规定》的规定，除国务院保险监督管理机构另有规定外，保险专业代理机构应当采取有限责任公司或者股份有限公司形式。无论采取何种公司形式，保险专业代理公司的注册资本都不得少于人民币5 000万元而且必须为实缴货币资本。

保险专业代理机构经营的保险代理业务主要包括：（1）代理销售保险产品；

（2）代理收取保险费；（3）代理相关保险业务的损失勘查和理赔；（4）国务院保险监督管理机构批准的其他业务。保险专业代理公司在注册地以外的省、自治区或者直辖市开展保险代理活动，应当设立分支机构。保险专业代理公司分支机构的经营区域不得超出其所在地的省、自治区或者直辖市。

（二）保险经纪人

保险经纪人，是指基于投保人的利益，为投保人与保险人订立保险合同提供中介服务，并依法收取佣金的机构。与保险代理人不同，保险经纪人是基于投保人的利益，以自己的名义独立开展保险中介业务。

根据中国保监会 2018 年颁布的《保险经纪人监管规定》第 6 条规定，除国务院保险监督管理机构另有规定外，保险经纪人应当以有限责任公司或者股份有限公司为组织形式。这意味着个人不得作为保险经纪人。保险经纪人应当取得保险监督管理机构颁发的资格证书，按照国务院保险监督管理机构的规定缴存保证金或者投保职业责任保险。该规定第 10 条同时规定，经营区域不限于工商注册登记地所在省、自治区、直辖市、计划单列市的保险经纪公司的注册资本最低限额为 5 000 万元；经营区域为工商注册登记地所在省、自治区、直辖市、计划单列市的保险经纪公司的注册资本最低限额为 1 000 万元；且必须为实缴货币资本。

《保险经纪人监管规定》第 36 条规定："保险经纪人可以经营下列全部或者部分业务：（一）为投保人拟订投保方案、选择保险公司以及办理投保手续；（二）协助被保险人或者受益人进行索赔；（三）再保险经纪业务；（四）为委托人提供防灾、防损或者风险评估、风险管理咨询服务；（五）中国保监会规定的与保险经纪有关的其他业务。"

保险经纪人因过错给投保人、被保险人造成损失的，依法承担赔偿责任。

（三）保险公估人

保险公估人（在我国台湾地区称为保险公证人），是指接受委托，专门从事保险标的或者保险事故评估、勘验、鉴定、估损理算等业务，并按约定收取报酬的单位或个人。

我国《保险法》第 129 条规定："保险活动当事人可以委托保险公估机构等依法设立的独立评估机构或者具有相关专业知识的人员，对保险事故进行评估和鉴定。接受委托对保险事故进行评估和鉴定的机构和人员，应当依法、独立、客观、公正地进行评估和鉴定，任何单位和个人不得干涉。前款规定的机构和人员，因故意或者过失给保险人或者被保险人造成损失的，依法承担赔偿责任。"

根据规定，保险公估机构可以经营下列业务：（1）保险标的承保前和承保后的检验、估价及风险评估；（2）保险标的的出险后的查勘、检验、估损理算及出险保险标的的残值处理；（3）风险管理咨询；（4）国务院保险监督管理机构批准的其他业务。

关于保险公估人的主体资格，目前国务院保险监督管理机构仅仅限定于单位或者机构。根据规定，保险公估机构应当采取下列组织形式：（1）有限责任公司；（2）股份有限公司；（3）合伙企业。保险公估从业人员不得以个人名义招揽、从事保险公估业务或者同时在两个以上保险公估机构中执业。

根据规定，保险公估机构及其从业人员享有下列权利：（1）根据执行业务的需要，要求委托人及其他相关当事人提供有关保险公估的文件、资料和其他必要协助；（2）客观、公正地从事保险公估活动，在当事人不提供协助或者要求出具虚假保险公估报告时，中止执行业务或者终止履行合同；（3）法律、行政法规和国务院保险监督管理机构规定的其他权利。

保险公估人的主要义务表现为执业的公正性和独立性。根据规定，保险公司、保险中介公司的董事、高级管理人员投资保险公估机构的，应当根据《公司法》有关规定取得股东会或者股东大会的同意；保险公司员工投资保险公估机构的，应当书面告知所在保险公司。

四、保险业的监督管理

保险业的稳健经营，不仅关涉投保大众的切身权益，而且关涉社会金融安全。因而，必须辅之以保险业的监管。根据保险法规定，国务院保险监督管理机构依法对保险业实施监督管理，根据履行职责的需要可以设立派出机构，派出机构按照授权履行监督管理职责。

监管机构依照《保险法》和国务院规定的职责，遵循依法、公开、公正的原则，对保险业实施监督管理，维护保险市场秩序，保护投保人、被保险人和受益人的合法权益。监管机构有权依照法律、行政法规制定并发布有关保险业监督管理的规章。

保险业的监管包括：保险费率的监管，偿付能力的监控，保险公司的整顿，保险公司的接管、撤销与清算等。

1. 保险费率的监管

根据《保险法》第135条规定，关系社会公众利益的保险险种、依法实行强制保险的险种和新开发的人寿保险险种等的保险条款和保险费率，应当报国务院保险监督管理机构批准。国务院保险监督管理机构审批时，应当遵循保护社会公众利益和防止不正当竞争的原则。其他保险险种的保险条款和保险费率，应当报监管机构备案。

保险公司使用的保险条款和保险费率违反法律、行政法规或者监管机构的有关规定的，由监管机构责令停止使用，限期修改；情节严重的，可以在一定期限内禁止申报新的保险条款和保险费率。

2. 偿付能力的监控

《保险法》第 137 条规定，国务院保险监督管理机构应当建立健全保险公司偿付能力监管体系，对保险公司的偿付能力实施监控。对偿付能力不足的保险公司，国务院保险监督管理机构应当将其列为重点监管对象，并可以根据具体情况采取下列措施：（1）责令增加资本金、办理再保险；（2）限制业务范围；（3）限制向股东分红；（4）限制固定资产购置或者经营费用规模；（5）限制资金运用的形式、比例；（6）限制增设分支机构；（7）责令拍卖不良资产、转让保险业务；（8）限制董事、监事、高级管理人员的薪酬水平；（9）限制商业性广告；（10）责令停止接受新业务。

保险公司未依照《保险法》规定提取或者结转各项责任准备金，或者未依照该法规定办理再保险，或者严重违反该法关于资金运用的规定的，由监管机构责令限期改正，并可以责令调整负责人及有关管理人员。

3. 保险公司的整顿

《保险法》第 139 条规定，保险公司未依照《保险法》规定提取或者结转各项责任准备金，或者未依照该法规定办理再保险，或者严重违反该法关于资金运用的规定的，监管机构做出限期改正的决定后，保险公司逾期未改正的，监管机构可以决定选派保险专业人员和指定该保险公司的有关人员组成整顿组，对公司进行整顿。

整顿决定应当载明被整顿公司的名称、整顿理由、整顿组成员和整顿期限，并予以公告。整顿组有权监督被整顿保险公司的日常业务。被整顿公司的负责人及有关管理人员应当在整顿组的监督下行使职权。整顿过程中，被整顿保险公司的原有业务继续进行。但是，国务院保险监督管理机构可以责令被整顿公司停止部分原有业务，停止接受新业务，调整资金运用。被整顿保险公司经整顿已纠正其违反《保险法》规定的行为，恢复正常经营状况的，由整顿组提出报告，经国务院保险监督管理机构批准，结束整顿，并由国务院保险监督管理机构予以公告。

4. 保险公司的接管、撤销与清算

《保险法》第 144 条规定，保险公司有下列情形之一的，国务院保险监督管理机构可以对其实行接管：（1）公司的偿付能力严重不足的；（2）违反《保险法》规定，损害社会公共利益，可能严重危及或者已经严重危及公司的偿付能力的。被接管的保险公司的债权债务关系不因接管而变化。

接管组的组成和接管的实施办法，由国务院保险监督管理机构决定，并予以公告。接管期限届满，国务院保险监督管理机构可以决定延长接管期限，但接管期限最长不得超过 2 年。接管期限届满，被接管的保险公司已恢复正常经营能力的，由国务院保险监督管理机构决定终止接管，并予以公告。

保险公司因违法经营被依法吊销经营保险业务许可证的，或者偿付能力低于国务院保险监督管理机构规定标准，不予撤销将严重危害保险市场秩序、损害公共利益的，由国务院保险监督管理机构予以撤销并公告，依法及时组织清算组进行清算。

根据《保险法》第 148 条的规定，被整顿、被接管的保险公司达到《企业破产法》规定的破产界限时，国务院保险监督管理机构可以依法向人民法院申请对该保险公司进行重整或者破产清算。

5. 其他监管措施

根据《保险法》第 153 条规定，保险公司在整顿、接管、撤销清算期间，或者出现重大风险时，国务院保险监督管理机构可以对该公司直接负责的董事、监事、高级管理人员和其他直接责任人员采取以下措施：（1）通知出境管理机关依法阻止其出境；（2）申请司法机关禁止其转移、转让或者以其他方式处分财产，或者在财产上设定其他权利。

我国《保险法》第 154 条规定，保险监督管理机构依法履行职责，可以采取下列措施：（1）对保险公司、保险代理人、保险经纪人、保险资产管理公司、外国保险机构的代表机构进行现场检查。（2）进入涉嫌违法行为发生场所调查取证。（3）询问当事人及与被调查事件有关的单位和个人，要求其对与被调查事件有关的事项做出说明。（4）查阅、复制与被调查事件有关的财产权登记等资料。（5）查阅、复制保险公司、保险代理人、保险经纪人、保险资产管理公司、外国保险机构的代表机构以及与被调查事件有关的单位和个人的财务会计资料及其他相关文件和资料；对可能被转移、隐匿或者毁损的文件和资料予以封存。（6）查询涉嫌违法经营的保险公司、保险代理人、保险经纪人、保险资产管理公司、外国保险机构的代表机构以及与涉嫌违法事项有关的单位和个人的银行账户。（7）对有证据证明已经或者可能转移、隐匿违法资金等涉案财产或者隐匿、伪造、毁损重要证据的，经保险监督管理机构主要负责人批准，申请人民法院予以冻结或者查封。

保险监督管理机构采取上述第（1）（2）（5）项措施的，应当经保险监督管理机构负责人批准；采取第（6）项措施的，应当经国务院保险监督管理机构负责人批准。

保险监督管理机构依法进行监督检查或者调查，其监督检查、调查的人员不得少于 2 人，并应当出示合法证件和监督检查、调查通知书；监督检查、调查的人员少于 2 人或者未出示合法证件和监督检查、调查通知书的，被检查、调查的单位和个人有权拒绝。

思考题：

1. 何谓保险？如何认识保险法规范的特殊性？
2. 简述投保人的如实告知义务。
3. 财产损失补偿原则有哪些具体的表现规则？
4. 保险代位权的主要内容有哪些？
5. 人寿保险中受益人丧失受益权的情形如何？
6. 简述我国交强险的责任范围、免责事项与责任限额。

▶ 自测习题

第八章 证 券 法

第一节 证券法的基本问题

一、证券概述

（一）证券的概念及法律特征

证券是一个外延很广的概念。广义上的证券可分为有价证券与无价证券。有价证券又可分为价值证券和实物证券，而价值证券还可分为货币证券和资本证券。除非特别说明，本章所讨论的"证券"，是资本证券。

证券，是指资金需求者为了筹措资金而向投资者发行，由投资者购买且能对一定的收益拥有请求权的投资凭证。这里，筹措资金是资金需求者的目的，拥有对一定收益的请求权是投资者的目的，证券则是为筹资者和投资者达到各自目的而设置的手段。

证券具有以下四个法律特征：（1）证券是一种投资权利证书。证券代表了投资者的一定权利，如请求分配股息的权利、请求还本付息的权利等。投资者的权利是通过证券记载的，证券是投资者权利的载体。因此，证券是一定投资权利内容和形式的统一。（2）证券是一种可转让的权利证书。所谓可转让，是指证券可以根据当事人的意志在不同的主体间无偿或有偿地转让。通过转让，当事人可使自身权利随时得以实现。证券的可转让性是证券生命力之所在。（3）证券是一种面值均等的权利证书。证券在其票面上一般会标明特定的金额，同一种证券所标明的金额都是相等的。少数证券不标明金额，但它所代表的实际价值仍然是相等的。面值均等，既便于当事人履行义务和计算利益，也便于流通。（4）证券是一种含有风险的权利证书。证券投资是一项具有市场风险的行为。投资者可能因为证券行市的跌落而亏损，也可能因为证券发行者经营不善而不能得到预期收益，甚至可能因证券发行者破产而亏本。当然，投资不同的证券，风险是不同的。

（二）证券的分类

依据不同的标准，可对证券做出不同的分类：（1）依证券上是否记载面值，证券可分为有面值证券和无面值证券；（2）依持券人的姓名是否记载在证券上，证券可分为记名证券和不记名证券；（3）依发行人发行证券时是否向证券购买者提供担保，证券可分为担保证券和无担保证券；（4）依持券人享有权利的性质，证券分为股票、债券、新股认购权利证书、投资基金证券及其他衍生金融工具等，以股权为内容的证券主要是股票，以债权为内容的证券主要是债券。

我国 2019 年修订的《证券法》第 2 条规定的证券包括股票、公司债券、存托凭证、政府债券、证券投资基金份额和国务院依法认定的其他证券。该条还规定，资产支持证券、资产管理产品发行、交易的管理办法，由国务院依照《证券法》的原则进行规定。与 2019 年修订前的《证券法》相比，该条关于"证券"范围的规定变动较大，主要体现在如下三方面：一是首次将存托凭证纳入《证券法》的调整范围。存托凭证是指在一国证券市场流通的代表外国公司有价证券的可转让凭证，由存托人签发，以境外证券为基础在境内发行，代表境外基础证券权益的证券。二是将资产支持证券、资产管理产品视作"准证券"，预示着证券监管标准的进一步统一，从而消除监管套利和监管真空，形成更为公平的制度环境。三是删除了原《证券法》中"证券衍生品种"的表述，将"证券衍生品种"纳入《期货和衍生品法》进行调整。

（三）证券市场及其结构

1. 证券市场

证券市场是包括证券投资活动全过程在内的证券供求交易的网络和体系，它是金融市场的重要组成部分。证券市场的构成有三个要素：（1）市场主体，主要是指资金需求者和资金供给者，还包括提供各种金融服务的参与者。（2）市场客体，即金融工具，是指交易双方在交易活动中按照一定的格式明确各自权利义务的书面凭证，如股票、债券。（3）市场组织方式，主要有交易所方式和柜台交易方式。

证券市场主要是供给中长期资金的金融市场，它通过买卖各种中长期债券、股票，满足政府或企业对中长期资金的需求，是一国资本市场的重要组成部分。

2. 证券市场的内部结构

证券市场有两个组成部分，一是发行市场，二是交易市场。没有发行市场，资金需求者就无法筹集资金，资金供给者就无法进行证券投资。发行市场的存在是交易市场运行的前提。从发行市场购买的证券，要通过在交易市场上出售转让给第三者，才能收回投资，所以交易市场又是发行市场得以保持和繁荣的条件。

证券发行市场，又称"初级市场"或"一级市场"。发行市场是一个由发行者、投资者和证券公司（或投资银行）三者构成的市场，它为发行者筹集资金提供便利的条件。证券发行市场有两个必要前提：其一，凡证券的发行，必须有管理机构的审核；其二，证券公司包销或承购证券，必须领有执照。这是为了防止商业上的欺诈和保护投资者。发行市场筹集的资金，主要用于企业的创建、更新扩充生产设备及储存原料，它大体反映了社会资本的增量。投资者购入证券，其缴入的资金便成为生产中的真实资本，投资者手中保有的证券成为权益凭证。

证券交易市场，又称"次级市场"或"二级市场"。交易市场是一个由证券出让者、交易场所、证券购买者三者构成的市场，它为投资者转让所持证券、收回本金提供便利的条件。证券市场的交易量，只代表现有证券所有权的转移，不代表社会资本存量的增加。交易市场是各种证券保持其生命力的场所，证券在这里形成公认的价格，并被随时变现。各种投资者包括出让者和购买者均在交易市场上满足各自的需求。

按照证券交易的场所不同，可以将证券交易市场划分为场内市场和场外市场。所谓场内市场，即在证券交易所内进行的证券交易；场外市场则泛指在证券交易所外进行的各种证券交易。两个市场的不同主要体现在交易方式上，场内交易市场主要采取集中交易的方式，在特定的时间点，某只证券只能有一个交易价格；但场外交易市场的交易机制和方式更为灵活。从域外发达国家的证券市场发展历程来看，一般兼有场内交易市场与场外交易市场，而且场内交易市场的产生与发展本身也是源于场外交易市场。在我国，资本市场经过多年建设也逐渐形成了场内与场外并存的多层次市场体系。其中，场内市场，即证券交易所市场，除了主板市场外，还形成了创业板、科创板等不同层次的交易体系。场外市场的构成也比较多元，目前主要包括如下三个部分：一是新三板市场，即全国中小企业股份转让系统，主要是为非上市公众公司提供融资和证券流通服务，其内部又细分为基础层、创新层和精选层，符合不同条件的挂牌公司被分别纳入不同市场层级管理。二是区域性产权交易中心，主要服务于所在地方行政区域内中小微企业的融资与证券交易。2021 年 9 月，我国新成立了北京证券交易所，新三板精选层的公司移至北京证券交易所上市交易，该部分交易实质上已经从场外转向场内。三是全国银行间债券市场，即以全国银行间同业拆借中心和中央国债登记结算有限责任公司为依托，为银行、农村信用联社、保险公司、证券公司等金融机构进行债券买卖和回购交易提供服务。该市场主要进行国债和金融债券的发行、交易以及银行间的资金融通，不对普通居民开放，是我国最重要的场外债券交易市场。

二、证券法概述

（一）证券法的概念与调整对象

证券法包括一切有关资本证券的法律规范。具体地说，证券法是关于证券募集、发行、交易、服务以及对证券市场进行监督管理的法律规范的总和。

证券的募集是资金需求者（发行人）设法从资金供给者（投资者）那里筹集资金的活动，它包括资金需求者进行资金筹措的可行性论证、制定招募章程或说明书、报请管理机构审核、备置证券及其认购书、公告招募认购等步骤。

证券的发行是证券供给者直接或委托证券发行中介人代理将证券出售，由证券需求者购买证券的活动。证券的发行与证券的募集是紧密联系的。证券募集是证券发行的起因，证券发行是证券募集的结果；证券募集表示资金运动的过程，证券发行表示证券运动的过程，它们是一个问题的两个方面。

证券的交易是持有证券的人在证券市场上出让证券，由其他投资者买受证券的活动。证券交易与证券发行也是紧密联系的。证券发行是证券供给者与需求者之间的最初交易；证券发行是证券交易的"源"，证券交易则是证券发行的"流"。

证券的服务是为便于证券发行与交易，而向有关方面提供的诸如资产评估、证券评级、投资咨询、证券登记、清算服务以及会计与法律服务等辅助活动。

证券的监督管理是国家根据市场的现状和发展趋势，运用行政的力量对证券市场进行规划、调控和监督的活动。证券监督是证券管理的一个很重要的方面，监督管理是指以监督为主的管理。

证券法的任务就是规范上述证券募集、发行、交易、服务、监督管理等活动，引导社会资金合理配置，保障证券市场各方参与者的权益，促进证券市场的繁荣和经济的发展。

证券法的调整对象是证券市场的参与者和监督管理者在证券的募集、发行、交易、服务、监督管理过程中所发生的各种经济社会关系，这些关系可统称为"证券关系"。从其内容来看，可分为证券募集关系、证券发行关系、证券交易关系、证券服务关系、证券监督管理关系。证券关系一经法律调整，便上升为证券法律关系。

证券法律关系的构成有三个要素：（1）证券及证券行为，这是证券法律关系的客体；（2）证券市场的参与者和监督管理者，这是证券法律关系的主体；（3）证券市场的参与者和监督管理者所享有的权利（权力）和承担的义务，这是证券法律关系的内容。

证券法所调整的证券关系是一种相当复杂的经济社会关系，它既有平等主体之间发生的物质利益关系（如证券的买方与卖方、证券服务方与服务受益方之间的关系），又有不平等主体之间发生的行政管理关系（如证券主管机关与证券经营机构、行使管理权的政府部门与证券市场的参与者之间的关系），还有刑事司法机关运用强制力对证券犯罪进行处罚的刑事制裁关系。平等主体间的物质利益关系，适用商法规范进行调整，因而属于商事证券关系；不平等主体之间的行政管理关系，适用行政法规范进行调整，因而属于行政证券关系；司法机关对犯罪者的制裁关系，适用刑法规范进行调整，因而属于刑事证券关系。证券关系的复杂性决定了法律调整方法的多样性。在证券领域，民商法、行政法、刑法综合调整，商事、行政、刑事制裁手段并用，这是建立社会主义市场经济体制的内在要求和必然选择。

（二）证券法的原则

证券法的原则是为了实现证券法的任务，要求证券市场的参与者和监督管理者必须遵守的最基本的活动准则，它是证券法的精神所在，贯穿证券法律法规的始终。证券法有哪些原则，虽然学者们的观点不尽相同，但公开、公平、公正原则（即"三公原则"），是公认的最重要、最基本的原则。

1. 公开原则

公开原则亦称信息公开制度。它是指证券发行者在证券发行前或发行后根据法定的要求和程序向证券监督管理机构和证券投资者提供规定的能够影响证券价格的有关信息资料。证券不同于一般的实物商品，购买者在不了解发行者的财务状况、经营状况和信用状况的情况下，是无法判定其价值的。没有信息公开制度，发行者就得不到应有的外部约束，投机、行骗欺诈行为就会兴风作浪。确立公开原则的宗旨是，保护投资者的利益，完善投资环境，维护证券市场的稳定。

依据公开原则，发行证券的主体所公开的信息应当做到：（1）真实。证券发行人所披露的信息必须与所反映的事实相符，不得存在任何虚假陈述。（2）准确。证券发行人在进行信息披露时，必须采用精确的表述方式以确切表明其含义，内容表述清晰。（3）全面。所有与证券价格有关的信息资料应尽可能详细地公开，不得故意隐瞒、遗漏。（4）及时。证券发行人的有关信息应以最快的速度传达接受者，不得故意拖延迟缓。（5）公平。证券发行人应当同时向所有投资者公开披露重大信息，确保所有投资者可以平等地获取同一信息，不得私下提前向特定对象单独披露。（6）易得。信息资料应以广大投资者最易获得的形式加以公开，发行者应设法通过各种宣传媒体进行传播。（7）易解。信息内容的表述应通俗简明，易被大众理解，不得使用深奥、容易引起误解的字句。

2. 公平原则

公平原则是指证券商事关系主体在证券募集、发行、交易、服务活动中应公平合理，照顾各方的权利和利益。其具体含义包括：证券商事关系主体参加证券市场活动的机会均等；证券商事关系主体在商事权利的享有和义务的承担上对等；证券商事关系主体在承担商事责任上要合理；在仲裁、司法工作中，仲裁人员、司法人员应实事求是，秉公办案，合情合理地处理商事纠纷。

公平原则要求证券商事关系主体做到：（1）平等。当事人无论其身份、经济实力等存在何种差异，在商事活动中的地位平等。证券商事关系主体应相互尊重，平等协商。（2）自愿。当事人可依法行使自己的商事权利，按照自己的意愿参与商事活动。证券商事关系主体在商事活动中要真实表达自己的意志，切忌一方当事人将自己的意志强加于另一方当事人。（3）等价有偿。证券商事关系主体在从事商事活动中要按照价值规律的要求进行等价交换，除法律另有规定或合同另有约定者外，取得他人财产利益或得到他人的劳动服务必须向对方支付相应的价款或酬金。当事人一方不得无偿占有、剥夺他方的财产，损害他人利益。（4）诚实守信。证券商事关系主体在从事商事活动时，应讲诚实，守信用，以善意的方式履行其义务，不得规避法律和合同。

3. 公正原则

公正原则是指证券监督管理机构及其他组织和人员应充分运用法律，采取有效措施，对证券市场的违法犯罪活动进行制止和查处，以确保投资者得到公正的对待。公正原则要求证券监督管理机构及其他组织和人员做到：（1）反欺诈。证券监督管理机构不仅要求信息充分公开，而且要求这些公开的信息是真实的，严禁发行者或出售者制造或散布虚假的或使人误解的信息，并严禁某些不正当的证券销售手段。（2）反操纵。法律禁止一切使用直接或间接方法操纵市场、扰乱市场的行为，如连续抬价买入或压价卖出同一种证券，联手买卖证券等。（3）反内幕交易。证券发行人的董事、高级职员、对公司有控制权的股东等内幕信息知情人，利用尚未公开的信息进行证券交易以图获利或避免损失，或将尚未公开的信息透露给他人，使他人据此进行证券交易，就构成内幕交易。证券法对内幕交易应当施以严格的限制。

我国《证券法》"总则"第3—7条规定了证券市场活动须遵守的五项基本原则。这五项原则是：（1）"三公原则"；（2）自愿、有偿、诚实信用原则；（3）"三禁原则"，即禁止欺诈、内幕交易和操纵证券市场的行为的原则；（4）证券业和银行业、信托业、保险业实行分业经营、分业管理的原则；（5）集中统一监督管理原则。理解证券法，首先必须从理解这些原则着手。

（三）证券法的体系与结构

证券法体系是指国家通过制定法律、法规、部门规章或认可自治规范、守则等方式对证券行业进行制度化管理、调节和监督的法律规范整体。它包括对证券的募集发行、交易和服务，证券经营机构的成立及活动，证券交易场所的组成与运行，证券从业人员的行为规范，以及其他与证券业有关的组织或行为进行管理、控制、协调和监督的所有立法机关、政府及相关部门和自律性组织发布的法律、行政法规、部门规章、守则及自治规范等。

我国的证券法体系，从表现形式上看，应包括：国家立法机关制定的《证券法》及其他有关证券的商事、行政、刑事法律；国家行政机关及其部门制定的有关证券监督管理的行政法规、部门规章；经证券监督管理机构认可的证券业协会、证券交易所制定的自治规范、守则等。

证券法结构是证券法的内容与表现形式的有机统一体。我国的证券法结构，从内容来看，应包括：（1）总则。规定我国证券及其市场活动与监督管理的根本宗旨、指导思想和基本原则。（2）证券的发行。规定证券募集发行的主体资格、条件和程序，证券承销，证券募集发行的法律效力和责任等。（3）证券的交易。规定证券交易的条件和程序、交易的形式、交易各方及有关人员的行为准则等。（4）证券经营机构。规定证券经营机构设立的条件和程序、证券经营机构的种类、各种证券经营机构及其人员的管理及行为准则等。（5）证券服务机构。规定证券服务机构的设立条件和程序、服务机构的种类、各种服务机构的职能、行为准则及法律责任等。（6）证券交易所。规定证券交易所的设立条件和程序、交易所的管理体制和活动原则、国家对证券交易所的管理等。（7）证券监督管理机构。规定证券监督管理机构的职能、权力范围、实施监督管理的准则与程序等。（8）证券业协会。规定证券业协会的性质、职能、组织运作、国家对证券业协会的管理等。（9）证券仲裁与诉讼。规定证券纠纷处理机构及其职权、证券仲裁与诉讼的程序、裁决的执行等。（10）境外证券投资。规定境外证券投资的种类、发行与管理的规则和程序、准据法等。

三、我国证券法的发展历程

自改革开放以来，我国资本市场经历了一个从低级到高级、从简单到复杂的发展过程；与此相应，证券法律制度也呈现出明显的螺旋式上升与波浪式前进的特征。这种上升和前进与政策引领、与我国的经济体制改革密切相关。

我国的资本市场始建于 20 世纪 80 年代初期。1978 年 12 月，党的十一届三中全会召开，会议把经济建设提升到国家基本任务的战略高度，改革开放也成为我国的基本国策。随着经济体制改革的推进，企业对资金的需求日益多样化，资本市场应运而生。1987 年 10 月，党的十三大报告指出社会主义也可以发展股份制经济，这为 1990 年和 1991 年沪、深证券交易所的开业提供了直接的政策支持，奠定了我国证券市场的发展基础。上海证券交易所、深圳证券交易所的成立，使我国证券市场由场外交易进入场内交易、由分散交易进入集中交易，不仅市场容量有了很大提高，市场规划的建设、市场体系的完善以及与国际惯例的接轨等都取得了较快进步，标志着我国股票市场的形成，也标志着我国证券市场向规范化运作迈出了第一步，是我国资本市场发展中的一个转折点。1993 年 11 月，党的十四届三中全会提出社会主义市场经济体制改革的框架，同时也为进一步发展和完善资本市场指明了方向，即"资本市场要积极稳妥地发展债券、股票融资。建立发债机构和债券信用评级制度，促进债券市场健康发展。规范股票的发行和上市，并逐步扩大规模"。

　　在我国证券市场的逐步建立过程中，《证券法》的制定时机也日渐成熟。1998 年《证券法》出台，成为我国证券市场法制建设的里程碑，由此改变了我国证券市场发展无法可依的状态。实践也充分证明，《证券法》的颁布实施，对于规范证券市场活动，保护投资者合法权益，促进证券市场的规范、健康发展起到了重要作用。2005 年 10 月，为更好地适应证券市场发展需要，切实保护证券市场股民利益，维护证券市场稳定，《证券法》进行了大规模修订，对证券发行制度、上市及交易制度、信息披露制度、投资者保护制度等进行了全面完善。2019 年 12 月，我国《证券法》进行了第二次全面修订，扩大了证券概念，强化了证券市场多层次发展，确立了证券发行注册制，提高了证券违法违规成本，强化了信息披露要求，进一步完善了投资者保护机制。此次修订体现了强烈的市场化、法治化、国际化方向，为证券市场全面深化改革、有效防控市场风险、切实维护投资者合法权益，提供了更为坚实的法治保障。

　　回顾改革开放以来的发展历程，我国证券市场实现了从无到有、从小到大的发展，初步实现了依靠市场配置资源的目标；在法制建设方面，市场法制和规则不断完善，《公司法》《证券法》等一系列重要法律相继出台，并根据经济改革的现实需要及时进行了修订，为证券市场的正常运行提供了法律保障。当然，这些只是我国证券市场发展中的阶段性成果，而非发展的终止符。

　　总之，发展本质上是人类不断提高主体能力、从自然和社会中获得解放、追求自由而全面进步的前进过程。发展不是单纯的数量增长，而是诸多方面协调发展、持续演进的系统运动过程。我国证券市场在不断向前发展的过程中存在着相互影响、相互制约和相互作用的各种要素，发展正是对经济、法律等各类资源进行有效整合的结果。

第二节　证券市场主体法律制度

一、证券交易所

（一）证券交易所的概念及法律特征

　　证券交易所是依据国家有关法律设立的，为证券集中交易提供场所和设施，组织和监督证券交易，实行自律管理的法人。证券交易所既不直接买卖证券，也不决定证券价格，而只为买卖证券的当事人提供场所和各种必要的条件及服务。

　　证券交易所具有以下特征：（1）一般都是依法设立的法人组织；（2）是证券集中交易的场所；（3）是证券交易的组织者和监督者；（4）是自律管理的

法人。

证券交易所是交易市场的核心，在证券市场中历来占有极其重要的地位。证券交易所的主要功能可概括为：提供证券交易的场所、设施和技术保障；组织和监督交易活动，维护交易秩序；形成公平的市场价格和交易环境等。通过这些功能的发挥，证券交易所可以降低证券交易成本，促进证券市场的价格发现，增强证券的流动性，并最终发挥证券市场的资源配置功能，促进企业和社会经济的发展。

（二）证券交易所的组织形式

就国际上现有交易所来看，主要有两种形式：一种是会员制，一种是公司制。

会员制的证券交易所不以营利为目的，其会员是各证券商。会员必须向证券交易所交纳会费。会员制证券交易所的财产积累归会员所有，其权益由会员共同享有，在其存续期间，不得将其财产积累分配给会员。在该类证券交易所中，只有具备会员资格的证券经营机构才能在证券交易所进行场内交易；投资者也只有通过会员才能在交易所进行证券买卖。目前，我国的上海证券交易所和深圳证券交易所均属会员制。

公司制的证券交易所是由股东出资设立并以营利为目的的企业法人。这类交易所的核心目标是采纳股份制的所有权模式和管理结构，把交易所塑造成为一个"以客户和盈利为导向"的商业机构，使交易所的利益和市场参与者的利益达到统一，并按照客户的要求提供产品和服务。目前，世界上越来越多的国家和地区的证券交易所开始采用这种形式。2021年9月新成立的北京证券交易所开始了我国对该类证券交易所的探索。

相较而言，会员制证券交易所有如下优点：（1）作为一种非营利性的社团组织，每个会员都必须接受交易所对其交易情况的监督和对违反交易所规则的纪律处罚，这使得维持社团正常运营的自律机制得以顺利运行；（2）非营利性还可以使会员制证券交易所将历年的积累用以提高交易系统的稳定性和效率，提高交易所的成功可能性和可靠性。其缺点在于：（1）新型交易系统的出现和电子交易的兴起消除了交易所的进入壁垒，在技术进步的推动下，交易自动化使交易过程更加便捷，从而减少了对金融中介的需要，打破了传统会员制交易所的垄断地位，可以说，交易的自动化使交易所丧失了采取会员制的必要；（2）会员制证券交易所的参加者主要是券商，从监管的角度看，由于交易所被券商控制，无论是在制定交易规则还是在执行交易规则时，证券交易所都会以会员券商的利益为出发点而忽视证券市场的公共利益。

公司制证券交易所的优点在于：（1）有利于保护投资者的利益。在公司制下，任何符合资金和能力标准的国内外机构均可直接进入交易系统，不仅拓宽了证券交易所的投资者范围，也打破了"会员地位"的垄断性。（2）有利于保障交易公平。在公司治理模式下，公司的所有权和经营权相分离，证券交易所的经营权由股东选举出的董事会行使。这比会员制"两权合一"的情况更能确保交易所的公平、公正和公开。其缺点集中体现在营利性目的与自律监管功能的冲突，具体而言：（1）公司制证券交易所以商业化为导向，经营目标就是要增进股东的利益，同时，交易所的股东可能又因为是市场的参与者而成为交易所应监管的对象，这造成营利的商业化目标与保护市场公正的监管职能之间的冲突。（2）公司制证券交易所的股东具有客户和股东的双重身份。这种双重身份使客户型股东面临着利益冲突的权衡：一方面，其可以从证券交易所获取利润分红，可以以较低费用使用交易所提供的设施；另一方面，其牺牲了交易所的利润。在客户型股东对证券交易所实施有效控制的情况下，证券交易所可能不会采取利润最大化的定价政策，从而使小股东的利益受到损害。

尽管上述两种交易所的模式各有利弊，但从域外发展来看，公司制已成为越来越多的证券交易所的选择。以欧盟区的改革经验为例，包括德国、法国等证券交易所在内的公司制改革被认为能够改变交易所的决策机制，提高交易所对市场和客户需求变化的反应速度，在技术投资、产品创新、市场营销等方面的力度得到加强，最终可以改善交易所的绩效、增强交易所的市场竞争力。

（三）证券交易所的职责范围

1. 提供证券交易的场所、设施和服务

证券交易所是证券市场第一线的组织者，为市场主体集中交易提供场所、技术等服务。

2. 制定和修改证券交易所的业务规则

这些业务规则主要包括上市规则、交易规则、会员管理规则等。

3. 审核证券发行及上市，决定证券终止上市和重新上市

（1）关于证券发行审核。我国《证券法》第21条规定，"国务院证券监督管理机构或者国务院授权的部门依照法定条件负责证券发行申请的注册。证券公开发行注册的具体办法由国务院规定。按照国务院的规定，证券交易所等可以审核公开发行证券申请，判断发行人是否符合发行条件、信息披露要求，督促发行人完善信息披露内容"。这一立法正式确定了在注册制下，授权交易所对证券的公开发行申请进行审核的权力。（2）关于证券上市审核、终止上市和重新上市。我国《证券法》在2005年修订时，取消了中国证监会对证券上市的行政许可，将证券上市审核权界定为证券交易所的法定职权。申请证券上市交易，应当向证券交易所提出申请，由证券交易所依法审核同意。与此相应，证券在上市后，如

终止上市或申请重新上市，也应当向交易所提出，交易所有权做出同意与否的决定。

4. 提供非公开发行证券转让服务

为适应证券交易所上市品种日渐丰富、种类多样的现实及完善证券交易所市场服务的职能，2017 年《证券交易所管理办法》增加了"提供非公开发行证券转让服务"的新内容，为私募债等非公开发行证券的转让提供服务。

5. 组织、监督证券交易

证券交易所负有组织和监督管理证券交易活动、维护证券市场正常运行的重要职责，主要表现在以下方面：（1）因不可抗力、意外事件、重大技术故障、重大人为差错等突发性事件而影响证券交易正常进行时，为维护证券交易正常秩序和市场公平，证券交易所可以按照业务规则采取技术性停牌、临时停市等处置措施，并应当及时向证监会报告。所谓技术性停牌，是指上市公司的股票临时停牌、中止交易的行为。证券交易所可以视情况和上市公司的申请予以技术性停牌。所谓停市，是指证券交易所在其例行交易时间内停止所有证券交易的行为。（2）对异常交易的取消权。因突发性事件导致证券交易结果出现重大异常，按交易结果进行交收将对证券交易正常秩序和市场公平造成重大影响的，证券交易所按照业务规则可以采取取消交易、通知证券登记结算机构暂缓交收等措施，并应当及时向中国证监会报告并公告。当然，为维护证券市场的交易秩序，除特殊情况下的异常交易外，按照依法制定的交易规则进行的交易，证券交易所不得改变交易结果。（3）实时监控和限制交易。《证券法》规定，证券交易所对证券交易实行实时监控，并按照中国证监会的要求，对异常的交易情况提出报告。证券交易所根据需要，可以按照业务规则对出现重大异常交易情况的证券账户的投资者限制交易，并及时报告中国证监会。同时，证券交易所应当加强对证券交易的风险监测，出现重大异常波动的，证券交易所可以按照业务规则采取限制交易、强制停牌等处置措施，并向中国证监会报告；严重影响证券市场稳定的，证券交易所可以按照业务规则采取临时停市等处置措施并公告。（4）设立证券交易所风险基金。该基金用于弥补证券交易所重大经济损失，防范与证券交易所业务活动有关的重大风险事故，以保证证券交易活动正常进行。

6. 对会员进行监管

这里主要是对会员的资格、交易席位、交易单元、会员交易系统、会员业务行为的规范性等进行监督管理。会员出现违法违规行为的，证券交易所可以按照章程、业务规则的规定给予相应处罚。

7. 对证券上市交易公司及相关信息披露义务人进行监管

这方面的职责主要包括：证券交易所应当按照章程、协议以及业务规则，督促证券上市交易公司及相关信息披露义务人依法披露上市公告书、定期报告、临时报告等信息披露文件。证券交易所对信息披露文件进行审核，可以要求证券上市交易公司及相关信息披露义务人、上市保荐人、证券服务机构等做出补充说明并予以公布，发现问题应当按照有关规定及时处理，情节严重的，报告中国证监会。发行人、证券上市交易公司及相关信息披露义务人等出现违法违规行为的，证券交易所可以按照章程、协议以及业务规则的规定，采取通报批评、公开谴责、收取惩罚性违约金、向相关主管部门出具监管建议函等自律监管措施或者纪律处分。

8. 对证券服务机构为证券上市、交易等提供服务的行为进行监管

这里的证券服务机构主要是指投资咨询机构、财务顾问机构、资信评级机构、资产评估机构、会计师事务所、律师事务所等从事证券服务业务的专业机构。证券交易所有权依法对证券服务机构为证券上市、交易等提供服务的行为的合法合规性进行监管。

9. 管理和公布市场信息

证券交易所应当为组织公平的集中交易提供保障，实时公布证券交易即时行情，并按交易日制作证券市场行情表，予以公布。证券交易即时行情的权益由证券交易所依法享有。未经证券交易所许可，任何单位和个人不得发布证券交易即时行情。

10. 开展投资者教育和保护

保护投资者合法权益是资本市场发展的关键。证券交易所应当把保护投资者合法权益特别是中小投资者合法权益放在突出位置，从发行上市到市场监管，从风险控制到投资者教育，积极营造市场"三公"环境，努力保护投资者的合法权益。

11. 证券监督管理机构赋予的其他职能

为确保证券交易所切实履行法定职责，《证券交易所管理办法》规定证券交易所不得直接或者间接从事：新闻出版业；发布对证券价格进行预测的文字和资料；为他人提供担保；未经中国证监会批准的其他业务。另外，证券交易所不得以任何方式转让其依法取得的设立及业务许可。

二、证券公司

（一）证券公司的概念

证券公司是指依照公司法规定，经证券监督管理机构批准设立的从事证券经营业务的有限责任公司或者股份有限公司。

证券公司在部分国家仅是证券商的一种。所谓证券商，是指依法设立的以证券承销、证券自营、证券经纪为其核心业务的商事主体，它既包括公司，也包括合伙和个人。日本、韩国以及东南亚一些国家的证券商均为公司。西欧一些国家

如比利时、丹麦允许证券商采用独资（个人）或合伙形式。英国、爱尔兰的证券商不得为个人，但可以是合伙。[①] 根据我国《证券法》的规定，个人与合伙组织不能经营证券业务。

（二）证券公司的设立条件

证券公司的设立和经营对证券市场的影响至关重要。为维护证券市场的有序发展、保护投资者的利益，证券公司的设立必须符合法律规定的条件。依据我国《证券法》的规定，证券公司的设立必须满足如下要求：（1）有符合法律、行政法规规定的公司章程；（2）主要股东及公司的实际控制人具有良好的财务状况和诚信记录，最近 3 年无重大违法违规记录；（3）有符合《证券法》规定的公司注册资本；（4）董事、监事、高级管理人员、从业人员符合《证券法》规定的条件；（5）有完善的风险管理与内部控制制度；（6）有合格的经营场所、业务设施和信息技术系统；（7）法律、行政法规和经国务院批准的国务院证券监督管理机构规定的其他条件。

关于证券公司的注册资本，现行立法根据证券公司业务类型的不同，设定了不同的标准。其中，经营证券经纪，证券投资咨询，与证券交易、证券投资活动有关的财务顾问三项业务中的一项或者多项的，注册资本不得低于人民币 5 000 万元；经营证券承销与保荐、融资融券、做市交易、证券自营、其他证券业务之一的，注册资本不得低于人民币 1 亿元，经营其中两项以上的，注册资本不得低于人民币 5 亿元。不论是经营何种证券业务的证券公司，其注册资本都应当是实缴资本。中国证监会根据审慎监管原则和各项业务的风险程度，可以调整注册资本最低限额，但不得少于上述规定的限额。

需特别强调的是，证券公司的设立采取的是特许制，未经中国证监会批准，任何单位和个人不得以证券公司名义开展证券业务活动。

（三）证券公司的业务范围

证券公司从事的证券业务主要有：（1）证券经纪；（2）证券投资咨询；（3）与证券交易、证券投资活动有关的财务顾问；（4）证券承销与保荐；（5）证券融资融券；（6）证券做市交易；（7）证券自营；（8）证券资产管理；（9）其他证券业务。在我国，经中国证监会批准，证券公司可以经营上述部分或者全部业务。根据我国《证券法》规定，证券公司从事融资融券业务的，应当采取措施，严格防范和控制风险，不得违反规定向客户出借资金或者证券。此外，如果证券公司从事证券资产管理业务，则应符合《证券投资基金法》等法律、

---

① 参见顾功耘主编：《金融市场运行与法律监管》，世界图书出版公司 1999 年版，第 196—197 页。

行政法规的规定。

（四）证券公司的业务规则

为维护投资者合法权益以及证券市场秩序，证券公司应当遵守下列业务经营规则：（1）业务许可规则。在我国，证券公司经营证券业务应经中国证监会核准，取得证券业务许可证方可开展经营活动。（2）证券业务分开办理规则。当证券公司同时从事经纪、承销、自营、做市和资产管理等业务时，应当建立起隔离制度，使各业务在人员、信息、账户管理上严格分开，防范公司与客户之间、不同客户之间的利益冲突。（3）证券账户实名制规则。证券公司为投资者开立账户，应当按照规定对投资者提供的身份信息进行核对。（4）客户账户管理规则。为保护客户利益，证券公司客户的交易结算资金应存放在商业银行，以每个客户的名义单独立户管理。证券公司不得将客户的交易结算资金和证券归入其自有财产，禁止任何单位或者个人以任何形式挪用客户的交易结算资金和证券。证券公司破产或者清算时，客户的交易结算资金和证券不属于其破产财产或者清算财产。非因客户本身的债务或者法律规定的其他情形，不得查封、冻结、扣划或者强制执行客户的交易结算资金和证券。

在日常业务活动中，证券公司还应注意：（1）不得接受客户的全权委托，即证券公司不得代客户决定证券买卖、选择证券种类、决定买卖数量或者买卖价格。（2）不得以任何方式对客户买卖证券的收益或损失赔偿做出承诺。投资风险应由投资者自己承担。证券公司做出承诺不仅增大了自身的经营风险，而且破坏了公平竞争的秩序。（3）不得私下接受委托。证券公司及其从业人员不得未经过其依法设立的营业场所，私下接受客户委托买卖证券。

由于证券市场的高风险性，证券公司经营的安全性和稳定性对于证券市场、证券公司自身以及广大投资者都至关重要。为防范和化解经营中的风险，《证券法》规定证券公司应当从每年的业务收入中提取交易风险准备金，用于弥补证券经营的损失。这种风险准备金的提取是证券公司的法定义务，不得自行免除；且准备金的使用必须是为了弥补证券交易的损失，确保证券公司遇到经营风险时能够得到及时的资金补充，而不得随意挪作他用。

三、证券登记结算机构

（一）证券登记结算机构的概念及职能

证券登记结算机构是指为证券交易提供集中的登记、存管与结算服务的不以营利为目的的法人。在证券交易中，证券登记结算机构是为买卖双方持续、平等地提供证券和资金结算交收服务，自己不参与证券买卖关系，不是证券交易当事人，在整个证券市场中保持一个相对中立的参与者角色。所谓"不以营利为目的"，是指证券登记结算机构以完成特定证券服务/业务为行为指向，在从事证券登记、存管、结算服务时，不以利润最大化为行为目标。当然，"不以营利为目的"只是不以利润最大化为追求，而并非指开展自己的业务活动时不收取任何有关费用。从证券登记结算机构所从事的服务以及所选择的组织形式来看，似应归为企业法人一类。但是，证券登记结算机构是经中国证监会特许设立的，不以营利为目的，因此应作为特殊法人对待。

证券登记结算采取全国集中统一的运营方式。根据《证券法》的规定，我国的登记结算机构是中国证券登记结算有限责任公司。证券登记结算机构一般具有登记、存管和结算三项职能。登记职能，是指证券登记结算机构具有记录并确定当事人证券账户、证券持有情况及相关权益的职责与功能；存管职能，是指证券登记结算机构代为保管证券持有人的证券的职责与功能；结算职能，是指证券登记结算机构具有协助证券交易的双方相互交付证券与价款的职责与功能。此外，证券登记结算机构还有权接受发行人的委托派发证券权益。

（二）证券登记结算机构的业务规则

证券登记结算机构在其主要业务活动中应当遵循如下规则：（1）账户的开立及管理规则。证券登记结算机构应当按照规定，以投资者本人的名义为投资者开立证券账户，保证证券账户的真实性，并依法为客户账户保密。（2）账户的存管和过户规则。证券持有人持有的证券在上市交易时，应当全部存管在证券登记结算机构。证券登记结算机构不得挪用客户的证券。在交易过户环节，证券登记结算机构应当保证证券持有人名册和登记过户记录真实、准确、完整，不得隐匿、伪造、篡改或者毁损。（3）结算规则。在证券和资金结算时，证券登记结算机构负责办理证券登记结算机构与结算参与人之间的集中清算交收；而结算参与人负责办理结算参与人与客户之间的清算交收，实行分级结算。这里的结算参与人是指经证券登记结算机构核准，有资格参与集中清算交收的证券公司或其他机构。

（三）证券登记结算机构的风险防范

证券结算是证券市场的高风险活动，这种风险来自信用风险、技术故障、操作失误以及不可抗力等因素。一方面，证券登记结算机构应当采取有力措施保证业务的正常进行，如设置必要的服务设备和完善的数据安全保护措施，建立健全的业务、财务和安全防范等管理制度，建立完善的风险管理系统等；另一方面，证券登记结算机构应当设立证券结算风险基金。

证券结算风险基金是指证券登记结算机构依法设立的用于补偿证券登记结算

机构损失的一种基金。风险基金的资金来源有两个：一是从证券登记结算机构的业务收入和收益中提取；二是由证券公司按证券交易业务量的一定比例缴纳。第二个来源是否利用，由证券登记结算机构自主决定，法律上未做强制规定。

证券登记结算机构按照业务规则收取的各类结算资金和证券，必须存放于专门的清算交收账户，不得与证券登记结算机构的自有资金混合存放，并且只能按业务规则用于已成交的证券交易的清算交收，不得被强制执行，即证券交易结算履约优先。这样就大大提高了证券登记结算机构维护正常交收秩序的权威性，保证了业务规则的严肃性，为证券登记结算系统安全运营、切实保护投资者的利益提供了法律保障。

四、证券服务机构

（一）证券服务机构概述

证券服务机构是指专门从事证券投资咨询业务、证券资信评级业务、为证券发行与交易提供会计、审计及法律服务的机构，主要包括投资咨询机构、财务顾问机构、资信评级机构、会计师事务所、律师事务所、资产评估机构等。证券服务机构在整个证券市场中的作用是不可低估的。在证券的发行市场上，它们能为投资者提供准确的投资信息，帮助投资者做出正确的投资决策，使证券的发行工作得以顺利进行；在证券的交易市场中，它们能够协助上市公司及时准确地披露经营、财务和资产状况，为政府的监督管理提供依据，从而使投资者的权益得到切实的维护。

（二）证券投资咨询机构

证券投资咨询机构，又称证券投资顾问机构，是指依法成立的，为证券投资人或者客户提供证券投资分析、预测或者建议，以营利为目的的证券服务组织。

证券投资咨询机构提供咨询服务的主要形式包括：（1）直接接受投资人或者客户委托；（2）举办讲座、报告会、分析会等；（3）在报刊上发表文章、评论、报告，以及通过电台、电视台等公众传播媒体提供服务；（4）通过电话、传真、计算机网络等电信设备系统提供服务等。

证券投资咨询机构及其从业人员从事证券服务业务不得有下列行为：（1）代理委托人从事证券投资；（2）与委托人约定分享证券投资收益或者分担证券投资损失；（3）买卖本证券投资咨询机构提供服务的证券；（4）法律、行政法规禁止的其他行为。证券投资咨询机构及其从业人员有上述行为之一，给投资者造成损失的，依法承担赔偿责任。

（三）证券资信评估机构

证券资信评估机构是依法设立的对证券质量进行评价从而确定证券投资价

值，以营利为目的的证券服务机构。资信评估机构是一个承担特殊责任的社会性咨询服务机构，它不经营证券的发行与交易，仅向证券投资者和证券市场提供某一证券的信用等级评定结果。按国际上通行的做法，资信评估机构对证券信用等级进行评定一般采取三等九级制，最高为 AAA 级，最低为 C 级。

证券资信评估机构具有中立性和非单一性的特征。所谓"中立性"，是指评估机构应尽最大努力使自己在人员或资金方面不和与自己存在着利害关系的各方当事人发生任何关系。如果评估机构过分倾向于投资者一方而对证券评级要求得过严，则不利于证券的顺利发行，筹资者很难筹集到资金；如果评估机构过分倾向于客户一方而对评级要求得过宽，则可能导致"垃圾证券"泛滥，最终将导致投资者对市场失去信心。所谓"非单一性"，是指在证券市场上应设立多家资信评估机构。评估机构的单一，容易导致对证券评级的偏差，从而使投资者以及客户失去选择的余地。

国外的证券评级制度源于美国，目前资信评估业也以美国最为发达。20世纪初，美国就先后成立了多家评估机构。1940 年《投资顾问法》颁布以后，美国两家主要的证券评级公司——穆迪公司和标准普尔公司分别按照该法第 203 条规定作为投资咨询公司进行了注册登记。这两家公司在世界范围内开展评估活动，建立了良好的市场声望，积累了丰富的评估经验。

（四）其他证券交易服务机构

在证券市场中，除上述证券投资咨询机构、证券资信评估机构提供咨询等服务外，还有会计师事务所、律师事务所提供审计和法律等服务。

1. 会计师事务所

会计师事务所是注册会计师执行业务的工作机构。会计师在证券市场中的作用主要是审查发行人或上市公司的财务资料并以此为基础做出鉴定结论，从而增强发行人或上市公司的公信力，为投资者提供相应的数据资料，维护市场正常的秩序。

从事证券业务的会计师事务所及其注册会计师的主要职责有：（1）向上市公司、投资人及有关中介机构提供有关会计事务的管理咨询；（2）办理资产评估业务，并对新建或改组的股份有限公司的资产评估结果进行检查验证工作；（3）股份有限公司投入资本的验资工作；（4）对股份有限公司的会计科目、会计报表和其他财务资料做常年会计查账验证工作；（5）对发行股票的公司的招股说明书进行审核并鉴证；（6）协助办理股份有限公司股票上市的有关财务会计业务；（7）协助办理股权转让的有关财务会计工作；（8）接受股份有限公司、有关管理机构和投资人的委托，复审公司会计报告、营业报告、利润分配方案和其他财务资料；（9）协助股份有限公司及有关当事人办理公司收购与兼并的有关事项；（10）协助办理股份有限公司的终止与清算事项；等等。

注册会计师本着独立审计的要求，对证券发行人的会计报表发表审计意见，提出书面审计报告。注册会计师需针对不同的审计结果，出具以下四种审计报告：（1）无保留意见的审计报告。这意味着会计师对证券发行人的会计报表的全面肯定。（2）保留意见的审计报告。这意味着会计师对证券发行人的会计报表的基本肯定，但又存在个别财务会计事项的处理或个别重要报表不符合有关会计法规规定的情况。（3）否定意见的审计报告。即认为证券发行人的会计报表不符合合法、公允原则，不能一贯地反映其财务状况、经营状况等。（4）无法表示审计意见的审计报告。这指的是审计受到委托人、被审计单位或客观情况的限制，不能取得有关数据，故无法发表意见。

2. 律师事务所

律师事务所是注册律师执行业务的工作机构。律师在证券市场中主要是通过提供法律咨询、起草必备的文件、出具法律意见书等体现自身的作用。律师的参与有利于促进和推动证券市场的法制化。

律师事务所及其律师从事证券业务必须符合有关规定。律师证券业务主要包括股票发行、上市中的法律事务，上市公司配股中的法律事务，上市公司并购及经营中的法律事务。

根据法律法规的规定，从事证券业务的律师可以受聘担任发行人的法律顾问，就其发行股票提供律师工作报告，出具法律意见书；就有关证券法律业务提供咨询，制作、审查、修改有关证券上市及上市公司信息披露的文件；参与起草、审查或签订证券承销、收购、合并等协议。律师在上市公司配股业务中的主要职责是出具配股法律意见书。其中，律师工作报告是律师事务所出具的说明发行人情况的法律文件；法律意见书是律师签发的由所在律师事务所加以确认的对发行人能否发行股票或能否配股进行审查做出的结论性意见。律师工作报告和法律意见书的内容和格式应当符合《公开发行股票公司信息披露的内容与格式准则》提出的要求。

五、证券业协会

（一）证券业协会的性质和职责

证券业协会，又称证券业同业公会，是依法设立的旨在对证券业进行自律性管理的具有法人资格的社会团体组织。

作为社会团体法人，证券业协会是由证券公司和其他证券经营、服务机构自愿组织成立的。它有自己的独立财产或基金，有成员共同制定的团体章程，其活动不以营利为目的。所谓自律，是指该组织由协会会员实行自我管理、自我约束。

证券业协会分为全国性证券业协会和地方性证券业协会两种。证券业协会的职责主要包括：（1）教育和组织会员及其从业人员遵守证券法律、行政法规，组织开展证券行业诚信建设，督促证券行业履行社会责任；（2）依法维护会员的合法权益，向证券监督管理机构反映会员的建议和要求；（3）督促会员开展投资者教育和保护活动，维护投资者合法权益；（4）制定和实施证券行业自律规则，监督、检查会员及其从业人员行为，对违反法律、行政法规、自律规则或者协会章程的，按照规定给予纪律处分或者实施其他自律管理措施；（5）制定证券行业业务规范，组织从业人员的业务培训；（6）组织会员就证券行业的发展、运作及有关内容进行研究，收集整理、发布证券相关信息，提供会员服务，组织行业交流，引导行业创新发展；（7）对会员之间、会员与客户之间发生的证券业务纠纷进行调解；（8）证券业协会章程规定的其他职责。

（二）证券业协会的会员及内部管理

证券业协会的会员主要是证券公司。我国《证券法》规定，证券公司应当加入证券业协会。除了证券公司外，证券登记结算机构、证券服务机构等证券市场主体也可成为证券业协会的会员。可见，我国证券业协会采取的是自愿入会与强制入会相结合的办法。

证券业协会的权力机构是由全体会员组成的会员大会。会员大会有权决定协会的重大问题。这些重大问题包括制定和修改章程、选举理事会理事、审查理事会工作报告、确定会费的收取标准等。理事会是证券业协会的常设机构，负责执行协会章程和会员大会的各项决议。理事会理事的任期、职权及工作程序等均应由章程具体规定，以保证协会的正常运行。

第三节   证券发行与承销法律制度

一、证券发行

（一）证券发行的概念及法律意义

证券发行是指证券的发行者为筹集资金依法向投资者以同一条件招募和出售股票、公司债券以及其他证券的活动。证券发行包括证券募集和证券交付两个环节。证券募集是指符合条件的证券发行人以筹集资金、设立公司等为目的，向特定投资者发出的要约或向不特定投资者发出的要约邀请；证券交付则是指证券发行人为了履行义务制作证券并向认购成功的投资者交付的行为。其中，证券发行人包括公司、政府、金融机构以及其他企业法人。证券发行通常具有如下法律特证：（1）证券发行主体应当具备法定资格。立法对有关发行主体的资格条件做出了严格的规定，只有符合法定条件的证券发行人才能成为适格的发行主体。（2）证券发行的客体是特殊的金融商品，主要包括股票、公司债券、存托凭证等。（3）证券发行必须依照法定的程序进行，确保发行的公开、公平和公正。（4）证券发行以筹集资金为主要目的，通过筹集资金改善资本结构、财务结构或满足特定项目的生产经营需要。

（二）证券发行的分类

依证券品种不同，证券发行可分为股票发行、债券发行、国务院依法认定的其他证券发行。其中，股票发行是股份有限公司以筹集资金或进行股利分配为目的，依法定程序向社会公众或特定投资者发行股票的行为。股票发行是各国证券法规范的重点，是证券发行最基本的类型。债券发行是指发行人以借贷为目的，依法定程序发行到期还本付息的债权凭证的行为。依照发行主体的不同，债券发行还可以分为政府债券发行、金融债券发行、公司债券发行、企业债券发行等。国务院依法认定的其他证券发行是指发行人依法定程序和条件向投资者发行除股票、公司债券、存托凭证以外的国务院依法认定的有价证券的行为。

依发行对象的不同，证券发行可分为公募和私募。公募即公开发行，是发行者向不特定的社会公众广泛出售证券的行为；私募即非公开发行，是指面向少数特定的投资者发行证券的行为。我国《证券法》对公开发行做出了明确的界定。有下列情形之一的，为公开发行：（1）向不特定对象发行证券的；（2）向特定对象发行证券累计超过200人的，但依法实施员工持股计划的员工人数不计算在内；（3）法律、行政法规规定的其他发行行为。《证券法》还对非公开发行做出了限制：非公开发行证券，不得采用广告、公开劝诱和变相公开方式。

依发行目的不同，证券发行可分为设立发行和增资发行。这种分类适用于股票发行。设立发行有两种方法：一种是发起设立发行，即全体发起人认购公司发行股份总额的全部；另一种是募集设立发行，即部分股份由发起人认购，其余招募社会公众认购。增资发行是指已经成立的股份公司续发的新股份。增资发行也有两种方法：一种是有偿增资发行，由投资者出资认购（如果仅向原有的股东发售称为"配股"）；另一种是无偿增资发行，由公司的公积金或盈余转为资本，发行对象通常是公司的原有股东（这种发行又称为"送红股"）。

依发行是否借助证券发行中介机构的不同，证券发行可分为直接发行和间接发行。直接发行是证券发行人不通过证券承销机构，由自己承担发行风险，办理发行事宜。这种方式发行费用低廉，但要求发行者经营业绩优良并有较高知名度。间接发行是发行人委托证券承销机构发行证券（详见本节第二部分"证券承销"）。证券发行主体不用自己办理发行事务，而是将发行事务有偿委托给证券公司（即承销人），由其代为发行。由于承销机构具有大量的专业人员、丰富的信息资料、充足的发行渠道，因而大大降低了发行人自己发行的负担和风险，但发行人需向承销人支付发行费用。

依发行价格与证券票面金额或贴现金额的关系不同，证券发行可分为平价发行、溢价发行、折价发行。平价发行，又称面值发行，是指证券发行价格与票面金额相同的发行；溢价发行是指证券发行价格高于票面金额的发行；折价发行是指证券发行价格低于票面金额的发行。目前，我国法律仅允许股票平价发行和溢价发行，不允许折价发行。具体的发行价格由发行人与负责证券承销的证券公司协商确定。

依发行地点不同，证券发行可分为境内发行和境外发行。前者主要是指在我国境内发行的人民币普通股（即 A 股）、人民币特种股（即 B 股）以及公司债券、企业债券、政府债券等，后者主要是指境内企业在境外发行的上市外资股，如我国内地公司依法在香港联合证券交易所发行并上市的 H 股，在纽约和新加坡发行上市的 N 股和 S 股。

（三）证券发行的条件

就股票发行而言，因实践中股份有限公司采取募集设立的方式很少，因而，大部分发行都是针对公司设立后，为扩充公司资本而进行的新股发行。其中，由于首次公开发行新股（initial public offerings，简称"IPO"）具有较强的专业性、技术性，涉及众多投资者的利益，并关系证券市场的稳定，因而成为各国证券法规定的重点。在我国，根据 2019 年新修订的《证券法》的规定，公司首次公开发行新股应当满足以下条件：（1）具备健全且运行良好的组织机构；（2）具有持续经营能力；（3）最近 3 年财务会计报告被出具无保留意见审计报告；（4）发行人及其控股股东、实际控制人最近 3 年不存在贪污、贿赂、侵占财产、挪用财产或者破坏社会主义市场经济秩序的刑事犯罪；（5）经国务院批准的国务院证券监督管理机构规定的其他条件。

就公司债券而言，《证券法》规定公开发行公司债券，应当符合下列条件：（1）具备健全且运行良好的组织机构；（2）最近 3 年平均可分配利润足以支付公司债券 1 年的利息；（3）国务院规定的其他条件。根据我国法律的规定，公司债券发行主体的范围较股票发行主体的范围广泛，凡满足上述条件的公司原则上均可发行公司债券。

（四）证券发行保荐制度

保荐制度又称保荐人（sponsor）制度，源于英国。证券发行保荐是指证券发行人申请其证券公开发行，必须聘请依法取得保荐资格的保荐人为其出具保荐意见，证明其发行文件中所载材料真实、完整、准确，符合公开发行的条件，从而由保荐人协助发行人建立严格的信息披露制度，承担风险防范责任。建立保荐制度的目的是充分利用中介机构的中介地位、职业水平和声誉机制，把好证券发行关，并以此提升公司发行证券的质量，提高市场诚信度，增强市场吸引力。[①]

我国的保荐制度适用于两种情况：（1）公开发行股票、可转换为股票的公司债券，依法采取承销方式的。也就是说，如果申请发行一般的（非可转换为股票的）公司债券，不需要采用保荐制度。因为普通的公司债券的发行人到期有还本付息的义务，债券持有人的风险相对较小，因而无须采用保荐制度。并且，如果公开发行股票、可转换为股票的公司债券，依法不采取承销方式的，也不需要采用保荐制度。（2）公开发行法律、行政法规规定实行保荐制度的其他证券。

证券发行的保荐人包括保荐机构和保荐代表人。从事保荐工作的人必须是经中国证监会注册登记并列入保荐机构、保荐代表人名单的证券经营机构和个人。保荐人应当遵守业务规则和行业规范，诚实守信，勤勉尽责，对发行人的申请文件和信息披露资料进行审慎核查，督导发行人规范运作。

（五）证券发行的审核

证券发行审核是建立正常的市场秩序、维护证券市场稳定的重要措施之一，是证券主管机关通过审核发行申请人提供的资料，依法做出是否准予发行决定的行为。基于立法理念的不同，证券发行审核制度主要包括两种，即核准制和注册制。核准制又称实质管理主义，是指证券发行人除了进行信息披露，还必须在主体资格、财务状况、盈利能力等方面满足法定的实质条件，并经证券主管机关实质审查核准方可发行证券的制度；注册制又称申报制，是指发行人按照法律规定向证券主管机关提交与发行有关的文件，通过主管机关的形式审查后即可发行证券的制度。

注册制的理论依据是：证券发行只受信息公开制度的约束，证券管理机构的职责是审查信息资料的全面性、真实性、准确性和及时性，政府并不对证券自身的价值做出任何判断。投资者根据公开的信息做出选择，风险自负。投资者要求发行人承担法律责任的前提是发行人违反信息公开义务和注册制度。核准制的理论依据是：证券发行涉及公共利益和社会安全，审核机构应在公开原则基础上，考察发行者的具体情形，并由此做出是否符合发行实质条件的投资价值判断。两者相比较，注册制比较符合效率原则，核准制比较符合安全原则。但就证券市场的发展而言，注册制相比核准制更加体现市场化方向，既有利于提高发行审核效率、增加企业融资机会，又有利于避免证券审核部门代投资者进行投资价值判断的弊端，真正实现投资者的理性投资和风险自担。

我国的证券发行审核制度经历了由核准制到注册制的转变。根据 2019 年修

[①] 参见罗培新、卢文道等：《最新证券法解读》，北京大学出版社 2006 年版，第 23 页。

订的《证券法》的规定，公开发行证券，必须符合法律、行政法规规定的条件，并依法报经国务院证券监督管理机构或者国务院授权的部门注册，未经依法注册，任何单位和个人不得公开发行证券。

从目前《证券法》对注册制的相关规定来看，主要包括如下三个方面内容：

（1）国务院证券监督管理机构或者国务院授权的部门依照法定条件负责证券发行申请的注册。需说明的是，在注册制下，仍需对发行人的申请文件进行审核，审核机构可以是注册机构本身，也可以是国务院规定的证券交易所等机构。在审核内容上，主要是判断发行人是否符合发行条件以及信息披露要求，同时，督促发行人完善信息披露内容，以确保发行信息的真实、准确、完整，彰显注册制"以信息披露为核心"的要求，至于发行人所发行证券是否有投资价值和潜力，则在所不问，而是留给投资者自行判断。在发行审核流程上，主要包括证券交易所的审核和中国证监会的注册两个环节。证券交易所审核通过后，将审核意见及发行人注册申请文件报送中国证监会进行注册。中国证监会在规定时间内做出是否同意注册的决定。如果中国证监会认为存在需要进一步说明或者落实的事项的，可以要求交易所进一步问询；认为交易所对影响发行条件的重大事项未予关注或者交易所的审核意见依据明显不充分的，可以退回交易所补充审查。

（2）国务院证券监督管理机构或者国务院授权的部门应当自受理证券发行申请文件之日起3个月内，依照法定条件和法定程序做出予以注册或者不予注册的决定，发行人根据要求补充、修改发行申请文件的时间不计算在内。不予注册的，应当说明理由。

（3）国务院证券监督管理机构或者国务院授权的部门对已做出的证券发行注册的决定，发现不符合法定条件或者法定程序，尚未发行证券的，应当予以撤销，停止发行。已经发行尚未上市的，撤销发行注册决定，发行人应当按照发行价并加算银行同期存款利息返还证券持有人；发行人的控股股东、实际控制人以及保荐人，应当与发行人承担连带责任，但是能够证明自己没有过错的除外。股票的发行人在招股说明书等证券发行文件中隐瞒重要事实或者编造重大虚假内容，已经发行并上市的，国务院证券监督管理机构可以责令发行人回购证券，或者责令负有责任的控股股东、实际控制人买回证券。

注册制的确立，反映了市场经济的自由性、主体活动的自主性，以及政府管理经济的规范性与效率性价值取向，对推动经济高质量发展、推进资本市场的市场化改革具有重大意义。

（六）证券发行信息公开

1. 证券发行信息公开的意义

证券发行信息公开，是指证券发行人按照法律、行政法规、部门规章及相关规范性文件的规定，在证券公开发行前，公告公开发行募集文件，并将该文件置备于指定场所供公众查阅的制度。建立证券发行信息公开制度的意义在于：（1）有利于投资者做出正确的投资选择。通过对发行公司的资信、资产负债情况及经营状况的公开，投资者可以全面了解拟发行证券，从而决定是否投资以及投资多少。（2）保证所有投资者有均等地获得信息的权利。将一切对投资者进行投资判断有重大影响的信息予以公开，有助于解决信息不对称问题，防止操纵市场、内幕交易等不公平现象的发生。（3）有利于规范发行公司的行为。信息的公开，可使发行公司受到公众的监督，从而保证发行公司在规范的轨道上运行。

2. 预披露制度

预披露，是指发行人申请首次公开发行证券的，在依法向审核部门报送注册或申请文件并经审核部门受理后，预先向社会公众披露相关注册或申请文件，而不是等审核部门对发行文件审核完毕，做出准许发行的决定后再进行披露的制度。预披露制度提前了公开披露发行文件的时间，具有以下优点：（1）对于发行审核而言，在发行申请人的申请被受理以后就将有关的发行申请文件，包括公开发行募集文件公之于众，可以对发行审核工作形成监督，从而比较有效地避免发行审核中可能出现的有关问题。（2）将申请材料提前披露，可以使社会公众对发行申请人文件中的问题进行举报，以便审核机构能够提前了解、调查有关情况，有利于缩短审核时间，提高发行审核的效率。（3）提前披露发行文件，可以使社会公众提前了解发行文件的内容，有助于其进行投资决策。[①]

3. 证券发行需公开的信息

证券发行需公开的信息主要是指募集文件的内容。募集文件是指证券发行人发行证券时依法向社会公众公开的有关书面性的材料，它是信息内容的载体。信息的公开就是指将募集文件进行公告或置备于指定的场所供公众查阅。

募集文件主要包括招股说明书、配股说明书、公司债券募集办法等。对于上述文件的内容和格式，国务院证券监督管理机构及国务院授权部门均有明确要求。

（七）募集资金投向和使用

发行审核机关在选择发行企业时，要严格审查募集资金的投向。就股票而言，公司对公开发行股票所募集资金，必须按照招股说明书或者其他公开发行募集文件所列资金用途使用；改变资金用途，必须经股东大会做出决议；擅自改变用途，未做纠正的，或者未经股东大会认可的，不得公开发行新股。同样，对于

---

① 参见《证券法释义》编写组：《中华人民共和国证券法释义》，中国法制出版社 2005 年版，第 34 页。

债券而言，公开发行公司债券所筹集的资金，必须按照公司债券募集办法所列资金用途使用；改变资金用途，必须经债券持有人会议做出决议；并且，公开发行公司债券筹集的资金，不得用于弥补亏损和非生产性支出；如果发行人违反上述规定，改变公开发行公司债券所募集资金的用途，不得再次公开发行公司债券。

二、证券承销

（一）证券承销概述

证券承销是指发行人委托证券公司（又称承销商）向证券市场上不特定的投资人公开销售股票、债券及其他投资证券的活动。

证券承销又称间接发行，它与直接发行有着明显的区别：（1）直接发行由发行人自销，也可由信托投资等机构帮助其选择投资者，促成交易，但不代理发行；证券承销则由证券公司承办发行事宜。（2）直接发行往往只适用于对少数特定投资人的私募证券；证券承销适用于所有证券，尤其适用于那些资金数额大的或准备上市的证券。（3）直接发行虽省时省力，但所筹资金有限，证券持有人也过于集中；证券承销发行虽然成本增加，但由于证券公司以其丰富的证券推销经验和较广泛的销售网点推销，可在较短的时间内筹集较多的资金。证券承销发行既可扩大发行人的社会影响，同时，证券公司还分担了发行人的发行风险。

在我国，凡向社会公开发行的证券一般均需证券公司承销。发行证券数量较大者，还需多家证券公司组成承销团共同承销。

（二）证券承销方式

证券承销通常有四种方式，即代销、助销、包销和承销团承销。

1. 证券代销

证券代销，是指承销商代理发售证券，并于发售期结束后，将未销售部分证券退还发行人的承销方式。证券代销的特点是：（1）发行人与承销商之间建立的是一种委托代理关系。代销过程中，未售出证券的所有权属于发行人，承销商仅是受委托办理证券销售事务。（2）承销商作为发行人的推销者，不垫资金，对不能售完的证券不负任何责任。证券发行的风险基本上是由发行人自己承担。（3）由于承销商不承担主要风险，因此，相对于包销商而言，所得收入（手续费）也少。由于承销商不能保证使发行人及时全部获得所需款项，因此代销方式只有那些知名度高或信用等级高、市场信息充分并相信证券能在短期内顺利售出的发行人才会选择。在分销的情况下，包销商与分销商之间也可形成代销关系。

2. 证券助销

证券助销，是指承销商按承销合同规定，在约定的承销期满后对剩余的证券出资买进（此即余额包销，我国的证券法将余额包销归入包销方式），或者按剩余部分的数额向发行人贷款，以保证发行人的筹资、用资计划顺利实现。证券助销的特点是：（1）发行人与承销者之间先是建立一种委托代理关系，在承销期满后，才可能转为证券的买卖关系或借贷关系。（2）承销商承担着一定的风险，即当承销期内不能全部售出证券时，所剩证券或由承销商购买，或由承销商贷出相应的资金给发行人。在助销的情况下，发行人的风险相对于代销方式要小。（3）因为承销商承担着或然的风险，所以其助销费高于代销费。

3. 证券包销

证券包销，是指在证券发行时，承销商以自己的资金购买计划发行的全部或部分证券，然后再向公众出售，承销期满后未出售部分仍由承销商自己持有的一种承销方式。

证券包销又分两种方式：一种是全额包销，另一种是定额包销。全额包销是承销商承购发行人发行的全部证券，承销商按合同约定支付给发行人证券的资金总额。这种包销方式可使发行人及时得到所需资金，而不必承担市场风险。但因承销商承担较大风险，所以要求发行人支付的承销费用也较高。定额包销是承销商承购发行人发行的部分证券。承销商没有包销的部分可通过协议由承销商代销。在定额包销方式下，市场的风险由发行人和承销商分担。无论是全额包销，还是定额包销，发行人与承销商之间形成的关系都是证券买卖关系。在承销过程中未售出的证券，其所有权属于承销商。

4. 承销团承销

承销团承销，又称"联合承销"，是指两个以上的证券承销商共同接受发行人的委托向社会公开发售某一证券的承销方式。由两个以上的承销商临时组成的一个承销机构称为承销团。承销团成员根据分工及承担责任的不同，可分为主承销商和分销商。主承销商由发行人按照公平竞争的原则，通过竞标或者协商的方式确定。主承销商是承销团的发起人，在承销过程中，主承销商起组织协调作用，承担着主要的风险。分销商参与承销，与主承销商的关系通过合同确定。

（三）证券承销合同

证券承销合同是指证券发行人与证券承销商或是主承销商与分销商就证券承销的有关内容所达成的明确双方权利义务的书面协议。发行人可以选择与一个证券承销商签订协议，也可选择与多个证券承销商分别签订协议。

证券承销合同的法律特征主要有：（1）合同主体是特定的。协议的一方为经过注册允许发行股票、债券的发行公司或其他合法主体；另一方为依法设立、具有承销资格的证券承销商。（2）合同性质是多种的。有的承销合同具有买卖性质，如包销合同；有的合同仅具有委托代理性质，如代销合同。承销团承销合同的性质可能具有一定的综合性。（3）合同以依法注册发行证券为生效要件。依我国证券法的规定，股票承销协议在股票发行申请前订立，因此，在证券监督管理机构或国务院授权的部门未审核同意之前，证券承销协议不发生效力。（4）合同的内容不得违反国家强制性规定。现行法律对证券承销协议的个别特殊条款进行了限制性规定，协议各方在缔约时不得违反。例如，《证券法》第31条第1款规定，证券的代销、包销期限最长不得超过90日。

第四节　证券上市与交易法律制度

一、证券上市

（一）证券上市的概念

证券上市有广义和狭义之分。广义的证券上市是指已发行的证券依照法定的条件和程序在证券交易所或其他法定交易场所进行交易的行为。其中，已发行的证券包括公开发行的和非公开发行的证券，交易可以在证券交易所进行（场内交易），也可以在其他法定的交易场所进行（场外交易）。而狭义的证券上市是指公开发行的证券依法在证券交易所挂牌进行集中竞价交易的行为，不包括非公开发行的证券的挂牌交易，也不包括场外交易市场的证券交易。依据我国《证券法》的规定以及学界和实务界的主流观点，一般所指称的证券上市采取的是狭义说。

证券上市与证券发行有明显的区别：（1）证券发行的对象是初始投资者，这些投资者要通过申购程序产生；证券上市的对象是市场的所有投资者，欲购买证券的人通过交易所均可购得。（2）证券发行的价格一般是事先确定的，而证券上市的价格则通过交易所竞价产生，由供求情况决定。（3）证券发行的卖方是特定的，买方是不特定的，而证券上市后的买卖双方均是不特定的。证券发行也可以与证券上市合并进行。

（二）证券上市的标准

证券上市的标准是指具备怎样的条件才能在法定的交易所上市。各国规定的上市标准有很大差异。一般来说，股票上市的标准要严于公司债券上市的标准，第一部上市的标准要严于第二部上市的标准。有的证券交易所将股票按不同的资本总额、盈利能力、股权分布等分为多种部类，进入第一部市场的标准最高，其余依次类推。政府债券的上市享有审核豁免的权利。

在我国，《证券法》在2019年修订之前，也明确规定了股票上市的标准以及债券上市的标准，但 2019 年修订的《证券法》将上述标准予以删除，仅在第 47 条规定，"申请证券上市交易，应当符合证券交易所上市规则规定的上市条件"。易言之，证券上市的标准完全由证券交易所自己制定，法律不再做强制性规定。但由于证券上市毕竟影响到市场上不特定的公众投资者利益，进而影响投资者对证券市场的信心，因此，2019 年修订的《证券法》要求证券交易所制定的证券上市条件中，应当对发行人的经营年限、财务状况、最低公开发行比例和公司治理、诚信记录等提出要求。

一般而言，股票的上市条件主要包括如下四方面：（1）股票已经公开发行，这是上市交易的前提。（2）公司股本总额达到最低要求。其目的是保证上市证券达到足够的数量，有潜在的交易量，能够满足证券市场对证券流通性的要求。（3）公司股权结构具有公众性。只有股权结构足够分散、持股人数众多，方可在证券市场上产生足够的交易量，进而促进证券市场价格发现功能和资源配置功能的发挥；同时，持股分散也有利于防止证券市场上的操纵行为。（4）诚信经营，财务规则符合要求。这直接关涉证券投资者的切身利益，如果公司有财务造假行为，会直接影响投资者对公司的投资价值判断。当然，不同的证券交易所、不同的上市板块会有各自具体的标准和条件。证券发行人只有达到上市准入门槛，方可挂牌交易。

公司债券的上市条件，通常而言需要满足如下三方面要求：（1）债券经有权部门审核并依法完成发行。（2）债券持有人符合交易所投资者适当性管理规定。（3）证券交易所规定的其他上市条件，如公司债券的期限、公司债券的实际发行额等。

（三）证券上市的程序

1. 股票上市程序

（1）上市申请。申请证券上市交易，应当向证券交易所提出申请。由于政府债券是证券交易所根据国务院授权部门的决定安排上市交易，所以无须履行申请审核程序。申请股票上市交易的公司应当根据所选择的证券交易所的要求报送申请材料。

（2）上市审核。证券交易所收到上市申请后，依法自主进行上市审核，享有独立的上市核准权，做出是否同意申请人的证券予以上市的决定。

（3）签署上市协议。按国际上证券交易所的惯例，上市申请人应当与证券交易所签署上市协议，以明确各自的权利和义务。依此协议，上市公司承诺接受证券交易所的管理，承担上市协议或交易所自律规则所规定的义务，上市公司证券有权在证券交易所集中交易市场挂牌买卖。

（4）公告上市。股票上市交易申请经证券交易所同意并签署上市协议后，签订上市协议的公司应当在规定的期限内公告股票上市的有关文件，并将该文件置备于指定场所供公众查阅。

（5）挂牌交易。

2. 公司债券上市程序

（1）申请核准。在我国，公司申请其发行的公司债券上市交易，应当向证券交易所提出申请，由证券交易所依法审核同意，并由双方签订上市协议。

公司向证券交易所提出公司债券上市交易申请时，应当提交下列文件：债券上市申请书；有权部门审核同意债券发行的文件；发行人有权机构做出的申请债券上市的决议；公司章程；公司营业执照复印件；债券募集说明书、财务报告和审计报告、资信评级报告、法律意见书、债券持有人会议规则、受托管理协议、担保等增信措施文件（如有）、发行公告等债券发行文件；上市公告书；债券实际募集数额的证明文件；证券交易所要求的其他文件。其中，上市报告书是上市公司债券的申请人请求审核机关审核的申请文件，应写明本公司的基本概况、上市的原因、上市的条件等内容。另外，申请可转换为股票的公司债券上市交易，还应当报送保荐人出具的上市保荐书。

（2）公告上市。公司债券上市交易申请经证券交易所审核同意后，签订上市协议的公司应当在规定的期限内公告公司债券上市文件及有关文件，并将其申请文件置备于指定场所供公众查阅。

3. 政府债券上市程序

基于债券主体的特殊性，政府债券信用度高，由财政来担保，其发行方式、时间、对象和还款期限都由政府财政部门具体规定，因此可豁免证券交易所的发行及上市审查。证券交易所根据国务院授权的部门的决定安排政府债券上市交易。

（四）证券退市制度

证券退市是指当上市公司出现法定情形时，由证券交易所依法永久性地停止其证券上市交易的制度。一旦证券退市，证券发行人即丧失上市公司资格，因此也称为终止上市。证券终止上市后，即使终止上市情形消除，发行人也不能申请恢复上市，而只能依照上市程序申请重新上市。

1. 股票退市

股票退市是指上市公司因出现法定情形而被证券交易所决定取消股票挂牌交易资格，或上市公司主动向证券交易所申请终止上市的情况。前者通常被称为强制退市，后者被称为主动退市。

证券交易所基于独立的上市审核权，有权规定终止上市的情形。上市交易的证券，如果出现了交易所规定的终止上市情形，证券交易所有权强制其退市。通常情况下，能够引起上市公司强制退市的情形主要包括：（1）上市公司的营业收入、资产状况、审计意见类型不符合上市规定；（2）上市公司的财务会计报告中有重大差错或者虚假记载；（3）上市公司年度报告、中期报告的披露不符合法律规定的上市要求；（4）上市公司股票的累计成交量、股票的收盘价、股东数量、股本总额、股权分布不符合上市要求；（5）上市公司被依法强制解散；（6）上市公司被法院宣告破产；（7）上市公司出现重大违法行为；等等。

除强制退市外，上市公司还可基于自身经营需要向证券交易所申请主动终止上市。具体来讲，主要包括：（1）上市公司股东大会决议主动撤回其股票在证券交易所的交易，并决定不再在证券交易所交易；（2）上市公司股东大会决议主动撤回其股票在证券交易所的交易，并转而申请在其他交易场所交易或转让；（3）因上市公司向所有股东发出回购全部股份或部分股份的要约，或者上市公司股东或股东以外的其他收购人向所有其他股东发出收购全部股份或部分股份的要约，导致公司股本总额、股权分布等发生变化，不再具备上市条件；（4）上市公司因新设合并或者吸收合并，不再具有独立主体资格并被注销；（5）上市公司股东大会决议公司解散；等等。由于退市对公司、股东乃至债权人的权益影响重大，因此，上市公司做出主动退市的决定应严格履行内部决策程序。根据我国证券退市制度的相关规定，当上市公司拟决定其股票不再在证券交易所交易，或者转而申请在其他交易场所交易或者转让时，应当召开股东大会做出决议，须经过出席会议的股东所持表决权的2/3以上通过，并须经过出席会议的中小股东所持表决权的2/3以上通过，即实行分类表决且均需绝对多数通过方可。这里的中小股东特指除去上市公司的董事、监事、高级管理人员以及单独或合计持有上市公司5%以上股份的股东。

2. 公司债券退市

公司债券退市是指取消公司债券在证券交易所挂牌交易的资格。从实践来看，公司债券终止上市交易主要由于出现如下情形：（1）债券到期；（2）公司有重大违法行为，经查实后果严重；（3）未按照公司债券募集办法履行义务，经查实后果严重；（4）公司情况发生重大变化，不符合公司债券上市条件；（5）公司债券所募集资金不按照核准的用途使用，在限期内未能消除；（6）公司最近2年连续亏损，在限期内未能消除；（7）公司解散或被宣告破产。

二、证券交易

（一）证券交易概述

1. 证券交易的概念与特征

证券交易是指对已经依法发行并经投资者认购的证券进行买卖的行为。证券交易是证券转让的一种。证券转让除了证券交易以外，还有赠与、继承等。

证券交易的主要特征是：（1）它是一种具有财产价值的特定权利的买卖。也就是说，证券交易不仅仅是有一定价值的财产的买卖，而且是与财产相关的权利的买卖，如股票上的股权、债券中的债权等。（2）它是一种标准化合同的买卖。由于每一种证券的面值设计是一致的，所代表的权利内容也是一致的，因此证券具有标准化合同的性质，当事人买卖证券时除了可以选择品种数量和价格以外，其他均须依统一的规则进行。（3）它是一种已经依法发行并经投资者认购的证券的买卖。无论是证券内容还是证券形式，都是经法定的主管部门审核认可的，证券已经依法发行且已经到达原始投资者手中。

2. 证券交易的分类

证券交易依不同的标准可做不同的分类。从交易场所的角度来看，可分为集中交易市场和分散交易市场；从买卖双方交易主体结合方式来看，可分为议价交易和竞价交易；从达成交易的方式来看，可分为直接交易和间接交易（委托交易）；从交割期限和投资方式来看，可分为现货交易、期货交易、期权交易、信用交易和回购。

证券现货交易，又称即期交易，是指证券交易双方在成交后即时清算交割证券和价款的交易方式。

期货交易与现货交易相对应，是一种集中交易标准化远期合约的交易形式，因而又称期货合约交易，是指交易双方成交后，清算和交割证券要按契约中规定的价格在远期进行的交易。期货交易与现货交易的不同点在于：（1）期货交易可以用少量资金进行较大数额的投资。由于期货交易是远期交割，投资者即使不持有足够的现金和证券，只要支付少量的保证金，也可以买入较多的证券；（2）在交割日之前可以通过对冲买卖卖出和买进期货，只进行差额清算。投资者利用期货交易可以转移风险、赚取在买卖期货合同期间价格上升或下降的差价。

期权交易，又称选择权交易，是指金融商品交易权利的一种买卖。这种权利是以未来特定时间为行使期限，以协定价格（即履约价格）买卖特定数量的某种金融商品的权利。金融期权通常包括外汇期权、利率期权、证券期权等。其中，证券期权交易是当事人为了获得证券市场价格波动带来的利益，约定在一定时间内，以特定价格买进或卖出指定证券，或者放弃买进或卖出指定证券的交易。

证券信用交易，即融资融券交易，是指证券交易者在买卖证券时只向经纪人交付欲交易总量一定百分比的现款或证券（称为保证金），不足部分由经纪商提供而进行的交易。融资交易，又称保证金买空交易，是指投资者在缴纳了部分保证金后，由证券经纪商垫付余额并代为买进证券的活动。买进的证券必须寄存在经纪商处，投资者应向经纪商支付全额佣金、偿还贷款及利息。融券交易，又称保证金卖空交易，是指投资者在缴纳了部分保证金后，由证券经纪商贷给证券并代为售出的活动。售出证券的价款作为贷款的抵押寄存在经纪商处。信用交易具有杠杆功能，可刺激投资者参与交易的积极性，活跃市场，但投机性强，加剧了市场的风险。因此，我国《证券法》规定，除证券公司外，任何单位和个人不得从事融资融券业务，且证券公司从事证券融资融券业务，应当采取措施，严格防范和控制风险，不得违反规定向客户出借资金或者证券。

回购，是指在卖出（或买入）证券的同时，事先约定到一定时间后按规定的价格买回（或卖出）这笔证券，实际上就是附有购回（或卖出）条件的证券交易。

（二）证券交易的一般规则

1. 非依法发行的证券不得买卖

证券的严格监管是为了保护广大投资者的利益，如果允许非依法发行的证券买卖，整个金融市场就无秩序可言。在市场上交易的任何证券都必须是合法的证券，即已经经法定的主管部门审核且已经发行的证券。

2. 转让期限有限制性规定的证券在限定期内不得买卖

有转让限定期的证券，主要是指公司发起人从公司成立起 1 年内持有的本公司股票，上市公司董事、监事、高级管理人员在公司股票上市交易之日起 1 年内、离职后半年内所持有的股票等。规定这些股票在一定期限内不得买卖，主要是为了防止上述主体利用特殊地位谋取利益，从而影响市场的健康发展。

3. 证券从业人员买卖证券的禁止或限制

（1）证券交易所、证券公司和证券登记结算机构的从业人员，证券监督管理机构的工作人员以及法律、行政法规禁止参与股票交易的其他人员，在任期或者法定限期内，不得直接或者以化名、借他人名义持有、买卖股票或者其他具有股权性质的证券，不得收受他人赠送的股票或者其他具有股权性质的证券。任何人在成为上述所列人员时，其原已持有的股票或者其他具有股权性质的证券，必须依法转让。但实施股权激励计划或者员工持股计划的证券公司的从业人员，可以按照中国证监会的规定持有、卖出本公司股票或者其他具有股权性质的证券。

（2）为证券发行出具审计报告、资产评估报告或者法律意见书等文件的证券服务机构和人员，在该股票承销期内和期满后 6 个月内，不得买卖该种股票。为证券发行人及其控股股东、实际控制人，或者收购人、重大资产交易方出具审计报告或者法律意见书等文件的证券服务机构和人员，自接受委托之日起至上述文件公开后 5 日内，不得买卖该证券。实际开展上述有关工作之日早于接受委托之日的，自实际开展上述有关工作之日起至上述文件公开后 5 日内，不得买卖该证券。

4. 证券交易必须在法定的交易场所进行

其中，依法公开发行的证券应在证券交易所上市交易或在国务院批准的其他证券场所转让；非公开发行的证券，可以在证券交易所、国务院批准的其他全国性证券交易场所、按照国务院规定设立的区域性股权市场转让。其中，证券交易所属于典型的集中交易市场；其他全国性证券交易场所目前主要是指以全国中小企业股份转让系统（即"新三板"）为代表的交易市场；而区域性股权市场则主要是针对特定区域内的未上市企业提供股权转让、债券转让和融资服务的交易场所。对于公开发行的证券，因涉及人数众多、影响范围较广，为保护投资者的合法权益，保证其流动性，应当在证券交易所上市交易或者在国务院批准的其他全国性证券交易场所交易；同时，针对非公开发行的证券，现行法律也提供了多元化的交易途径，以增强其流动性。交易场所的多元化，有利于多层次资本市场的形成和培育。

5. 证券交易可采取多种方式

证券交易的方式可采用集中竞价交易、大宗交易、做市商交易、协议交易等。（1）集中竞价交易，是指在证券交易所市场内，所有参与证券买卖的各方当事人公开报价，按照价格优先、时间优先的原则撮合成交的证券交易方式。所谓价格优先，即买方出价高的优先于买方出价低的，卖方出价低的优先于卖方出价高的，多数卖方中出价最低的与多数买方中出价最高的优先成交，以此类推，连续竞价。所谓时间优先，是指出价相同时，以最先出价者优先成交。（2）大宗交易，是指证券单笔买卖申报达到交易所规定的数额规模时，交易所采用的与通常交易方式不同的交易方式。从境外证券市场的发展来看，大宗交易机制产生的主要原因是，既要满足投资者尤其是机构投资者的大额交易需要，又要保持证券市场的稳定，防止大额交易给证券市场带来的冲击。借鉴域外的制度经验，我国证券交易所也专门建立了大宗交易的制度规则。其通常由买卖双方达成一致，并由证券交易所确认后方可成交。尽管其本质上也属于协议交易，但大宗交易有成交价格的限制。例如，根据《上海证券交易所交易规则》的规定，在大宗交易中，有价格涨跌幅限制的证券，成交申报价格由买卖双方在当日价格涨跌幅限制范围内确定；无价格涨跌幅限制的证券，成交申报价格不得高于该证券当日竞价交易实时成交均价的120%和已成交最高价的孰低值，且不得低于该证券当日竞价交易实时成交均价的80%和已成交最低价的孰高值。（3）做市商交易，又称双边报价制度，是指在证券市场上，具备一定实力和信誉的证券经营法人作为特许交易商，在开市期间，就其负责做市的证券一直保持向公众投资者双向买卖报价，并在该价位上接受公众投资者的买卖要求，以其自有资金和证券与投资者进行交易。做市商通过这种不断买卖来维持市场的流动性，满足公众投资者的投资需求。（4）协议交易，即买卖双方通过协商就证券交易种类、数量、价格等达成一致，进行的交易。

就上市交易的证券而言，虽然说为了适应社会经济的不断发展，需要不断丰富交易方式，但为了防止金融风险，保护投资者的合法利益，维护社会经济秩序和社会公共利益，上市交易的证券采取公开的集中交易方式以外的其他方式进行证券交易，必须经中国证监会批准。

6. 证券交易的标的有多个种类

证券交易的标的可以是现货、期货甚至期权等。

7. 证券交易应当遵守保密义务

证券交易场所、证券公司、证券登记结算机构、证券服务机构及其工作人员应当依法为投资者的信息保密，不得非法买卖、提供或者公开投资者的信息，也不得泄露所知悉的商业秘密。尤其是，为证券交易开立的账户，是投资者进行证券交易的记录，也是证明投资者权益的资料凭据，证券交易场所、证券公司、证券登记结算机构必须对客户所开立的账户保密，以防止他人非法利用，损害客户利益。

8. 证券交易的收费必须合理

证券交易费用一般指证券交易当事人应当缴纳的除税收之外的各项费用。从我国目前来看，证券交易费用主要包括以下三项：（1）发行公司需支付的上市费用；（2）投资者需支付的佣金、开户费、委托手续费等；（3）证券商需支付的入场费，即进入证券交易所从事自营或代理买卖证券业务，应向证券交易所支付的有关费用。由于证券交易的收费直接影响到证券交易人的投资成本，交易费用过高或者过低，都不利于促进证券市场的发展。因此，证券交易所、证券公司不得在规定以外收取任何费用，收费必须合理，并公开收费项目、收费标准和收费办法。

9. 短线交易的禁止及上市公司的归入权

即上市公司、股票在国务院批准的其他全国性证券交易场所交易的公司董事、监事、高级管理人员、持有或与其一致行动人共同持有该公司股份5%以上的股东在法定期限内不得进行股权交易的反向操作，反向操作所得收益归公司所有。所谓反向操作，是指上述人员将其所持有的该公司的股票或其他具有股权性质的证券在买入后6个月内卖出，或者在卖出后6个月内又买入的行为。公司董事会对有这种反向操作行为的有关人员，应当行使收益"归入权"；公司董事会不按规定行使的，股东有权要求董事会在30日内执行；公司董事会未在规定期限内执行的，股东有权为了公司的利益以自己的名义直接向人民法院提起诉讼，公司董事会负有责任的董事需依法承担连带责任。但是，如果证券公司因购入包销售后剩余股票而持有 5% 以上股份的除外。

（三）证券交易的程序

由于我国上市证券的交易主要是通过证券交易所的集中竞价方式进行，以下着重介绍这种交易方式的程序。

1. 名册登记与开设账户

名册登记是委托人（投资者）在集中市场进行证券买卖的前提。名册登记分为个人和法人两种。个人名册登记应载明登记日期和委托人的基本情况、联系方式，并留存印鉴或签名样卡。如有委托代理人，委托人须留存其书面授权书。法人名册登记应提供法人证明，并载明法定代表人、证券交易执行人的基本情况，留存法定代表人授权证券交易执行人的书面授权书。

开设账户是投资者进行证券买卖的基本条件。每个投资者都必须开设证券与资金两个账户。证券账户用于存储投资者已经购得的证券，资金账户主要用于存储投资者的存款和卖出股票时的价金。在证券交易完成时，只在两个账户中划拨，即增减证券或资金数额，而不必实际提取证券和现金。

2. 委托

进入证券交易所参与集中竞价交易的，必须是具有证券交易所会员资格的证券公司。一般投资者买卖证券均需通过委托其开户的证券公司，应与证券公司建立委托买卖合同关系。

所谓委托，是指委托人向证券公司发出的表示委托人以某种价格购进或卖出一定数量的某种证券的意思表示（通常称为委托指令）。严格来讲，委托还包括证券公司接受委托。

依据委托交易的数额大小，证券交易委托可分为大宗交易委托、整批交易委托和零数交易委托。大宗交易买卖要按书面申报方式，限于当日成交。整批交易委托指一手或一手的倍数的交易数量的委托。一手是一个基本的交易单位。实践中每 100 股股票或每 1 000 元面额债券为一个交易单位。零数交易委托指零星数量的委托，即不是一手数量的委托。

依据委托的价格限制，证券交易委托可分为市价委托和限价委托。市价委托是指委托人要求证券公司按交易市场当时的价格买进或卖出证券，市价委托指令必须立即执行。限价委托是指委托人要求证券公司按限定的价格买进或卖出证券，证券公司在执行时，必须按限价或低于限价买进证券，按限价或高于限价卖出证券。

依据委托的途径，证券交易委托可分为书面方式委托、电话方式委托、自助终端委托、互联网方式委托等。书面方式委托是指由投资者以书面的形式如电报、传真、信函、直接报单等向证券公司写出自己的委托内容和要求，由证券公司代为买卖证券的一种形式；电话方式、自助终端、互联网方式委托是指投资者分别通过电话、证券公司的自助终端设备或计算机传递委托指令，由证券公司执行的形式。

证券公司接受委托时，合同正式成立。当事人双方均受该委托合同的约束。

3. 成交

成交是指证券公司相互间通过交易所内竞价，就买卖证券的价格和数量达成一致的行为，一般是通过计算机进行和完成。交易所计算机主机收到买卖申报后，即按证券品种、买卖价格和数量排列，发出已接受的通知，并向证券公司打印"买卖申报回单"；计算机将各方买卖申报按规定的价格优先、时间优先原则自动撮合成交。一经成交，即向双方证券公司发出通知。

4. 结算与过户

证券登记结算机构根据成交结果，按照结算规则，进行证券和资金的清算交收。结算包括清算与交收两个行为。清算是按照确定的规则计算证券和资金的应收应付数额；交收是根据确定的清算结果，通过转移证券和资金履行相关债权债务。结算分为两个阶段：第一阶段是证券公司与证券登记结算公司按"净额交收"的原则进行清算交收。具体做法是，每一证券公司在一个清算期中，对价款的清算，只交收其应收应付相抵销后的净额；对证券的清算，只交收每种证券应收应付相抵销后的净额。第二阶段是证券投资者与证券公司进行清算交收。由于实行无纸化计算机操作，证券集中保管，办理交收时，由结算机构通过账户划转完成，从而使清算交收变得非常便捷和容易。我国证券市场（A 股）采用 T+1 交收制度，即对投资者来说，当天进行的证券买卖，最早可于第二天在证券公司打印交收清单，核对其前一天的买卖活动。

证券过户是指证券由证券转让人移转至证券受让人的登记过程。上市的记名证券的过户由证券登记结算公司通过计算机统一办理。

三、持续信息公开

持续信息公开，是指证券在进入证券交易场所交易之后，证券发行人依法向公众披露对投资者的投资决策有重大影响或对所发行证券的交易价格有重要影响的相关信息。持续信息公开是公开原则在交易市场中的反映。与发行市场的信息公开（也称初始信息公开）相比，持续信息公开具有以下三个特点：（1）公开的功能不单是让投资者了解公司，更主要的是为投资者提供证券交易价值判断的依据。（2）信息公开不是一次性完成的，而是要持续不断地进行。上市公司只要继续存在，只要有影响价格形成的因素或情况产生，就须履行公开义务。（3）信息公开的形式和内容在法律上有不同的要求。持续信息公开主要涉及上市公告书、年度报告、中期报告及临时报告等，而初始信息公开主要是招股说明书、配股说明书、募债说明书等。

　　持续信息公开的内容包括：（1）上市公告书。上市公告书，是指已在境内公开发行的证券申请在证券交易所挂牌交易的发行人，在经证券交易所审核批准上市后，按照要求编制并在上市前进行公告的法律文件。（2）中期报告。中期报告是依法编制的反映公司上半年生产经营状况及其他各方面基本情况的法律文件。股票或者公司债券上市交易的公司，应当在每一会计年度的上半年结束之日起两个月内，向中国证监会和证券交易所提交中期报告，并予公告。（3）年度报告。年度报告是依法编制的反映公司整个会计年度生产经营状况及其他各方面基本情况的法律文件。股票或公司债券上市交易的公司，应当在每一会计年度结束之日起 4 个月内向中国证监会和证券交易所提交年度报告，并予公告。（4）临时报告。临时报告是依法编制的反映公司重大事件的法律文件。重大事件是证券发行人发生的可能对证券交易价格产生较大影响的事件。证券发行人发生重大事件，投资者尚未得知时，发行人应当立即将有关该重大事件的情况向中国证监会和证券交易所报送临时报告，并予以公告，说明事件的起因、目前的状态和可能产生的影响。临时报告可以有效弥补定期报告及时性不足的缺陷，能够使投资者尽快得知可能影响证券价格的重要信息，及时进行投资决策。我国《证券法》在第80 条和第 81 条分别就上市交易的股票和债券规定了应进行临时报告披露的重大事件情形。

四、上市公司收购

（一）上市公司收购的概念及法律特征

　　上市公司收购是指投资者（收购人）旨在获得特定上市公司（目标公司）控制权或将该公司合并所进行的批量股份购买行为。它有以下四个特点：（1）被收购公司是股票公开上市的股份有限公司，因而其股份掌握在众多的投资者手中。（2）收购人可以是企业法人，也可以是自然人。在实践中，企业法人作为收购人为多数。（3）收购人收购股份的行为不单纯是投资，更重要的是要在控制股份的基础上控制目标公司的经营管理权，或干脆将目标公司与收购人合并。（4）由于上市公司收购主要是为了取得目标公司控制权，而在"资本多数决"原则下，收购人只有掌握了多数有表决权的股份才能实现对公司的控制，因此，上市公司收购的对象是目标公司发行在外的有表决权的股份。上市公司的收购概念易与兼并、合并、股份转让等概念混淆，要认真加以区分。

　　确立上市公司收购制度的意义在于，促进上市公司的股票在市场上加速流动，对上市公司的管理层形成经营上的压力，从而保证上市公司的控制权掌握在最有能力的投资者或由投资者委派的人员手中，使资源得到有效的利用。

（二）上市公司收购的分类

1. 上市公司收购的基本类型

上市公司股份收购包括通过证券交易所的集中竞价交易收购（简称"竞价收购"）、要约收购、协议收购。

竞价收购是指收购人通过证券交易所以集中竞价交易方式依法连续收购上市公司已发行的有表决权的股份并取得相对控股权的行为。这种行为已在我国的证券市场上多次出现过。例如 1993 年 10 月发生的"宝延事件"，此后发生的"万科控股申华""恒通控股棱光""康恩贝控股浙凤凰"等事件。这种收购方式易造成市场价格的波动，我国《证券法》虽未使用"竞价收购"概念，但对此作了明确规定。从实践来看，以集中竞价交易的方式连续收购，能够达到相对控股的收购目的。收购人通过集中竞价交易，持有一个上市公司的股份达到该公司已发行股份的 30% 时，继续增持股份的，则应当采取要约方式进行，发出全面要约或者部分要约。

要约收购是指收购人为取得或强化对目标公司的控制权，通过向目标公司全体股东公开发出购买该上市公司股份的要约方式，收购该上市公司股份的行为。收购要约应当公告，并规定收购价格、数量及要约期间等收购条件。

协议收购是指收购者与上市公司特定股东通过私下协商的形式，与该股东达成股权转让协议，取得该部分股份，进而获得对目标公司控制权的收购。通常，协议收购主要发生在目标公司股权较为集中，尤其是存在控股股东的情况下，此时，收购人只需与该控股股东达成受让股权的协议，即可获得对该公司的控制权。协议收购与要约收购的一个显著不同在于，要约收购是面向所有股东，对所有股东的收购条件是一致的，但协议收购是一对一谈判。

2. 上市公司收购的其他分类

（1）依收购是否成为收购人的法定义务为标准，上市公司收购可分为自愿收购和强制收购。自愿收购是由收购人依其自己的意愿，选定时间并按自行确定的收购计划依法进行的收购。强制收购则是指收购人依法必须进行的收购。强制收购是对收购人受让的强制，而不是对无意出售所持股票的股东的强制。其制度目的在于使目标公司的中小股东有机会与控制股东一起分享控制权溢价，当然，这也增加了收购方的收购成本。因此，一般说来，强制收购对投资者比较有利，自愿收购对收购人有利。

（2）依预定收购的股份数量，上市公司的收购还可分为部分收购和全面收购。部分收购，是指收购人计划收购上市公司已发行的一定比例或数量的股份。

全面收购是指收购人计划收购上市公司已发行的全部股份。收购人无论是进行全面收购还是部分收购，事前都应有周密的计划，必须根据企业的发展目标、人力、财力等基本条件综合考虑。全面收购的结果应能取得对上市公司绝对控股的权利，部分收购的结果应能取得对上市公司相对控股的权利；反之，则为收购不成功。

（3）依收购人是否直接取得上市公司控制地位的股权，上市公司的收购还可分为直接收购和间接收购。直接取得股权的收购皆为直接收购，适用上市公司收购的一般规定。收购人虽不是上市公司的股东，但通过投资关系、协议、其他安排导致其拥有权益的股份达到或者超过法定比例，应界定为间接收购，也应执行关于竞价收购与要约收购的规定。

（三）上市公司收购的一般规则

1. 权益披露规则

任何人通过证券交易所的股票交易持有或者通过协议、其他安排与他人共同持有一个上市公司已发行的有表决权的股份达到5%时，无论其是否具有收购的意图，均需暂停购买且依法定要求报告或公告其持股情况。此规则也称"百分之五规则"。上市公司流通的股份通常数量大且比较分散，投资者能够通过二级市场购买有表决权的股份达到5%的比例，说明有一定的经济实力，同时也意味着此投资者在公司决策方面将会产生一定影响。值得注意的是，"投资者通过协议、其他安排与他人共同持有"，实际上确认了"一致行动人"的概念。一致行动人是指通过协议、合作、关联方关系等合法途径扩大其对一个上市公司股份的控制比例，或者巩固其对上市公司的控制地位，在行使上市公司表决权时采取相同意思表示的两个以上的自然人、法人或者其他组织。其中"采取相同意思表示"的情形包括共同提案、共同推荐董事、委托行使未注明投票意向的表决权等情形，但是公开征集投票代理权的除外。"一致行动人"概念的确立主要是为了防止相关的人联合持股超过一定比例，从而操纵市场。

在国外，持股5%或5%以上的投资者通常被称为"大股东"，法律上均要求其承担一定的附加义务。公开权益则是大股东的主要义务之一。我国《证券法》也规定了"百分之五规则"。这对于限制大股东及一致行动人的行为，保护中小股东的权益是非常必要的。

2. "台阶规则"

"台阶规则"要求投资者通过证券交易所的证券交易持有或者通过协议、其他安排与他人共同持有一个上市公司已发行的有表决权的股份达到5%以后，每增加或者减少一定的持股比例时，均须暂停买卖该公司的股票，且须依法进行报告和公告。我国《证券法》规定每增加或减少的"一定比例"亦为5%。法律设置"台阶规则"的目的在于，控制大股东买卖股票的节奏，让上市公司及其大股东的有关信息广泛传播和充分消化，使投资者有时间慎重考虑做出继续持有或立即售出的选择。披露义务人违反上述权益披露规则或台阶规则，违法买入上市公司有表决权的股份的，在买入后的 36 个月内，对该超过规定比例部分的股份不得行使表决权。

此外，我国《证券法》专门规定了一个仅作信息披露而不限制交易的"台阶"，即投资者持有或者通过一致行动人共同持有一个上市公司已发行的有表决权股份达到 5% 后，其所持有表决权股份每增加或者减少 1%，应在该事实发生的次日通知上市公司，并予公告，但不限制其继续交易。

3. 强制要约规则

强制要约规则要求投资者通过证券交易所的证券交易持有或者通过协议、其他安排与他人共同持有一个上市公司已发行的有表决权的股份达到 30% 时，继续进行收购的，应当依法向该上市公司所有股东发出收购上市公司全部或者部分股份的要约。这一规则的理论依据是：在当今上市公司股权日益分散的情况下，持有或者通过协议、其他安排与他人共同持有一个上市公司已发行的有表决权的30% 股份的股东，已基本上取得了该公司的控制权。该股东事实上可以依据公司章程选派高级管理人员，对公司的日常经营、管理做出决定，而且在市场上进一步购买该公司的股票以达到绝对控股地位也并不是一件难事。从中小股东的角度来看，在投资上市公司时，其很大程度上是基于对原控股股东及其所选任管理者的经营能力的信任，如果公司出现大股东变化、控制权发生转移，那么当初的投资基础就发生了变化，此时，通过强制要约收购，可以使中小股东享有平等的退出机会以及平等的交易价格，从而分享收购溢价。这里还需要说明的是，协议收购可能会转为强制要约收购，即收购方以协议收购方式，收购或者与其一致行动人共同收购一个上市公司已发行的有表决权股份达到 30% 时，继续进行收购的，应当依法向该上市公司所有股东发出收购上市公司全部或者部分股份的要约，除非获得中国证监会的豁免。

4. 终止上市规则

终止上市规则要求，收购要约的期限届满，被收购公司的股权分布不符合上市条件的，该上市公司的股票就应当由证券交易所依法终止上市。因此，收购方如果收购的最终目标不是合并目标公司，一般应将股份收购的数量控制在证券交易所要求的股权结构比例以下，以保持目标公司在证券市场上的融资功能。

5. 强制接受规则

强制接受规则要求，收购要约的期限届满，被收购公司股权分布不符合上市条件的，该上市公司的股票就应当由证券交易所依法终止上市，其余仍持有被收购公司股票的股东，有权向收购人以收购要约的同等条件出售其股票，收购人应当无条件地受让。这是因为目标公司的股份此时已不能在证券市场上流通，其余持股股东的权利已经受到相当程度的限制。为了保障中小股东的权益，法律赋予中小股东向大股东强制出售所持股份的权利。

6. 同等条件收购规则

采取要约收购方式的，收购人在收购要约期限内，不得卖出被收购公司的股票，也不得采取要约规定以外的形式和超出要约的条件买入目标公司的股票。竞价收购与协议收购不受此规则约束。

7. 转让股份限制规则

在上市公司收购中，收购人对所持有的目标公司股票，在收购行为完成后的18个月内不得转让。

（四）上市公司收购的程序

1. 竞价收购的程序

竞价收购的程序通常包括：（1）通过证券交易所购买目标公司已发行的有表决权的股份达5%。（2）按"权益披露规则"报告与公告。（3）继续购买目标公司股份，按"台阶规则"报告与公告。（4）达到相对控股的程度，向中国证监会和证券交易所报告持股情况及收购后的改组计划。（5）依《公司法》的规定请求召开临时股东大会。（6）实施改组计划。这些计划可能涉及组织机构的重组、人员的重组、资产的重组以及业务的重组等。

履行上述程序的关键，是要准确把握相对控股的程度。如果股权十分分散，可能持股20%就可实施收购计划；如果股权相对集中，持股20%、30%也有可能难以实施收购计划。持股超过30%继续收购的，需遵守要约收购的程序。

2. 要约收购的程序

要约收购的程序通常包括：（1）编制要约收购报告书，同时对要约收购报告书摘要做出提示性公告。根据《证券法》的规定，收购报告书应载明下列事项：收购人的名称、住所；收购人关于收购的决定；被收购的上市公司名称；收购目的；收购股份的详细名称和预定收购的股份数额；收购期限、收购价格；收购所需资金额及资金保证；公告上市公司收购报告书时持有被收购公司股份数占该公司已发行的股份总数的比例。（2）报告。收购人发出收购要约，必须事先向中国证监会报送上市公司收购报告书；同时，应当将收购报告书提交证券交易所。（3）公告收购要约。收购要约约定的收购期限不得少于30日，并不得超过60日。在收购要约的有效期限内，收购人不得撤销其收购要约，收购人需要变更收购要约中事项的，应及时公告，并载明具体变更事项，且所做的变更中不得降低收购价格、减少预定收购股份数额、缩短收购期限。（4）收购。收购要约中提出的各项收购条件，适用于目标公司所有的股东。股东可以根据自己的意愿办理股票预售手续。要约期限届满，收购人则可以根据要约规定和股票预售的情况全面收购或按比例部分收购。据现有技术条件，预售及收购均可通过证券交易所的计算机系统进行。如果收购造成公司股权结构已不再满足交易所的上市条件，应遵守前述"终止上市规则"和"强制收购规则"。（5）实施改组或合并计划。目标公司继续存在的，收购人依《公司法》规定行使股东的权利；将目标公司解散的，属于公司合并，目标公司的原有股票，由收购人依法更换。（6）报告与公告。收购上市公司的行为结束后，收购人应当在15日内将收购情况报告中国证监会和证券交易所，并予公告。

　　3. 协议收购的程序

　　协议收购的程序通常包括：（1）谈判。收购人与目标公司的股东（尤其是大股东）就股权转让问题进行磋商，拟定协议草案。（2）经协议双方有关机构批准。大宗的股权转让、受让一般均须经买卖各方股东会或者董事会批准。上市公司收购中涉及国家授权投资机构持有的股份的，按照国务院的规定，须经有关主管部门批准。（3）正式签订收购协议。（4）报告与公告。以协议方式收购上市公司时，达成协议后，收购人必须在3日内将该收购协议向中国证监会及证券交易所做出书面报告，并予公告。在公告前不得履行收购协议。（5）发出要约。采取协议收购方式的，收购人收购或者通过协议、其他安排与他人共同收购一个上市公司已发行的有表决权的股份达到30%时，继续进行收购的，应当向该上市公司所有股东发出收购上市公司全部或者部分股份的要约。但是，经中国证监会免除发出要约的除外。（6）履行收购协议。上市公司的股票是实行托管的，买卖双方应到证券登记结算公司办理过户手续。（7）实施改组或合并计划。对上市公司实施改组或合并计划的前提是，收购人须持有足够的股份，或是绝对控股，或是相对控股。如果协议收购没有达到控股的程度，则不能实施对上市公司改组计划，更不能实施合并计划。（8）报告及公告。协议收购行为完成后，收购人应当在15日内将收购情况报告中国证监会和证券交易所，并予以公告。

　　在协议收购中，前述的终止上市规则、强制接受规则、转让股份限制规则仍然适用，但其余规则不适用。但是，协议收购转为强制收购时，则需同样适用。

第五节　证券投资者保护法律制度

　　投资者是证券市场发展的关键要素，是指有一定资金来源，从事以证券为介质或手段的投资活动，对证券投资收益享有所有权并承担投资风险的证券市场主体。简而言之，证券市场投资者就是资本市场中有价证券的购买者。[①] 投资者可以是个人，也可以是法人或其他组织。

资本市场的专业性、复杂性以及高风险性，使得投资者在证券交易中，容易因为对所投资证券的信息了解处于劣势，加之投资活动经验不足，常常受到侵害。因此，对投资者合法权益进行专门保护成为各国证券法立法的基本宗旨之一。尤其是在我国，证券市场上的投资者结构以自然人为主，机构投资者比重很小，而自然人投资者中大部分普通投资人专业性不足，抗风险能力也较弱，这就使得我国证券市场更加需要注重对投资者权益的保护。

一、投资者的类型划分

从域外资本市场的发展经验来看，在一个成熟的多层次资本市场上，投资者群体必然呈现出多层次的状态，这些投资者在专业知识、风险识别和承受能力、投资决策信息的获取以及损害救济手段的采用等方面存在着明显差异。如果用同一标准去保护不同层次的投资者，难以真正体现出对投资者的实质公平保护，对于缺乏丰富投资经验的非专业的个人投资者而言尤其如此。因此，对投资者进行分类，实施针对性的差异化保护非常必要。

在具体的分类标准和考量因素上，主要包括投资者的财务情况、风险偏好、投资目的、承受风险的能力等。我国《证券法》规定的主要参考因素是投资者的财产状况、金融资产状况、投资知识和经验、专业能力等，并以此将投资者分为普通投资者和专业投资者。对于不同类别的投资者给予不同的制度保护。

二、投资者适当性制度

投资者适当性制度是金融市场的一项基础性制度，也是金融市场法制建设不可或缺的重要方面。其本质是要求金融机构承担将金融产品仅推荐给能够理解产品本身及投资机会，并能承受投资损失的投资者，实现保护投资者的目的。简言之，投资者适当性制度就是要求金融机构"把适当的产品卖给适当的投资者"，以此实现金融产品与投资者之间双向的匹配关系。

具体到证券领域，投资者适当性制度是指，证券经营机构在销售和推荐证券产品的过程中，须充分了解客户的投资知识、投资经验、投资目标、财务状况、风险承受度等信息，并充分了解所推荐或销售的证券产品或服务，从而将适合的证券产品和服务推荐或销售给适合的客户。该制度最早是美国证券交易商协会

---

① 参见陈洁：《投资者到金融消费者的角色嬗变》，《法学研究》2011 年第 5 期。

（NASD）确立的，其要求，美国证券交易商协会的成员在向顾客推荐购买或交易任何证券时，必须基于顾客所提供的关于其所持有的其他证券及其财务状况和需求等基本事实，有合理理由地相信其推荐建议对于该顾客是适合的，这就是"适当性"规则。根据这一规则，证券经纪商只能向投资者推荐或销售适合投资者需求的金融产品。在成熟资本市场上，投资者适当性制度已经成为一种被普遍采用的保护投资者的规则。

在该制度下，以证券公司为代表的证券经营机构在向投资者销售证券、提供服务时，应当做到如下四点：（1）了解客户，尤其是投资者的基本情况、财产状况、金融资产状况、投资知识和经验、专业能力等相关信息。（2）了解证券产品或服务。（3）如实说明证券、服务的重要内容，充分揭示投资风险。（4）适当性销售或推荐。即销售、提供与投资者上述状况相匹配的证券、服务。在此过程中，投资者应当按照规定提供真实信息，以便证券经营机构对其进行准确判断，如果其拒绝提供或者未按照要求提供信息，证券经营机构应拒绝向其销售证券、提供服务。当然，如果证券经营机构没有履行投资者适当性制度，导致投资者损失的，应承担相应的赔偿责任。

三、投资者权利行使机制

投资者是持有上市公司股份的股东，抑或是向公司融资持有公司债券的持券人。

基于股东的身份，投资者享有《公司法》规定的股东的各项合法权益，尤其是投票权和利益分配请求权。由于社会公众股东持股量较低，基于"理性的漠然"，往往缺乏参与公司治理的积极性，为此，通过建立投票权征集制度，可以有效拓展中小股东参与上市公司治理的路径。我国《证券法》在借鉴域外制度经验的基础上，也明确规定，上市公司董事会、独立董事、持有1%以上有表决权股份的股东或者依法设立的投资者保护机构，可以作为征集人，自行或者委托证券公司、证券服务机构，公开请求上市公司股东委托其代为出席股东大会，并代为行使提案权、表决权等股东权利。当然，这种征集行为不得采取有偿或变相有偿的方式进行。此外，为保护中小投资者的利润分配请求权，《证券法》还特别要求，上市公司应当在章程中明确分配现金股利的具体安排和决策程序，依法保障股东的资产收益权；上市公司应当依照法定顺序，按照章程的规定分配现金股利。

基于债券持有人的身份，投资者的合法债权同样应得到法律的充分保护。尽管作为固定收益工具，债券的风险相对于股票而言较小，但其同样面临着信用风险和市场经营风险，甚至遭受债权到期无法偿付的损失。因此，对债权人的权益进行有效保护同样必不可少。其主要措施包括：（1）设立债券持有人会议，并且应当在募集说明书中说明债券持有人会议的召集程序、会议规则和其他重要事项，使投资者可以通过参加债券持有人会议维护自身的合法权益。（2）确立债券受托管理人制度，并明确其职责。由于单个的债券持有人投资额相对较小，很难形成有凝聚力的集体行动，所以他们采取行动或合作的经济动机就会被最小化。① 因此，有必要针对分散的债券持有人构建集体行动的路径，以维护其权益，而这一般依托于债券受托管理人制度。债券受托管理人应当勤勉尽责，公正履行受托管理职责，不得损害债券持有人利益。如果债券发行人未能按期兑付债券本息，债券受托管理人可以接受全部或者部分债券持有人的委托，以自己的名义代表债券持有人提起、参加民事诉讼或者清算程序。债券受托管理人在履职中如果出现失责，债券持有人会议有权予以变更。

四、投资者权益救济措施

（一）投资者保护机构

我国证券市场中以自然人投资者为主的市场结构，以及投资者投资理性和经验的缺乏，决定了设立专业的投资者保护机构的重要性。目前，在中国证监会的统一部署和领导下，已经形成了"一体两翼"的投资者保护组织体系。其中，"一体"是指中国证监会下设的中国证监会投资者保护局，"两翼"分别指中国证券投资者保护基金有限责任公司和中证中小投资者服务中心有限责任公司。

中国证监会投资者保护局于 2011 年由中国证监会成立。作为中国证监会内设机构，其主要职责是：负责证券期货市场投资者保护工作的统筹规划、组织指导、监督检查、考核评估；推动建立健全投资者保护相关法规政策体系；统筹协调各方力量，推动完善投资者保护的体制机制建设等工作。中国证券投资者保护基金有限责任公司于 2005 年由国务院批准设立，由中国证监会负责管理，其主要职责包括：筹集、管理和运作基金；监测证券公司风险，参与证券公司风险处置工作；证券公司被撤销、关闭和破产或被中国证监会实施行政接管、托管经营等强制性监管措施时，按照国家有关政策规定对债权人予以偿付；组织、参与被撤销、关闭或破产证券公司的清算工作等。中证中小投资者服务中心有限责任公司（简称"投服中心"）是 2014 年 12 月成立的证券金融类公益机构，同样由中国证监会直接管理。其主要职责包括：面向投资者开展公益性宣传和教育；公益

---

① See Steven L. Schwarcz, Gregory M. Sergi: Bond Default and the Dilemma of the Indenture Trustee. *Alabama Law Review* 2008（59），pp. 1037–1038.

性持有证券等品种，以股东身份或证券持有人身份行权；受投资者委托，提供调解等纠纷解决服务；为投资者提供公益性诉讼支持及其相关工作等。

（二）先行赔付制度

先行赔付，是指在发生虚假陈述等案件时，在对发行人、上市公司等市场主体据以承担赔偿责任的行政处罚、司法裁判做出之前，由可能承担民事赔偿责任的连带责任人之一先行垫资向投资者承担赔偿责任，然后再由先行赔付者向未参与先行赔付的发行人、上市公司以及其他责任人进行追偿的一种措施。对于投资者而言，这一制度具有权益救济的方便快捷性。[①] 但是，先行赔付不可能用来解决所有的证券纠纷，目前，主要适用于发行人因欺诈发行、虚假陈述或其他重大违法行为给投资者造成损失的案件。先行赔付的责任主体主要是发行人的控股股东、实际控制人、相关的证券公司。实践中，往往是由保荐机构先行赔付，在先行赔付之后，其可依法向发行人或其他连带责任人追偿。

（三）证券支持诉讼制度

基于证券市场的复杂性和专业性，对于中小投资者而言，在其权益受到侵害后，要进行诉讼并取得胜诉并非易事。此时，就需要具有公益性的投服中心发挥积极作用。所谓证券支持诉讼，就是针对涉及中小投资者众多、矛盾比较突出、社会影响较大的典型证券侵权纠纷，由投服中心以投资者保护机构的身份，根据中小投资者提出的申请，委派投服中心的公益律师或法律专业人员作为中小投资者诉讼代理人，代理中小投资者向法院起诉并参与诉讼的活动。在该制度中，投服中心作为支持机构，选择案件，委派诉讼代理人，支持权益受损的中小投资者依法诉讼维权。该制度不但有利于维护中小投资者的合法权益，而且有助于提高证券纠纷案件的司法审判质量，对维护资本市场发展起到积极效果。

（四）证券代表人诉讼制度

由于证券市场上的投资者人数众多，因某一证券违法行为造成的受害主体为不特定多数人，从而形成大规模证券纠纷。为快速、高效地解决这类纠纷，应当建立特殊的诉讼机制。例如，美国的集团诉讼、英国的集体诉讼、德国的团体诉讼和日本的选定当事人诉讼制度等。

在我国，解决该问题主要采取的是代表人诉讼制度。我国《民事诉讼法》对代表人诉讼有明确规定，即当事人一方人数众多的共同诉讼可以推选代表人进行诉讼，代表人的诉讼行为对其所代表的当事人发生效力。与此相应，我国《证券法》明确规定了证券领域的代表人诉讼制度，主要内容包括：（1）投资者提

---

① 参见徐强胜：《论我国证券投资补偿基金制度的构建》，《法商研究》2016 年第 1 期。

起虚假陈述等证券民事赔偿诉讼时，诉讼标的是同一种类，且当事人一方人数众多的，可以依法推选代表人进行诉讼。（2）对于这类诉讼，人民法院可以发出公告，说明该诉讼请求的案件情况，通知投资者在一定期间向人民法院登记。人民法院做出的判决、裁定，对参加登记的投资者发生效力。（3）投资者保护机构受50名以上投资者委托，可以作为代表人参加诉讼，并为经证券登记结算机构确认的权利人向人民法院登记，但投资者明确表示不愿意参加该诉讼的除外。可见，我国现行立法对于投资者保护机构作为证券代表人诉讼的案件实行的是"默示加入、明示退出"，即投资者保护机构在接受50名以上投资者委托后，便取得证券诉讼代表人资格，其可以当然代表证券登记结算机构登记确认的投资者进行诉讼，所产生的诉讼结果对登记在册的投资者有效，除非有投资者明示反对，不愿意参与投资者保护机构作为诉讼代表人的诉讼中。该制度对于有效维护中小投资者合法权益、高效解决大规模证券纠纷具有积极作用。

第六节　证券监督管理机构

一、证券监督管理机构的性质

我国《证券法》规定，国务院证券监督管理机构依法对证券市场实行监督管理，维护证券市场秩序，保障其合法运行。由此分析，证券监督管理机构应是依法对证券市场实行监督管理的行政性执法机构。其性质可从以下几方面来认识：（1）专业性。证券监督管理机构为专门针对证券市场设置的监督管理机构。证券市场是一个专业性很强的市场，对这个市场进行监督管理的人员需要具备金融专业知识。没有金融专业知识，监督管理就难以奏效。（2）行政性。证券监督管理机构是行政管理机构，其所从事的证券监督管理行为是代表国家所进行的行政干预行为，其以国家权力来查处违法行为，从而保障投资者权益，维护证券市场秩序。（3）执法性。证券监督管理机构是证券法的执法机构。一方面，其享有行政机关的执法权，对证券违法事件主动调查，可以根据法律法规予以处罚；另一方面，其职权是法律赋予的，不能超越法律法规越权行事。

证券市场的健康运作对于促进资金流通、发展市场经济具有重大意义。很难想象，证券市场充满欺诈、内幕交易、操纵价格等不正当行为，投资者仍然会有极大的投资热情。若不对这些不正当行为加以国家干预，证券市场就不可能继续存在，通过资金的筹措和流动促进经济的发展就必然成为一句空话。美国1929年股市大崩溃、中国1995年"327国债事件"，都曾给市场带来灾难性的后果。

中外证券市场的实践都证明，对证券市场实施监督管理必不可少。

二、证券监督管理体制

证券监督管理体制是指一国范围内以证券法为基础而构成的证券监督管理体系、层次结构、功能模式以及运行机制的统一体。

纵观世界各国对证券市场的监管体制，主要分为自律型管理体制和集中型管理体制。自律型管理体制的特点是：除了必要的国家立法外，政府较少干预证券市场，对证券市场的管理主要由证券交易所和证券商协会等组织进行自律管理。集中型管理体制的特点是：政府通过制定专门的证券市场管理法规，并设立全国性的证券监督管理机构来实现对全国证券市场的管理。我国证券法确立的证券监督管理体制属于集中型管理体制。

我国证券监督管理体制的确立经历了一个从多头到统一、从分散到集中的过程。1992 年以前，证券市场主要由中国人民银行主管。1992 年 7 月，国务院建立证券管理办公会议制度。同年 10 月，国务院决定成立专门的国家证券监管机构——国务院证券委员会，对全国证券市场进行统一的宏观管理，同时成立证券的监督管理执行机构——中国证券监督管理委员会。1998 年 8 月，国务院批准了《证券监管机构体制改革方案》，决定完善监管体系，实行集中统一领导，有效防范和化解风险，逐步建立与社会主义市场经济相适应的证券监管体制；理顺中央和地方监管部门的关系，对地方证券监管部门实行由证监会统一领导的管理体制，同时根据各地区证券业发展的实际情况，在部分中心城市设立派出机构。至此，我国的证券监督管理体制基本形成，并最终通过《证券法》予以确认。

三、证券监督管理机构的职责范围

由于各国（地区）证券监督管理体制不同，证券监督管理机构的职责范围也会有所不同。美国证券交易委员会（SEC）是根据《1934 年证券交易法》规定而设立的专门监管证券市场和执行证券法律、法规的机构。它是一个独立的、准司法性质的执法机构，除了负责对证券交易所、上市公司以及证券商日常监管外，另有两项重要职权，一项是调查权，另一项是处罚权。

我国《证券法》对中国证监会在证券市场实施监督管理的职责做了如下规定：（1）依法制定有关证券市场监督管理的规章、规则，并依法进行审批、核准、注册，办理备案；（2）依法对证券的发行、上市、交易、登记、存管、结算等行为，进行监督管理；（3）依法对证券发行人、证券公司、证券服务机构、证券交易场所、证券登记结算机构的证券业务活动，进行监督管理；

（4）依法制定从事证券业务人员的行为准则，并监督实施；（5）依法监督检查证券发行、上市、交易的信息披露；（6）依法对证券业协会的自律管理活动进行指导和监督；（7）依法监测并防范、处置证券市场风险；（8）依法开展投资者教育；（9）依法对证券违法行为进行查处；（10）法律、行政法规规定的其他职责。

《证券法》还授权中国证监会采取下列措施：（1）现场检查权。即对证券发行人、证券公司、证券服务机构、证券交易场所、证券登记结算机构进行现场检查。（2）调查取证权。即进入涉嫌违法行为发生场所调查取证。（3）询问权。即询问当事人和与被调查事件有关的单位和个人，要求其对与被调查事件有关的事项做出说明；或者要求其按照指定的方式报送与被调查事件有关的文件和资料。（4）查阅、复制、封存和扣押权。即查阅、复制与被调查事件有关的财产权登记、通信记录等文件和资料；查阅、复制当事人和与被调查事件有关的单位及个人的证券交易记录、登记过户记录、财务会计资料及其他相关文件和资料；对可能被转移、隐匿或者毁损的文件和资料，可以予以封存、扣押。（5）查询账户与申请司法机关冻结权。即查询当事人和与被调查事件有关的单位及个人的资金账户、证券账户和银行账户以及其他具有支付、托管、结算等功能的账户信息，可以对有关文件和资料进行复制；对有证据证明已经或者可能转移或者隐匿违法资金、证券等涉案财产或者隐匿、伪造、毁损重要证据行为的，经中国证监会主要负责人批准，可以冻结或者查封。（6）限制证券买卖权。在调查操纵证券市场、内幕交易等重大证券违法行为时，经中国证监会主要负责人或者其授权的其他负责人批准，可以限制被调查的当事人的证券买卖，但限制的期限不得超过3个月；案情复杂的，可以延长3个月。（7）限制出境权。即通知出境入境管理机关依法阻止涉嫌违法人员、涉嫌违法单位的主管人员和其他直接责任人员出境。

四、证券监管中的行政和解

行政和解是指中国证监会在对行政相对人涉嫌违反证券期货法律、行政法规和相关监管规定的行为进行调查执法过程中，根据行政相对人的申请，与其就改正涉嫌违法行为、消除涉嫌违法行为不良后果、交纳行政和解金、补偿投资者损失等事项进行协商，达成行政和解协议，并据此终止调查执法程序的制度。该制度被认为是中国证监会行政执法体制改革的一个重大创新，是适应资本市场快速发展需要，化解有限行政资源与行政效率之间矛盾，保护投资者合法权益的重要制度安排。

我国现行《证券法》从立法层面确认了证券领域的行政和解制度，第171条明确规定，国务院证券监督管理机构对涉嫌证券违法的单位或者个人进行调查期间，被调查的当事人书面申请，承诺在国务院证券监督管理机构认可的期限内纠正涉嫌违法行为，赔偿有关投资者损失，消除损害或者不良影响的，国务院证券监督管理机构可以决定中止调查。被调查的当事人履行承诺的，国务院证券监督管理机构可以决定终止调查；被调查的当事人未履行承诺或者有国务院规定的其他情形的，应当恢复调查。

五、证券监督管理机构工作人员的行为准则

证券监督管理机构的职权要靠其工作人员来行使，对工作人员的行为从法律上进行约束，才能保证证券监督管理机构发挥应有的作用。我国证券监督管理机构的工作人员应遵守下列五项基本准则：（1）符合检查、调查程序要求的义务。证券监督管理机构依法履行职责，进行监督检查或者调查时，其监督检查、调查人员不得少于2人，并应当出示合法证件和监督检查、调查通知书。监督检查、调查的人员少于2人或者未出示合法证件和监督检查、调查通知书的，被检查、调查的单位有权拒绝。（2）保守商业秘密的义务。证券监督管理机构工作人员依法履行自己的职责时，必须对知悉的有关单位和个人的商业秘密予以保密。（3）忠于职守的义务。证券监督管理机构工作人员必须忠于职守，依法办事，公正廉洁，不得利用自己的职权牟取不正当的利益。（4）办事公开的义务。证券监督管理机构及其工作人员的行为是行政执法行为，应当受到公众监督，以防职权被滥用。（5）兼职禁止的义务。证券监督管理机构的工作人员在任职期间，或者离职后在《公务员法》规定的期限内，不得到与原工作业务直接相关的企业或者其他营利性组织任职，不得从事与原工作业务直接相关的营利性活动，以确保执法的公正性。

六、证券监管的国际合作

近年来，各国对金融业的监管和相关的国际立法有两个趋势值得重视：一是金融监管的重心转向证券市场；二是全球金融一体化带动金融监管尤其是证券监管的全球化。中国的证券市场是一个新兴的市场，不仅防范市场风险的能力、应对违法犯罪的经验不足，而且市场管理的体制不完善、国际化的水平低。如何顺应证券全球化的趋势，与国际证券监管组织和各国证券主管机关加强合作，如何遵循国际组织制定的各项准则、借鉴别国的监管经验，是我们面临的新课题。

（一）国际证券监管组织的现状

国际证监会组织（IOSCO）是一个常设的国际性证券监管组织，成立于1983年，其总部原位于加拿大蒙特利尔市，于2004年迁至西班牙马德里市。截至

2023 年 3 月，该组织共有 237 个会员，包括 131 个正式会员、34 个联系会员和 72 个附属会员。此组织的宗旨是帮助其成员：（1）加强合作，确保无论在成员范围还是国际范围，都能更好地监管证券市场，从而维护证券市场的公平与效率；（2）交换信息，促进各成员证券市场的发展；（3）共同努力，制定国际证券交易的标准和有效的监管机制；（4）互相协助，通过严格执行有关标准和对违反者的有效处罚，确保证券交易的公正。中国证监会于 1995 年 7 月加入国际证监会组织，相关业务部门按照职责分工，分别加入了证监会国际组织 8 个标准制定委员会，具体参与有关国际标准的讨论和制定。2007 年，中国证监会签署了证监会国际组织《关于咨询、合作与信息交换的多边备忘录》。该备忘录为证券监管机构办理跨境违法案件制定了标准。

（二）国际监管的标准

各国的证券市场虽然监管模式不同，但是这些监管模式反映出各国监管理念的差异的同时，也反映了各国共同的监管理念。这些共同的监管理念可引申出共同的法律框架、共同的管理制度、共同的执行方法。正是基于这一考虑，国际证监会组织颁布了《证券监管的目标和原则》，其内容包括：（1）证券监管的目标是保护投资者，确保市场的公正、有效和透明，减少系统风险。（2）证券监管的原则（其中包括 38 项具体原则）。

（三）证券监管的跨境合作

中国证监会成立以来，一直十分重视与国际证监会组织成员之间的交流与合作。截至 2022 年 12 月，中国证监会已与 67 个国家和地区的证券监管机构签署了双边监管合作谅解备忘录，建立了跨境监管与执法合作机制。除一般性的双边监管合作谅解备忘录外，中国证监会还根据需要针对特定合作领域签署了专项监管合作谅解备忘录，例如关于期货衍生品、专项执法等事宜的监管合作谅解备忘录。备忘录涉及的主要内容包括：签订备忘录要遵循的一般原则、法律实施的合作与磋商、信息的交流与资料的交换、技术援助的范围和方式，等等。

第七节　证券违法行为法律责任

证券立法的直接目的在于，通过对投资者利益的保护，正常发挥证券市场功能。我国证券市场在快速发展的同时，也存在着诸多违法情形，虚假陈述、内幕交易、操纵证券市场、欺诈客户等行为严重破坏了证券市场公开、公平、公正的基本原则，影响了市场机制的正常作用。因此，加强证券市场违法行为的法律责任非常必要。

一、虚假陈述行为及其法律责任

信息是证券市场的核心因素之一。要保障证券投资者的合法权益，首要前提就是要保证公众能够及时获得准确无误的信息。实践中，影响投资者准确获取证券市场信息的主要行为就是虚假陈述。所谓虚假陈述，是指信息披露义务人违反信息披露义务，在证券发行和交易过程中，对证券活动的事实、性质、前景等事项做出不实、误导、遗漏的陈述，致使投资者不明真相而产生投资损失的违法行为。

1. 虚假陈述的具体形态

（1）虚假记载，是指信息披露义务人在披露信息时，将不存在的情形在信息披露文件中予以记载的行为，其中，财务报表不实是主要表现形式之一。（2）误导性陈述，是指信息披露义务人在信息披露时做出使投资人对其投资行为发生错误判断并产生重大影响的陈述，主要体现为所披露事实的语句在理解上存在歧义，且这种歧义与事实不符，在此情形下，投资者无法获得完整、清晰、正确的信息，进而难以做出理性的投资判断。（3）重大遗漏，是指信息披露义务人在信息披露文件中，未披露应当披露的信息或者披露得不完全，隐瞒或遗漏了部分重要事项，使投资人难以对所投资企业有完整的判断，造成投资人的判断错误。（4）未按规定披露，是指信息披露义务人未按照法律、行政法规、规章和规范性文件，以及证券交易所业务规则规定的信息披露期限、方式等要求及时、公平披露信息。广义而言，未按照相关规则规定的时限、方式、内容、格式等披露，都属于未按规定披露；狭义而言，未按规定披露主要体现为未在适当期限内或者未以法定方式披露，违反了信息披露的及时性或者公平性要求。

2. 虚假陈述的责任主体

（1）信息披露义务人。既包括发行证券的公司、上市公司、股票在国务院批准的其他全国性证券交易场所交易的公司等"发行人"，也包括其他信息披露义务人。其中，证券发行人本身就是证券市场信息产品的重要生产者，并且是一个不断发布新信息的持续的信息生产者。而投资者相对于发行人，在信息持有上肯定处于劣势，两者是一种不对称状态，为防止发行人、上市公司利用其信息优势对投资者进行欺诈，保护投资者合法权益，首先应当要求作为信息生产者的发行人必须真实、准确、完整、及时地将与证券有关的信息加以披露。（2）发行人的控股股东、实际控制人、董事、监事、高级管理人员和其他直接责任人员。由于这些人在公司中处于重要地位，其行为往往对证券的发行、承销、上市和交易起着决定性作用，将其列入责任人范围具有合理性。（3）证券保荐人、承销商及其直接责任人员。保荐人应遵守业务规则和行业规范，勤勉尽责地对发行人的申请文件和信息披露资料进行审慎核查，督导发行人规范运作。因此，保荐人应当对所保荐的信息负责，如违反，同样应承担法律上的不利后果。证券承销商在证券发行中处于指挥者的角色，组织和处理证券发行过程中的各项事务，负责发行人的宣传工作、提高发行人所发行的证券在二级市场的流通性。所以，各国证券法都规定了证券公司的信息披露义务。一旦证券公司在承销的证券文件中虚假陈述，应负法律责任。（4）证券专业服务机构。在申请证券发行、上市过程中，发行人需要聘请律师事务所、会计师事务所、资产评估机构等专业机构协助制作有关申请文件，并出具有关报告和证明文件。证券服务机构既独立于发行人、上市公司，又独立于投资者，它们在提供专业服务的同时也在履行一种社会监督职能。因此，证券专业服务机构应当保证其所出具文件的真实性、准确性和完整性。一旦其制定、出具的文件有虚假陈述，应当与发行人、上市公司一起承担连带责任。

3. 虚假陈述的归责原则

对虚假陈述行为人的责任认定，《证券法》采用了无过错责任、过错推定责任原则。（1）无过错责任。适用这类归责原则的责任主体是信息披露义务人。一般认为，以证券发行人为主的信息披露义务人是信息的制作者，也是信息的初始来源，负有积极的信息披露义务，理应负有第一位的责任。（2）过错推定责任。所谓过错推定责任，是指法律上推定行为人有过错，但如果行为人能够证明自己没有过错，则推翻先前的推定，此时被告负有证明自己无过错的责任。其适用主体是发行人、上市公司中的控股股东、实际控制人、董事、监事、高级管理人员和其他直接责任人员；证券保荐人、承销商及其直接责任人员；证券专业中介服务机构。

4. 虚假陈述的法律责任承担

（1）民事责任。虚假陈述的民事责任制度旨在补偿因信息披露人违反法律规定，进行虚假陈述，从而给投资者造成的损失。这种责任制度一般不具有惩罚性，仅仅是一种损害赔偿的补偿性救济措施。（2）行政责任。这里的行政责任的处罚类别主要包括责令改正、罚款、警告、暂停或者取消其发行、上市资格等。（3）刑事责任。当虚假陈述行为人有严重违法情节或给投资人造成严重损害时，其行为已具有严重的社会危害性，应当承担刑事责任。其中涉及的罪名主要包括：欺诈发行证券罪；违规披露、不披露重要信息罪；提供虚假证明文件罪；出具证明文件重大失实罪。

二、内幕交易行为及其法律责任

内幕交易是指内幕信息的知情人和非法获取内幕信息的人利用内幕信息进行

证券交易活动的行为。它属于证券交易中的欺诈行为，不利于保护投资者的合法权益和社会公共利益，必须绝对禁止。

（一）知悉内幕信息的人

知悉内幕信息的人主要分为两类，即证券交易内幕信息的知情人与非法获取内幕信息的人。证券交易内幕信息的知情人，是指知悉证券交易内幕信息的人员。具体包括：（1）发行人及其董事、监事、高级管理人员；（2）持有公司5%以上股份的股东及其董事、监事、高级管理人员，公司的实际控制人及其董事、监事、高级管理人员；（3）发行人控股或者实际控制的公司及其董事、监事、高级管理人员；（4）由于所任公司职务或者因与公司业务往来可以获取公司有关内幕信息的人员；（5）上市公司收购人或者重大资产交易方及其控股股东、实际控制人、董事、监事和高级管理人员；（6）因职务、工作可以获取内幕信息的证券监督管理机构工作人员、证券交易场所、证券公司、证券登记结算机构、证券服务机构的有关人员；（7）因法定职责对证券的发行、交易或者对上市公司及其收购、重大资产交易进行管理，可以获取内幕信息的有关主管部门、监管机构的工作人员；（8）国务院证券监督管理机构规定的可以获取内幕信息的其他人。非法获取内幕信息的人，主要是通过非法手段或非法途径获得内幕信息的人，如窃取、骗取内幕信息的人，他们也属于禁止的主体对象。

（二）内幕信息

内幕信息，是指证券交易活动中，涉及证券发行人的经营、财务或者对该发行人证券的市场价格有重大影响的尚未公开的信息。"未公开性"与"重大性"是内幕信息的两个主要特征。从现行《证券法》的规定来看，内幕信息主要包括两大类，即关于股票交易中的内幕信息和关于债券交易中的内幕信息。

关于股票交易中的内幕信息包括：（1）公司的经营方针和经营范围的重大变化；（2）公司的重大投资行为，公司在1年内购买、出售重大资产超过公司资产总额30%，或者公司营业用主要资产的抵押、质押、出售或者报废一次超过该资产的30%；（3）公司订立重要合同、提供重大担保或者从事关联交易，可能对公司的资产、负债、权益和经营成果产生重要影响；（4）公司发生重大债务和未能清偿到期重大债务的违约情况；（5）公司发生重大亏损或者重大损失；（6）公司生产经营的外部条件发生的重大变化；（7）公司的董事、1/3以上监事或者经理发生变动，董事长或者经理无法履行职责；（8）持有公司5%以上股份的股东或者实际控制人，其持有股份或者控制公司的情况发生较大变化，公司的实际控制人及其控制的其他企业从事与公司相同或者相似业务的情况发生较大变化；（9）公司分配股利、增资的计划，公司股权结构的重要变化，公司减资、合并、分立、解散及申请破产的决定，或者依法进入破产程序、被责令关闭；

（10）涉及公司的重大诉讼、仲裁，股东大会、董事会决议被依法撤销或者宣告无效；（11）公司涉嫌犯罪被依法立案调查，公司的控股股东、实际控制人、董事、监事、高级管理人员涉嫌犯罪被依法采取强制措施；（12）国务院证券监督管理机构规定的其他事项。

关于债券交易中的内幕信息包括：（1）公司股权结构或者生产经营状况发生重大变化；（2）公司债券信用评级发生变化；（3）公司重大资产抵押、质押、出售、转让、报废；（4）公司发生未能清偿到期债务的情况；（5）公司新增借款或者对外提供担保超过上年末净资产的20%；（6）公司放弃债权或者财产超过上年末净资产的10%；（7）公司发生超过上年末净资产10%的重大损失；（8）公司分配股利，做出减资、合并、分立、解散、申请破产决定，或者依法进入破产程序、被责令关闭；（9）涉及公司的重大诉讼、仲裁；（10）公司涉嫌犯罪被依法立案调查，公司的控股股东、实际控制人、董事、监事、高级管理人员涉嫌犯罪被依法采取强制措施；（11）国务院证券监督管理机构规定的其他事项。

上述关于股票或债券交易中的内幕信息，实际上就是发行人应按要求披露的临时报告事项，在公开披露前构成内幕信息。

（三）内幕交易行为的法律责任

证券交易内幕信息的知情人和非法获取内幕信息的人，在内幕信息公开前，不得买卖该公司的证券，或者泄露该信息，或者建议他人买卖该证券，否则，须承担相应的法律责任。

在民事责任方面，因内幕交易行为给投资者造成损失的，行为人应依法承担赔偿责任。我国《证券法》对此也予以了明确规定。但总体而言，我国目前关于内幕交易民事责任的规定还非常欠缺。理论上，一切因内幕交易而受到损害的人都有权要求内幕交易的实施主体承担民事赔偿责任。国外立法也普遍重视民事责任的承担问题。但我国现行《证券法》对内幕交易的民事责任规定得比较原则，还亟须从归责原则、因果关系认定以及损害赔偿范围等方面进行具体制度的细化和完善。司法实践中，在杨林军等投资者诉光大证券内幕交易 ETF 与股指期货案[1]中，法院支持了部分投资者的全部或者部分索赔请求，成为全国首例投资者获得赔偿的内幕交易案。

在行政责任方面，证券监管机构有权责令非法行为人依法处理非法持有的证券，没收违法所得，并处以违法所得 1 倍以上 10 倍以下的罚款；没有违法所得或者违法所得不足 50 万元的，处以 50 万元以上 500 万元以下的罚款。单位从事

---

[1]　上海市第二中级人民法院（2016）沪民终第 158、196、208 号等民事判决书。

内幕交易的，还应当对直接负责的主管人员和其他直接责任人员给予警告，并处以 20 万元以上 200 万元以下的罚款。证券监督管理机构工作人员进行内幕交易的，从重处罚。

除民事、行政责任外，各国立法都非常重视借助刑事处罚追究内幕交易者的责任，且刑事处罚日趋严厉。我国《刑法》第 180 条就规定了关于证券期货的内幕交易罪。

三、操纵证券市场行为及其法律责任

操纵证券市场是指行为人以不正当手段，影响证券交易价格或者证券交易量，制造虚假繁荣、虚假价格，诱导或者迫使其他投资者在不了解真相的情况下做出错误的投资决定，使操纵者获利或减少损失的行为。为了保护广大的投资者利益，维持证券交易公正合理的秩序，必须严格禁止这类违法行为。

违法获取不当利益或者转嫁风险的行为手段主要有：（1）单独或者通过合谋，集中资金优势、持股优势或者利用信息优势联合或者连续买卖，操纵证券交易价格；（2）与他人串通，以事先约定的时间、价格和方式相互进行证券交易，影响证券交易价格或者证券交易量；（3）在自己实际控制的账户之间进行证券交易，影响证券交易价格或者交易量；（4）不以成交为目的，频繁或者大量申报并撤销申报；（5）利用虚假或者不确定的重大信息，诱导投资者进行证券交易；（6）对证券发行人公开做出评价、预测或者投资建议，并进行反向证券交易；（7）利用在其他相关市场的活动操纵证券市场；（8）以其他手段操纵证券市场。

操纵证券市场行为给投资者造成损失的，应当承担相应的法律责任。（1）民事责任。与内幕交易一样，我国现行立法对操纵证券市场的民事责任仅有原则性规定，缺乏可操作性。《证券法》第 55 条规定，"操纵证券市场行为给投资者造成损失的，行为人应当依法承担赔偿责任"。但是，行为人应如何承担责任，法律没有详细规定，这就为因操纵行为而遭受损失的投资者维权造成了制度障碍。从司法实践来看，获得审理的操纵市场民事赔偿案件寥寥无几，迄今还无一起投资者获得赔偿的案例。为此，建议借鉴域外立法，从责任主体、因果关系、损害赔偿范围等方面完善我国操纵证券市场的民事责任制度。（2）行政责任。主要是责令依法处理非法持有的证券，没收违法所得，并处以违法所得 1 倍以上 10 倍以下的罚款；没有违法所得或者违法所得不足 100 万元的，处以 100 万元以上 1 000 万元以下的罚款。单位操纵证券市场的，还应当对直接负责的主管人员和其他直接责任人员给予警告，并处以 50 万元以上 500 万元以下的罚款。（3）刑事责任。我国《刑法》第 182 条规定了操纵证

券、期货市场罪，对于操纵证券、期货市场，情节严重的，将处以有期徒刑、拘役、罚金等刑事责任处罚。

四、欺诈客户行为及其法律责任

欺诈客户是指证券公司及其从业人员在证券交易活动中诱骗投资者买卖证券以及其他违背投资者真实意愿、损害其利益的行为。我国证券法律法规禁止的欺诈行为包括：（1）违背客户的委托为其买卖证券；（2）不在规定时间内向客户提供交易的书面确认文件；（3）未经客户的委托，擅自为客户买卖证券，或者假借客户的名义买卖证券；（4）为牟取佣金收入，诱使客户进行不必要的证券买卖；（5）其他违背客户真实意思表示，损害客户利益的行为。

证券公司违背客户的委托买卖证券、办理交易事项，或者违背客户真实意思表示，办理交易以外的其他事项，给客户造成损失的，应当依法承担赔偿责任；同时，证券监管部门应给以警告，没收违法所得，并处以 1 倍以上 10 倍以下的罚款，没有违法所得或者违法所得不足 10 万元的，处以 10 万元以上 100 万元以下的罚款；情节严重的，暂停或者撤销相关业务许可。

思考题：

1. 什么是证券？如何正确地表述证券的内涵与外延？
2. 证券法的基本原则有哪些？这些基本原则如何指导或影响证券法律实务？
3. 什么是证券发行核准制？什么是证券发行注册制？它们各有什么利弊？我国为什么要改证券发行核准制为证券发行注册制？
4. 为什么要对证券市场实行必要的监管？证券监管机构如何才能做到有效监管？
5. 证券市场有哪些典型的违法行为？这些违法行为如何构成？相关主体各应承担什么责任？

▶ 自测习题

第九章　期货交易法

第一节　期货交易法概述

一、期货交易的含义

期货交易发展至今，经历了从原始到现代，从简单到复杂的演变过程。期货交易始于远期交易，随后出现了期货交易和期权交易，现在正发展出其他金融衍生品交易，从而形成了期货交易、期权交易及其他金融衍生品交易三种形态。各国期货市场的成熟程度不同，各国规定之期货交易的含义也有所不同。

（一）期货交易的理论含义

期货交易有狭义、中义和广义三种解释。在狭义上，期货交易仅指以期货合约为交易标的的买入或卖出活动，可称为期货合约交易。在中义上，期货交易包括期货交易和期权交易，指以期货合约和期权合约作为标的的买入或卖出活动。在广义上，期货交易还包括其他金融衍生品交易，甚至包括远期合约交易。

远期合约，是指买卖双方约定，在未来某一指定的期间，按照约定价格买入或卖出某种产品的合约。在早期，远期合约约定的主要是实物产品。在现代社会，外汇或利率已成为远期合约的重要标的物。在远期合约交易中，买卖双方自行商定交易条件，远期合约属于非标准化合约，远期合约的交易是在场外市场进行的。

期货合约是期货交易所统一制定的、规定在将来某一特定的时间和地点交割一定数量标的物的标准化合约。期货合约包括商品期货合约、金融期货合约及其他期货合约。期货合约是期货交易场所制定的，具有标准化合约的性质，期货合约交易是在期货交易场所组织下进行的交易活动。

期权合约是指规定买方有权在将来某一时间以特定价格买入或者卖出约定标的物（包括期货合约）的合约。在理论上，期权合约既包括期货交易场所统一制定的期权合约，也包括买卖双方自行商定的期权合约。其中，买卖双方自行商定的期权合约，是非标准化合约，可以在期货交易场所以外进行交易。

其他衍生合约主要是互换合约或掉期合约，是买卖双方在未来某一时期相互交换某种资产的合约，较为常见的是货币互换合约和利率互换合约。在货币互换合约中，约定的标的物是不同种类的货币，利率互换合约约定的标的物是同种货币的互换比例。互换合约或掉期合约，主要是在期货交易场所外进行的交易。

（二）我国期货交易的含义

根据《期货和衍生品法》，期货交易是指以期货合约或者标准化期权合约为交易标的的交易活动。据此规定，我国现行法律所称期货交易，包含以下含义：

（1）期货交易是指场内交易。场内交易即指期货交易场所组织的期货交易。期货交易场所以外的其他组织或个人组织的交易，即使在性质上与期货交易相似，也不属于期货交易。买卖双方在期货交易场所以外自行商定的交易，也不属于期货交易。

（2）期货交易是指期货合约和期权合约的交易。期货合约和期权合约，不包括远期交易，也不包括其他金融衍生品交易。买卖双方商定的远期交易和其他金融衍生品交易，不属于期货交易的范畴。

（3）期货交易包括与期货交易有关的其他活动。期货交易主要是买卖双方之间的交易，但是，为了协助买卖双方完成期货交易，期货交易所和期货经营机构等需要提供组织、辅助等活动，该等活动也属于期货交易的组成部分。

二、期货交易的法律特征

期货交易是一种特殊法律关系，在主体、客体和内容上带有自身特性，有别于合同法所称的买卖合同。

（一）期货交易的主体

从事期货交易的组织或个人，必须借由期货交易场所认可的经营机构，才能从事期货和期权合约的买入或卖出。因此，期货交易是多方主体共同参与的特殊交易活动，期货交易关系是多方主体之间形成的复杂权利义务关系。期货交易主体分为三类，即期货交易者、期货交易所和期货经营者。

1. 期货交易者

期货交易者，即买入或卖出期货和期权合约的当事人，可称为买方或卖方，或统称为买卖双方或交易双方。由于期货交易者必须通过期货经营机构，才能从事期货合约的买卖，因而，期货经营机构将期货交易者称为客户。由于期货交易者要自行承担买入或卖出期货合约的损益，因而，我国现行法律将期货交易者称为期货投资者。

2. 期货交易所

期货交易所，也即期货市场组织者，是指依法经批准设立，制定期货和期权标准化合约，组织该标准化合约上市交易，提供期货合约成交和交收服务的期货交易所。在理论上，期货合约交易只能在期货交易所内进行交易，期权合约交易既可以在期货交易所内进行，也可以在期货交易所以外进行。在期货交易所内进行的期货和期权交易，为场内交易；在期货交易所以外从事的期权交易，为场外交易。

3. 期货经营者

按照期货交易的一般规则，能够进入期货交易所从事期货交易的，仅限于期货交易所认可的期货经营者。期货交易者从事期货交易时，必须委托期货经营者，才能从事证券交易所组织的期货交易。因此，期货经营者是接受期货交易者的委托，为期货交易者办理期货和期权合约的成交、清算、交收等服务的专业经营者。

除此以外，期货业协会等期货自律组织负责期货交易的自律监管，政府监管机构依法承担期货交易的行政监管职责。因而在广义上，自律组织和政府监管组织也是期货交易关系的主体。

（二）期货交易的客体

期货交易的客体是指期货合约或期权合约。期货交易所设计期货合约和期权合约，载明了特定的商品或金融资产，即期货合约或期权合约的标的物。期货交易客体只是期货合约或期权合约，而不是期货合约或期权合约载明的标的物。例如，石油期货交易的客体是期货交易所设计的石油期货合约，石油是期货合约的标的物，却不是石油期货交易的客体。

期货合约和期权合约是期货交易所设计的标准化合约。所谓标准化合约，是指期货交易所专门制定的、期货交易者必须遵守且无权变动的条款。在任何一种期货或期货合约上市交易前，期货交易所必须专门制定合约的基本条款，并在中国证监会批准后，才能上市交易。在期货和期权合约中，只有期货价格或期权之权利金是可变动的，并应当由期货交易者在期货交易所以公开竞价方式产生。

1. 期货合约

期货合约，是期货交易所统一制定的、规定在将来某一特定的时间和地点交割一定数量标的物的标准化合约。期货合约包括商品期货合约和金融期货合约及其他期货合约。按照实践做法，期货合约应当载明合约名称、交易品种、交易单位、报价单位、最小变动价位、每日价格最大波动、限制、合约交割月份、最后交易日、交割日期、交割品级、交割地点、交割方式、交易代码和上市交易所等。

2. 期权合约

期权合约，又称选择权合约，是指期货交易场所统一制定的、规定买方有权在将来某一时间以特定价格买入或者卖出约定标的物（包括期货合约）的标准化合约。一般期权合约的标的物，不包括期货合约。例如，上海证券交易所制定的上证50ETF期权合约，即属于一般期权合约，其基本条款包括合约类型、合约单位、到期月份、行权价格、行权价格间距、合约编码、合约交易代码、合约简称和其他条款。如果期权合约载明的标的物是某种已上市的期货合约，该种期权合约即可称为期货期权合约。

必须指出，随着我国市场经济和期货市场的发展，利率和汇率等其他金融衍生品终将成为期货交易的标的物，期货交易的客体范围也将逐渐扩大。

（三）期货交易的内容

期货交易的内容，即期货交易之买方或卖方的权利。期货合约不同于期权合约，期货合约和期权合约之买方、卖方的权利义务，不尽相同。

1. 期货合约交易的内容

期货合约载明了在未来某个时间，以约定价格买入或卖出标的物的内容，期货交易者在买入期货合约时，相当于做出了在未来某个时间、以约定价格买入标的物的承诺；期货交易者在卖出期货合约时，相当于做出了在未来某个时间、以约定价格卖出标的物的承诺。

无论是买方申报买入期货合约，还是卖方申报卖出期货合约，只要实现了期货合约的成交，就必须支付相应的对价。在期货合约交易中，交易对价采用了保证金的形式。买方或卖方在交易前必须缴存一定数量的资金作为保证金，应当划扣的保证金数额为期货合约价值的一定比例。一旦实现成交，期货交易所或结算机构就有权划扣期货交易者事先缴存的保证金。在期货交易成交后、期货标的物交割前，保证金数额与期货合约价值相连接，使期货合约价值有严密保障。

2. 期权合约交易的内容

按照期权合约的通常规则，期权合约的买方在支付权利金后，即取得在未来特定期限内依照特定价格和数量等条件，买入或卖出约定的标的物的权利；期权合约的卖方根据买方的要求，应当承担依约履行的义务，或者按照双方约定结算差价。

在期权合约交易中，买方的主要义务是支付权利金。权利金，又称权利费、期权费或期权金，是通过市场公开竞价形成的。买方取得的权利，是未来按照约定的价格和数量等条件买入或卖出约定之标的物的权利。买方取得的是某种权利而非义务，因而，买方可以在交割日选择是否行使买入或卖出的权利。一旦买方选择行使约定标的物之买入权，卖方就有义务向其交割约定的标的物；一旦买方选择行使约定标的物之卖出权，卖方就有义务受领约定的标的物。

三、期货交易法

与期货交易相似的交易活动由来已久，与期货市场相似的交易市场久已存在。在现代意义上，最早的期货交易所是美国芝加哥商人于 1848 年成立的芝加哥交易所。芝加哥交易所在成立后，陆续开展了远期合约和标准化合约交易，并于 1865 年实行了保证金制度，形成了现代意义的期货交易，推动了期货交易法的产生。

（一）境外期货交易法

期货交易法，是调整期货交易关系及相关活动的法律的总称。期货交易在出现之初，受到商事普通法和合同法的一般调整。美国国会于 1921 年制定了世界上第一部专门调整期货交易的法律——《期货交易法》。在联邦最高法院裁决该法律无效后，美国国会于 1922 年制定了《谷物期货法》。此后，美国国会还制定了 1936 年《商品交易法》、1974 年《商品期货交易委员会法》、2000 年《商品期货现代化法》以及 2010 年《多德-弗兰克华尔街改革与消费者保护法》。

许多国家在制定期货交易法早期，受到美国期货交易法的影响。在亚洲，日本、韩国和新加坡等国家在借鉴美国经验的基础上，曾专门制定各自的期货交易法。在现代社会，伴随世界范围内金融改革发展的步伐，许多国家和地区在总结各自经验的基础上，开始采用不同的法律称谓和规范模式，形成了三种主要的特别立法模式。

1. 期货交易单独立法模式

单独立法模式，即指单独制定的期货法或期货交易法，用以直接调整期货交易关系。对于期货法或期货交易法没有规定的事项，适用民商事一般法的规定。例如，美国国会制定的《期货交易法》以及新加坡制定的《证券期货法》和《商品交易法》。

2. 期货与证券交易合并立法模式

合并立法模式，指合并规范证券和期货的交易规则的立法模式。德国即将期货交易纳入证券交易法和证券交易所法，我国香港地区专门制定了《证券及期货条例》。

3. 金融商品统一立法模式

统一立法模式，指将有关金融商品交易的规则纳入统一的法律文件中。日本和韩国均曾采用单独立法模式，现在则将期货交易规则分别纳入《金融商品交易法》或《资本市场统一法》中。

各国期货交易发展不均衡，各国期货交易立法模式不尽相同。部分国家未专门制定期货交易法，对于现实中存在的期货交易关系，主要采用民商事一般法予以调整。

（二）我国期货交易立法的演变

20 世纪初期，我国上海、北京等地成立了从事期货交易的场所，并一度兴起了期货交易的热潮。1929 年，南京国民政府制定了《交易所法》，促进了期货交易的快速发展。截至 1936 年，全国共有 15 家交易所，其中 11 家开展期货交易。1937 年，交易所全部停业，1945 年以后，部分交易所才恢复营业。

自中华人民共和国成立至 20 世纪 80 年代末期，国内期货交易绝迹。1988年，国家提出加快商业体制改革，积极发展各类批发贸易市场，探索期货交易。此后，郑州粮食批发市场于 1990 年正式成立，深圳有色金属交易所于 1991 年正式成立。此后，由于期货交易缺乏必要监管，期货交易出现混乱，国家于 1993年开始清理整顿期货市场。

20 世纪 90 年代初，我国先后成立了上海和深圳证券交易所。1993 年 10 月25 日，上海证券交易所开始交易 1992 年发行的 3 年期国债期货品种（简称"327国债"）。后因 1995 年 2 月 23 日爆发"327 国债期货事件"，上海证券交易所宣布暂停 327 国债期货交易，中国证监会认为我国当时不具备开展国债期货交易的基本条件，并于 1995 年 5 月 17 日发出《关于暂停全国范围内国债期货交易试点的紧急通知》。此后，我国期货市场交易规模不断萎缩。

1999 年 6 月，国务院为调整商品期货交易，规范期货市场秩序，颁布了《期货交易管理暂行条例》。该暂行条例确立了反欺诈和禁止场外交易的原则，提出期货交易所应当建立保证金制度、每日结算制度、涨跌停板制度、持仓限额和大户持仓报告制度以及风险准备金制度。

我国于 1990 年 10 月成立了郑州商品交易所，于 1993 年 2 月成立了大连商品交易所，于 1999 年 12 月成立了上海期货交易所。2004 年，国务院提出了"稳步发展期货市场"的意见。2006 年 9 月，上海证券交易所、深圳证券交易所和中国证券登记结算有限责任公司等在上海成立中国金融期货交易所，这是我国第一家专门从事金融期货交易的场所。

2007 年 3 月，国务院颁布《期货交易管理条例》，取代了《期货交易管理暂行条例》，将其适用范围从商品期货扩大到商品期货、金融期货和期权合约交易。2012 年 9 月，国务院修订《期货交易管理条例》。2017 年，国务院第二次修订《期货交易管理条例》并沿用至今。

截至目前，我国共有三家商品期货交易所和一家金融期货交易所，上海和深圳证券交易所也开展部分金融期货交易。其中，大连、郑州和上海三家交易所主要从事商品期货交易，中国金融期货交易所从事金融期货产品交易，上海和深圳证券交易所均开展权证交易，上海证券交易所开展的期货交易主要是 ETF 期权交易。此外，我国银行间市场开展的汇率和利率互换或掉期交易，在广义上，也属于期货交易，根据《期货交易管理条例》第 84 条的规定，应当依照《期货交易管理条例》的有关规定执行。

（三）我国期货交易法律体系

我国期货交易立法采用了单独立法模式。全国人大常委会曾先后形成多个期货法草案，《期货和衍生品法》自 2022 年 8 月 1 日起施行。截至目前，我国直接调整期货交易的专门规范主要包括以下五类。

1. 法律

《期货和衍生品法》于 2022 年 4 月 20 日通过，自 2022 年 8 月 1 日起施行。自此，我国期货市场法律法规体系有了第一部专业性的法律文件。

2. 行政法规

国务院于 1999 年颁布《期货交易管理暂行条例》并于 2007 年正式颁布《期货交易管理条例》。《期货交易管理条例》于 2012 年第一次修订，于 2017 年第二次修订并沿用至今。

3. 司法解释

最高人民法院曾先后发布两个司法解释，即《最高人民法院关于审理期货纠纷案件若干问题的规定》（2003 年 7 月 1 日起施行，2020 年修正）和《最高人民法院关于审理期货纠纷案件若干问题的规定（二）》（2011 年 1 月 17 日起施行，2020 年修正）。

4. 部门规章

中国证监会先后发布多项专门规范期货市场的部门规章和规范性文件，主要包括《期货交易所管理办法》《期货公司监督管理办法》《期货从业人员管理办法》和《股票期权交易试点管理办法》等。

5. 自律规范

中国期货业协会发布多项自律规范，主要包括《期货经营机构投资者适当性管理实施指引（试行）》《期货公司互联网开户规则（修订）》等。

6. 期货交易规则

期货交易所根据《期货交易管理条例》和中国证监会发布的部门规章和规范性文件，分别制定了适用于本期货交易所的多项交易规则，包括交易规则和结算规则等。期货交易所是自律组织，期货交易所制定的规则对参与本期货交易所期货交易的期货经营机构和交易参与人，均有约束力。

应该注意到，期货交易是受监管的交易，期货交易还应当遵守行政法等法律的规定。

第二节　期货交易参与者

期货交易属于场内交易，买方或卖方若从事期货交易，必须委托期货交易场所认可的期货经营机构，代其申报买卖指令；期货交易场所根据期货经营机构提出的买卖申报，组织撮合成交，并确认期货交易的成立；在期货交易成立后，期货结算机构将根据期货交易所确认的交易结果，具体办理清算事务。在交割期内，若需要办理实物交割，交割仓库或登记机构还将办理商品或权利的转移。由此可见，期货交易是多方当事人共同参与的特殊交易。

一、期货交易者

期货交易者，在我国台湾地区称为"期货交易人"，相当于英文中的"dealer"，是指为了自己的利益，委托具有期货经纪业务资格的期货交易所会员，从事期货交易并自行承担期货交易损失和收益的企业、机构和个人。我国现行法规称其为"期货投资者"，期货经营机构通常将向其申请开户的期货交易者称为"客户"。

（一）期货交易者的资格

期货交易者必须具备适当资格，依法受到限制的组织和个人不能取得期货交易者资格。

1. 期货交易者的消极资格

根据《期货交易管理条例》第 25 条规定的消极资格，下列单位和个人不得从事期货交易，期货公司不得接受其委托为其进行期货交易：（1）国家机关和事业单位；（2）国务院期货监督管理机构、期货交易所、期货保证金安全存管监控机构和期货业协会的工作人员；（3）证券、期货市场禁止进入者；（4）未能提供开户证明材料的单位和个人；（5）国务院期货监督管理机构规定不得从事期货交易的其他单位和个人。

2. 境外交易者的特殊资格

根据《境外交易者和境外经纪机构从事境内特定品种期货交易管理暂行办法》的规定，经期货交易所批准，符合条件的境外交易者可以直接在期货交易所从事境内特定品种的期货交易。直接入场交易的境外交易者应当具备下列条件：（1）所在国（地区）具有完善的法律和监管制度；（2）财务稳健，资信良好，具备充足的流动资本；（3）具有健全的治理结构和完善的内部控制制度，经营行为规范；（4）期货交易所规定的其他条件。

此外，根据期货交易者或投资者适当性原则，证券经营机构还可以对期货交易者的资格加以限制。

（二）期货交易者的种类

在我国实践中，已形成了对期货交易者的多种分类，每种分类都有其特定的法律意义。

1. 自然人交易者和单位交易者

在我国期货交易实践中，自然人交易者通常受到更多的特殊保护。例如，

《期货交易者保障基金管理办法》第 21 条规定，自然人投资者的保证金损失在 10 万元以上的部分，按照 90%的比例补偿；机构投资者的保证金损失在 10 万元以上的部分，按照 80%的比例补偿。

2. 境内交易者和境外交易者

根据规定，境外交易者只能从事境内特定品种的期货交易，且境内特定品种的期货交易实行交易者适当性制度。期货交易所、期货公司和境外经纪机构应当执行交易者适当性制度。境外交易者应当遵守交易者适当性制度。

3. 套期保值者、套利者和投机者

这是根据期货交易者的交易目的做出的分类。套期保值者，是指通过在期货市场上买卖与现货价值相等但交易方向相反的期货合约，来规避现货价格波动风险的机构或个人。套利者，是指利用期货市场和现货市场（期现套利）、不同的期货市场（跨市套利）、不同的期货合约（跨商品套利）或者同种商品不同交割月份（跨期套利）之间出现的价格不合理关系，通过同时买进卖出以赚取价差收益的机构或个人。投机者，是指专门在期货市场上买卖期货合约，即看涨时买进、看跌时卖出以获利的机构或个人。

二、期货经营机构

期货经营机构，在我国台湾地区称为"期货商"，相当于英文中的"broker"，是指接受期货交易者委托，为期货交易者办理期货交易的人。在理论上，期货经营机构既可以是期货公司，也可以采用独资或合伙企业的组织形式。我国《期货交易管理条例》仅规定"期货公司"是期货经营机构，中国证监会颁布了《期货公司监督管理办法》。通常认为，期货经营机构不得采用独资企业或合伙企业的组织形式。

（一）期货公司的特殊性

期货公司是依照《公司法》《期货和衍生品法》和《期货交易管理条例》规定设立的经营期货业务的金融机构。设立期货公司，应当经国务院期货监督管理机构批准，并在公司登记机关登记注册。根据现行规定，与一般公司和其他金融机构相比，期货公司在性质、设立、治理和营业等方面，具有特殊性。

1. 期货公司的性质

期货公司属于与银行、保险、证券和信托等并存的金融机构，期货公司必须领取国务院期货监督管理机构颁发的期货业务许可证；从事金融期货业务的证券公司，还要专门申领金融期货经纪业务许可证。除此以外，期货公司从业人员也必须取得规定的资格。按照目前金融分业经营模式，除法律另有规定外，期货公司不得从事银行、保险、证券和信托业务，也不得从事金融业务以外的其他营业。

2. 期货公司的设立

期货公司的设立，必须遵守《公司法》《期货和衍生品法》和《期货交易管理条例》规定的条件和程序。在设立条件上，期货公司的最低注册资本限额不少于人民币 1 亿元，且应当为实缴货币资本，期货公司主要股东必须有较好的盈利能力和良好信誉，期货公司必须有健全的风险管理和内部控制制度等。在设立程序上，期货监督管理机构根据审慎监管原则做出审查，并做出核准或不核准期货公司设立的决定。

3. 期货公司的治理

根据《期货和衍生品法》和《期货交易管理条例》的规定，期货公司必须有良好的公司治理结构、健全的风险管理和内部控制制度。在机构设置上，期货公司除要设置股东会、董事会和经理外，还必须设置首席风险官、风险控制以及合规审查部门或岗位。在报告义务上，期货公司在其公司管理层受到处罚、风险监管指标不符合规定、客户重大违约等情形下，应当书面通知公司股东，并报告期货监督管理机构。

4. 期货公司的营业禁止

根据现有规定，期货公司在经营活动中，必须遵守以下禁止或限制规则：（1）不得从事与期货业务无关的活动，法律、行政法规或者国务院期货监督管理机构另有规定的除外；（2）不得从事或者变相从事期货自营业务；（3）不得为其股东、实际控制人或者其他关联人提供融资，不得对外担保；（4）不得接受不具有期货交易者资格的人的委托，为其进行期货交易。

（二）期货公司的特殊义务

期货公司从事的业务包括期货经纪业务、投资咨询业务和资产管理业务，不包括自营业务。期货公司在从事营业中，必须与期货交易者或客户分别签订《期货经纪合同》《服务合同》和《资产管理合同》。与期货公司签订合同的期货交易者，即为期货公司的客户。

期货交易者与期货公司存在委托和受委托的关系，委托关系的核心是信任。期货公司既是独立的专业经营机构，又是期货交易者的受托人，应当遵循诚实信用原则，以专业的技能，勤勉尽责地执行客户的委托，维护客户的合法权益。

1. 资金和交易安全保障义务

在资金安全方面，客户保证金存贮于在商业银行开立的期货结算资金账户内，并与期货公司在同一商业银行开户的保证金账户相对应，客户办理出入金时，应当采用同行转账的形式，期货公司不得通过现金收付或公司内部划转的方式办理出入金。在交易安全方面，期货公司应当按照客户委托下达交易指令，并按照时间优先原则进行申报。期货公司应当在传递交易指令前对客户账户资金和持仓进行验证，并在每日结算后向客户提交交易结算报告，供客户确认。

2. 客户利益优先原则

期货公司不得从事自营业务，在一定程度上缓和了期货公司与客户之间的利益冲突。当然，期货公司在为客户办理经纪业务时，有权依约向客户收取交易手续费；期货公司在开展投资咨询和资产管理业务时，有权依约收取咨询费或管理费。期货公司与客户在客观上存在利益互换关系，期货公司应当实行期货交易者适当性管理制度，并应当遵守诚实信用原则，不得欺诈或误导客户，不得为了增加手续费收入而误导客户从事期货交易。

3. 风险揭示义务

我国期货交易采用了保证金交易形式，只要期货交易者支付相当于期货合约价值一定比例的保证金，即可买入或卖出期货合约；一旦期货合约价值发生波动，保证金低于期货合约价值的既定比例，期货公司即有权实行平仓。因而，期货交易风险程度较高。为了确保客户利益，期货公司在为客户办理期货交易前，应当向客户出示风险说明书，并应当向客户解释期货交易的风险。对于以互联网方式下达交易指令的客户，期货公司应当对互联网交易风险进行特别提示。

4. 客户信息保密义务

期货公司是期货交易者从事期货交易的中介，期货交易者不仅要在期货公司办理开户手续，必须通过期货公司发出交易指令，还要通过期货公司办理出入金，期货公司必然了解客户的较多信息。期货交易者基于信任而委托期货公司办理期货交易，期货公司也应当承担信任或保密义务。期货公司必须建立健全的客户信息保密规则，不得泄露和违法利用客户的信息，还必须加入期货业信息安全防护体系，提升信息系统安全运行的水平。

除期货经纪业务外，期货公司在开展投资咨询和资产管理业务时，应当遵守《期货和衍生品法》和《期货公司监督管理办法》关于投资咨询和资产管理业务的规定。

三、期货交易场所

根据《期货交易管理条例》，期货交易场所主要指期货交易所，也包括其他经批准进行期货交易的场所。

（一）期货交易所的特点

期货交易所是指依照《期货和衍生品法》《期货交易管理条例》和《期货交易所管理办法》规定设立，不以营利为目的，履行《期货和衍生品法》《期货交易管理条例》和《期货交易所管理办法》规定的职责，按照章程和交易规则实行自律管理的法人。期货交易所具有以下法律特征：

1. 依法设立和变动

根据《期货和衍生品法》《期货交易管理条例》和《期货交易所管理办法》，设立期货交易所，由国务院期货监督管理机构批准。未经批准，任何单位或者个人不得设立期货交易所或者以任何形式组织期货交易及其相关活动。除此以外，期货交易所制定或者修改章程，期货交易所变更名称、注册资本，进行合并、分立，期货交易所制定或者修改交易规则，上市、中止、取消或者恢复交易品种，上市、修改或者终止合约，均应当经中国证监会批准。

2. 履行法定职责

期货交易所应当履行下列主要职责：（1）提供交易的场所、设施和服务；（2）设计合约，安排合约上市；（3）组织并监督交易、结算和交割；（4）为期货交易提供集中履约担保；（5）按照章程和交易规则对会员进行监督管理。除此以外，期货交易所还应当制定并实施期货交易所的业务规则，发布市场信息，监管会员及其客户，承担查处违规行为的职责等。

3. 实行自律管理

期货交易所自律管理又称自我管理，与他律管理或政府管理相对应，主要是指期货交易所自行管理期货市场的事务，减少政府管理的过度介入。坚持期货交易所自律管理的原因是多方面的。首先，期货交易所是会员或股东组成的市场组织者，既存在会员或股东参与期货交易所管理的需求，又存在期货交易所管理、协调会员或股东利益的需求。其次，期货市场关系错综复杂，政府监管既要有明确的执法依据，又要秉持比例原则，难以有效地全面监管期货市场，需要自律监管发挥作用。最后，期货交易所既要严格遵守法律和行政法规，接受政府监管，又要将法律和行政法规内化为自己的行为准则。

（二）期货交易所的类型

期货交易所可以按照多种标准进行分类，每种分类都有其特殊的法律意义。

1. 金融期货交易所和商品期货交易所

按照期货交易所的营业范围，可将期货交易所分为金融期货交易所和商品期货交易所。金融期货交易所主要接受金融期货品种的上市和交易，商品期货交易所主要接受商品期货品种的上市和交易。在我国现有四家期货交易所中，中国金融期货交易所目前的上市品种为，沪深 500 指数期货、上证 50 指数期货、中证 500 指数期货、5 年期国债期货、10 年期国债期货。郑州、大连和上海期货交易所的上市品种各不相同。例如，大连商品交易所的上市品种主要分为"农产品"和"工业品"，郑州商品交易所主要上市品种为"农产品"，上海期货交易所上市品种主要是"原材料"和"工业品"。

2. 会员制期货交易所与公司制期货交易所

根据《期货交易所管理办法》，期货交易所有会员制和公司制两种。我国现有的三家商品期货交易所采用会员制形式，中国金融期货交易所采用公司制形式。通常而言，公司制期货交易所难免存在追求利润的冲动，容易与其承担的自律监管职责之间形成冲突。但是，中国金融期货交易所是由上海、深圳证券交易所和中国证券登记结算有限责任公司等出资成立的，交易所股东采用会员制组织形式，有助于缓和公司制期货交易所的营利冲动。

3. 专业期货交易所和兼业期货交易所

这是按照期货交易所的业务或上市品种进行的分类。专业期货交易所是指只提供期货交易服务的交易所。我国现有五家期货交易所均为专业期货交易所。兼业期货交易所，是指主要提供商品或证券现货上市交易，同时提供部分期货品种上市交易的交易所。上海证券交易所作为证券交易所，已上市了"上证50ETF期权合约"品种，从而成为兼业期货交易所。必须指出，兼业期货交易所除要遵守《证券法》外，还应同时遵守《期货交易管理条例》等规定。

四、期货结算机构

（一）期货结算机构的概念和类型

期货结算，是指根据期货交易所公布的结算价格对交易双方的交易结果进行的资金清算和划转。承担期货结算职责的机构，即为期货结算机构。通常而言，期货结算仅限于期货结算机构与结算会员之间的结算。在期货结算机构与结算会员结算后，结算会员还要与非结算会员或期货交易者办理结算，但这种结算不属于期货结算的一般范畴。

在各国实践中，期货结算机构主要有两种形式：一是独立于期货交易所的期货结算机构；二是附属于期货交易所的结算机构。独立的结算机构与期货交易所在法律上相互独立，并依照与期货交易所达成的结算委托协议，根据期货交易所公布的结算价格，办理资金的清算和划转。附属的期货结算机构是期货交易所的一个内设部门，只负责办理本期货交易所内期货交易的结算事务。

我国现有五家期货交易所均采用附属结算机构的做法，即在期货交易所内部设立了专门的结算部门，负责办理本期货交易所的期货交易结算事务。我国现有的独立结算机构是中国证券登记结算有限责任公司，目前仅受托为上海、深圳证券交易所以及全国中小企业股份转让系统有限责任公司提供结算服务。

（二）期货结算中的会员分级结算

《期货交易管理条例》第 8 条第 2 款规定，期货交易所可以实行会员分级结算制度。实行会员分级结算制度的期货交易所会员由结算会员和非结算会员组成。该规定未排除期货交易所采用全员结算方式，在实务中，我国各期货交易所均采用分级结算规则。

会员分级结算不同于全员结算。在我国，无论是会员制或公司制期货交易所，都采用了结算会员和非结算会员的分类。会员分级结算，即指期货交易所仅与具有结算会员资格的会员办理结算，具有结算会员资格的会员再与非结算会员办理结算。反之，如果期货交易所不区分结算会员与非结算会员，而是允许全部会员与期货交易所办理结算，即为全员结算。

会员与客户或期货交易者之间，也要办理期货交易的结算事务。根据《期货交易管理条例》的规定，期货公司根据期货交易所的结算结果对客户进行结算，并应当将结算结果按照与客户约定的方式及时通知客户。客户应当及时查询并妥善处理自己的交易持仓。但是，会员与客户或期货交易者之间的结算，不属于期货交易法通常所称的期货结算，结算依据主要是期货经纪合同，并应当符合有关的法律规定，而不是期货交易所发布的期货结算细则。

（三）期货结算机构的中央对手方地位

中央对手方与多边净额交收规则相伴而生。按照多边净额结算规则的要求，期货结算机构对市场参与者达成的交易，按照多边净额的方式，轧差计算每个市场参与者当天应收或应付的资金数额，并于日终统一完成钱款交割的清算方式。

中央对手方，也称共同对手方，指期货结算机构在多边净额交收中介入了期货交易，成为结算会员之相对方。即在交收环节，期货结算机构成为卖方的买方、买方的卖方，并且有权动用结算会员交付的保证金或准备金承担交收责任，从而确保交收的顺利完成。《期货交易管理条例》第 10 条第 1 款规定，期货交易所承担"为期货交易提供集中履约担保"的职责，通常认为，该条款确立了期货交易所或其期货结算机构的中央对手方地位。

中央对手方是各国期货市场普遍采用的制度，通常依托于合同更新理论。即在期货交易合约成立后，期货结算机构介入买卖双方的关系中，买卖双方达成的原合同消灭，并被期货结算机构与买方、卖方形成的两个新合同所替代。

第三节　期货交易规则

期货交易是特殊交易，需要遵循特殊的交易规则。为了规范期货交易行为，维护期货市场秩序，防范风险，保护期货交易各方的合法权益，《期货交易管理条例》规定了适用于期货交易的基本规则，主要包括保证金制度、当日无负债结算制度、持仓限额和大户持仓报告制度、涨跌停板制度和熔断机制。

一、保证金制度

（一）保证金的含义和形式

保证金是仅适用于狭义期货交易的概念，不适用于期权交易。在期货交易中，期货交易者需要按照其交易的期货合约价值的一定比例，向期货经营机构缴纳保证金，期货经营机构作为期货交易所的结算会员，也要按照其交易的期货合约价值的一定比例，向期货交易所缴纳期货交易保证金。保证金只能用于结算和保证履约。

保证金数额通常为期货合约价值的一定比例，期货交易者或期货经营机构缴纳一定数额的保证金，通常就能够买入或卖出数倍于期货合约价值的期货合约。如果保证金比例较高，期货交易者或期货经营机构能够交易的期货合约价值就较少；反之，能够交易的期货合约价值较高。因此，期货保证金也称为杠杆保证金。

在我国，保证金通常仅指资金。根据《期货交易所管理办法》第 67 条规定，期货交易所可以接受以下有价证券作为保证金：（1）经期货交易所登记的标准仓单；（2）可流通的国债；（3）股票、基金份额；（4）中国证监会认定的其他有价证券。以上述有价证券充抵保证金的，充抵的期限不得超过该有价证券的有效期限。

（二）保证金的分类

1. 会员保证金和客户保证金

会员保证金，是指作为期货交易所会员的期货经营机构向期货交易所缴纳的保证金。客户保证金，是指期货交易者向其委托交易的期货经营机构缴纳的保证金。

按照规定，期货交易所向会员、期货公司向客户收取的保证金，不得低于国务院期货监督管理机构、期货交易所规定的标准，并应当与自有资金分开，专户存放。与此同时，为了限制期货经营机构向客户提供期货交易融资，客户保证金应当等于或高于会员保证金，不得少于会员保证金。

2. 初始保证金和维持保证金

初始保证金，是指交易者在下单买卖期货合约时必须存入的最低履约保证金。维持保证金是期货交易所对会员、会员对客户保证金余额的最低要求。

在期货交易中，当会员或客户的保证金余额低于期货交易所或期货经营机构的最低要求时，期货交易所会

拓展阅读 范某某与银建期货经纪有限责任公司天津营业部期货交易合同纠纷再审案

向期货经营机构发出追加保证金的通知，期货经营机构会向客户发出追加保证金的通知。

3. 结算保证金和交易保证金

结算保证金也称结算准备金，是期货交易所会员为了交易结算，在期货交易所专用结算账户中预先存放的资金，是未被期货合约占用的保证金。交易保证金，是期货交易所会员在期货交易所专用结算账户中存放的、确保期货合约履行的资金，是已被期货合约占用的保证金。

（三）期货保证金的法律性质

关于期货保证金的法律性质，存在违约金、定金、质押等多种学说。根据我国现行规定，期货保证金是一种带有特殊目的的担保财产，无法纳入一般意义上的担保。

1. 保证金属于缴纳者的财产

《期货交易管理条例》明确规定，期货交易所向会员收取的保证金，属于会员所有，除用于会员的交易结算外，严禁挪作他用。期货公司向客户收取的保证金，属于客户所有，除法定的可划转的情形外，严禁挪作他用。

2. 保证金属于预交的资金

期货交易者应当在交易前向期货经营机构缴纳保证金，期货经营机构应当按照规定向期货交易所预先缴纳保证金。上述预先缴纳的保证金，均应存放于缴纳者在期货经营机构或期货交易所开立的保证金账户内。

3. 保证金是限定交易者之交易量的指标

保证金数额通常相当于期货合约价值的一定比例，由于该比例是事先确定的，相应地，一旦确定了保证金数额，也就确定了期货交易者的交易规模。相反，如果保证金数额低于事先确定的比例，就应认定为透支交易。

4. 期货合约的价值属于担保交收的资金

2020 年修正的《最高人民法院关于审理期货纠纷案件若干问题的规定》第 60 条规定："期货公司为债务人的，人民法院不得冻结、划拨专用结算账户中未被期货合约占用的用于担保期货合约履行的最低限额的结算准备金；期货公司已经结清所有持仓并清偿客户资金的，人民法院可以对结算准备金依法予以冻结、划拨。"

二、当日无负债结算制度

当日无负债结算，又称每日无负债结算、逐日盯市，是指当日交易结束后，期货交易所按照当日结算价对结算会员结算所有合约的盈亏、交易保证金及手续费、税金等费用。对应收应付的款项实行净额一次划转，相应地增加或减少结算准备金。结算会员在期货交易所结算完成后，按照上述原则对客户、交易会员进行结算；交易会员按照上述原则对客户进行结算。

当日无负债结算的核心，是按照交易当日结算价格计算盈亏。其中所称当日结算价，是在正常交易的最后时刻确定的，用于计算期货经营机构和期货交易者账户的盈亏、追加保证及交割的发票价格。在国际上，通常采用四种方法确定当日结算价格：（1）收盘时段集合竞价；（2）收盘前一段时间成交量加权价；（3）收盘价；（4）收盘时刻最高与最低卖出价的平均价，按照最下波动价位取整数计算。

执行当日无负债结算制度，不仅能够计算每个账户的当日交易盈亏，还可以确定资金划拨、追加保证金等的合理性。例如，期货交易者在交易当日，可能买进或卖出多手期货合约。按照当日无负债计算制度，期货经营机构与交易者之间，只需进行净额一次划转，而无须多次划转。

由于期货交易所会员存在结算会员和非结算会员之分，在执行当日无负债结算制度时，存在三层结算：（1）期货交易所与结算会员之间的结算；（2）结算会员与非结算会员之间的结算；（3）结算会员或非结算会员与期货交易者之间的结算。

三、持仓限额和大户持仓报告制度

（一）持仓限额制度

持仓限额，指期货交易所对期货交易者的持仓量规定的最高数额。持仓限额制度是期货交易所为防范操纵市场价格的行为，防止期货市场过度集中于少数投资者而定的制度。在有些情况下，持仓限额也可以包括期货交易者为其业务人员设置的持仓限额。期货交易者自定的持仓限额，主要是期货交易者为了控制风险而约束其雇员的措施，一般不产生对外效力。

期货交易者的账户，分为套期保值、套利账户和投机账户。期货交易者可以根据自身条件申请开立套期保值或套利账户，否则属于投机账户。根据期货交易所执行的持仓限额规则，客户向会员提出持仓限额的申请，会员向期货交易所提出持仓限额申请，期货交易所根据证券期货市场交易情况以及会员或客户的申请材料、资信状况等进行审核，审批其套期保值、套利额度。

对于违反持仓限额进行交易的期货经营机构和交易者，期货交易所可以对其采取谈话提醒、书面警示、限制开仓、限期平仓、强行平仓、调整或者取消其套期保值额度等措施。

（二）大户持仓报告制度

大户持仓报告，是指会员或客户在某一合约上的持仓量，达到期货交易所规定的持仓报告标准时，会员或客户应当向期货交易所报告的制度。期货交易所通常是根据市场风险状况制定、公布、修订大户持仓报告标准。

大户持仓报告是与持仓限额规则相关的交易风险控制制度。一般而言，会员有义务负责大户持仓报告义务，除了应当提交大户持仓报告表，载明会员名称、会员号、客户名称和客户号、合约代码、持仓量、交易保证金、可动用资金等以外，还应提交资金来源、实际控制关系账户资料、开户资料及当日结算单据、交割意愿及交割数量、持有现货相关信息等资料。

四、涨跌停板制度和熔断机制

涨跌停板制度是限制期货合约成交价格波动的制度。所谓的涨跌停板，又称每日价格最大波动幅度限制，是指期货合约在一个交易日中的成交价格，不能高于或低于以该合约上一交易日结算价为基准的某一涨跌幅度，超过该范围的报价将视为无效，不能成交。期货交易所执行的涨跌停板幅度，有百分比和固定数量两种确定形式。涨跌停板的幅度由各期货交易所自行确定。通常认为，采用涨跌停板制度，有助于控制市场操纵、稳定市场秩序。

熔断机制，是指当期货合约成交价格涨跌幅度达到某一比例时，按照期货交易所规定暂停交易一定时间的制度。例如，在采用分档确定指数熔断时间的做法时，可以规定触发 5% 熔断阈值时，暂停交易 30 分钟，熔断结束时进行集合竞价，之后继续当日交易。当日 14：30 及之后触发 5% 熔断阈值，以及全天任何时段触发 7% 熔断阈值的，暂停交易至当日收市。

我国期货交易所均采用涨跌停板制度，未采用熔断机制。应该指出，涨跌停板制度和熔断机制是既相互关联、又有所不同的，是可以同时采用的价格控制机制。一方面，在期货合约涨跌停板幅度内，交易者可以继续进行交易；但在熔断机制启动后，将停止场内的期货交易。另一方面，涨跌停板适用于某一具体的期货合约品种，但在熔断机制启动后，期货交易所规定的各期货交易均会终止。

第四节　期货市场的监管

期货市场具有价格发现、管理风险和套期保值等功能，对各种价格影响因素的反应极其敏锐，容易受到市场操纵等不正当交易行为的影响。在场内交易中，我国已形成证监会、期货交易所和期货业协会并存的"行政监管+自律监管"的结构。为了更好地发挥期货市场的优势，在符合期货市场规律性的基础上，目前我国已建立起由监管理念、监管主体、监管对象和监管方法构成的有效监管体制，尤其是协调自律监管和行政监管的关系。

一、自律监管与行政监管

在历史上，自律监管是伴随期货交易的产生而出现的监管模式，至今仍是很多国家的基础监管模式。行政监管主要是在自律监管失效的领域发挥作用的监管模式，并与自律监管发挥协同监管的作用。

（一）自律监管

自律监管，是指期货交易所及期货业协会等自律组织实施的监管，有时也包括期货经营机构在内部实施的各项控制措施。自律组织的监管依据，除了包括法律的授权以外，主要是自律组织制定的组织章程、会员管理规则、风险管理规则、交易规则等。

期货经营机构自愿参加自律组织，不仅享受了作为自律组织成员的各项利益，而且承担了遵守自律组织各项规则的义务。期货经营机构若违反自律组织的规则，或者实施有害于自律组织的行为，自律组织即可启动劝诫、警告等纪律处分程序；对于严重违反自律组织规则的期货经营机构，自律组织可以予以除名，剥夺其作为自律组织成员的各项利益，乃至于剥夺其从事期货经营业务的资格。就此而言，自律监管成为一项非常有效的监管措施。

我国现有的自律组织包括期货交易所和期货业协会。其中，期货交易所既是期货市场的组织者，又是期货市场的一线监管者，能够迅速了解期货市场状况，也有助于实现对期货经营机构及其经营活动的日常监管。期货业协会虽是全国期货业的自律性组织，却很少为公众所了解，也很少启动纪律处分程序。

自律监管的渗透性较强。期货经营机构的行为即使不违反法律和行政法规，只要违反了自律组织的规则，自律组织也能够启动纪律处分程序，实现对期货经营机构及其经营的柔性监管。期货市场情况复杂，立法修改和行政授权滞后，充分发挥自律组织的柔性监管职能，有助于推动期货市场的健康发展。

（二）行政监管

行政监管，通常是指国家授权的机关实施的行政监管。在美国，期货市场监管是由独立于证监会的期货监管委员会承担的。在我国，证监会同时承担了证券市场和期货市场的监管职能。证监会同时承担证券市场和期货市场的监管职能，能够更好地协调证券市场与期货市场监管的关系。

行政监管的监管依据，是法律和行政法规的授权。根据《期货交易管理条例》第 46 条，国务院期货监督管理机构对期货市场实施监督管理，享有依法制定规章和规则、依法行使审批权、依法监督期货交易活动和市场参与者活动、制定和实施从业人员资格认定标准、监督信息公开以及查处违法行为等职责。行政监管机关在履行监管职责时，既要遵循依法行政原则和比例原则等实体法原则，还要遵守程序正当和行政公开等程序法原则。

行政监管机关有权在法律和行政法规规定的范围内，实施行政处罚。根据《行政处罚法》第 9 条的规定，行政处罚包括警告、通报批评，罚款、没收违法所得、没收非法财物，暂扣许可证件、降低资质等级、吊销许可证件，限制开展生产经营活动、责令停产停业、责令关闭、限制从业，行政拘留以及法律和行政法规规定的其他行政处罚。

除了行政处罚以外，行政机关还可以根据《期货交易管理条例》第 47 条的规定，采取现场检查、调查取证、询问相关当事人、查阅和复制有关资料、封存文件和资料、查询有关单位的保证金账户和银行账户等。在调查操纵期货交易价格、内幕交易等重大期货违法行为时，经国务院期货监督管理机构主要负责人批准，可以限制被调查事件当事人的期货交易，但限制的时间不得超过 15 个交易日；案情复杂的，可以延长至 30 个交易日。

二、行政监管的理念

期货市场与证券市场相同，也是资金流动、公众参与的市场；期货市场与证券市场不同，期货交易允许采用杠杆交易和对冲交易等形式，说明期货市场的风险性和投机性。因此，行政监管应当遵循"公开、公平、公正"的原则，尤其应当重视对欺诈客户、内幕交易和操纵市场等违法行为的查处，才能有效落实保护期货交易者权益的监管理念。

（一）执行期货交易者适当性规则

期货交易所应当制定良好的适当性操作指引，督促期货经营机构落实适当性管理操作指引，应当向市场提供适合于一般交易者交易的期货产品，使其能够公平享有利用期货市场风险管理功能的机会。只有清晰认识投资者保护原则实现的整体性和综合性，设计适合于非专业投资者投资的期货产品，强化期货经营机构的风险提示义务，综合采取多种保护措施，才能有效保护投资者利益。

期货经营机构应当秉持"了解你的客户"的原则，在开户时，按照期货交易所制定的适当性制度操作指引，认真审核客户的资格；在客户参与交易时，严格执行持仓限额和保证金制度。期货经营机构不得违反《期货经纪合同》的约定，不得对客户进行误导和欺诈。期货经营机构欺诈客户利益的，应当承担法律责任。

（二）跟进期货交易技术的发展

期货交易主要采用公开竞价方式，期货能否成交与报单技术密切相关。截至目前，期货交易技术经历了从手工报单向计算机报单的转变，并且正在面临从计算机报单向程序化交易的重大转变。

在计算机报单和程序化交易时代，一般交易者难以与专业交易者享有同等的信息，也难以与其获得同等的交易机会，甚至难以与其获得同等的跨市场交易机会。现代交易技术的发展，向传统的公开、公正和公平原则提出了新的挑战。期货交易法应当确立以市场公平为核心的监管理念，立法机关应当制定或者授权监管机关制定有关程序化交易的新的规则，期货交易所应当适时修改基本交易规则，切实保护期货交易者的合法权益。

（三）建立适当的责任追究机制

传统的责任追究机制强调对违法者的惩戒，以减少未来发生违法行为的概率。这种惩戒型追究机制不完全契合于期货市场的特点，难以适应保护期货交易者的客观需求。

期货市场主要采用公开竞价的交易方式，在违法者实施操纵市场或内幕交易等违法行为时，分散的单一交易者几乎无法证明其所受损失与违法行为之间的因果关系，也难以获得合理的赔偿。即使行政监管机关采用没收、收缴违法所得和罚款等行政处罚措施，仍不足以弥补受害者的损失。因此，应当实现责任追究机制从惩戒型向保护型的转变。

思考题：

1. 什么是期货交易？期货交易的法律特征有哪些？
2. 试析期货公司的特殊性。
3. 期货交易所的特点是什么？
4. 简述期货交易规则的具体内容。
5. 如何对期货市场进行监管？

▶ 自测习题

第十章　商事信托与投资基金法

第一节　商事信托概述

信托从英美法系移植至大陆法系，已经超越了法系的界域。各国法律对于信托的概念都有定义，虽存在细微差异，但核心内涵是一致的。《关于信托法律适用及其承认公约》是这样界定信托的："信托是委托人创设的一种法律关系，为了受益人的利益或特殊目的，将财产置于受托人的控制中。"这应是世界各国普遍接受的关于信托的权威定义。我国《信托法》第 2 条也对信托做出了类似的规定："本法所称信托，是指委托人基于对受托人的信任，将其财产权委托给受托人，由受托人按委托人的意愿以自己的名义，为受益人的利益或者特定目的，进行管理或者处分的行为。"

从上述定义可见，信托结构中有三个主体，即委托人（settlor）、受托人（trustee）、受益人（beneficary），客体是信托财产。信托中的人和财产的要素之间的关系简而言之是：委托人将财产转移给受托人，并指定受益人，受托人管理和处分信托财产不是为其自己的利益，而是为了受益人的利益。

信托虽然最初运用于宗教和遗产继承，但后来广泛运用于各个领域，形成民事信托、公益信托和营业信托三大类型。其中，信托在商事领域运用最为广泛。1720 年，英国《泡沫法案》颁布，取缔合股公司和股票市场。1720—1844 年间，正值英国海外扩张的黄金时代，英国企业家采用了信托（deed of settlement）替代合股公司，发挥了社会融资的功能。在投资基金发展史上具有重要意义的事件是，19 世纪，美国马萨诸塞州信托将信托运用于投资基金，成为现代证券投资基金的先驱。

我国在 2001 年颁布并实施《信托法》，旨在引入并完善一种金融工具，其最迫切的目的在于为整顿混乱的信托业提供全面系统的法律基础。立法者的本意在于规范和发展商事信托，但是，由于"信托公司的经营活动和其他信托活动中出现的不少问题也与缺乏信托关系的基本规范有关，因此，先行制定调整信托基本关系的法律是必要的"，所以，信托作为一项基本的私法制度被"捆绑式"地引入中国，对中国的私法制度产生了重要影响。

一、我国法上的商事信托概念——营业信托

商事信托的概念在英美法系和大陆法系中并不完全相同。在英美法系，商事

信托是组织法上的概念，并有广义和狭义之分，广义的商事信托是指以信托的方式在商事领域中运作的类名，而狭义的商事信托其本质上是一种与公司、合伙企业并列的企业组织形态，并具有独立的法律主体地位。在大陆法系，商事信托则是与民事信托相对应的概念，其并不具备法律主体地位。我国学界所说的"营业信托"概念与大陆法系的"商事信托"概念相当，是与民事信托相对应的概念。

我国《信托法》第 3 条规定："委托人、受托人、受益人（以下统称信托当事人）在中华人民共和国境内进行民事、营业、公益信托活动，适用本法。"但《信托法》做出上述分类后，并没有明确营业信托的概念，这就带来了如何理解营业信托及其与民事信托区别的问题。

有一种观点认为：营业信托是个人或法人以财产增值为目的，委托营业性信托机构进行财产经营而设立的信托。与此相区别，非营业信托即民事信托，是个人为抚养、扶养、赡养、处理遗产等目的，委托受托人以非营利业务进行财产的管理而设立的信托。这种定义主要是以信托财产是否以营利为目的作为标准。应当说，这种定义是错误的，因为现代民事信托的目的通常是混合的，委托人除了通过信托赋予受益人以信托利益外，通常也会要求受托人对信托财产进行营利性管理。

民事信托与营业信托的区分标准应当是：受托人是否为营业性信托机构。以营业性信托机构作为受托人所从事的信托活动，是营业信托；反之，以非营业性信托机构作为受托人所从事的信托活动，是民事信托。

具体来说，营业信托的受托人以经营信托业务为其营业，民事信托的受托人不能以经营信托业务为其营业。所谓"营业"是指以取得信托报酬为目的而经营信托业务。除此之外，根据《国务院办公厅关于〈中华人民共和国信托法〉公布执行后有关问题的通知》的有关规定，营业信托的受托人采取信托机构的形式，其设立和经营信托业务的资格需要获得相关金融监管部门的批准。其营业信托活动要受到有关金融监管部门的监督管理。

通过以上分析，本书认为，我国的商事信托是个人或法人委托以经营信托业务为其营业的信托机构进行财产经营而设立的信托，即营业信托。

二、我国商事信托的类型

在我国商事信托的实践中，主要存在的商事信托包括集合资金信托、企业年金信托、信贷资产证券化信托和保险资金信托。

（一）集合资金信托

集合资金信托是由受托人将两个以上委托人交付的资金进行集中管理、运用或处分的资金信托业务活动，是一种特定类型的营业信托业务。其与传统的共同基金信托类似。

（二）企业年金信托

企业年金信托是指以信托方式管理企业年金的制度。具体来说，就是指委托人（开展了企业年金的企业或者企业年金基金）将计提的企业年金基金作为信托财产设立信托，把企业年金基金转移给受托人，受托人按委托人的意愿以自己的名义，为受益人的利益对年金基金进行管理和处分，从而实现年金的保值、增值，并在企业员工符合规定条件时对其发放年金的一种信托。

（三）信贷资产证券化信托

信贷资产证券化信托也称特殊目的信托，是指依照法律规定，以资产证券化为目的而成立的信托关系。其创始机构居于委托人的地位，与特殊目的信托机构缔结信托契约，将特定金融资产设定信托，使特定金融资产转变成为受益权，受托人依据信托的本旨将证明受益人所享有的信托财产受益权的共有持分权加以分割，发行表彰受益权的受益证券，然后通过证券承销商出卖给投资人。

（四）保险资金信托

保险资金信托是利用信托的机制间接利用保险资金进行投资的信托模式。具体是指委托人将其保险资金委托给受托人，由受托人按委托人意愿以自己的名义设立投资计划，投资基础设施项目，为受益人利益或者特定目的，进行管理或者处分的行为。

三、我国商事信托的监管

信托公司作为营业信托最主要的经营主体，在我国属于金融机构而受到国务院银行业监督管理机构即国家金融监督管理总局的特别监管。实践中，关于信托公司监督管理方面的法律规定，均体现为银行业监督管理机构制定的相关部门规章。

四、民法典与商事信托

信托作为一项重要的民事法律制度，在民法典中应有一席之地。当然，这并不是说将整部信托法纳入民法典，而是民法典中应有关于信托的"接口条款"，以显示信托在民法体系中的地位，可选择的立法例有：

一是在民法典总则的民事主体部分规定信托。信托是一种特殊的主体。英美法系倾向以一定的形式承认信托的主体性质，最典型的是美国《统一法定信托实体法案》（Uniform Statutory Trust Entity Act）。它规定：经过法定程序的登记，商事信托可以以自己的名义取得与持有财产、签订合同、发行证券、起诉、应诉等相关的权利。

二是在民法典债法的合同部分规定信托，例如 2013 年《匈牙利民法典》在合同编设"资产管理信义合同"（Fiduciary Asset Management Contract），引入信托。

三是在民法典物权法部分规定信托，例如《阿根廷民法典》在第三卷物权中设"不完全所有权"，其中第2662条就是关于信托的"接口条款"。

我国2020年颁布的《民法典》没有对信托做出基本规定，仅在第1133条中规定了遗嘱信托。但是，《民法典》对信托法律关系有着重要影响，因为《信托法》是《民法典》的特别法，《信托法》未做出特别规定的问题，可以适用《民法典》。例如，信托行为是民事法律行为，《民法典》关于民事法律行为的一般规定适用于信托行为。

第二节　商事信托的设立和生效

就商事信托的设立生效而言，其也需要满足信托设立生效的一般要件，但在设立信托的意思表示、当事人资格及信托目的等方面需要特别注意。

一、设立商事信托的意思表示

（一）意思表示的形式

对于设立商事信托的意思表示，一些国家要求必须采取书面形式。我国《信托法》第8条明确规定："设立信托，应当采取书面形式。"《中华人民共和国信托法释义》认为："以广大投资者为对象的营业信托，以公布章程的形式或发售受益凭证的形式，将基金的发起、委托或受托关系的确定以及受益事项综合地予以规定，从而形成集团信托。这些书面形式也构成信托关系产生的依据。"

此外，我国《证券投资基金法》所规定的基金合同也是设立营业信托的一种书面形式合同。基金合同是规定基金管理人、基金托管人和基金份额持有人的权利义务、基金的管理与运作等基本内容的文件，它实际上是一份标准的章程性文件，证券投资基金依该章程及投资者认购书设立。在未来，如果集合资金信托计划或其他集合信托产品可以实现公募，则信托计划说明书或集合信托章程，也可以成为未来的其他书面文件的形式。

（二）意思表示的内容

对于商事信托意思表示的内容，法律、法规的规定较一般信托而言更为详细。《信托公司管理办法》第32条规定，以信托合同形式设立信托时，信托合同应当载明的事项除《信托法》中规定的上述必备内容外，还包括：（1）信托当事人的权利义务；（2）信托财产管理中风险的揭示和承担；（3）信托财产的管理方式和受托人的经营权限；（4）信托利益的计算，向受益人交付信托利益的形式、方法；（5）信托公司报酬的计算及支付；（6）信托财产税费的承担和其他费用的核算；（7）信托期限和信托的终止；（8）信托终止时信托财产的归属；（9）信托事务的报告；（10）信托当事人的违约责任及纠纷解决方式；（11）新受托人的选任方式。

一些特定类型的信托，法律、法规和规章还规定了须载明的特定事项，如信贷资产证券化业务中，信托合同须载明下列事项：（1）信托目的；（2）发起机构、受托机构的名称、住所；（3）受益人范围和确定办法；（4）信托财产的范围、种类、标准和状况；（5）赎回或置换条款；（6）受益人取得信托利益的形式、方法；（7）信托期限；（8）信托财产的管理方法；（9）发起机构、受托机构的权利与义务；（10）接受受托机构委托代理信托事务的机构的职责；（11）受托机构的报酬；（12）资产支持证券持有人大会的组织形式与权力；（13）新受托机构的选任方式；（14）信托终止事由。

（三）意思表示的真实

意思表示真实是法律行为的有效条件之一。意思表示不真实包括欺诈、胁迫、乘人之危和重大误解等几种情形，不同情形对于信托行为具有不同的影响。对此，商事信托和一般的民事信托并没有太大的区别。唯值注意的是在欺诈的认定上，消极地隐瞒事实真相的行为在一般民事信托中不构成欺诈，但在商事信托的一些业务中，受托人有主动告知的义务。例如《信托公司集合资金信托计划管理办法》第 7 条明确规定："信托公司推介信托计划，应有规范和详尽的信息披露材料，明示信托计划的风险收益特征，充分揭示参与信托计划的风险及风险承担原则，如实披露专业团队的履历、专业培训及从业经历，不得使用任何可能影响投资者进行独立风险判断的误导性陈述。"据此规定，信托公司有如实披露信托存在风险的义务且不得使用任何误导性陈述，如果信托公司未履行该义务，则构成欺诈，委托人有权撤销资金信托。

二、商事信托的当事人资格

（一）委托人资格

对于商事信托的委托人，我国《信托公司管理办法》未对其资格做出特殊的规定。因此，可以认为，对于一般类型的营业信托，委托人的资格没有特殊限制，只要符合《信托法》的规定即可。但对于特定类型的营业信托，不同的规范性文件对委托人的资格有一定的要求，委托人除了要满足《信托法》的规定外，还有特定的资格上的限制。营业信托中对委托人的资格有特殊要求的主要涉及以下四种情形：

1. 集合资金信托计划

2007 年中国银行业监督管理委员会（简称"中国银监会"）公布的《信托公司集合资金信托计划管理办法》不仅对参加集合资金信托计划的委托人的资格进行了限制，而且对自然人委托人的人数也进行了限制。该办法第 5 条规定，信托计划的委托人必须为合格投资者，限定单个信托计划的自然人人数不得超过 50 人（合格的机构投资者数量不受限制）。《信托公司集合资金信托计划管理办法》经 2009 年修订后，仍然保留了单个信托计划自然人人数不得超过 50 人的规定，但增加了一条例外，即单笔委托金额在 300 万元以上的自然人不受限制。

《信托公司集合资金信托计划管理办法》第 6 条对合格投资者做出了明确的规定，包括两个方面的要求：一是定性上的要求，即合格投资者必须是能够识别、判断和承担信托计划相应风险的人；二是定量上的要求，即除满足定性上的要求外，合格投资者还得在财产上满足该法规定的其他条件。这意味着，就集合资金信托计划而言，并非所有符合《信托法》要求的委托人均可以成为信托计划的委托人。

2. 信贷资产证券化信托

在我国，目前有法律依据的资产证券化为借助信托方式所进行的信贷资产证券化。根据《信贷资产证券化试点管理办法》第 2 条的规定，信贷资产证券化的委托人（发起机构）必须是银行业金融机构。《金融机构信贷资产证券化试点监督管理办法》第 7 条进一步明确规定了发起机构的 7 项条件。实际上，对于信贷资产证券化业务的发起机构/委托人，目前我国实行的是审核制，未经批准的银行业金融机构不得从事资产证券化业务。此外，对于非银行业金融机构，经批准也可从事资产证券化业务。2006 年 11 月，中国银监会分别批准了中国信达资产管理股份有限公司和中国东方资产管理股份有限公司开展不良资产证券化业务试点工作。

3. 企业年金信托

关于企业年金信托的委托人资格，《企业年金基金管理办法》（2015 年修订）没有明确的规定，从该办法第 3 条规定来看，委托人的资格要求是必须是设立企业年金的企业及其职工。从上述相关规定来看，企业年金的委托人必须是设立企业年金的企业，设立企业年金是企业及其职工成为企业年金信托委托人的必要条件。如果没有设立企业年金，则该企业及其职工不具备年金信托委托人的资格。

4. 保险资金信托

保险资金利用信托机制进行投资，始于《保险资金间接投资基础设施项目试点管理办法》。① 该办法对于委托人与委托人的条件均做了明确的规定。2016 年，中国保监会对该办法进行了修订，发布了《保险资金间接投资基础设施项目管理办法》。《保险资金间接投资基础设施项目管理办法》第 21 条第 1 款规定，本办法所称委托人，是指在中华人民共和国境内，经国务院保险业监督管理机构批准设立的保险公司、保险集团公司和保险控股公司（简称"保险机构"）以及其他具有风险识别和承受能力的合格投资者。第 22 条规定："保险机构作为投资计划委托人，应当符合下列条件：（一）具有公司董事会或者董事会授权机构批准投资的决议；（二）建立了完善的投资决策和授权机制、风险控制机制、业务操作流程、内部管理制度和责任追究制度；（三）引入了投资计划财产托管机制；（四）拥有一定数量的相关专业投资人员；（五）最近 3 年无重大投资违法违规记录；（六）偿付能力符合中国保监会有关规定；（七）中国保监会规定的其他条件。保险机构委托保险资产管理公司等专业管理机构，代其履行委托人相关权利义务的，不受前款第（四）项限制。"在保险资金间接投资基础设施的信托中，委托人的资格适用审批制，由国务院保险业监督管理机构决定批准还是不批准。这意味着，如果未获得国务院保险业监督管理机构的批准，保险公司、保险集团公司或保险控股公司不具有委托人的资格。

从上述特殊类型的信托来看，由于涉及的相关业务和主体都属于监管类的业务和主体，因此，其委托人的资格都必须获得相关监管机构的批准或无异议。如果未获得批准或有异议，相关机构则不具有委托人的资格；而且除了特定类型的企业外，其他法人主体也不具备此类信托的委托人资格。

（二）受托人的特殊资格

营业信托的受托人必须是信托机构。《信托法》第 4 条明确规定："受托人采取信托机构形式从事信托活动，其组织和管理由国务院制定具体办法。"《信托公司管理办法》第 7 条第 2 款明确规定，未经国务院银行业监督管理机构批准，任何单位和个人不得经营信托业务，任何经营单位不得在其名称中使用"信托公司"字样，法律法规另有规定的除外。从该条规定和我国实践来看，我国目前主要的信托营业机构是信托公司，但有些机构，如证券投资基金管理公司经营证券投资基金业务，虽未表明为信托业务，但实际上证券投资基金采取的是信托结构，证券投资基金管理公司经营的是信托业务，它经营的是特定类型的信托业务，但不能从事一般性的和其他类型的营业信托业务。

营业信托的受托人从设立到运营到形式，都有明确的法律法规上的规定。首

---

① 2016 年，中国保监会对《保险资金间接投资基础设施项目试点管理办法》进行了修订，发布了《保险资金间接投资基础设施项目管理办法》。

先，从设立上看，信托公司的设立必须经国务院银行业监督管理机构批准，并领取金融许可证；其次，从形式上看，信托公司必须采取有限责任公司或股份有限公司的形式，其他类型的法人、其他组织以及个人不能成为营业信托的受托人；最后，从监管上看，营业信托的受托人及其业务活动受国务院银行业监督管理机构监管。

从实质要件上看，信托公司必须满足一定的条件。除了须符合公司的一般要件外，信托公司还必须满足特定的条件，主要包括：（1）信托公司的股东资格必须符合国务院银行业监督管理机构的要求，不是所有的投资人都可以成为信托公司的股东，而且其股东的股东资格须获得监管部门的批准；（2）必须满足最低资本要求，目前信托公司的最低注册资本为 3 亿元人民币或等值的可自由兑换的货币（如果信托公司处理信托事务不履行亲自管理职责，则最低注册资本为 1 亿元人民币或等值的可自由兑换的货币）；（3）信托公司的董事会成员、高级管理人员必须具备国务院银行业监督管理机构规定的任职资格，须具备信托从业人员；（4）具有健全的组织机构、信托业务操作规程和风险控制制度；（5）有符合要求的营业场所、安全防范措施和与业务相关的其他设施。此外，对于拟从事特定类型营业信托业务的信托公司来说，还有特定的资格上的要求。

1. 企业年金信托受托人资格

企业年金的受托人既可以是企业年金理事会，也可以是符合国家规定的养老金管理公司等受托机构，受托人不限于信托公司。其中，企业年金理事会由企业代表和职工代表等人员组成，依法管理本企业的年金事务，但不得从事任何形式的经营性活动，因此，严格说来，它不是营业信托的受托人。而法人受托机构，须满足的条件主要包括：（1）经国家金融监管部门批准，在中国境内注册；（2）注册资本不少于 1 亿元人民币，且在任何时候都维持不少于 1.5 亿元人民币的净资产；（3）具有完善的法人治理结构；（4）取得企业年金基金从业资格的专职人员达到规定人数；（5）具有符合要求的营业场所、安全防范设施和与企业年金基金受托管理业务有关的其他设施；（6）具有完善的内部稽核监控制度和风险控制制度；（7）近 3 年没有重大违法违规行为。

2. 信贷资产证券化受托人的资格

在信贷资产证券化中，受托人为特定目的受托机构。《金融机构信贷资产证券化试点监督管理办法》规定，特定目的受托机构首先必须是信托公司或国务院银行业监督管理机构批准的其他机构。而信托公司要担任特定目的受托机构，也必须满足一定的条件，主要包括：（1）根据国家有关规定完成重新登记 3 年以上；（2）注册资本不低于 5 亿元人民币，并且最近 3 年年末的净资产不低于 5 亿元人民币；（3）自营业务资产状况和流动性良好，符合有关监管要求；（4）原有存款性负债业务全部清理完毕，没有发生新的存款性负债或者以信托等业务名义办理的变相负债业务；（5）具有良好的社会信誉和经营业绩，到期信托项目全部按合同约定顺利完成，没有挪用信托财产的不良记录，并且最近3年内没有重大违法违规行为；（6）具有良好的公司治理结构、信托业务操作流程、风险管理体系和内部控制；（7）具有履行特定目的信托受托机构职责所需要的专业人员、业务处理系统、会计核算系统、管理信息系统以及风险管理和内部控制制度；（8）已按照规定披露公司年度报告；（9）国务院银行业监督管理机构规定的其他审慎性条件。信贷资产证券化受托人的资格采取审批制，信托公司要担任信贷资产证券化受托人，其资格的取得必须获得国务院银行业监督管理机构的事先批准。

3. 保险资产投资信托的受托人资格

《保险资金间接投资基础设施项目管理办法》所规定的保险资金间接投资基础设施项目实际上采取的是信托结构，该办法规定，受托人设立投资计划，应当具备相应的投资管理能力。具体规则由国家金融监督管理总局另行制定。

三、商事信托设立的目的

尽管从信托的起源来看，信托是被当作一种用以规避僵化或者不合理的制定法的工具出现的，但是现在，世界各国信托法均对信托目的的合法性提出了要求。例如我国《信托法》第6条规定："设立信托，必须有合法的信托目的。"至于信托目的的合法性，则取决于其实现是否有违公共政策。目前被广泛承认的非法的信托目的包括但不限于：欺诈债权人、专为诉讼或者讨债、规避强制性法律规定。

《信托法》第11条规定："有下列情形之一的，信托无效：（一）信托目的违反法律、行政法规或者损害社会公共利益……（四）专以诉讼或者讨债为目的设立信托……"此外，认定信托无效时，还可适用《民法典》的规定，即违背公序良俗、恶意串通、违反法律和行政法规的强制性规定等无效情形的规定。

但在实践中，信托目的合法性的判定并非易事。例如企业职工通过信托持股，该信托的目的实际上就是解决众多职工持股问题。从形式上看，它并不违法，但是从另一方面看，它可能会规避法律上对公司股东人数的限制。也正是基于此种原因，中国证监会在审查拟上市公司发起人人数时，不认可工会持股、持股会及个人代持等信托持股方式，在计算股东人数时，将直接股东与信托持股所代表的间接股东合并计算。这表明，在中国证监会看来，拟上市公司信托持股实际上是在规避《证券法》上关于发起人股东人数限制的规定。在有限责任公司职工信托持股中，也存在着同样的问题，在职工人数远超过50人的情形下，以信托形式让职工持股也规避了《公司法》上关于股东人数的限制。此外，最高人民法院的相关案例值得重视，例如，2018 年 4 月最高人民法院第三巡回法庭审理的君康人寿两股东福建伟杰投资有限公司与福州天策实业有限公司之间的股权信托纠纷案，裁判认定股权信托协议无效，理由是该信托协议规避了《保险公司股权管理办法》关于单个股东持股不得超过 25% 的比例的强制性规定，损害了公共利益。

第三节　商事信托财产

一、商事信托财产的范围

信托财产的一个基本要件是它必须是财产或财产性权利，具有法律确定的独立的财产权的形态。所谓财产权是指具有金钱价值的权利，凡是具有金钱价值的权利都可以成为信托财产，包括物权、准物权（如承租权、矿业权等）、债权以及无体财产权等。反之，不具有金钱价值的权利，如人身权等，则不能成为信托财产。就商事信托而言，哪些财产可以作为信托财产往往是极为重要的问题。对于某些新型的、在法律上尚没有完全定性的权利是否可以作为信托财产，均存在着较多的争议。在实践中，一方面，在某些类型的权利之上设立信托，有很大的市场需求，另一方面，这些权利是否可以作为信托财产，理论与实践上意见不一。

（一）经营权信托问题

经营权能否作为信托财产，首先要解决的问题是经营权的性质及其所包含的内容。经营权是指市场主体依法享有对企业支配其人力、物力与财力的权利，是企业从事市场行为和经营活动必不可少的权利。它实际上是企业利用其所有或占有的资产依法经营以实现盈利目的的权利，有人认为，从性质上说它是一种物权。通过经营权的行使，企业可产生预期的收益。从这个意义上讲，经营权是有价值的，而且，通过对市场因素和经营权涉及的内容的考虑，可以评估经营权的预期收益。基于此，虽然法律上没有明确的规定，但是现实生活中，经营权抵押、经营权抵债的行为已经很普遍了。

法律上对特定类型的经营权的流转进行了规定，例如我国《农村土地承包法》第 10 条规定，国家保护承包方式依法、自然、有偿地进行土地承包经营权的流转，《民法典》物权编规定土地承包经营权为一种用益物权。政策性文件中也肯定了以收费权为核心的基础设施的经营权的相对独立形态，例如，2020 年出台的《关于进一步降低物流成本的实施意见》第12条规定，"鼓励有条件的地方回购经营性普通收费公路收费权，对车辆实行免费通行"。从实际需要与经营权的性质与内容来看，经营权特别是以收费权为核心的基础设施经营权与土地承包经营权作为一种财产权，具有一定的独立性，具有财产价值，同时具有可让与性及与所有权一定时间内的分离特征，因此可以作为信托财产，但经营权作为信托财产受该经营权本身的性质的限制，如监管类企业的经营权，不仅受企业所有权的限制，而且受监管政策的限制，未经许可，不得转让或抵押，也不能作为信托财产在其上设立信托。

（二）股权或其他资产收益权信托问题

股权或资产作为一种财产权，以其作为信托财产设立信托不存在法律上的障碍。股权或资产信托涉及所有权的名义的转移以及对股权或资产的管理与控制权及其他相关权利的转移，而实践中，很多股权或资产持有人并不愿意失去对股权或资产的控制与管理权，同时又希望通过股权或资产进行融资，于是出现了一种新型的信托，即将股权或其他资产的收益权独立出来，作为信托财产设立信托。

虽然股权或资产收益权具有财产的特征，可以进行估值，具有一定的价值，但是，与其他财产不同，在受益权上并不存在真正的管理与控制，它只是持有人的一种被动的权利。信托在本质上是基于委托人对受托人的信任，基于受托人的专业管理能力，通过受托人的行为能够为受益人带来收益或实现某些目的。但在股权或资产收益权信托中，受托人并没有管理处分信托财产的权利，也没有这种义务。在整个股权或资产收益权信托关系中，受托人的作用在于其只是一个平台，在委托人与投资者之间起一个中介的作用，受托人只是起到了转交资金和股权收益的作用。受益人的收益并不取决于受托人的行为，甚至与股权真正的收益也没有必然的联系，而是取决于委托人愿意支付的融资成本。因此，股权或资产收益权信托本质上并不是信托，而是一种融资行为。

由于信托受益权转让方面的限制，实践中很多股权或资产收益权信托变换了形式，将股权或资产收益权变换为一种可投资的产品，由信托公司发行集合资金理财计划，以募集的资金购买股权或资产收益权，通过这种方式实现股权或资产持有者融资的目的。在这种情形下，股权或资产收益权不是用于设立信托的财产，设立信托的资产为现金。对于这种形式的信托，法律上没有限制。

（三）表决权信托问题

表决权能否成为信托，关键在于表决权信托的内容。在美国存在着表决权信托，但它并不是仅以表决权为信托财产设立的信托，而是以转移股份或股权为手段所设立的信托，其目的在于统一行使表决权。很多关于表决权信托的讨论，实际上都是以股份或股权转移为前提的。如果单纯地以表决权为信托财产设立信托，不符合信托的本义与信托法的规定，因为表决权不具有财产权的特征，也不具有独立性，不能脱离股份或股权而独立存在。而且，在实践中，也不存在仅以表决权为信托财产设立信托的必要性，股权持有人完全可以通过委托人形式，由代理人行使表决权；多个股权持有人可以通过共同委托代理人的形式，实际上集中行使表决权。

但也有人认为表决权信托不同于股权信托，认为股东的权利皆与财产利益相关，这些权利，包括表决权，都具有财产权的属性，从而可以成为信托财产，设立单独的表决权信托。但从目前的法律规定及股权的理论看，虽然表决权的行使会影响股东的利益，但是它本身并不具有财产属性，也不能够被定价；而且表决权的行使本身受公司法与公司章程的约束，它只是股东行使决策权的权利基础，不能脱离股东身份、不能脱离股份或股权而独立存在。因此，单独的表决权不能成为信托财产。当然，它可以存在于股权信托中，以股权信托的方式实现股东集中行使表决权的目的，同时，通过受益权的安排，保留真实股东收益上的权利。

（四）将来权利和期待权信托问题

按照一般的信托法规则，信托财产必须具有确定性。因此将来权利和期待权是否可以作为信托财产的问题极具争议。在美国信托法上，将来权利是可以作为信托财产的，但期待权则不能成为信托财产。这两类财产权能否成为信托财产，关键是看它们的现时存在性。将来权利，准确地说，应该是将来能够实现的权利，但权

拓展阅读

安信信托与昆山纯高营业信托纠纷案

利本身是现时存在的，它的内容、范围、价值在现时是可确定的，如基础设施未来的收费权，只要经过合法的批准或合同上的约定，在收费权存续的时间内，收费权所有者可以通过行使收费权而将之具体化为实际的财产。而期待权则不同，期待权只是对将来取得财产权的一种希望或期待，未来能否实现，取决于很多条件，其内容、范围、价值在现时都是不确定的，因此，它不具有财产确定性的特征，不能成为信托财产。

二、信托财产的独立性

信托财产的独立性是信托关系的一大特点，其对于商事信托而言意义重大。

（一）信托财产相对于委托人的独立性

1. 信托财产与未设立信托财产相区别

委托人一旦将信托财产交付给受托人，信托生效，委托人对信托财产的所有权就转移给受托人，对信托财产，委托人就不再享有所有权，仅享有对信托的监

督权及与之相关的权利。同时，委托人未设立信托的财产也不属于信托财产，信托财产与非信托财产相互独立。因此，我国《信托法》第 15 条规定，"信托财产与委托人未设立信托的其他财产相区别"。

需注意的是，在某些特定的营业信托中，委托人用于设立信托的财产存在瑕疵，如果委托人以某种方式在设立信托过程中获得了对价或收益，则委托人负有更换信托财产的责任。例如，在信贷资产证券化中，如果银行交付给受托人的信贷资产不符合进入资产池资产的要求，受托人有权要求银行更换不符合要求的信贷资产。此种更换并不是否认信托财产的独立性，而是委托人违反信托合同约定的一种补救。但是，对于委托人未获得对价或收益的信托，如果委托人交付的信托财产不符合信托文件的约定，受托人是否可以要求委托人更换信托财产问题，应该按不完全设定信托是否可以强制执行来处理，原则上，受托人无权要求委托人更换信托财产。但委托人不更换的，负有违反信托合同的违约责任。

2. 除特定情形外，信托财产不属于委托人的遗产或清算财产

信托财产独立于委托人还表现在，在委托人死亡或依法解散、依法撤销或被宣告破产时，如果委托人不是信托的唯一受益人，信托并不因此终止，信托将继续存续，信托财产不属于遗产或清算财产；如果委托人是共同受益人，仅其持有的信托受益权为其遗产或清算财产，信托财产不受影响。

3. 强制执行禁止

由于信托财产的独立性和特殊性，我国《信托法》第 17 条明确规定，除该条规定的情形外，不得对信托财产强制执行，这些情形包括：（1）设立信托前债权人已对该信托财产享有优先受偿的权利，并依法行使该权利的；（2）受托人处理信托事务所产生债务，债权人要求清偿该债务的；（3）信托财产本身应负担的税款；（4）法律规定的其他情形。这些情形主要都是信托财产上本身已经存在或应由其承担的债务或其他义务，而不是因委托人或其他当事人的债务而被强制执行的债务或其他义务。如果信托财产因此被强制执行，委托人、受托人、受益人均有权向法院提出异议。

信托财产独立于委托人其他财产也存在例外。根据《信托法》第 15 条的规定，信托财产独立于委托人是一般原则，但在委托人死亡或依法解散、依法被撤销或被宣告破产时，委托人为信托的唯一受益人，信托终止，信托财产与委托人的其他财产一起，共同为委托人的遗产或清算财产。

（二）信托财产相对于受托人的独立性

我国《信托法》在多方面规定了信托财产与受托人及其财产之间的关系，明确规定了信托财产的独立性，主要表现在以下四个方面：

第一，禁止将信托财产与受托人财产混同。《信托法》第 16 条规定，"信托

财产与属于受托人所有的财产（简称'固有财产'）相区别，不得归入受托人的固有财产或者成为固有财产的一部分"。受托人对信托财产只享有名义上的所有权，并不享有完全的所有权，而其固有财产为其享有完全所有权的财产。这两类财产在性质上不同，受托人对这两类财产所享有的权利和承担的义务也不相同，因此，二者必须区分开来，不能混同。

第二，信托财产不属于受托人的遗产或清算财产。我国《信托法》第 16 条第 2 款规定："受托人死亡或者依法解散、被依法撤销、被宣告破产而终止，信托财产不属于其遗产或者清算财产。"受托人死亡、清算或破产时，信托财产继续存在，信托将根据信托文件的规定选任的新受托人继续管理或者按信托文件的规定进行终止清算，但无论何种情况下，信托财产都不得纳入受托人的遗产或清算财产。

第三，信托财产产生的债权不得与受托人固有财产产生的债务相抵销，也不得与受托人管理运用、处分其他委托人的信托财产所产生的债务相抵销。

第四，强制执行禁止。如上所述，强制执行禁止也适用于因受托人负债而要求对信托财产进行强制执行的情形，受托人的债权人不能因受托人固有财产上所负债务申请法院强制执行信托财产。

（三）信托财产相对于受益人的独立性

信托虽然是为了受益人的利益而设立的，但在信托结构上，受益人并不占有、管理、控制信托财产，他对信托财产仅享有受益权。受益人虽然享有对信托的监督权，但在信托存续期间，受益人对信托财产除受益权外没有其他直接的权利。受益人的债权人也不能主张对信托财产的请求权。但要注意的是，当受益人根据信托文件的规定，从信托财产获得信托利益之后，这些利益就变成受益人的固有财产，不再属于信托财产的范围，同时它也独立于信托财产，信托的债权人对受益人所得的信托利益无请求权和追及权。

在强制执行问题上，强制执行禁止也适用于因受益人负债而要求对信托财产进行强制执行的情形，受益人的债权人不能因受益人所负债务申请法院强制执行信托财产。

信托财产独立性对受益人依赖的唯一可能情形是信托唯一受益人死亡或被清算。从我国《信托法》关于受益人的有关规定来看，不能简单地认为这是终止信托的事由之一，而是应该区分不同情况，做出不同的处理。（1）如果受益人有继承人的，信托应继续存续，信托财产不作为遗产。《信托法》第 48 条规定，信托受益权可以依法转让和继承。因此，在受益人死亡的情况下，受益人的继承人继承信托受益权，信托继续存在。（2）如果受益人是法人，被清算，则实际上信托目的已无法实现，根据《信托法》第 54 条的规定，信托终止，信托财产按信托文件的规定归于清算财产或信托文件指定的其他人。

（四）信托财产损益的独立性

在信托存续期间，受托人在处理信托过程中产生的收益和其他信托利益，归于信托财产，非受托人过失或其他人过失或侵权导致的信托财产的损失由信托财产承担。信托财产的独立性与信托财产的同一性是一脉相承的。信托财产损益的独立性既是信托财产同一性的表现，也是信托财产独立性的表现与结果。

为了保证信托财产损益的独立性，我国《信托法》第 29 条规定，"受托人必须将信托财产与其固有财产分别管理、分别记账，并将不同委托人的信托财产分别管理、分别记账"。分别管理、分别记账的目的既使信托财产与受托人固有财产及与其他信托财产区别开来，同时也使得与信托财产相关的交易、处分、会计更为清楚，易于确定损益是否有信托财产上的损益。

信托财产损益的独立性有一个前提条件，即受托人须按信托文件的规定，谨慎、尽职地管理信托财产。除按信托文件的规定，合理取得信托报酬外，受托人不得利用信托财产为自己谋取利益，受托人利用信托财产为自己谋取利益的，所得利益归于信托财产。受托人因违背管理职责或者处理信托事务不当而对第三人负担债务或者自己受有损失，不得由信托财产承担，而是由受托人以其固有财产承担。受托人违反信托法或信托文件的规定，给信托财产造成损失的，受托人须承担赔偿责任。在这些情况下，信托的损失由受托人承担。这意味着，信托财产仅承担受托人依法尽职管理信托的前提下产生的信托财产上的损失。

第四节　信托当事人

一、信托当事人概述

信托当事人是信托的主体要素，没有主体，就没有民事法律行为。信托有三方当事人，即委托人、受托人和受益人。根据我国《信托法》的相关规定，理解信托当事人的法律地位时，应当特别注意下列情形：

1. 信托当事人任何一方依法可以为多人

我国《信托法》明确规定了共同受托人和共同受益人的情形。《信托法》第31、32、42 条规定了"共同受托人"的法律地位，第 45、46 条规定了"共同受益人"的法律地位。至于是否允许存在共同委托人的情形，《信托法》并没有做出规定。从实际情况看，也会存在共同委托人的情形。

2. 信托当事人依法可以竞合

根据我国《信托法》的相关规定，信托当事人有两种情况可以竞合：一种情况是委托人和受益人的竞合。《信托法》第43条第2款规定："委托人可以是受益人，也可以是同一信托的唯一受益人。"另一种情况是受托人和受益人的竞合。《信托法》第43条第3款规定："受托人可以是受益人，但不得是同一信托的唯一受益人。"至于是否允许委托人和受托人的竞合，我国《信托法》没有做出具体规定，从立法精神看，原则上是禁止的。

3. 受益人无须参与信托的设立

信托虽然需要委托人、受托人和受益人三方当事人构成，但设立信托的当事人只需委托人和受托人即可，无须受益人参与。因此，信托文件只要委托人和受托人依法签署即可，受益人是否签署信托文件并不影响信托的设立。

4. 受益人无须设立时存在

信托是为受益人的利益而设立的。因此，任何一项信托都必须有受益人。但是，《信托法》上只要求有受益人，并不要求设立信托的当时，该受益人必须存在。

二、受托人

（一）受托人概述

信托关系中的受托人，是指接受委托人的委托，为受益人的利益或者特定目的，对信托财产进行管理或者处分的人。

1. 受托人的资格

我国《信托法》第24条规定，受托人应当是具有完全民事行为能力的自然人、法人。法律、行政法规对受托人的条件另有规定的，从其规定。

2. 共同受托人

同一信托可以同时存在两个或两个以上的受托人，称为共同受托人。《信托法》第31条规定，同一信托的受托人有两个以上的，为共同受托人。共同受托人应当共同处理信托事务，但信托文件规定对某些具体事务由受托人分别处理的，从其规定。共同受托人共同处理信托事务，意见不一致时，按信托文件规定处理；信托文件未规定的，由委托人、受益人或者其利害关系人决定。同时，《信托法》第32条规定："共同受托人处理信托事务对第三人所负债务，应当承担连带清偿责任。第三人对共同受托人之一所作的意思表示，对其他受托人同样有效。共同受托人之一违反信托目的处分信托财产或者因违背管理职责、处理信托事务不当致使信托财产受到损失的，其他受托人应当承担连带赔偿责任。"

（二）受托人的权利

在信托法律关系中，受托人的地位至为重要。受托人能够积极地管理信托事务、促进信托目的之实现的前提条件是享有受托人的权利。依据权利所包含的利益类型的不同，可以将其划分为"与履责相关的权利"和"与自身利益相关的权利"两类。

1. 与履责相关的权利——履责权

（1）信托财产的名义所有权。信托财产的名义所有权是信托的应有之义，它是受托人行使其他类型的履责权的基础。据此，受托人可以成为信托财产中的动产的实际占有人、不动产以及需经登记的动产的登记名义人。与物权法上的完全所有权不同，这种信托法上的名义所有权仅仅包含着依据信托目的对信托财产进行投资、管理、处分的权能。受托人必须为了受益人的最大利益、在信托目的范围内进行财产管理。

（2）信托财产的管理和处分权。利用受托人对信托财产进行专业和富有效率的管理是信托制度的核心意义之所在。在符合信托目的的前提下，受托人可以根据自己的判断对信托财产进行包括事实行为和法律行为在内的各种类型的管理、投资、交易及处分。在商事信托中，若有特别法规定对受托人的财产管理行为进行限制的，应优先适用特别法。

（3）对信托财产不当强制执行的异议权。信托财产独立于受托人的个人财产，对于信托财产，除以下四种情形以外，不得强制执行：设立信托前债权人已对该信托财产享有优先受偿权，并依法行使该权利的；受托人处理信托事务所产生的债务，债权人要求清偿该债务的；信托财产本身应担负的税款；法律规定的其他情形。非以上四种情形之一而法院进行强制执行的，受托人有权向法院提出异议。[①]

（4）代表信托起诉和应诉权。受托人是信托财产的名义所有人，概括性地享有信托财产的管理、处分权。因此，凡他人对信托财产的非法侵害或者受托人在履行信托事务时与他人之间产生的纠纷，皆由受托人起诉和应诉。

2. 与自身利益相关的权利——私益权

（1）报酬请求权。我国《信托法》第35条规定："受托人有权依照信托文件的约定取得报酬。信托文件未作事先约定的，经信托当事人协商同意，可以作出补充约定；未作事先约定和补充约定的，不得收取报酬。约定的报酬经信托当事人协商同意，可以增减其数额。"

（2）补偿的权利。在受托人合法、谨慎、尽责地执行信托事务的前提下，管理信托财产所产生的合理费用应从信托财产中支付。特殊情况下，受托人可能以自己的个人固有财产先行垫付了相关费用，对于其垫付的部分，受托人有权从信托财产中获得补偿，且此种补偿请求权优先于一般债权人的债权请求权。

---

① 委托人和受益人也拥有此项权利。

此外，受托人在信托终止后请求支付其担任受托人期间所垫付的信托费用的，可以留置信托财产或者对信托财产的权利归属人提出请求，该权利归属人可能是受益人，也可能是新的受托人，视具体情况而定。

3. 受托人的辞任权

根据《信托法》第 38 条的规定，若是私益信托，受托人征得委托人和受益人双方同意后，可以辞任，以解除信托文件的束缚。但在新受托人选出之前，辞任的受托人仍应继续履行管理信托事务的职责。与私益信托不同，公益信托的受托人未经公益事业管理机构批准，不得辞任。

（三）受托人的义务

在信托法律关系中，受托人负有的义务统称为信义义务。信义义务与民法上的诚实信用原则是不同的，差别在于：诚实信用只是原则，而信义义务包含具体的规则；诚实信用适用于全部民事活动，而信义义务仅适用于公司、信托等有限领域；诚实信用是基本标准，而信义义务则是民事活动中的高级标准。商事信托中的受托人的注意义务不仅比普通活动中的诚实信用标准高，甚至高于公司法中的董事、监事、高级管理人员的信义义务，因为公司法中的商事判断规则（business judgement rule）在一定程度上保护公司的董事、监事、高级管理人员，减轻了其信义义务，而商事判断规则并不必然适用于信托受托人。我国《信托法》在受托人一节中全面描述了受托人的各项义务。

1. 信托文件的遵守义务

《信托法》第 25 条明确规定："受托人应当遵守信托文件的规定，为受益人的最大利益处理信托事务。"

2. 忠实义务

信托是基于信任而建立的法律关系，受托人必须忠实地为受益人利益处理信托事务，无负于委托人和受益人的信任。受托人的忠实义务有广狭义之分，广义的忠实义务包括积极义务和消极义务两大方面。而狭义的忠实义务仅指消极的忠实义务。

（1）积极的忠实义务

《信托法》第 25 条规定："受托人管理信托财产，必须恪尽职守，履行诚实、信用、谨慎、有效管理的义务。"

（2）消极的忠实义务

第一，禁止利用信托财产为自己牟利。《信托法》第 26 条规定："受托人除依照本法规定取得报酬外，不得利用信托财产为自己谋取利益。受托人违反前款规定，利用信托财产为自己谋取利益的，所得利益归入信托财产。"

第二，禁止将信托财产转为固有财产。《信托法》第 27 条规定："受托人不得将信托财产转为其固有财产。受托人将信托财产转为其固有财产的，必须恢复该信托财产的原状；造成信托财产损失的，应当承担赔偿责任。"

第三，原则上禁止受托人自我交易。《信托法》第 28 条规定："受托人不得将其固有财产与信托财产进行交易或者将不同委托人的信托财产进行相互交易，但信托文件另有规定或者经委托人或者受益人同意，并以公平的市场价格进行交易的除外。受托人违反前款规定，造成信托财产损失的，应当承担赔偿责任。"

《信托法》并非绝对禁止受托人的自我交易。只要信托文件允许受托人自我交易或者委托人或受益人同意受托人自我交易，并且受托人以公平的市场价格进行交易的，则该项交易合法有效。此处，《信托法》为禁止自我交易的除外规定设置了程序要件和实体要件。其中程序要件有三项，即信托文件允许、委托人同意、受托人同意，三项中满足任意一项即可视为具备了程序要件；实体要件即受托人以公平的市场价格进行交易。只有程序要件和实体要件同时具备，方能使受托人自我交易合法有效。

3. 谨慎义务

《信托法》第 25 条规定："受托人应当遵守信托文件的规定，为受益人的最大利益处理信托事务。受托人管理信托财产，必须恪尽职守，履行诚实、信用、谨慎、有效管理的义务。"一般认为，该条后半段规定的是受托人谨慎义务，其内涵与外延与最大勤勉义务以及善管义务基本相当。

笼统而言，谨慎义务是一种"善意管理他人事务时应尽的注意义务"，其标准要比"处理自己事务时应有的注意义务"还要高。因此，在判断受托人是否达到谨慎义务时，必须结合其自身技能以及其从事的职业和所在的阶层普遍应达到的标准。

4. 分别管理义务

《信托法》第 29 条规定："受托人必须将信托财产与其固有财产分别管理、分别记账，并将不同委托人的信托财产分别管理、分别记账。"

受托人分别管理义务主要包括两个方面：其一，将信托财产与固有财产分别管理、分别记账；其二，将不同委托人的信托财产分别管理、分别记账。

5. 亲自管理义务

《信托法》第 30 条规定："受托人应当自己处理信托事务，但信托文件另有规定或者有不得已事由的，可以委托他人代为处理。受托人依法将信托事务委托他人代理的，应当对他人处理信托事务的行为承担责任。"

受托人亲自管理义务也并非绝对适用，《信托法》对此规定了两种例外情形。其一，信托文件另有规定。其二，有不得已的事由。一般认为，"不得已的事由"比不可抗力、意外事件等纯粹的客观因素范围要广，指出现了足以使受托人无法亲自管理的事件，包括患病、出国等。

6. 记录、报告和保密义务

《信托法》第33条规定："受托人必须保存处理信托事务的完整记录。受托人应当每年定期将信托财产的管理运用、处分及收支情况，报告委托人和受益人。受托人对委托人、受益人以及处理信托事务的情况和资料负有依法保密的义务。"

7. 清算义务

《信托法》第58条规定："信托终止的，受托人应当作出处理信托事务的清算报告。受益人或者信托财产的权利归属人对清算报告无异议的，受托人就清算报告所列事项解除责任。但受托人有不正当行为的除外。"

（四）受托人职责的终止

受托人职责的终止，是指由于某种事由的出现，导致受托人不能再履行其职责的情形。在理解受托人职责终止的时候，要注意把其与信托终止区分开来。信托终止意味着信托关系的消灭，但是信托人职责的终止并不必然导致信托关系的消灭，当然，反过来说，信托关系消灭了，信托人的职责自然也就终止了。我国《信托法》规定了下列受托人职责终止的事由。

1. 受托人死亡或者被依法宣告死亡

自然人的民事权利能力，在死亡时终止，客观上是不可能继续管理和处分信托财产的，而且信托的成立基础，在于信托当事人间主观的信赖关系，因而受托人的地位具有专属性质，受托人如果死亡，不能由其继承人继承。质言之，受托人的任务因其死亡而终止。

2. 受托人被依法宣告为无民事行为能力人或者限制民事行为能力人

受托人要为了受益人的利益或者特定目的，对信托财产进行管理或者处分，而无民事行为能力的人或者限制民事行为能力的人是没有判断和认识能力去管理或者处分财产的，他们不能成为信托关系中的受托人。我国《信托法》第24条也做了相应的规定："受托人应当是具有完全民事行为能力的自然人、法人。法律、行政法规对受托人的条件另有规定的，从其规定。"

3. 受托人被依法撤销、被宣告破产、解散或者法定资格丧失

依照《信托法》第24条的规定，受托人应当是具有完全民事行为能力的自然人、法人，《民法典》第59条规定，法人的民事权利能力和民事行为能力，从法人成立时产生，到法人终止时消灭。而根据《民法典》第68、69条的规定，依法被解散、被宣告破产都是法人终止的原因，在受托人依法被解散、宣告破产后，民事主体资格丧失，随之受托人的职责也终止了。

4. 受托人辞任或者被解任

（1）受托人辞任。《信托法》第38条规定："设立信托后，经委托人和受益人同意，受托人可以辞任。"在受托人的辞任获得批准后，其职责也就终止了。

（2）受托人解任。《信托法》第 23 条规定："受托人违反信托目的处分信托财产或者管理运用、处分信托财产有重大过失的，委托人有权依照信托文件的规定解任受托人，或者申请人民法院解任受托人。"在解任后，受托人的职责也即终止。

5. 法律、行政法规规定的其他情况

法律的这条规定，主要是为了防止以后有新的受托人职责终止的情况出现，但是，现在我国的法律、行政法规还没有做出补充性的规定。

（五）受托人的责任

1. 受托人的内部责任

（1）受托人的有限责任。根据《信托法》第 34 条的规定，受托人以信托财产为限向受益人承担支付信托利益的义务。因此，只要受托人在管理和处分信托财产时不存在故意或者过失，即可不承担信托财产损失的责任，仅以现存信托财产为限对受益人履行其义务。

（2）受托人的赔偿责任。受托人在有过失情形下应当承担赔偿责任。受托人不履行信托利益的给付义务或者因自身过失使信托财产遭受损失的，必须承担赔偿责任。

2. 受托人的外部责任

根据《信托法》第 37 条的规定，受托人因处理信托事务所支出的费用、对第三人所负债务，以信托财产承担。受托人以其固有财产先行支付的，对信托财产享有优先受偿的权利。受托人违背管理职责或者处理信托事务不当对第三人所负债务或者自己所受到的损失，以其固有财产承担。

3. 共同受托人的连带责任

我国《信托法》仅在第 32 条规定了共同受托人处理信托事务对第三人所负债务承担连带责任，并未明确规定共同受托人的内部责任的连带性。学理上一般认为，共同受托人对委托人或者受益人同样须承担连带赔偿责任。但是，在共同受托人之间，每一位共同受托人对其他共同受托人的行为不承担责任，除非他本身有过错。共同受托人对委托人、受益人或者第三人承担了连带赔偿责任后，无过错的受托人有权请求负有责任的受托人予以补偿。有过错的共同受托人有权请求其他负有责任的受托人分摊赔偿责任，即请求获得补偿。

三、委托人

（一）委托人的权利

1. 委托人的法定权利

（1）知情权

《信托法》第 20 条规定："委托人有权了解其信托财产的管理运用、处分及收支情况，并有权要求受托人作出说明。委托人有权查阅、抄录或者复制与其信托财产有关的信托账目以及处理信托事务的其他文件。"

（2）信托财产管理方法调整的要求权

《信托法》第21条规定："因设立信托时未能预见的特别事由，致使信托财产的管理方法不利于实现信托目的或者不符合受益人的利益时，委托人有权要求受托人调整该信托财产的管理方法。"

关于委托人对信托财产管理方法调整的要求权，《信托法》第25条规定，受托人应为受益人的最大利益处理信托事务，且管理信托财产时要履行诚实、信用、谨慎、有效管理的义务。应当认为受托人有建议调整信托财产管理方法的义务。

（3）信托财产处分行为撤销的申请权

《信托法》第22条明确规定："受托人违反信托目的处分信托财产或者因违背管理职责、处理信托事务不当致使信托财产受到损失的，委托人有权申请人民法院撤销该处分行为，并有权要求受托人恢复信托财产的原状或者予以赔偿；该信托财产的受让人明知是违反信托目的而接受该财产的，应当予以返还或者予以赔偿。前款规定的申请权，自委托人知道或者应当知道撤销原因之日起一年内不行使的，归于消灭。"

（4）对受托人的解任权

《信托法》第23条规定："受托人违反信托目的处分信托财产或者管理运用、处分信托财产有重大过失的，委托人有权依照信托文件的规定解任受托人，或者申请人民法院解任受托人。"

（5）剩余信托利益的归复权

《信托法》第46条规定，"全体受益人放弃信托受益权的，信托终止。部分受益人放弃信托受益权的，被放弃的信托受益权按下列顺序确定归属：（一）信托文件规定的人；（二）其他受益人；（三）委托人或者其继承人"。第54条规定："信托终止的，信托财产归属于信托文件规定的人；信托文件未规定的，按下列顺序确定归属：（一）受益人或者其继承人；（二）委托人或者其继承人。"

（6）信托的解除权

《信托法》第50、51条分别规定了委托人解除信托的两种情况。其一，自益信托的委托人是信托的唯一受益人，享有全部信托利益的，委托人可随时解除信托，信托文件另有规定的，自应从其规定。其二，委托人不是信托的受益人或不是唯一受益人的，不能随意解除信托，只有在受益人对委托人有重大侵权行为或经受益人同意的情况下，或者信托文件规定的其他情形下，才能解除信托。

（7）受益人的变更权和受益权的处分权

根据《信托法》第 51 条第 1 款的规定，委托人行使受益人的变更权和受益权的处分权需具备以下条件之一："（一）受益人对委托人有重大侵权行为；（二）受益人对其他共同受益人有重大侵权行为；（三）经受益人同意；（四）信托文件规定的其他情形。"

（8）信托财产损害的救济权

第一，对非法强制执行信托财产的异议申诉权。《信托法》第 17 条规定了可以强制执行信托财产的特殊情形："（一）设立信托前债权人已对该信托财产享有优先受偿的权利，并依法行使该权利的；（二）受托人处理信托事务所产生债务，债权人要求清偿该债务的；（三）信托财产本身应担负的税款；（四）法律规定的其他情形。"除此之外，对信托财产不直接享有任何权利的委托人的债权人和受托人的债权人，如对受托人行使债权，强制执行信托财产，委托人、受托人和受益人均有权向人民法院提出异议。

第二，信托财产的恢复原状请求权、损失赔偿请求权以及撤销请求权。《信托法》第 22 条规定："受托人违反信托目的处分信托财产或者因违背管理职责、处理信托事务不当致使信托财产受到损失的，委托人有权申请人民法院撤销该处分行为，并有权要求受托人恢复信托财产的原状或者予以赔偿；该信托财产的受让人明知是违反信托目的而接受该财产的，应当予以返还或者予以赔偿。前款规定的申请权，自委托人知道或者应当知道撤销原因之日起一年内不行使的，归于消灭。"

第三，信托利益的归入权。《信托法》第 26 条规定："受托人除依照本法规定取得报酬外，不得利用信托财产为自己谋取利益。受托人违反前款规定，利用信托财产为自己谋取利益的，所得利益归入信托财产。"

第四，违反信托财产独立性的损害赔偿请求权。《信托法》第 16 条第 1 款规定："信托财产与属于受托人所有的财产（简称"固有财产"）相区别，不得归入受托人的固有财产或者成为固有财产的一部分。"根据《信托法》第 27 条的规定，若受托人违反信托财产独立性规则，将信托财产转为其固有财产，必须恢复该信托财产的原状；造成信托财产损失的，应当承担赔偿责任。

第五，违反禁止自我交易规则的损害赔偿请求权。受托人违反禁止自我交易规则的，造成信托财产损失的，应当承担赔偿责任。法律条文没有明确请求损害赔偿的权利人为何人，但因信托之设立是为受益人之利益，且该行为损害的也是受益人的利益，受益人无疑享有此权利。而委托人可以基于《信托法》第 22 条所规定的"违反信托目的处分信托财产或者因违背管理职责、处理信托事务不当致使信托财产受到损失的"受托人之不当行为，享有同样的权利。

（9）受益权损害的救济权

《信托法》第 34 条规定："受托人以信托财产为限向受益人承担支付信托利益的义务。"向受益人交付受益权是受托人最基本的义务。法律明确规定受益权由受益人享有，从而肯定了受益人对这一利益的请求权即受益权。当受益权受到损害时，受益人也就当然享有相应的损害救济权。

2. 委托人的保留权利

（1）委托人保留权利的原则

信托是委托人创设的，按照意思自治原则，委托人可以在信托文件中为自己保留一定的权利。但委托人保留的权利在客观上存在限制，即不能使委托人像信托财产的所有者那样任意处分信托财产。

（2）委托人保留权利的范围

通常情况下，委托人可以保留下列权利：

第一，管理权的保留。委托人出于特殊需要，希望保留指示受托人的权利，以便在必要时可就如何管理信托事务、处分信托财产，向受托人发出指示，更好地实现委托人的愿望。

第二，受益人或受益权变更权的保留。《信托法》第 51 条第 1 款第 4 项所指"信托文件规定的其他情形"，隐含地允许委托人在信托文件中保留在规定的情形下变更受益人、受益权甚至解除信托的权利。

第三，受托人解任权的保留。根据《信托法》第 23 条的规定，委托人可以在信托文件中为自己保留解任受托人的权利，在受托人违反信托目的处分信托财产或管理运用信托财产严重不当，已不适合继续担任受托人的情况下，委托人可依保留的权利自行解任受托人。

（二）委托人的义务

1. 转移信托财产的义务

《信托法》第 8 条第 3 款规定："采取信托合同形式设立信托的，信托合同签订时，信托成立。采取其他书面形式设立信托的，受托人承诺信托时，信托成立。"也就是说，信托法视信托合同为合意合同，不以委托人转移其财产权给受托人为信托成立的条件。但是，信托的基本特征之一是财产所有权的转移。如果委托人没有把财产权转移给受托人，则可认为该信托不具备生效之必要条件，信托处于不完全的状态。

2. 支付报酬和提供补偿的义务

根据《信托法》第 35 条的规定，受托人有权依照信托文件的约定取得报酬。信托文件未做事先约定的，经信托当事人协商同意，可以做出补充约定，并且约定的报酬经信托当事人协商同意，可以增减其数额。另外，受托人在处理信托事务中垫付了有关的费用或因正当处理信托事务而使自己遭受损失的，委托人负有补偿的义务。

<h1 style="text-align:center">第五节 信托的变更与终止</h1>

一、信托的变更

（一）信托变更的含义与依据

1. 信托变更的含义

信托的变更，是指信托有效设立后，当出现约定或者法定的变更事由时，信托当事人依法对信托文件所规定的事项进行的改变和调整。

2. 信托变更的依据

虽然信托原则上不得随意变更，但这一原则也不是绝对的。为了更好地实现信托目的，保护信托当事人的权益，法律允许在两种情况下对信托加以变更，一是依约定加以变更，二是依法定加以变更。

（1）约定变更。信托属于民事法律行为，对于民事法律行为的设立、变更和终止，我国民法确立了"自愿"原则，即"意思自治"原则，据此，如果信托当事人对信托的变更有约定，只要该约定没有违反法律的规定，那么，按照约定进行变更，法理上自无不妥之处。

（2）法定变更。我国《信托法》规定在出现某些法定事由时，可以依法适当变更信托。比如，根据《信托法》第 21 条和第 49 条第 1 款规定，如果由于设立信托时未能预见的特别事由，致使信托财产的管理方式不利于实现信托目的或者不符合受益人的利益，委托人和受益人有权要求受托人调整信托财产的管理方式。

（二）信托的约定变更

在约定变更的情况下，作为变更依据的约定，可以有两种形式：一是信托文件关于变更的规定；二是信托当事人另行变更的意思表示。

1. 信托文件规定的变更

如果信托文件对有关信托事项做出了明确的变更规定，只要该规定不违反法律，信托当事人可以依据该规定对相应的信托事项进行变更。但是，由于信托的本质在于，委托人是为了受益人的利益而设立信托，受益人自信托生效之日起即享有信托受益权，因此，如果不经受益人的同意，通过信托文件可以径行规定变更受益人及其信托受益权，在法理上便构成对受益人权益的侵害。而信托的特殊性又在于，委托人通过信托赋予受益人以受益权，是为了实现自己的意愿即信托目的，如果不允许委托人通过信托文件变更受益人及其受益权，又会妨碍委托人信托目的的实现。信托的法理基础在于，受益人的信托受益权要从属于委托人设定的信托目的。鉴于此，对于信托文件规定的变更事项，我国《信托法》仅对受益人和受益权的变更做出了特别的授权。《信托法》第 51 条第 1 款规定，信托设立后，如果出现了信托文件规定的情形，委托人可以变更受益人或者处分受益人的信托受益权。

2. 信托当事人的另行变更

与信托文件规定的变更方式相比，信托当事人对信托的另行变更，条件要严格得多。这是因为：信托当事人对信托的另行变更是在信托文件之外的变更，在时间节点上发生信托设立之后，与受益人利益攸关，此时，仅有委托人和受托人的意思表示行为是不够的，还需要有受益人的意思表示。

（三）信托的法定变更

对于信托文件所规定的事项，如果信托当事人没有变更的约定，原则上不得变更，只有出现法定的变更事由时，才允许依法变更。根据我国《信托法》的规定，只有三类事项属于法定变更事项，而且均规定了严格的变更条件：一是信托财产管理方法；二是受托人；三是受益人和受益权。

1. 信托财产管理方法的法定变更

《信托法》第 21 条规定："因设立信托时未能预见的特别事由，致使信托财产的管理方式不利于实现信托目的或者不符合受益人的利益时，委托人有权要求受托人调整该信托财产的管理方式。"根据《信托法》第 49 条第 1 款的规定，当出现前述情形时，受益人也有权要求受托人调整信托财产的管理方式。

2. 受托人的法定变更

我国《信托法》一共规定了五种可以变更受托人的法定事由：（1）法定解任。根据《信托法》第 23 条和第 49 条第 1 款的规定，当受托人违反信托目的处分信托财产或者管理运用、处分信托财产有重大过失的，委托人或受益人有权依照信托文件的规定解任受托人，或者申请人民法院解任受托人。（2）受托人死亡或者被依法宣告死亡。（3）受托人被依法宣告为无民事行为能力人或者限制民事行为能力人。（4）受托人依法解散、被依法撤销或者被宣告破产。（5）受托人法定资格丧失。

3. 受益人和受益权的法定变更

根据《信托法》的规定和法理精神，受益人和受益权的法定变更事由有两种：一是受益人有重大侵权行为；二是受益权的继受。

（1）受益人有重大侵权行为。《信托法》第 51 条规定，如果受益人对委托人或者其他共同受益人有重大侵权行为的，委托人可以变更受益人或者处分受益人的受益权。

（2）受益权的继受。根据我国《信托法》第 46—48 条的规定，对于"非受限受益权"，受益人可以用于清偿债务，也可以依法转让和继承。当出现这些情形时，就会发生受益权的继受问题。我国《信托法》本身并没有直接规定受益权发生继受时，受益人应当变更为继受人，但是，依法理客观上必然发生受益人变更的情形。

二、信托的终止

信托的终止，是指因出现法定或者约定的事由而使信托关系归于消灭。信托法对信托终止的规定是以信托目的为中心展开的：一方面，信托法确立了"信托连续性"原则，规定信托设立后，不因委托人和受托人的欠缺而终止；另一方面，信托法又确立了"信托终止"的原则，规定一旦出现信托的存续违反信托目的或者信托已经实现或者不能实现等情形时，信托即予以终止。

（一）信托的连续性

为了确保信托目的的实现，信托法确立了"信托连续性"原则。信托的连续性集中表现在《信托法》第 52 条关于信托终止的限制性规定上，该条规定："信托不因委托人或者受托人的死亡、丧失民事行为能力、依法解散、被依法撤销或者被宣告破产而终止，也不因受托人的辞任而终止。但本法或者信托文件另有规定的除外。"据此，信托设立后，不因委托人或受托人的欠缺而终止，这里的"欠缺"包括两种情形：一是委托人或受托人的缺失；二是委托人或受托人的主体资格有缺陷。

1. 委托人或受托人欠缺的情形

根据《信托法》第 52 条的规定，委托人或受托人因下列六种情形发生欠缺：（1）死亡；（2）丧失民事行为能力；（3）依法解散；（4）依法被撤销；（5）依法被宣告破产；（6）受托人辞任。以上（3）（4）（5）三种情形只限于委托人或受托人为法人时才发生。

需要指出的是，受托人依法被解任也属于受托人欠缺的事由，但《信托法》第 52 条并没有规定该条可以适用于受托人被解任时的情形。那么，是否可以认为受托人被解任时，可以排除适用《信托法》第 52 条关于信托连续性的规定？本书认为，不能排除。因为根据《信托法》第 39、40 条的规定，受托人被解任时，仍然属于受托人职责终止而需要选任新受托人继续管理信托的情形之一，此时，信托并不终止。《信托法》第 52 条没有将受托人解任的情形纳入规定之中，完全属于立法遗漏，不是例外规定。

2. 信托不因委托人或受托人的欠缺而终止

（1）信托不因委托人的欠缺而终止。信托一经有效设立，信托财产即独立于委托人未设立信托的其他财产，如果委托人因死亡、丧失民事行为能力、依法解散、被依法撤销或者被宣告破产等情形而发生欠缺时，信托财产不属于委托人的遗产或者清算财产，受托人仍可基于委托人的信任，受信托目的的约束，为了受益人的利益或者特定目的，继续按照信托文件的规定管理、运用和处分该信托财产，信托不因委托人的欠缺而终止。

（2）信托不因受托人的欠缺而终止。信托一经有效设立，信托财产也独立于受托人的固有财产，如果受托人因死亡、丧失民事行为能力、依法解散、被依法撤销、被宣告破产、辞任或者被解任等情形而发生欠缺时，信托财产不属于受托人的遗产或者清算财产，受托人的职责虽然终止，但是仍可依据信托文件的规定或者法律的规定选任新的受托人，由新受托人为受益人的利益或者特定的目的继续按照信托文件的规定，履行管理、运用和处分信托财产的职责，使信托关系存续以实现信托目的，该信托也不因受托人的欠缺而终止。

（3）例外规定。在通常情况下，信托设立后，不因委托人或受托人的欠缺而终止，但是，《信托法》第52条也规定了两种"除外"情形，当出现该两种除外情形时，信托也得因委托人或受托人的欠缺而终止：第一，《信托法》另有规定的。《信托法》另有规定的情形是指第15条规定的情形。该条规定：信托设立后，委托人死亡或者依法解散、被依法撤销、被宣告破产时，委托人是唯一受益人的，信托终止，信托财产作为其遗产或者清算财产。第二，信托文件另有规定的。根据民事法律行为意思自治原则，如果信托文件中规定，当委托人或受托人发生死亡、丧失民事行为能力、依法解散、被依法撤销或者被宣告破产时，或者发生受托人辞任或者被解任的情形时，信托即予以终止的，则应当从其规定。

（二）信托终止的事由

尽管信托设立后，原则上不得终止，但出现约定或者法定事由时，信托也得依法予以终止。根据《信托法》第53条的规定，信托终止的事由有六种：（1）信托文件规定的终止事由发生；（2）信托当事人协商同意；（3）信托的存续违反信托目的；（4）信托目的已经实现或者不能实现；（5）信托被撤销；（6）信托被解除。

（三）信托终止的法律后果

信托终止的法律后果包括：（1）信托效力的消灭；（2）信托财产权利归属人的确认；（3）法定信托的成立；（4）信托财产的强制执行；（5）受托人报酬和补偿权的行使；（6）信托的清算；（7）受托人责任的解除。

第六节　投资基金

一、投资基金的概念

投资基金是现代金融中广泛使用的投资工具，是一种利益共享、风险共担的集合投资制度。它通过集合特定的或不特定的投资者，将原本由投资者分散持有的资金集中起来，委托具有专门知识和经验的投资专家经营操作，使中小投资者得以在享受基金投资丰厚报酬的同时，减少投资风险。

二、投资基金的特征

（一）集合投资

投资基金由不特定多数人的零散资金汇集而成。积少成多、聚沙成塔，这正是投资基金的一大优点。集合投资的优点主要体现在如下两个方面：一方面，集合投资有利于形成规模经济，降低投资者的交易成本，使得更多的投资者能够参与金融活动；另一方面，集合投资能够降低投资门槛，提高社会零散资金的使用率，将原本闲置的资金提供给其他有生产性投资机会的资金需求者。由此可见，投资基金的一大特征就在于将多数人的资金进行集合。

（二）专业理财

投资基金一般通过委托具有专门知识和经验的投资专家，对资金进行经营操作。这种专家理财的特征，首先是由投资基金的目的和资金组成方式决定的。与其他金融工具相同，投资基金的目的在于获取由资金运营产生的收益。然而，集合投资的特征也决定了投资基金的投资者大多为缺乏投资能力和（或）时间的中小投资者。因此，投资基金往往需要委托具有专门知识与经验的专家进行运营。值得注意的是，除去基金管理人之外，投资基金的基金托管人也必须具有专门的知识与经验。其原因在于：投资基金的业务范围往往涉及证券、保险、投资银行等复杂业务，为有效地对基金管理人进行监督、更好地保管受托基金财产，基金托管人也必须熟悉甚至精通基金投资业务。

（三）组合投资、分散风险

现代经济学理论表明，投资者进行组合投资、增加所持财产的多样性，能够显著地分散、降低投资风险。然而，中小投资者因财力有限，往往不能分散投资或者只能分散投资于为数不多的投资项目。借助于投资基金这种集合投资方式，中小投资者可以摆脱财力有限的困境。目前，世界各国的基金立法和实践都十分强调，投资基金应当以分散投资为主。值得注意的是，并非所有的组合投资都可以分散风险。只有对市场表现呈负相关的证券品种进行组合投资，才能实现分散风险的目的。因此，在投资过程中，投资基金必须科学地设计投资组合、投资限额，而这又反过来体现了投资基金专家理财特征的重要性。

（四）利益共享、风险共担

与其他金融工具相同，投资基金亦以实现投资者利益的最大化作为根本目标。在金融市场中，风险总是与利益同在。因此，投资基金的投资者在按照所持基金份额的多少分享投资收益时，也要按照相同的比例承担风险、损失。当然，投资基金的投资者承担的是有限责任。因此，除所投资的份额之外，投资基金的投资者不承担其他财产责任。

三、投资基金的种类

（一）公募基金和私募基金

根据基金募集方式的不同，投资基金的种类可以分为公募基金和私募基金。

公募基金是以公开发行方式向社会公众投资者募集资金的投资基金，具有发行范围广、发行数量大、流动性强的特点。公募基金通常由投资银行或券商等中介机构向社会公开募集资金。因为面向不特定的社会公众投资者，所以公募基金的信息披露要求高，需要定期披露详细的投资目标、资产组合等，且该资产组合和投资目标也受到较多限制。

根据我国《私募投资基金监督管理暂行办法》第2条的规定，私募基金是指在中华人民共和国境内，以非公开方式向投资者募集资金设立的投资基金。私募基金财产的投资包括买卖股票、股权、债券、期货、期权、基金份额及投资合同约定的其他投资标的。非公开募集资金，以进行投资活动为目的设立的公司或合伙企业，资产由基金管理人或者普通合伙人管理的，其登记备案、资金募集和投资运作适用该办法。证券公司、基金管理公司、期货公司及其子公司从事私募基金业务适用该办法，其他法律法规和中国证监会有关规定对上述机构从事私募基金业务另有规定的，适用其规定。

（二）公司型投资基金和契约性投资基金

根据投资基金设立的法律基础不同，投资基金的种类可以分为公司型投资基金和契约型投资基金。

公司型投资基金是具有共同投资目标的投资者依据公司法组成以盈利为目的、投资于特定对象（如各种有价证券、货币）的股份制投资公司。

契约型投资基金也称信托型投资基金，是根据一定的信托契约原理，由基金发起人和基金管理人、基金托管人订立基金契约而组建的投资基金。

（三）证券投资基金和产业投资基金

根据基金财产投资对象的不同，投资基金的种类可以分为证券投资基金和产业投资基金。

证券投资基金以证券投资作为主要的投资目标。我国《证券投资基金法》第2条规定："在中华人民共和国境内，公开或者非公开募集资金设立证券投资基金（以下简称基金），由基金管理人管理，基金托管人托管，为基金份额持有人的利益，进行证券投资活动，适用本法；本法未规定的，适用《中华人民共和国信托法》、《中华人民共和国证券法》和其他有关法律、行政法规的规定。"一般说来，此种证券投资基金也可以采用公司或者契约的方式组织。但是，我国尚未准许设立公司型基金。因此，证券投资基金只能采用契约的方式设立。

根据我国《产业投资基金管理暂行办法》（以下简称《暂行办法》）第2条的规定，产业投资基金是指一种对未上市企业进行股权投资和提供经营管理服务的利益共享、风险共担的集合投资制度，即通过向多数投资者发行基金份额设立基金公司，由基金公司自任基金管理人或另行委托基金管理人管理基金资产，委托基金托管人托管基金资产，从事创业投资、企业重组投资和基础设施投资等实业投资。根据《暂行办法》第5条的规定，设立产业基金须经国家发展计划委员会①核准。

（四）封闭型基金和开放型基金

根据基金份额变现方式的不同，投资基金的种类可以分为封闭型基金和开放型基金。

封闭型基金，即资本形成固定，且在一定期限内不能要求偿还的一种基金。它的特点是：在基金股份发行结束后即不再向投资者出售，投资者可以在证券市场上购买和出售其基金股份，但不能直接要求赎回投资基金。

开放型基金，即资本形成不完全固定，其已发行基金可以按净资产价值赎回的一种基金形式。它的特点是：基金股份的发行者有义务应受益人的请求，随时依据资产净值购回它所发行的基金，而且是见票即付。

四、投资基金的法律关系主体

根据投资基金投资对象的不同，投资基金可以分为证券投资基金和产业投资基金。前者受《证券投资基金法》《证券法》《信托法》等法律、行政法规的规制。对于后者，我国目前尚未出台专门的法律，而仅有《产业投资基金管理暂行办法》进行规制。考虑到目前主要的投资基金为证券投资基金，产业投资基金尚未形成较为稳定的法律规制体系，本节仅对证券投资基金法律关系的主体进行介绍。

（一）基金管理人

1. 基金管理人的资格

根据《证券投资基金法》第12条的规定，基金管理人由依法设立的公司或者合伙企业担任。公开募集基金的基金管理人，由基金管理公司或者经国务院证券监督管理机构按照规定核准的其他机构担任。该法第13条规定："设立管理公

---

① 现为国家发展和改革委员会。

开募集基金的基金管理公司，应当具备下列条件，并经国务院证券监督管理机构批准：（一）有符合本法和《中华人民共和国公司法》规定的章程；（二）注册资本不低于一亿元人民币，且必须为实缴货币资本；（三）主要股东应当具有经营金融业务或者管理金融机构的良好业绩、良好的财务状况和社会信誉，资产规模达到国务院规定的标准，最近三年没有违法记录；（四）取得基金从业资格的人员达到法定人数；（五）董事、监事、高级管理人员具备相应的任职条件；（六）有符合要求的营业场所、安全防范设施和与基金管理业务有关的其他设施；（七）有良好的内部治理结构、完善的内部稽核监控制度、风险控制制度；（八）法律、行政法规规定的和经国务院批准的国务院证券监督管理机构规定的其他条件。"

2. 基金管理人的职责

《证券投资基金法》第 19 条规定："公开募集基金的基金管理人应当履行下列职责：（一）依法募集资金，办理基金份额的发售和登记事宜；（二）办理基金备案手续；（三）对所管理的不同基金财产分别管理、分别记账，进行证券投资；（四）按照基金合同的约定确定基金收益分配方案，及时向基金份额持有人分配收益；（五）进行基金会计核算并编制基金财务会计报告；（六）编制中期和年度基金报告；（七）计算并公告基金资产净值，确定基金份额申购、赎回价格；（八）办理与基金财产管理业务活动有关的信息披露事项；（九）按照规定召集基金份额持有人大会；（十）保存基金财产管理业务活动的记录、账册、报表和其他相关资料；（十一）以基金管理人名义，代表基金份额持有人利益行使诉讼权利或者实施其他法律行为；（十二）国务院证券监督管理机构规定的其他职责。"

（二）基金托管人

1. 基金托管人的资格

《证券投资基金法》第 32 条规定，基金托管人由依法设立的商业银行或者其他金融机构担任。商业银行担任基金托管人的，由国务院证券监督管理机构会同国务院银行业监督管理机构核准；其他金融机构担任基金托管人的，由国务院证券监督管理机构核准。该法第 33 条规定："担任基金托管人，应当具备下列条件：（一）净资产和风险控制指标符合有关规定；（二）设有专门的基金托管部门；（三）取得基金从业资格的专职人员达到法定人数；（四）有安全保管基金财产的条件；（五）有安全高效的清算、交割系统；（六）有符合要求的营业场所、安全防范设施和与基金托管业务有关的其他设施；（七）有完善的内部稽核监控制度和风险控制制度；（八）法律、行政法规规定的和经国务院批准的国务院证券监督管理机构、国务院银行业监督管理机构规定的其他条件。"

2. 基金托管人的职责

《证券投资基金法》第 36 条规定："基金托管人应当履行下列职责：（一）安全保管基金财产；（二）按照规定开设基金财产的资金账户和证券账户；（三）对所托管的不同基金财产分别设置账户，确保基金财产的完整与独立；（四）保存基金托管业务活动的记录、账册、报表和其他相关资料；（五）按照基金合同的约定，根据基金管理人的投资指令，及时办理清算、交割事宜；（六）办理与基金托管业务活动有关的信息披露事项；（七）对基金财务会计报告、中期和年度基金报告出具意见；（八）复核、审查基金管理人计算的基金资产净值和基金份额申购、赎回价格；（九）按照规定召集基金份额持有人大会；（十）按照规定监督基金管理人的投资运作；（十一）国务院证券监督管理机构规定的其他职责。"

关于托管银行和基金管理人的关系，我国《证券投资基金法》的相关规定称之为"双受托人制"，它源于美国马萨诸塞州信托和英国单位信托（unit trust）。但是，"双受托人制"表述不妥，因为基金管理人不是资金的法律上的所有者，不是受托人，只是投资顾问，托管银行是资金的法律上的所有者，是受托人，所以，应该像英国法那样表述为"双信义官制"（two fiduciary officers）。如果坚持双受托人制，并以此解释私募基金的信托结构，则将适用《信托法》第 32 条关于共同受托人承担连带责任的规定，责任将极其严厉，超越现实中托管银行的承受能力。

（三）投资基金的投资者

1. 投资者的资格

根据投资基金募集方式的不同，《证券投资基金法》对投资者的资格做出了不同的规定。对于公开募集的投资基金的投资者资格，《证券投资基金法》并未做出特别规定；但对于私募投资基金，《证券投资基金法》仅允许其向不超过 200 人的"合格投资者"募集。根据该法第 87 条第 2 款的规定，合格投资者，是指达到规定资产规模或者收入水平，并且具备相应的风险识别能力和风险承担能力、其基金份额认购金额不低于规定限额的单位和个人。合格投资者的具体标准由国务院证券监督管理机构规定。

2. 投资者的权利

《证券投资基金法》第 46 条规定："基金份额持有人享有下列权利：（一）分享基金财产收益；（二）参与分配清算后的剩余基金财产；（三）依法转让或者申请赎回其持有的基金份额；（四）按照规定要求召开基金份额持有人大会或者召集基金份额持有人大会；（五）对基金份额持有人大会审议事项行使表决权；（六）对基金管理人、基金托管人、基金服务机构损害其合法权益的行为依法提起诉讼；（七）基金合同约定的其他权利。公开募集基金的基金份额持有人有权查阅或者复制公开披露的基金信息资料；非公开募集基金的基金份额持有人对涉及自身利益的情况，有权查阅基金的财务会计账簿等财务资料。"另外，该法第 47 条规定："基金份额持有人大会由全体基金份额持有人组成，行使下列职权：（一）决定基金扩募或者延长基金合同期限；（二）决定修改基金合同的重要内容或者提前终止基金合同；（三）决定更换基金管理人、基金托管人；（四）决定调整基金管理人、基金托管人的报酬标准；（五）基金合同约定的其他职权。"

思考题：

1. 什么是商事信托？商事信托的类型有哪些？
2. 如何理解商事信托中的信托目的？
3. 简述信托财产的范围和独立性。
4. 简述信托委托人的权利、义务与责任。
5. 如何认识投资基金的法律关系主体？

▶ 自测习题

第十一章 破 产 法

第一节 破产法概述

一、破产与破产法的概念

破产概念在不同语境中有不同含义。在日常生活中，破产常被用于指称债务人不能清偿其到期债务的事实状态，而不论是否因此进入破产法律程序。一般所谓破产，是指法律意义上的破产，具体包括狭义和广义两种。狭义上的破产，特指清算型破产，它是指当债务人不能清偿到期债务时，由法院根据当事人的申请对破产案件予以受理后，将破产财产公平分配给全体债权人的清算程序。广义上的破产，则除狭义破产外，还包括预防型破产，它是指当债务人不能清偿到期债务时，由法院根据当事人的申请（有的立法例中法院可依职权），对债务人实施的挽救性程序以及就债务人的全部财产实行的概括性清算程序的统称。它是由破产清算程序与破产和解、破产重整等预防性程序共同构成的一个统一的破产法律制度体系。清算型破产以破产清算为唯一目的；预防型破产则以破产预防为主要目的，以破产清算为次要目的。传统意义上的破产系就狭义而言，现代意义上的破产则就广义而言，二者以 1883 年比利时《预防破产之和解制度》为时间上的分界线。除非另有说明，本书也是从广义上使用破产概念的。不过，我国 2006 年《企业破产法》中，在该法的名称及某些概念里直接广义地使用"破产"概念的同时，又在某些概念中将"破产"限定于破产清算程序。

随着破产制度从单一的、传统的破产清算程序发展为现代破产制度，即形成了包括破产清算程序与破产和解、破产重整等预防性程序的统一的破产法律制度体系，在国外立法中，破产概念也发生了变化。在英美法系国家，"bankruptcy"一词仍被保留，但仅指传统的破产清算程序，广义上的"破产"概念则由"insolvency"（支付不能）表示。[1] 1877 年《德国破产法》经 1994 年重大修订后，原法的"破产"一词也由"Konkurs"替换为"Insolvenz"（支付不能），[2] 在内容上也在破产清算程序的基础上增加了重整程序与余债免除制度。[3] 在日本法

---

[1] See Bryan A. Garner, *Black's Law Dictionary*, Seventh Edition, West Publishing Co., 1999, pp. 141, 799.

[2] 参见《德国支付不能法》，杜景林、卢谌译，法律出版社 2002 年版，译者前言，第 1—2 页。

[3] 参见李飞主编：《当代外国破产法》，中国法制出版社 2006 年版，第 5—6 页。

上，为区分狭义与广义的破产概念，分别采用了"破产"与"倒产"的概念。[①]
联合国国际贸易法委员会（UNCITRAL）于 2004 年通过的《破产法立法指南》
也采用了"insolvency"概念。

与破产概念存在狭义与广义上的区别相适应，破产法也有狭义与广义之分。
狭义上的破产法，是指在债务人出现破产原因时，宣告其破产并对债务人的全部
财产进行清算的法律制度的总称；广义上的破产法，则是指在债务人出现破产原
因时，宣告其破产并对债务人的全部财产进行清算，或者为避免债务人进入破产
清算程序而建立起来的破产预防法律制度的总称。一般所谓破产法是就实质意义
上的破产法而言的，而不仅仅限于形式意义上的破产法。

二、破产申请与受理

（一）破产程序开始的要件

破产程序开始的要件，简称"破产要件"，是指启动或者进入一项破产程序
所必须具备的条件。广义上的破产程序开始的要件通常可分为破产程序要件和破
产实体要件。破产程序要件，又称破产形式要件，是指启动破产程序必须具备的
程序上的条件，主要包括破产申请的提出、破产申请人适格、缴纳破产费用、法
院有管辖权、法院受理等。破产实体要件，又称破产实质要件，是指启动破产程
序的实体性条件，否则就不能启动破产程序。狭义上的破产程序开始的要件，仅
指破产实体要件。一般所谓破产要件都是就此而言的，本书亦然。

在国外破产法理论中，有关破产程序开始的实体要件一直存在争议，但均认
同破产能力与破产原因为破产程序要件，区别在于是否将无破产障碍等其他因素
界定为破产要件。[②] 我国学者一般仅从破产能力与破产原因两个方面对破产要件
进行分析。本书亦仅从破产能力与破产原因两个方面考察破产要件。

1. 破产能力

破产能力，是指债务人能够适用破产程序解决债务清偿问题的资格，亦即民
事主体得被宣告破产的资格。一般来说，具有民事权利能力是具有破产能力的前
提，但两者的范围有所不同。一方面，各国出于社会政策和历史文化背景的不
同，在破产法中往往规定某些具有民事权利能力的特定主体不具有破产能力，不
允许其适用破产程序解决债务清偿问题。另一方面，为保护债权人的利益、维护
社会公平，又将破产程序适用于不具有民事权利能力的主体，例如，许多国家的
破产法规定遗产也具有破产能力。

---

① 参见韩长印主编：《破产法学》，中国政法大学出版社 2007 年版，第 2 页。
② 参见韩长印主编：《破产法学》，中国政法大学出版社 2007 年版，第 20—22 页。

就破产能力问题，各国传统立法上存在商人破产主义、一般破产主义与折中主义的区别。但在各国大多改行一般破产主义的立法趋势下，这一破产能力区别已不再突出。需要特别说明的是自然人破产能力问题。自然人破产是破产制度的基础和起点，此后才逐渐发展出其他主体的破产制度。早期的商人破产主义立法的核心亦为商自然人破产制度。在一般破产主义立法例及折中主义立法例下，自然人的破产能力均被法律确认。如今，世界各国大多确立了自然人的破产能力。自然人应否纳入破产法调整是我国《企业破产法》制订过程中争议的焦点，但最终未获确认。不过，近年来，企业家因经营失败背负沉重债务的事件频繁发生，不少全国人大代表和全国政协委员多次提交了确立我国个人破产制度的提案，引发了广泛的社会反响。个别地区（如深圳）还以地方立法方式积极推进个人破产制度创新。

2. 破产原因

破产原因，是指认定债务人丧失债务清偿能力，法院据以启动破产程序，宣告债务人破产的法律标准，即引起破产程序发生的原因。由于它是衡量债务人是否陷入破产的界限，故又称为破产界限。在衡量债务人究竟是否具有破产原因时，主要存在三种立法模式与判断标准，即列举主义、概括主义及折中主义。

列举主义，是在法律中明确规定若干种表明债务人丧失清偿能力的具体行为，凡具备行为之一者便被认定为具有破产原因。基于此，这些被认定为破产原因的行为被称为破产行为。英美法系国家和地区曾普遍采用该模式。列举主义立法模式受早期破产犯罪立法思想的影响，将着眼点放在债务人具体实施的不当行为上，故采用列举的方式逐项加以规定。该模式的优点在于法律规定具体、明确，便于当事人举证和法院认定。但其缺点也很明显：法律规定过于僵化，难以涵括日益复杂的破产原因。因此，1979 年实施的《美国破产法典》及英国《1986 年破产法》均已改采概括主义，其他英美法系国家和地区也大多改采概括主义立法模式。

概括主义，是对破产原因做抽象性规定，它着眼于破产发生的一般原因，而不是具体行为。该立法模式的优点在于适用范围广，法院的自由裁量权较大，比较灵活。其缺点则在于因较原则、抽象，在实践中会带来不便操作的问题，且若无有效的制约机制，易发生擅权行为。大陆法系国家大多采用概括主义立法模式，如德国、法国、意大利、日本等国家。在改行概括主义的立法趋势下，目前各国大多采取该立法模式。在采概括主义立法模式的国家，大多以"不能清偿""停止支付""债务超过"等标准来判断破产原因。各国根据其具体国情，有的采用单一标准，有的则兼采多项标准，分别适用于不同情况。一般来说，"不能清偿"是判断破产原因的主要标准，"停止支付"是判断"不能清偿"的辅助标准，"债务超过"则为一种独立的破产原因。所谓不能清偿，又称支付不能或无力清偿，是指债务人对于已届清偿期而受请求的债务不能实施清偿的客观状态。不能清偿的着眼点是债务关系能否正常维系。所谓停止支付，又称支付停止，是指债务人对于债权人表示不能支付一般金钱债务意旨之行为。它往往作为推定的破产原因加以适用，即一旦停止支付即可认定为不能清偿。所谓债务超过，又称资不抵债，是指债务人的资产不足以清偿全部债务，即债务人的负债总额超过其积极财产总额的状态。在境外，一般采用债务超过的概念。资不抵债的着眼点是资产、负债比例关系，考察债务人的偿还能力仅以其实有财产为限，而不考虑其信用等可能的偿还因素。英美法系国家在判断债务人构成不能清偿时，通常使用"现金流量"标准或者"资产负债"标准。

上述两种立法模式各有优缺点。列举主义立法模式的优缺点已如前述。概括主义立法模式因涵盖面广，赋予了法官较多的自由裁量权和当事人较大的判断空间，从而克服了列举主义立法模式缺乏弹性、涵盖面窄的缺陷，但因其抽象、概括，不易为当事人和法官掌握、运用。一些国家在立法上既做概括性的规定，又做列举性的规定，如瑞士、葡萄牙、智利、巴西等国家。对此，可称为折中主义立法模式。

我国破产法在破产原因上采取的是概括主义立法模式，对所有破产主体的破产原因做了统一规定。《企业破产法》第2条规定："企业法人不能清偿到期债务，并且资产不足以清偿全部债务或者明显缺乏清偿能力的，依照本法规定清理债务。企业法人有前款规定情形，或者有明显丧失清偿能力可能的，可以依照本法规定进行重整。"

（二）破产申请

破产申请，是破产申请人依法向法院提出，要求宣告债务人破产以清偿债务的请求。依我国破产法的规定，无破产申请，法院不得启动破产程序，受理破产案件。

破产申请人，是指有权向法院提出破产申请的人。从各国破产立法看，破产申请人通常包括债权人、债务人、准债务人（如清算人、遗产管理人）。有的国家还赋予特定国家机关、公职人员、债务人公司的股东提出破产申请的权利。例如，英国《1967年公司法》规定，贸易部、官方接管人享有申请权；意大利《1942年破产法》规定，检察官享有申请权。依我国《企业破产法》第7条之规定，债权人、债务人以及依法负有清算责任的人享有提出破产申请的权利。此外，依我国《企业破产法》第134条的规定，商业银行、证券公司、保险公司等金融机构出现破产原因的，国务院金融监督管理机构可以向人民法院提出对该金融机构进行重整或者破产清算的申请。

依《企业破产法》第7条及第134条的规定，破产申请的提出分为以下四种情形：（1）债务人提出破产申请。债务人有《企业破产法》第 2 条规定的情形的，可以向人民法院提出重整、和解或者破产清算申请。（2）债权人提出破产申请。债务人不能清偿到期债务的，债权人可以向人民法院提出对债务人进行重整或者破产清算的申请。（3）依法负有清算责任的人提出破产申请。企业法人已解散但未清算或者未清算完毕，资产不足以清偿债务的，依法负有清算责任的人应当向人民法院申请破产清算。企业法人解散时，按照法律规定应当成立清算组，依法进行清算。（4）国务院金融监督管理机构提出破产申请。

依我国《企业破产法》第 8 条的规定，提出破产申请，应当提交破产申请书和有关证据。我国《企业破产法》第 9 条规定："人民法院受理破产申请前，申请人可以请求撤回申请。"撤回破产申请是申请人处分自己权利的一种体现。

（三）破产案件的管辖

破产案件的管辖，是指各级人民法院及同级人民法院之间受理破产案件的分工权限。关于破产案件的管辖，在国外，有的设立专门的破产法院，并配有专门的破产法官；有的由普通法院管辖。我国未设置专门的破产法院，破产案件由普通法院管辖，有些地方法院设有专门的破产法庭集中审理破产案件，还有的地方对破产案件采用了集中管辖的做法。2019 年以来，经最高人民法院批准，深圳、北京、上海、天津、广州、温州、南京等地先后设立了独立的破产法庭，有效实现立审执破各程序环节"无缝对接"。

各国破产法通常以债务人住所地作为确定破产案件法院地域管辖的标准。除这种统一规定模式外，也有国家赋予当事人一定的选择权，如美国法律规定，当事人申请破产时，可任意选择债务人住所地、主营业所所在地或主要财产所在地的法院为管辖法院。我国《企业破产法》第 3 条明确规定："破产案件由债务人住所地人民法院管辖。"债务人住所地是指债务人的主要办事机构所在地。债务人无办事机构的，由其注册地人民法院管辖。将破产案件的地域管辖确定为债务人住所地，其主要原因在于：其一，破产案件一律由债务人住所地法院管辖，便于对债务人财产的清理、变价和分配；其二，破产案件中的债权人通常人数众多，无法确定由某一债权人所在地法院管辖。

对破产案件的级别管辖，各国立法不尽相同。例如，德国、日本等国家规定由地方法院管辖；加拿大规定由高等法院管辖；英国破产法原规定破产案件由高等法院管辖，后改为由郡法院管辖。我国《企业破产法》及《最高人民法院关于适用〈中华人民共和国企业破产法〉若干问题的规定（一）》（以下简称《破产法司法解释（一）》）、《最高人民法院关于适用〈中华人民共和国企业破产法〉若干问题的规定（二）》（以下简称《破产法司法解释（二）》）均未对破产案件的级别管辖做出规定。根据 2002 年《最高人民法院关于审理企业破产案件若干问题的规定》第 2 条的规定，我国破产案件的级别管辖主要是依企业核准登记的工商行政管理机关①的等级划定的，但最高人民法院和各省、市、自治区高级人民法院对破产案件一般不享有管辖权。各破产法庭作为所在地相应中级人民法院专门审理破产案件的法庭，其级别管辖也遵循该规则。

（四）破产申请的受理

1. 破产申请受理的程序

破产程序的开始不以破产申请的提出为标志，破产申请只有经人民法院受理后，才正式启动破产程序。

债权人提出破产申请的，人民法院应当自收到申请之日起 5 日内通知债务人。债务人对申请有异议的，应当自收到人民法院的通知之日起 7 日内向人民法院提出。人民法院应当自异议期满之日起 10 日内裁定是否受理。债务人提出破产申请的，人民法院应当自收到破产申请之日起 15 日内裁定是否受理。特殊情况需要延长裁定受理的期限的，经上一级人民法院批准，可以延长 15 日。

人民法院受理破产申请的，应当自裁定做出之日起 5 日内送达申请人。债权人提出申请的，人民法院应当自裁定做出之日起 5 日内送达债务人。债务人应当自裁定送达之日起 15 日内，向人民法院提交财产状况说明、债务清册、债权清册、有关财务会计报告以及职工工资的支付和社会保险费用的缴纳情况。

人民法院裁定不受理破产申请的，应当自裁定做出之日起 5 日内送达申请人并说明理由。关于是否可对法院受理破产申请的裁定上诉，各国（地区）破产法大多未做明确规定，但也有个别国家破产法赋予了破产申请受理裁定的可诉性。例如，《日本破产法》第 33 条第 1 款规定："对于涉及破产程序开始的申请的裁判，可以提出上诉。"② 我国《企业破产法》也未对此做出规定，从解释上应认为该裁定不可诉。不过，为加强上级法院对下级法院的监督，督促下级法院对于当事人提出的破产申请依法做出是否受理的裁定，《破产法司法解释（一）》第 9 条做了类似于允许上诉的变通处理。

人民法院应当自裁定受理破产申请之日起 25 日内通知已知债权人，并予以公告。

由于法院对破产申请的审查仅为初步审查，可能存在不应受理而予以受理的情形，因而人民法院受理破产申请后若发现确实不具备法定破产原因，仍应驳回破产申请。对此，我国《企业破产法》第 12 条第 2 款规定："人民法院受理破产申请后至破产宣告前，经审查发现债务人不符合本法第二条规定情形的，可以裁

---

① 现为"市场监督管理部门"。

② 转引自李飞主编：《当代外国破产法》，中国法制出版社 2006 年版，第 731 页。

定驳回申请。申请人对裁定不服的，可以自裁定送达之日起十日内向上一级人民法院提起上诉。"依此，尽管破产案件本身不存在二审问题，但破产法还是赋予了破产申请人对裁定驳回破产申请的上诉权。这就使当事人依法启动破产程序的诉权得到了法律保障。

2. 破产申请受理的法律效力

为维护债权人的公平受偿利益，确保破产程序的顺利进行，各国破产法均明确规定了破产程序开始后所产生的效力。我国破产法采取的是破产程序受理开始主义，破产程序在破产申请受理后即正式启动，并产生以下法律效力：（1）债务人的有关人员应当承担法定义务；（2）债务人对个别债权人的债务清偿无效；（3）债务人的债务人或者财产持有人应当向管理人清偿债务或者交付财产；（4）管理人有权决定解除或者继续履行债务人和对方当事人均未履行完毕的合同；（5）有关债务人财产的保全措施应当解除，执行程序应当中止；（6）已经开始而尚未终结的有关债务人的民事诉讼或者仲裁应当中止；（7）受理破产的人民法院对于有关债务人的民事诉讼进行专属管辖。

三、破产管理人

（一）破产管理人的概念

破产管理人，是指依照破产法的规定，在破产重整、破产和解与破产清算程序中负责债务人财产管理和其他事项的专门机构。

我国《企业破产法》通过之前的破产立法，未规定破产管理人概念，采用的是清算组概念。《企业破产法》也未直接采用破产管理人概念，采用的是"管理人"概念。立法者做此规定的原因在于，破产程序启动后并不必然进入破产清算程序，而可能仅进入和解或重整程序，故为免混淆，不将统一适用于不同破产程序的管理人称为破产管理人。事实上，这种顾虑是多余的，因为破产法上的破产原本是就广义而言的，同样包括和解程序与重整程序，就此而言，和解与重整也不妨称为破产和解与破产重整。

破产管理人在法律上的地位，关系到破产法上的诸多制度设计，如破产管理人的产生方式、职权的行使等。对此，理论界存在着代理说、职务说、代表说、清算机构说等多种观点。我国学者普遍持清算机构说。该说认为，破产清算前的企业与破产宣告后的企业为同一人格，但破产宣告后，企业的权利范围和组织机构均发生变化，破产管理人代替原管理机构成为破产企业在清算阶段的代表机构。

（二）破产管理人的选任

1. 破产管理人的选任方式

关于破产管理人的选任方式，各国立法规定不尽相同。有由法院选任的，如日本；有由债权人会议选任的，如英国、美国；也有以法院选任为原则，也允许债权人会议另行选任的，如德国。我国《企业破产法》第22条规定：破产管理人由人民法院指定；债权人会议认为管理人不能依法、公正执行职务或者有其他不能胜任职务情形的，可以申请人民法院予以更换。

2. 破产管理人的选任范围与任职资格

我国破产管理人可以是清算组或者相应的社会中介机构，也可以是自然人。对此，《企业破产法》第24条规定：破产管理人可以由有关部门、机构的人员组成的清算组或者依法设立的律师事务所、会计师事务所、破产清算事务所等社会中介机构担任；人民法院根据债务人的实际情况，可以在征询有关社会中介机构的意见后，指定该机构具备相关专业知识并取得执业资格的人员担任管理人。但个人担任破产管理人的，应当参加执业责任保险。

《企业破产法》第24条第3款规定，具有下列情形之一的自然人、清算组织或者社会中介机构，不得担任破产管理人：（1）因故意犯罪受过刑事处罚；（2）曾被吊销相关专业执业证书；（3）与本案有利害关系；（4）人民法院认为不宜担任管理人的其他情形。

为促进破产管理人制度的完善和发展，2007年《最高人民法院关于审理企业破产案件指定管理人的规定》还以司法解释的方式对以下问题做了详细规定：（1）破产管理人名册的编制；（2）破产管理人的指定；（3）破产管理人的更换。

（三）破产管理人的职责与监督

1. 破产管理人的职责

为便于破产管理人履行职责时对其行为能力的范围有所判断和遵循，同时也便于相关利害关系人的制约和监督，各立法例都或简或繁地对破产管理人职责范围做了列举。例如，我国台湾地区"破产法"就按照破产管理人就任后工作阶段的先后，分别对其职责做了详细的规定，包括因占有破产财产而生的职责、因管理破产财产而生的职责、因变价分配破产财产而生的职责等方面，具体的列举多达十余项。

我国《企业破产法》第25条围绕破产财产的保管、清理、估价、处理和分配等对破产管理人的职责做了明确规定。

2. 破产管理人的权利与义务

我国《企业破产法》第27、29条规定：破产管理人应当勤勉尽责，忠实执行职务；破产管理人没有正当理由不得辞去职务；破产管理人辞去职务应当经人民法院许可。

为便于履行职责，破产管理人应有权聘用工作人员。为此，我国《企业破产法》第28条第1款规定："管理人经人民法院许可，可以聘用必要的工作人员。"

由于破产事务的处理耗时费力，责任重大，加之破产管理人有负担财产责任的风险，因而，立法多规定破产管理人享有取得报酬的权利。关于报酬的数额，德国、日本及我国台湾地区都规定由法院决定，法院核定时，应斟酌破产案件的繁简、破产财产的规模、破产分配的比率、破产管理人耗费之时间精力及努力程度、同业标准等因素。对此，我国《企业破产法》第 28 条第 2 款规定："管理人的报酬由人民法院确定。债权人会议对管理人的报酬有异议的，有权向人民法院提出。"为解决破产管理人的报酬确定标准问题，2007 年《最高人民法院关于审理企业破产案件确定管理人报酬的规定》还以司法解释的方式对此做了详细规定。

3. 对破产管理人的监督

破产程序兼具清算与执行的特征，往往涉及众多利害关系人的利益，故有必要建立破产监督机制。鉴于破产案件的处理有繁简难易之分，具体到特定的案件，并非皆须设立专门的破产监督机构，因而国外立法多以债权人会议意定，即由债权人会议根据案件处理的繁简程度、时间长短等决定是否设立监督机构。原则上，不论是否进行和解或整顿，债权人会议都应在第一次会议上决定破产监督人的设置，但也不妨于破产程序进行中随时决定嗣后设置。

对于破产管理人的一般监督，我国《企业破产法》第 23 条规定："管理人依照本法规定执行职务，向人民法院报告工作，并接受债权人会议和债权人委员会的监督。管理人应当列席债权人会议，向债权人会议报告职务执行情况，并回答询问。"该法第 61 条还明确将"监督管理人"列为债权人会议的职权之一。为更有效地实现对破产管理人以及破产管理事务的监督，《企业破产法》还规定了"债权人委员会"制度，由债权人委员会行使监督职权。

四、破产债权的申报

债权申报，是指债权人在人民法院受理破产申请后，依照法定程序主张并证明其债权的存在，以便参加破产程序的法律行为。

（一）债权申报规则

1. 破产程序中的债权人与债权申报的受理主体

破产债权人，是指在人民法院受理破产申请时对债务人享有债权的人。依我国《企业破产法》第 48 条第 1 款的规定，债权申报的受理主体是破产管理人。

2. 债权的申报期限

债权的申报期限，是法律规定的债权人向破产管理人申报自己对债务人债权的期限。债权人申报债权，应当遵守法律规定的期限。债权人未在法律规定的期限申报债权，虽不意味着其债权的消灭，但只能依补充申报程序行使权利。若债权人未如期申报债权且未补充申报债权，则不能依破产法规定的程序行使权利。①

关于申报期间的确定方式，各国立法大多采用立法限定基础上的法院酌定主义模式，即债权申报期间的长短，由受理案件的法院在法律限定性规定的基础上根据案件的实际情况予以确定。我国《企业破产法》第 45 条规定，人民法院受理破产申请后，应当确定债权人申报债权的期限。债权申报期限自人民法院发布受理破产申请公告之日起计算，最短不得少于 30 日，最长不得超过 3 个月。依此，债权申报期限的确定主体为人民法院，从人民法院受理破产申请公告的次日起计算，具体时间为 30 日以上、3 个月以内。

3. 债权申报的要求

依我国《企业破产法》第 49 条的规定，一般情况下，债权人在申报债权时应当符合以下要求：（1）应当说明债权的数额和有无财产担保的情况；（2）申报债权必须以书面形式提出；（3）债权人申报债权应当提交有关的证据；（4）申报的债权是连带债权的，应当说明。连带债权人可以由其中一人代表全体连带债权人申报债权，也可以共同申报债权。债务人的保证人或者其他连带债务人已经代替债务人清偿债务的，以其对债务人的求偿权申报债权。债务人的保证人或者其他连带债务人尚未代替债务人清偿债务的，以其对债务人的将来求偿权申报债权。但是，债权人已经向管理人申报全部债权的除外。连带债务人数人被裁定适用破产程序的，其债权人有权就全部债权分别在各破产案件中申报债权。鉴于保证关系中，保证人与债务人未必是连带债务人，故保证人破产时的债权申报需要特别规定。为此，2020 年 12 月 29 日发布的《最高人民法院关于适用〈中华人民共和国企业破产法〉若干问题的规定（三）》（以下简称《破产法司法解释（三）》）对此做了特别规定。

4. 债权的补充申报

债权人未在规定的期限内申报债权的，法律仍应对其债权予以妥善保护，故破产法设置了债权的补充申报规则。对此，我国《企业破产法》第 56 条第 1 款规定："在人民法院确定的债权申报期限内，债权人未申报债权的，可以在破产财产最后分配前补充申报；但是，此前已进行的分配，不再对其补充分配。为审查和确认补充申报债权的费用，由补充申报人承担。"

（二）债权表的编制与核查

1. 债权表的编制

破产管理人收到债权申报材料后，应当登记造册，对申报的债权的真实性进行初步审查，并编制债权表。债权表和债权申报材料由管理人保存，供利害关系

---

① 参见我国《企业破产法》第 56 条第 2 款。

人查阅。①

2. 债权表的核查

破产管理人在编制债权表过程中应尽审查义务。对此,《破产法司法解释(三)》第 6 条第 2 款规定:"管理人应当依照企业破产法第五十七条的规定对债权的性质、数额、担保财产、是否超过诉讼时效期间、是否超过强制执行期间等情况进行审查、编制债权表并提交债权人会议核查。"当然,破产管理人对债权申报的真实性的审查仅为初步审查,即主要审查债权证明材料的真实性以及判断债权申报是否具备法律所规定的实体要件和形式要件等,但既无权利也无能力对债权的真实性进行实质审查。为此,我国《企业破产法》第 58 条规定:"依照本法第五十七条规定编制的债权表,应当提交第一次债权人会议核查。债务人、债权人对债权表记载的债权无异议的,由人民法院裁定确认。债务人、债权人对债权表记载的债权有异议的,可以向受理破产申请的人民法院提起诉讼。"

五、债权人会议

债权人会议,是在破产程序进行中,为便于全体债权人参与破产程序,以实现其破产程序参与权,维护全体债权人的共同利益,由全体登记在册的债权人组成的表达债权人意志和统一债权人行动的议事机构。也就是说,债权人会议是对内协调和形成全体债权人的共同意思,对外通过对破产程序的参与和监督,以实现全体债权人破产参与权的机构。

(一)债权人会议的组成与运行

依法申报债权的债权人为债权人会议的成员,有权参加债权人会议,享有表决权。债权尚未确定的债权人,除人民法院能够为其行使表决权而临时确定债权额的外,不得行使表决权。对债务人的特定财产享有担保权的债权人,未放弃优先受偿权利的,对于以下事项不享有表决权:(1)通过和解协议;(2)通过破产财产的分配方案。

债权人可以委托代理人出席债权人会议,行使表决权。代理人出席债权人会议,应当向人民法院或者债权人会议主席提交债权人的授权委托书。债权人会议应当有债务人的职工和工会的代表参加,对有关事项发表意见。

债权人会议设主席一人,由人民法院从有表决权的债权人中指定。债权人会议主席主持债权人会议。②

债权人会议可设列席人员。列席人员是指会议正式成员之外的,不享有表决

---

① 参见我国《企业破产法》第 57 条。
② 参见我国《企业破产法》第 59、60 条。

权的参会人员。按照规定，自人民法院受理破产申请的裁定送达债务人之日起至破产程序终结之日止，债务人的法定代表人以及人民法院决定的企业的财务管理人员和其他经营管理人员，有义务列席债权人会议并如实回答债权人的询问；破产管理人应当列席债权人会议，向债权人会议报告职务执行情况，并回答询问；债务人的出资人代表可以列席讨论重整计划草案的债权人会议。

依我国《企业破产法》第126条的规定，有义务列席债权人会议的债务人的有关人员，经人民法院传唤，无正当理由拒不列席债权人会议的，人民法院可以拘传，并依法处以罚款；债务人的有关人员违反该法规定，拒不陈述、回答，或者作虚假陈述、回答的，人民法院可以依法处以罚款。

关于债权人会议的职权，各国立法并不相同。我国《企业破产法》第61条对此做了明确规定。

（二）债权人委员会

为充分实施对破产程序的监督，各国破产法普遍允许债权人委员会自行设立常设监督机构，该常设机构一般表现为债权人委员会。对此，我国《企业破产法》第67条明确规定："债权人会议可以决定设立债权人委员会。"

债权人委员会由债权人会议选任的债权人代表和1名债务人的职工代表或者工会代表组成。债权人委员会成员不得超过9人。债权人委员会成员应当经人民法院书面决定认可。

债权人委员会拥有职权，破产管理人实施法律规定的特定行为时，应当及时报告债权人委员会。[1]

第二节　破产财产的清理

一、概述

（一）破产财产的概念与性质

为区分和解、重整与破产清算等不同破产程序，我国《企业破产法》确立了"债务人财产"概念。依该法第30条的规定，债务人财产，是指破产申请受理时属于债务人的全部财产，以及破产申请受理后至破产程序终结前债务人取得的财产。此外，该法第107条第2款规定："债务人被宣告破产后，债务人称为破产人，债务人财产称为破产财产，人民法院受理破产申请时对债务人享有的债权称为破产债权。"由此可见，债务人财产是破产财产的上位概念，它是指广义

---

[1] 参见我国《企业破产法》第67—69条。

的破产程序启动时属于债务人的全部财产，以及破产申请受理后至破产程序终结前债务人取得的财产，具体包括破产和解、破产重整与破产清算程序进行中债务人所拥有及取得的财产。事实上，由于我国破产法采取的是广义的破产概念，将不同破产程序中债务人的财产统称为破产财产并无问题，因而采取广义的破产财产概念并不会导致概念混淆。此外，统一适用于各个破产阶段的"债务人财产"与仅适用于破产清算阶段的"破产财产"，除存在适用阶段上人为设定的区别外，并不存在任何区别。因此，上述概念的区分不仅无实际意义，还会导致概念上的自相矛盾。例如，《企业破产法》第107条第2款在对债务人财产与破产财产予以区分的同时，却未对不同破产阶段的破产债权予以区分。正因为如此，我国多数学者仍采取了广义的破产财产概念。① 在境外破产立法中，各国（地区）大多将债务人财产称为破产财团或破产财产，如美国、日本及我国台湾地区。本书认为，应从理论上采用统一的破产财产概念：一则不致造成内部概念体系上的矛盾，二则与境外破产法立法与理论的通用概念相衔接。

（二）破产财产的范围

依我国《企业破产法》第30条的规定，破产财产的范围包括以下两个部分：（1）破产申请受理时属于债务人的全部财产；（2）破产申请受理后至破产程序终结前债务人取得的财产，即破产法理论中的"新得财产"。在破产财产的具体形态方面，《破产法司法解释（二）》第1条明确规定："除债务人所有的货币、实物外，债务人依法享有的可以用货币估价并可以依法转让的债权、股权、知识产权、用益物权等财产和财产权益，人民法院均应认定为债务人财产。"该解释第2条还规定："下列财产不应认定为债务人财产：（一）债务人基于仓储、保管、承揽、代销、借用、寄存、租赁等合同或者其他法律关系占有、使用的他人财产；（二）债务人在所有权保留买卖中尚未取得所有权的财产；（三）所有权专属于国家且不得转让的财产；（四）其他依照法律、行政法规不属于债务人的财产。"

二、破产债权、破产费用与共益债务

（一）破产债权

1. 破产债权的概念与特征

破产债权，是指人民法院受理破产申请时对债务人享有的依法申报并获得确

---

① 参见范健、王建文：《商法学》（第四版），法律出版社2015年版，第384页；范健主编：《商法》（第三版），高等教育出版社、北京大学出版社2007年版，第341页；韩长印主编：《破产法学》，中国政法大学出版社2007年版，第65页；齐树洁主编：《破产法》，厦门大学出版社2007年版，第193页；顾功耘主编：《商法教程》（第二版），上海人民出版社、北京大学出版社2006年版，第619页。

认的，债务人进入破产清算程序之后有权参与分配的债权。破产制度主要是为满足破产债权人的公平分配而设的，因而有关破产债权的构成要件、范围、分配方法等规定十分重要。破产债权具有以下法律特征，同时亦为其构成要件：（1）须为基于破产程序开始前的原因成立；（2）须为财产上的请求权；（3）须为可以强制执行的债权；（4）须为经依法申报并获确认、有权在破产财产中受偿的债权。

2. 破产债权的范围

对破产债权的具体范围，各国破产法通常以明文规定。我国的破产立法并没有对破产债权的具体范围进行明确列举，而是在《企业破产法》第107条对破产债权进行了一般性的规定，然后通过第93、104、107、110、113、124等条文，分别对重整与和解中破产债权的处理、破产债权在整个清偿中的顺序、破产终结后未清偿的破产债权的处理等问题进行了单独的规定。此外，《企业破产法》在第50—55条对保证、连带债权人、债务人的保证人和其他连带债务人、因解除合同而产生的债权、因委托合同而产生的债权、因票据关系而产生的债权等特殊的债权做出了规定。

（二）破产费用

破产费用，是指法院在受理破产案件时收取的案件受理费以及破产程序进行中为全体债权人利益和程序进行所必需而支付的各项费用的总称。可见，破产费用在破产程序期间发生，这是破产费用的时间条件；破产费用的实质条件是为全体债权人的共同利益而支出；破产费用的目的是保障破产程序的顺利进行，这也是破产费用的目的条件。依我国《企业破产法》第41条的规定，破产费用的范围包括：（1）破产案件的诉讼费用；（2）债务人财产的管理、变价和分配所需费用；（3）破产管理人执行职务的费用、报酬和聘用工作人员的费用。

（三）共益债务

共益债务，是指在破产程序开始后，为了全体债权人的共同利益以及破产程序的顺利进行而负担的债务。依我国《企业破产法》第42条的规定，共益债务的范围具体包括：（1）因破产管理人或者债务人请求对方当事人履行双方均未履行完毕的合同所产生的债务；（2）债务人财产受无因管理所产生的债务；（3）因债务人不当得利所产生的债务；（4）为债务人的继续营业而应支付的劳动报酬和社会保险费用以及由此产生的其他债务；（5）破产管理人或者相关人员执行职务致人损害所产生的债务；（6）债务人财产致人损害所产生的债务。

（四）破产费用和共益债务的拨付与清偿规则

破产费用和共益债务的拨付与清偿应遵循以下规则：

第一，破产费用和共益债务由债务人财产随时清偿。在破产程序中，破产费用和共益债务是随时发生的，为保证破产程序的顺利进行，这些破产费用和共益债务应当由债务人财产随时予以清偿。

第二，破产费用优先清偿。与共益债务相比，破产费用是破产程序本身所产生的费用，绝大多数情况下如果破产费用无法支付，则破产程序就很难继续进行。而很多情况下债务人财产不足以支付共益债务并不必然导致破产程序的终止。因此，当债务人财产不足以清偿破产费用和共益债务时，应当优先清偿破产费用。

第三，按比例清偿。若债务人财产不足以清偿破产费用，按照未清偿费用的数额比例予以清偿；而债务人的财产足以清偿破产费用，但不足以清偿共益债务的，将清偿完破产费用后剩余的债务人财产再按照未清偿的共益债务的数额比例对共益债务进行清偿。

第四，债务人财产不足以支付破产费用时破产程序的处理。在债务人财产不足以支付破产费用时，管理人应当提请人民法院终结破产程序。人民法院应当自收到请求之日起 15 日内裁定终结破产程序，并予以公告。

三、破产程序中的别除权、撤销权、追回权

（一）破产别除权

破产别除权，是指债权人不依破产清算程序，就属于破产人的特定财产个别优先受偿的权利。

破产别除权是大陆法系的概念，英美法系所使用的是"担保债权"一语。我国台湾地区"破产法"第 108 条规定："在破产宣告前，对于债务人之财产有质权、抵押权或留置权者，就其财产有别除权。有别除权之债权人，不依破产程序而行使其权利。"第 109 条规定："有别除权之债权人，得以行使别除权后未能受清偿之债权为破产债权而行使其权利。"我国《企业破产法》未采用别除权的概念，但对此做了规定。该法第 109 条规定："对破产人的特定财产享有担保权的权利人，对该特定财产享有优先受偿的权利。"

破产别除权是破产法上的一种特殊权利，是针对债务人设定担保之特定财产行使的权利。根据我国《企业破产法》的规定，债务人已设定担保之财产不属于破产财产。因此，即便是在破产财产不足以支付破产费用的情况下，也不得从担保财产中拨付，别除权人的权利不受影响。不过，作为破产别除权成立基础的担保权，必须在破产宣告之前的一定期间已经合法成立。依我国《企业破产法》第 31 条的规定，人民法院受理破产申请前 1 年内，债务人对没有财产担保的债

务提供财产担保的，破产管理人有权请求人民法院予以撤销。因此，违反上述时间限制设定的财产担保，其债权不能作为别除权而优先受偿。

别除权权利人在债务人进行破产清算时，可以就破产财产中作为别除权标的物的特定财产优先受偿，不必依照破产清算程序按照破产财产分配方案的规定接受清偿。但是在有些情况下，破产别除权权利人通过行使别除权无法获得完全清偿或者放弃了别除权，此时就需要对这种情况下的债权的行使做出规定。依我国《企业破产法》第110条的规定，别除权权利人依照破产清算程序行使其权利的情况包括两种：（1）破产别除权权利人行使破产别除权未能完全受偿；（2）破产别除权权利人放弃了优先受偿的权利。

（二）破产撤销权

破产撤销权，是指破产管理人拥有的，对于债务人在临近破产程序开始的期间内实施的有害于债权人利益的行为，于破产程序开始后予以撤销并将撤销利益归于破产财产的权利。

依《企业破产法》第31、32条的规定，破产撤销权的适用范围主要有以下行为：（1）无偿转让财产；（2）以明显不合理的价格进行交易；（3）对原来没有财产担保的债务提供财产担保；（4）对未到期的债务提前清偿；（5）放弃债权；（6）在人民法院受理破产申请前6个月，债务人在具备破产原因时仍对个别债权人进行清偿的，除非个别清偿使债务人财产受益，管理人有权请求人民法院对该个别清偿行为予以撤销。

（三）破产追回权

破产追回权，是指在破产程序中，破产管理人对于其行使撤销权与主张债务人实施行为无效而取得的债务人的财产以及其他应归属于债务人的财产予以追回的权利。在我国《企业破产法》制定之前，曾有一些学者将破产撤销权称为破产追回权，或者将破产追回权作为行使破产撤销权或行使破产撤销权与主张破产程序中行为无效的法律后果。该法颁布后，破产追回权概念基本上被破产法学界放弃了。

事实上，除以上两种情形外，破产追回权还包括破产管理人行使追回应归属于债务人的其他财产的权利。鉴于此，我国破产法学界仍有学者在此特定意义上使用"破产追回权"概念。[1]本书也在使用了破产撤销权概念的同时，继续使用破产追回权概念。[2]本书认为，由于我国《企业破产法》将破产程序中的无效行为制度排除在破产撤销权制度之外，并且对破产管理人可依法行使追回债务人财

---

[1]　参见李曙光：《破产程序中的追回权》，《法制日报》2007年8月26日。

[2]　参见范健、王建文：《破产法》，法律出版社2009年版，第156页。

产的权利做了明确规定，因而在使用破产撤销权概念的同时，使用破产追回权概念，有利于对破产管理人依法追回法定的债务人财产的权利做明确界定。

我国《企业破产法》赋予了破产管理人对债务人财产的追回权。依我国《企业破产法》第33—36条的规定，破产追回权存在于以下情形：

第一，破产管理人行使破产撤销权而应取得的债务人的财产。这是行使破产撤销权的当然后果，否则破产撤销权的行使将无意义。

第二，破产管理人主张债务人实施的行为无效而应取得的债务人的财产。对此，我国《企业破产法》第33条规定："涉及债务人财产的下列行为无效：（一）为逃避债务而隐匿、转移财产的；（二）虚构债务或者承认不真实的债务的。"

第三，人民法院受理破产申请后，债务人的出资人尚未完全履行出资义务的，破产管理人应当要求该出资人缴纳所认缴的出资，而不受出资期限的限制。

第四，债务人的董事、监事和高级管理人员利用职权从企业获取的非正常收入和侵占的企业财产，破产管理人应当追回。

四、破产取回权

（一）破产取回权的概念与特征

破产取回权，是指在破产程序中，对不属于债务人的财产，其所有人或者其他权利人不依照破产程序，通过破产管理人将该财产予以取回的权利。我国《企业破产法》第38条规定："人民法院受理破产申请后，债务人占有的不属于债务人的财产，该财产的权利人可以通过管理人取回。但是，本法另有规定的除外。"破产取回权实际上是民法上物的返还请求权在破产程序中的一种表现形式，具有以下特征：（1）破产取回权的行使具有绝对性和无条件性；（2）破产取回权的标的物是破产人占有的不属于破产人所有的财产；（3）破产取回权人对取回权的标的物享有所有权或者支配权；（4）破产取回权的行使不依破产程序，但必须以破产管理人为相对人。

（二）破产取回权的种类

依标的物占有情形的不同，可将破产取回权分为一般取回权和特殊取回权。一般取回权发生于标的物被债务人或管理人实际占有的场合；特殊取回权包括出卖人取回权、行纪人取回权和代偿取回权，适用于标的物即将为破产人所占有但尚未占有的场合。

1. 一般取回权

一般取回权，是指不属于破产财产法定范围内的财产，已经为破产管理人实际占有，取回权人所享有的不依破产程序即可取回的请求权。这种取回权以破产人或者破产管理人现在占有取回权标的物为特征。根据我国《企业破产法》第38条的规定，人民法院受理破产申请后，债务人占有不属于债务人的财产，该财产的权利人可以通过管理人取回。

一般取回权成立的基础既可能是所有权，也可能是特定的用益物权或担保物权（比如地上权、质押权、留置权等，由于抵押权不转移抵押物的占有，故不产生取回权），还可能是特定的合同关系，比如租赁、承揽、保管等。

2. 特殊取回权

特殊取回权，通常是指出卖人取回权、行纪人取回权和代偿取回权。其中，具有典型意义的是出卖人取回权。代偿取回权，是将一般取回权行使权利的范围扩大到取回物的替代形式。行纪人取回权与出卖人取回权相比，只是行使权利的主体范围略加扩大，性质则并无区别。我国《企业破产法》仅规定了出卖人取回权。

依我国《企业破产法》第39条的规定，出卖人取回权，是指人民法院受理破产申请时，出卖人已将买卖标的物向作为买受人的债务人发运，债务人尚未收到且未付清全部价款的，出卖人可以取回在运途中的标的物，但是，破产管理人可以支付全部价款，请求出卖人交付标的物。出卖人取回权包括以下构成要件：（1）卖主已经发送货物并且货物尚在途中；（2）买主尚未受领货物时被申请破产且被受理；（3）买主未付价款或未付清全部价款。

> **拓展阅读**
>
> 青岛源宏祥纺织有限公司诉港润（聊城）印染有限公司取回权确认纠纷案

五、破产抵销权

（一）破产抵销权的概念与特征

破产抵销权，是指债权人在破产案件受理前对债务人负有债务的，无论其债权与所负债务种类是否相同，也不论该债权、债务是否附有期限或条件，均可以用该债权抵销其对债务人所负债务的权利。对此，我国《企业破产法》第40条第1句规定："债权人在破产申请受理前对债务人负有债务的，可以向管理人主张抵销。"

抵销权原属民法上的权利，但它在破产诉讼中的行使又有一定特殊性。民法上的抵销权，要求相互抵销的债务必须均已到清偿期限，而且给付种类必须相同，履行劳务的债不能与履行金钱的债抵销。破产法中的抵销权则无此限制，因为在破产程序中，未到期的债权一律视为到期，不同种类的债权也要一律折合为货币形式方可加以清偿，债权、债务没有履行期限与给付种类的区别，故均可加以抵销。不过，民法上的抵销权对债权、债务成立的期间并无限制，无论何时成立的均可抵销；而破产法上的抵销权则仅允许破产程序开始前成立的债权、债务相互抵销，以保证权利的正确行使。

（二）破产抵销权的禁止

破产抵销权使得债权人的债权与其对债务人所负债务同归消灭，实际上导致债权获得完全的清偿，从而避免了和其他债权人一样接受破产财产分配获得比例清偿的损失。这样，享有破产抵销权的债权人在破产程序中就拥有比其他债权人更为优越的地位。但在破产案件实践中，经常有债权人通过各种手段人为增加对债务人负担的债务，或者债务人的债务人通过各种手段低价收购对债务人的债权，以供抵销。为防止破产抵销权为当事人所滥用，损害他人利益，许多国家的破产法对抵销权的行使均规定有禁止条款，违法抵销的行为无效。我国《企业破产法》也对此做了明确规定。依该法第40条的规定，有下列情形之一的，不得抵销：（1）债务人的债务人在破产案件受理后取得他人对债务人的债权的。（2）债权人已知债务人有不能清偿到期债务或者破产申请的事实，对债务人负担债务的；但是，债权人因为法律规定或者有破产申请1年前所发生的原因而负担债务的除外。（3）债务人的债务人已知债务人有不能清偿到期债务或者破产申请的事实，对债务人取得债权的；但是，债务人的债务人因为法律规定或者有破产申请1年前所发生的原因而取得债权的除外。

第三节 破产重整制度

一、破产重整制度的概念与特征

破产重整制度，是指经由利害关系人申请，在法院的主持和利害关系人的参与下，对具有重整原因和重整能力的债务人进行生产经营上的整顿和债权债务关系上的清理，以使其摆脱财务困境，重获经营能力的破产预防制度。这一制度首创于英国，源于英国《铁路公司法》，称为公司整理制度。《美国破产法典》第11章规定了重整制度。日本则于1952年制定了专门的《公司更生法》。破产重整制度具有以下基本特征：

第一，重整的原因比较宽泛。与破产清算的原因相比，重整的原因要宽泛得多，在债务人发生破产原因时或者有可能发生破产原因时，即可申请开始进行。

第二，程序的启动更多地体现了私法自治的色彩。破产程序的启动有申请主义与职权主义之分，但重整程序只有经利害关系人的申请才能启动，法院不能依职权发动重整程序。

第三，担保物权受到限制。公司的股东、普通债权人及有担保的债权人等利害关系人均参加重整程序，有担保的债权人的权利也受到限制。这体现了重整程序将社会利益放在首位，而将债权人利益及其他因素放在次要位置的价值取向。[①] 对此，我国《企业破产法》第 75 条第 1 款第 1 句规定："在重整期间，对债务人的特定财产享有的担保权暂停行使。"

第四，目标的多元化与重整措施的多样化。重整制度不仅要清理债务人的对外债务，更重要的是从根本上恢复企业的生产经营能力，同时还注重对企业劳动者利益的维护。这种目标的多元化要求重整措施的多样化，重整的措施不仅包括债权人和债务人的妥协让步，还包括企业转让、租赁、发行新的股份、将债权转化为股份等多种形式。

二、重整程序的启动

（一）重整申请的提出

依我国《企业破产法》第 70 条的规定，有权提出重整申请的人包括债务人、债权人以及债务人的出资人。

1. 债务人申请重整

债务人在以下两种情形下可提出重整申请：（1）当债务人不能清偿到期债务并且资产不足以清偿全部债务或者明显缺乏清偿能力，或者有明显丧失清偿能力可能时，可以向人民法院申请进行重整；（2）债权人申请对债务人进行破产清算的，在人民法院受理破产案件后、宣告债务人破产前，债务人为了避免破产倒闭，可以向人民法院申请进行重整。

2. 债权人申请重整

当债务人不能清偿对债权人的到期债务时，债权人即可直接向人民法院提出对债务人进行重整的申请。

3. 债务人的出资人申请重整

债务人的出资人申请对债务人进行重整，须符合两个条件：（1）申请的时期必须是在债权人申请对债务人进行破产清算时，在人民法院受理破产案件后、宣告债务人破产前；（2）只有占债务人注册资本 1/10 以上的出资人才有资格向人民法院申请对债务人进行重整。

（二）重整申请的受理

人民法院经审查认为重整申请符合法律规定的，应当裁定债务人重整，并予以公告。自人民法院裁定债务人重整之日起至重整程序终止，为重整期间。重整

[①]　参见李永军：《破产法律制度》，中国法制出版社 2000 年版，第 390 页。

期间在国外立法例中也称为"冻结期间",其目的在于防止债权人在重整期间对债务人及其财产采取诉讼或者其他行动,保护债务人财产不致被个别清偿,同时也对债务人的股东、董事和高级管理人员加以限制,以增加重整成功的可能性。①

（三）重整程序的效力

重整程序开始后,会产生一系列的法律效力,主要体现在以下五个方面:（1）在重整期间,经债务人申请,人民法院批准,债务人可以在管理人的监督下自行管理财产和营业事务。已接管债务人财产和营业事务的管理人应当向债务人移交财产和营业事务,管理人的职权由债务人行使。（2）破产管理人负责管理财产和营业事务的,可以聘任债务人的经营管理人员负责营业事务。（3）在重整期间,对债务人的特定财产享有的担保权暂停行使。但是,担保物有损坏或者价值明显减少的可能,足以危害担保权人权利的,担保权人可以向人民法院请求恢复行使担保权。债务人或者管理人为继续营业而借款的,可以为该借款设定担保。（4）债务人合法占有的他人财产,该财产的权利人在重整期间要求取回的,应当符合事先约定的条件。（5）在重整期间,债务人的出资人不得请求投资收益分配。在重整期间,债务人的董事、监事、高级管理人员不得向第三人转让其持有的债务人的股权,但是,经人民法院同意的除外。②

三、重整程序的终止

依我国《企业破产法》的相关规定,重整程序的终止情形包括以下四种:

第一,在重整期间,有下列情形之一的,经破产管理人或者利害关系人请求,人民法院应当裁定终止重整程序,并宣告债务人破产:（1）债务人的经营状况和财产状况继续恶化,缺乏挽救的可能性;（2）债务人有欺诈、恶意减少债务人财产或者其他显著不利于债权人的行为;（3）债务人的行为致使管理人无法执行职务。

第二,债务人或者破产管理人未按期提出重整计划草案的,人民法院应当裁定终止重整程序,并宣告债务人破产。

第三,重整计划草案未获得通过且未依照《企业破产法》第87条的规定获得批准,或者已通过的重整计划未获得批准的,人民法院应当裁定终止重整程序,并宣告债务人破产。

第四,债务人不能执行或者不执行重整计划的,人民法院经管理人或者利害

---

① 参见我国《企业破产法》第71、72条。
② 参见我国《企业破产法》第73—77条。

关系人请求，应当裁定终止重整计划的执行，并宣告债务人破产。

四、重整计划的制定、表决与批准

重整计划，是指由重整人制定的，以维持债务人继续营业、谋求债务人复兴为目的，以清理债权债务关系为内容的多方协议。重整程序涉及各方主体的利益，参与重整过程的各方对实现重整目标的方案所持有的看法各不相同，因而重整人有必要同全部或者部分债权人协商，拟定重整计划，以平衡各方面的利益。

（一）重整计划的制定

1. 重整计划的提交期限

关于重整计划的提交期限，我国《企业破产法》第79条第1、2款规定，债务人或者破产管理人应当自人民法院裁定债务人重整之日起6个月内，同时向人民法院和债权人会议提交重整计划草案；如果6个月的期限届满，经债务人或者破产管理人请求，有正当理由的，人民法院可以裁定延期3个月。

2. 重整计划草案的提交者和提交对象

对于重整计划草案的制定者或者提交者，我国采取了一元化的做法，即制定和提交重整计划的主体只能是债务人或者破产管理人。债务人自行管理财产和营业事务的，由债务人制作重整计划草案；破产管理人负责管理财产和营业事务的，由破产管理人制作重整计划草案。关于重整计划草案的提交对象，应当是向人民法院和债权人会议同时提交。[①]

3. 重整计划草案的内容

为给重整计划的制定提供必要的约束与指导，我国《企业破产法》第81条对此做了明确规定。

（二）重整计划的表决

按照国外的通常做法，重整程序中的表决机关是关系人会议，采取分组表决的方式。分组表决，是指将债权人和股东等按不同标准分为若干小组，各小组的表决采取人数和债权额或股权额的双重计算标准，或表决权额的单一标准。各组表决的结果符合法律规定的条件时，重整计划即获通过。未获通过的重整计划草案，经修改后，可以再次召开关系人会议进行表决。

我国《企业破产法》采强制性分组标准，将重整债权分为4个表决组。依该法第82、83条的规定，下列各类债权的债权人参加讨论重整计划草案的债权人会议，依照下列债权分类，分组对重整计划草案进行表决：（1）对债务人的特定

---

① 参见我国《企业破产法》第79条第1、2款与第80条。

财产享有担保权的债权。（2）债务人所欠职工的工资和医疗、伤残补助、抚恤费用，所欠的应当划入职工个人账户的基本养老保险、基本医疗保险费用，以及法律、行政法规规定应当支付给职工的补偿金。但重整计划不得规定减免债务人欠缴的上述费用以外的社会保险费用，该项费用的债权人不参加重整计划草案的表决。（3）债务人所欠税款。（4）普通债权。人民法院在必要时可以决定在普通债权组中设小额债权组对重整计划草案进行表决。

关于重整计划草案的表决，《企业破产法》第 84 条规定，人民法院应当自收到重整计划草案之日起 30 日内召开债权人会议，对重整计划草案进行表决。出席会议的同一表决组的债权人过半数同意重整计划草案，并且其所代表的债权额占该组债权总额的 2/3 以上的，即为该组通过重整计划草案。各表决组均通过重整计划草案时，重整计划即为通过。

债务人或者破产管理人应当向债权人会议就重整计划草案做出说明，并回答询问。债务人的出资人代表可以列席讨论重整计划草案的债权人会议。

重整计划草案涉及出资人权益调整事项的，应当设出资人组，对该事项进行表决。

部分表决组未通过重整计划草案的，债务人或者破产管理人可以同未通过重整计划草案的表决组协商。该表决组可以在协商后再表决一次。双方协商的结果不得损害其他表决组的利益。各表决组均通过重整计划草案时，重整计划即为通过。①

（三）重整计划的批准

重整计划的批准是指法院对经过债权人会议表决通过的重整计划予以批准，从而赋予重整计划以法律效力的行为。一般来说，法院对重整计划的批准是其获得法律效力的必要条件。但并非所有国家都要求已由债权人表决通过的重整计划必须由法院批准。在这些国家，重整计划生效的全部要求是其获得必要多数的债权人的同意，而持异议的债权人将根据破产法而受重整计划的约束。

自重整计划通过之日起 10 日内，债务人或者破产管理人应当向人民法院提出批准重整计划的申请。人民法院经审查认为符合法律规定的，应当自收到申请之日起 30 日内裁定批准，终止重整程序，并予以公告。②

在破产重整程序中，法院还可以对重整计划进行强制批准。依我国《企业破产法》第 87 条第 2 款的规定，未通过重整计划草案的表决组拒绝再次表决或者再次表决仍未通过重整计划草案，但重整计划草案符合法定条件的，债务人或者

---

① 参见我国《企业破产法》第 84、85 条，第 86 条第 1 款及第 87 条第 1 款。
② 参见我国《企业破产法》第 86 条第 2 款。

破产管理人可以申请人民法院批准重整计划草案。

五、重整计划的执行与效力

（一）重整计划的执行

重整计划的执行，是对破产重整计划的具体实施，是实现重整目的的最后一个环节。

各国破产法均将重整计划的执行人规定为债务人，因为债务人比债权人、破产管理人更为熟悉企业的业务，由其充当重整执行人，可以驾轻就熟，提高重整效率。我国《企业破产法》第 89 条也明确规定：重整计划由债务人负责执行；人民法院裁定批准重整计划后，已接管财产和营业事务的破产管理人应当向债务人移交财产和营业事务。

为维护债权人的利益，有必要对重整计划的执行进行全面监督。自人民法院裁定批准重整计划之日起，在重整计划规定的监督期内，由破产管理人监督重整计划的执行。在监督期内，债务人应当向破产管理人报告重整计划执行情况和债务人财务状况。监督期届满时，破产管理人应当向人民法院提交监督报告。自监督报告提交之日起，破产管理人的监督职责终止。破产管理人向人民法院提交的监督报告，重整计划的利害关系人有权查阅。经破产管理人申请，人民法院可以裁定延长重整计划执行的监督期限。[①]

（二）重整计划的效力

经人民法院裁定批准的重整计划，对债务人和全体债权人均有约束力。债权人未依照《企业破产法》的规定申报债权的，在重整计划执行期间不得行使权利；在重整计划执行完毕后，可以按照重整计划规定的同类债权的清偿条件行使权利。债权人对债务人的保证人和其他连带债务人所享有的权利，不受重整计划的影响。[②]

（三）法院裁定终止重整计划执行的后果

重整计划对债权债务关系做了调整，如果法院裁定终止重整计划执行，该调整则失去效力。但若重整计划已经部分执行，则法律应对债权人已受偿部分的效力做出规定。依我国《企业破产法》第 93 条第 2、3、4 款的规定，人民法院裁定终止重整计划执行的后果包括：（1）人民法院裁定终止重整计划执行的，债权人在重整计划中做出的债权调整的承诺失去效力。债权人因执行重整计划所受的清偿仍然有效，债权未受清偿的部分作为破产债权。（2）第 93 条第 2 款规定的

---

① 参见我国《企业破产法》第 90、91 条。

② 参见我国《企业破产法》第 92 条。

债权人，只有在其他同顺位债权人同自己所受的清偿达到同一比例时，才能继续接受分配。（3）有第 93 条第 1 款规定情形的，为重整计划的执行提供的担保继续有效。

（四）重整计划执行完毕免除债务人的清偿责任

重整计划执行完毕，是重整程序的圆满结局，企业得以再生。为了使债务人经过重整后能够减轻负担，重新恢复经营能力，自重整计划执行完毕时起，按照重整计划减免的债务，债务人不再承担清偿责任。对此，我国《企业破产法》第 94 条明确规定："按照重整计划减免的债务，自重整计划执行完毕时起，债务人不再承担清偿责任。"

第四节　破产和解制度

破产和解制度，是指破产程序开始后，经由债务人与债权人会议达成协议，就债务人延期清偿债务、减免债务等事项达成协议，以中止破产程序，挽救、复苏企业的法律制度。破产和解制度最早出现于 1673 年的法国《陆上商事条例》，但作为预防破产的和解制度则首创于 1883 年的英国。1883 年，英国通过立法正式将和解制度引入破产程序，规定债权人与债务人达成和解协议后，可不进行破产清算宣告，并规定当事人在申请开始破产清算程序之前，必须进行和解。1886 年，比利时率先颁布了以预防破产为目的的《预防破产之和解制度》。其后，各国纷纷制定分别受英国与比利时影响的不同模式的和解法。①

一、破产和解申请提出与审查

（一）破产和解申请的提出

破产和解申请，是债务人向法院请求同债权人会议进行和解的意思表示。各国破产法规定，破产和解申请的主体为债务人。关于破产和解申请的提出时间，各国因采取不同立法原则而不同。对此，我国《企业破产法》第 95 条第 1 款规定："债务人可以依照本法规定，直接向人民法院申请和解；也可以在人民法院受理破产申请后、宣告债务人破产前，向人民法院申请和解。"

为使破产和解能顺利进行，我国《企业破产法》第 95 条第 2 款规定："债务人申请和解，应当提出和解协议草案。"所谓和解协议草案，是指债务人向法院提交的、供债权人会议讨论的具体和解方案。

---

① 参见安建、吴高盛主编：《企业破产法实用教程》，中国法制出版社 2006 年版，第 106 页。

（二）破产和解申请的审查

债务人提出破产和解申请后，法院应通过审查，做出是否受理和解申请的裁定。对此，我国《企业破产法》第96条第1款规定："人民法院经审查认为和解申请符合该法规定的，应当裁定和解，予以公告，并召集债权人会议讨论和解协议草案。"由债务人提出的破产和解申请不应对享有破产别除权的债权人行使权利构成障碍，但在法院审查和解申请的期间，应暂时冻结别除权权利人的权利。对此，我国《企业破产法》未做明确规定，但隐含了这一立法精神。该法第96条第2款规定："对债务人的特定财产享有担保权的权利人，自人民法院裁定和解之日起可以行使权利。"依此，在破产和解申请被裁定受理之后，别除权权利人即可针对其享有的担保权主张优先受偿。

二、和解协议的表决与效力

（一）和解协议的表决

人民法院裁定受理和解申请后，应发布公告，将债权人会议召开的时间和地点通知债权人，召集债权人会议讨论和解协议草案。

在债权人会议讨论和解协议草案的内容时，所有依法申报债权的债权人均可出席，并对和解协议草案的内容发表意见。债务人的有关人员应当列席债权人会议，听取债权人意见，及时、准确、真实地回答债权人的提问。债权人和债务人除对债务人原来提议的和解条件进行具体磋商外，还可以提出新的和解条件以供债务人和其他债权人考虑。

和解协议对债权人债权的实现关系重大，尤其是对于普通破产债权人而言，和解协议将可能使其权利受到减损，因而应获得该类债权人的绝对多数同意。为此，我国《企业破产法》第97条对和解协议的议决采取了双重表决权的原则，即债权人会议通过和解协议的决议，由出席会议的有表决权的债权人过半数同意，并且其所代表的债权额占无财产担保债权总额的2/3以上。

（二）和解协议的效力

和解协议法律效力的发生并不依赖于债权人会议的决议，而取决于法院的确认。在法院经审查，认可了和解协议后，和解协议正式生效，并产生相应的法律效力。我国《企业破产法》对此做了详细规定，其内容如下：[①]

债权人会议通过和解协议的，由人民法院裁定认可，终止和解程序，并予以公告。破产管理人应当向债务人移交财产和营业事务，并向人民法院提交执行职务的报告。和解协议草案经债权人会议表决未获得通过，或者已经债权人会议通过的和解协

---

① 参见我国《企业破产法》第98—106条。

议未获得人民法院认可的，人民法院应当裁定终止和解程序，并宣告债务人破产。

经人民法院裁定认可的和解协议，对债务人和全体和解债权人均有约束力。和解债权人，是指人民法院受理破产申请时对债务人享有无财产担保债权的人。和解债权人未依照法律规定申报债权的，在和解协议执行期间不得行使权利；在和解协议执行完毕后，可以按照和解协议规定的清偿条件行使权利。但和解债权人对债务人的保证人和其他连带债务人所享有的权利，不受和解协议的影响。债务人应当按照和解协议规定的条件清偿债务。

对于因债务人的欺诈或者其他违法行为而成立的和解协议，人民法院应当裁定无效，并宣告债务人破产。有该情形的，和解债权人因执行和解协议所受的清偿，在其他债权人所受清偿同等比例的范围内，不予返还。

债务人不能执行或者不执行和解协议的，人民法院经和解债权人请求，应当裁定终止和解协议的执行，并宣告债务人破产。但在此情形下，为和解协议的执行提供的担保仍继续有效。人民法院裁定终止和解协议执行的，和解债权人在和解协议中做出的债权调整的承诺失去效力。和解债权人因执行和解协议所受的清偿仍然有效，和解债权中未受清偿的部分作为破产债权。因执行和解协议获得部分清偿的和解债权人，只有在其他债权人同自己所受的清偿达到同一比例时，才能继续接受分配。

人民法院受理破产申请后，债务人与全体债权人就债权、债务的处理自行达成协议的，可以请求人民法院裁定认可，并终结破产程序。对于按照和解协议减免的债务，自和解协议执行完毕时起，债务人不再承担清偿责任。

第五节　破产清算制度

一、破产清算制度概述

（一）破产清算制度的概念

破产清算制度，是指当债务人不能清偿到期债务时，由法院根据债权人或债务人的申请，依法宣告债务人破产，并将其全部财产公平分配给全体债权人的法律制度。与广义上的破产程序不同，破产清算程序特指清算型破产程序与狭义上的破产程序，而不包含破产重整与破产和解这两项预防性破产程序。

（二）破产重整、破产和解与破产清算的关系

破产重整、破产和解与破产清算是破产法的三大破产程序，三者共同构成破产程序的制度体系。破产重整、破产和解与破产清算之间具有紧密联系：进入破产程序后，破产和解程序优于破产清算程序，破产重整程序又优于破产和解程

序；进入破产重整程序后，正在进行的破产和解程序或者破产清算程序应当中止；如果破产清算、和解、重整三种申请同时出现，人民法院应当优先受理破产重整申请；当重整失败或者和解不能时，最终还要通过破产清算程序清理债务。但这三项破产程序作为功能各异的制度，仍具有以下区别：

第一，法律功能不同。破产重整赋予了债务人以再生的机会，具有预防破产的制度价值。破产和解向债权人提供了一种简便、高效的受偿手段，并具有预防破产的制度价值。破产清算是直接实现债权人的公平受偿要求的特殊强制执行程序。

第二，申请人不同。破产重整程序申请人比较广泛，包括债务人、债权人和债务人的出资人。破产和解程序的申请人限于债务人。破产清算程序的申请人则为债权人与债务人。

第三，有担保权的债权的法律地位不同。在破产和解与破产清算程序中，有担保权的债权（别除权）的权利人有不依破产程序独立实现其权利的优越性。而在破产重整程序中，有担保权的债权的行使一般会同样受到限制。

二、破产宣告的做出

破产宣告，是指受理破产案件的法院审查并宣告债务人破产，并使债务人进入破产清算程序的司法裁判行为。破产宣告即意味着直接进入破产清算程序或间接进入破产清算程序，使债务人不可挽回地走向破产清算，破产企业还将因此被注销。

除《企业破产法》第7条规定的破产清算原因外，破产重整或破产和解程序的终止也将导致被人民法院宣告破产并进入破产清算程序。但在破产程序后、破产宣告前，若债务人已恢复了债务清偿能力或已清偿了全部到期债务，因其破产原因消失，应终结破产程序，这就是破产宣告障碍。对此，我国《企业破产法》第108条规定："破产宣告前，有下列情形之一的，人民法院应当裁定终结破产程序，并予以公告：（一）第三人为债务人提供足额担保或者为债务人清偿全部到期债务的；（二）债务人已清偿全部到期债务的。"

人民法院宣告债务人破产的，应当自裁定做出之日起5日内送达债务人和破产管理人，自裁定做出之日起10日内通知已知债权人，并予以公告。债务人被宣告破产后，债务人称为破产人，债务人财产称为破产财产，人民法院受理破产申请时对债务人享有的债权称为破产债权。[1]

三、破产财产的变价

破产财产的变价，是指破产管理人将非货币的破产财产，通过合法方式加以

---

[1] 参见我国《企业破产法》第107条。

出让，使之转化为货币形态，以便进行破产财产的分配。

（一）破产财产的变价方案

破产财产的变价方案，是指由破产管理人准备、制订，并提交债权人会议讨论通过的，将非货币的破产财产以依法出让的方式转化为货币形态的具体方案。破产管理人作为破产人的代表机关，负责拟订破产财产的变价方案。但破产财产的变价方案将对破产财产的价值产生重大影响，从而影响债权人破产债权的实现，因而破产财产的变价方案应由债权人会议决定。

债权人会议通过破产财产变价方案，应当由出席会议有表决权的债权人的过半数通过，并且其所代表的债权额应当占无财产担保的债权额的 1/2 以上。如果债权人会议未能通过破产财产变价方案，则由人民法院做出裁定。由债权人会议通过或者人民法院裁定的破产财产变价方案，由破产管理人执行。[①]

（二）破产财产的变价方式

破产管理人在执行破产财产变价方案时，应当按照破产财产的性质和市场的具体情况，本着破产财产价值最大化的原则，以最合理的方式对破产财产进行变价，以防止破产财产的价值贬损。依我国《企业破产法》第 112 条的规定，破产财产的变价方式主要有以下三种：（1）拍卖；（2）对破产企业进行全部或者部分变价出售；（3）依照国家规定不能拍卖或者限制转让的财产，应当依照国家规定的方式处理。

四、破产财产的分配

破产财产的分配，是指基于债权人公平受偿的原则，将破产财产按各债权人的应受偿顺序和应受偿比例在债权人之间进行的清偿程序。

（一）破产财产的清偿顺序

一般来说，债务人进入破产清算程序后，其财产已不足以支付全部破产债权，故破产财产的清偿顺序将直接决定债权人的受偿程度。因此，破产财产按照什么样的顺序来清偿破产债权，对维护债权人的利益和整个社会秩序的稳定非常重要。根据国际上的通行做法，并考虑到我国政治和经济发展的实际情况，我国《企业破产法》第 113 条规定，破产财产在优先清偿破产费用和共益债务后，依照下列顺序清偿：

第一，破产人所欠职工的工资和医疗、伤残补助、抚恤费用，所欠的应当划入职工个人账户的基本养老保险、基本医疗保险，以及法律、行政法规规定应当支付给职工的补偿金。破产人所欠职工工资和社会保险费用的偿付，关系着劳动

---

① 参见我国《企业破产法》第 111 条。

者的切身利益，也是维护劳动者生计所必需的。对这种劳动债权优先偿付，也是国际上的通行做法。

第二，破产人欠缴的除前述规定以外的社会保险费用和破产人所欠税款。这些费用包括基本养老保险和基本医疗保险应当纳入统筹基金的部分，失业保险、工伤保险、生育保险所拖欠的保险费，以及拖欠的税款。

第三，其他的普通债权。若破产财产不能满足同一顺序债权的清偿要求，则按照比例分配。但鉴于企业的董事、监事和高级管理人员的工资比普通员工的工资要高，而他们对企业的破产往往负有一定责任，法律对其工资计算标准做了明确限定。对此，我国《企业破产法》第 113 条第 3 款规定："破产企业的董事、监事和高级管理人员的工资按照该企业职工的平均工资计算。"

（二）破产财产分配的方式

在我国司法实践中，破产财产的分配主要包括货币分配、实物分配与债权分配三种方式。其中，以货币分配方式为主，实物分配与债权分配主要适用于破产财产不易或不能变价转化为货币的情形，或者依债权人会议做出将破产财产直接分配于债权人的决议的情形。对此，我国《企业破产法》第 114 条规定："破产财产的分配应当以货币分配方式进行。但是，债权人会议另有决议的除外。"

破产财产分配可采取一次分配或多次分配的方式。一次分配只能在破产程序终结时进行，故只能采取最后分配的方式。最后分配，是指全部破产财产变价之后不留剩余地对一般破产债权人进行的分配，分配完毕后，破产程序终结。多次分配是将破产财产根据变现情况，在多个特定集中的时间内分配给债权人。除最后分配外，多次分配还采取中间分配的方式。中间分配，是指在最后分配之前，就可分配财产所进行的分配。我国《企业破产法》对多次分配、最后分配均做了明确规定。

（三）破产财产分配方案

破产财产分配方案是由破产管理人制订的，供债权人会议讨论，就如何依据法律的规定将破产财产分配给每一个债权人，具体指导破产财产分配的文件，是执行破产分配的依据。破产财产分配方案应由破产管理人拟订，并由债权人会议审议通过。破产财产分配方案应当载明的事项有：（1）参加破产财产分配的债权人名称或者姓名、住所；（2）参加破产财产分配的债权额；（3）可供分配的破产财产数额；（4）破产财产分配的顺序、比例及数额；（5）实施破产财产分配的方法。债权人会议的决议，由出席会议的有表决权的债权人过半数通过，并且其所代表的债权额占无财产担保债权总额的 1/2 以上。破产财产分配方案经债权人会议通过后，由管理人提请人民法院裁定认可。若破产财产分配方案经债权人会议二次表决仍未通过，则由人民法院裁定。[①]

（四）破产财产的分配

1. 破产财产分配方案的执行

破产财产分配方案经人民法院裁定认可后，由破产管理人执行。破产管理人按照破产财产分配方案实施多次分配的，应当公告本次分配的财产额和债权额。破产管理人实施最后分配的，应当在公告中指明，并载明《企业破产法》第117条第2款规定的事项。对于附停止条件或者解除条件的债权所提存的分配额，在最后分配公告之日，停止条件未成就或者解除条件成就的，应将附条件的债权应当接受的清偿分配给其他债权人；在最后分配之日，停止条件成就或者解除条件未成就的，应当对附条件债权的债权人进行清偿。

2. 对附条件债权的分配

附条件债权不同于一般破产债权，具有不确定性，对这种债权的破产分配就不同于一般破产债权的破产分配。对此，我国《企业破产法》第117条第1款规定："对于附生效条件或者解除条件的债权，管理人应当将其分配额提存。"同条第2款规定："管理人依照前款规定提存的分配额，在最后分配公告日，生效条件未成就或者解除条件成就的，应当分配给其他债权人；在最后分配公告日，生效条件成就或者解除条件未成就的，应当交付给债权人。"

3. 对未受领的破产财产分配额的处理

在进行破产财产分配时，若债权人在指定期限内不领取其分配额，则意味着破产管理人必须保存并管理该分配额，使破产费用增加，并导致破产程序的延长，损害全体债权人利益，因此有必要对债权人不受领破产财产分配进行限制。对此，我国《企业破产法》第118条规定："债权人未受领的破产财产分配额，管理人应当提存。债权人自最后分配公告之日起满二个月仍不领取的，视为放弃受领分配的权利，管理人或者人民法院应当将提存的分配额分配给其他债权人。"

4. 对诉讼或者仲裁未决债权的处理

诉讼或者仲裁未决的债权具有不确定性，诉讼或者仲裁的结果有可能使这些债权的债权人丧失其债权人身份，故有必要对这种债权的处理做出不同于一般破产债权的规定。对此，我国《企业破产法》第119条规定："破产财产分配时，对于诉讼或者仲裁未决的债权，管理人应当将其分配额提存。自破产程序终结之日起满二年仍不能受领分配的，人民法院应当将提存的分配额分

拓展阅读

深圳市佩奇进出口贸易有限公司与湖北银行股份有限公司宜昌南湖支行、华诚投资管理有限公司破产债权确认纠纷案

——————————

[①] 参见我国《企业破产法》第61、64、65、115条。

配给其他债权人。"

五、破产程序的终结

破产程序的终结，是指在破产程序进行中，发生法律规定的应当终结破产程序的原因时，由法院裁定结束破产程序。

（一）破产程序终结的原因

破产程序终结的原因，是指引起破产程序终结的法律事实。由于债务人自身情况、破产财产的状况和破产预防程序的法律构造不同，各国破产立法对破产程序终结的原因的规定也有所不同，但总体而言，破产程序可因以下事实的发生而终结：（1）和解或整顿程序终结；（2）破产财产不足以支付破产费用；（3）债权人同意废止，即破产人取得破产债权人同意时，依法申请法院废止破产程序，从而导致破产案件的终结；（4）破产财产分配完毕。① 根据我国《企业破产法》的规定，破产程序终结的原因主要有以下五种：

1. 因财产不足以支付破产费用而终结

如果债务人的财产不足以支付破产费用，债权人就不可能再从债务人财产中得到任何分配，此时破产程序已无实际意义，且继续进行会造成破产费用的增加。因此，《企业破产法》第43条第4款规定，债务人财产不足以清偿破产费用的，破产管理人应当提请人民法院终结破产程序。人民法院应当自收到请求之日起15日内裁定终结破产程序，并予以公告。

2. 因全体债权人同意而终结

根据《企业破产法》第105条的规定，人民法院受理破产申请后，债务人与全体债权人就债权债务的处理自行达成协议的，可以请求人民法院裁定认可，并终结破产程序。

3. 因出现破产宣告障碍而终结

此即我国《企业破产法》第108条规定的两种情形：（1）第三人为债务人提供足额担保或者为债务人清偿全部到期债务的；（2）债务人已清偿全部到期债务的。

4. 因没有财产可供分配而终结

如果债务人没有财产可供分配，破产程序也就没有进行下去的必要。因此，依我国《企业破产法》第120条第1、3款的规定，破产人无财产可供分配的，破产管理人应当请求人民法院裁定终结破产程序。人民法院应当自收到破产管理

---

① 参见汤维建主编：《企业破产法新旧专题比较与案例应用》，中国法制出版社2006年版，第451—454页。

人终结破产程序的请求之日起 15 日内做出是否终结破产程序的裁定，裁定终结的，应当予以公告。

5. 因破产财产分配完毕而终结

破产财产已通过破产分配的方式分配完毕的，破产程序已失去存在价值，故必须终结。因此，依我国《企业破产法》第 120 条第 2、3 款的规定，破产管理人在最后分配完结后，应当及时向人民法院提交破产财产分配报告，并提请人民法院裁定终结破产程序。人民法院应当自收到破产管理人终结破产程序的请求之日起 15 日内做出是否终结破产程序的裁定。裁定终结的，应当予以公告。

（二）破产程序终结的效力

1. 对于破产人的效力

从法院对企业法人破产程序终结的裁定生效之日起，破产程序终结，其法人主体资格则在破产管理人依法办理注销登记后消灭，其所负债务也当然免除。在自然人破产场合，因破产程序终结后并不影响破产人主体资格的存续，因而现代各国（地区）破产法普遍规定了破产免责制度。

2. 对于破产债权人的效力

由于破产终结后破产企业的主体资格消灭，债权人未得到偿付的债权，于破产终结裁定做出后视为消灭。破产债权人不能于程序结束后向债务人另行主张权利。但债权人对破产企业的保证人或连带债务人等享有的权利，原则上不受影响，债权人依破产程序未受全额清偿时，可以就不足部分向保证人或连带债务人主张权利。

3. 对破产管理人的效力

企业法人依法登记成立的，企业法人破产也应当办理注销登记。人民法院做出破产程序终结裁定以后，对破产人做注销登记是破产管理人的一项法定义务。对此，我国《企业破产法》第 121 条规定："管理人应当自破产程序终结之日起十日内，持人民法院终结破产程序的裁定，向破产人的原登记机关办理注销登记。"管理人办理完破产企业的注销登记后，如果没有诉讼或者仲裁未决的情况，其作为破产管理人的职责即履行完毕。对此，我国《企业破产法》第 122 条规定："管理人于办理注销登记完毕的次日终止执行职务。但是，存在诉讼或者仲裁未决情况的除外。"

4. 追加分配

追加分配，又称追回分配、追补分配、补充分配，是指在最后分配结束或破产程序终结之后，又发现可分配的破产财产，债权人请求法院按照破产财产分配方案而进行的分配。我国《企业破产法》第 123 条对追加分配做了明确规定。依其规定，有下列情形之一的，债权人可以请求人民法院按照破产财产分配方案进行追加分配：

第一，依照《企业破产法》第 31—33 条、第 36 条的规定应当追回的财产。具体包括：（1）人民法院受理破产申请前 1 年内，债务人有应当予以撤销的行为所涉及的债务人财产；（2）人民法院受理破产申请前 6 个月，债务人不能清偿到期债务，并且资产不足以清偿全部债务或者明显缺乏清偿能力，仍对个别债权人进行清偿而转移的财产，但个别清偿使债务人财产受益的除外；（3）债务人的无效行为所涉及的财产；（4）债务人的董事、监事和高级管理人员利用职权从企业获取的非正常收入和侵占的企业财产。

第二，破产人有应当供分配的其他财产。如果有应当追回的财产，但财产数量不足以支付为实施追加分配所产生的费用的，就没有再进行追加分配的必要，由人民法院将其上交国库。

5. 对破产人的保证人和其他连带债务人的效力

企业法人因破产程序终结而终止，债务因其法人资格的消灭而不再清偿，但是债务人的破产并不完全导致其债权人的债权的消灭，债权仍然可以从债务人的保证人或其他连带债务人处得到清偿。对此，我国《企业破产法》第 124 条规定："破产人的保证人和其他连带债务人，在破产程序终结后，对债权人依照破产清算程序未受清偿的债权，依法继续承担清偿责任。"

拓 展 阅 读

闽发证券有限责任公司与北京辰达科技投资有限公司等合并破产清算案

思考题：

1. 如何理解我国《企业破产法》关于破产原因的规定？
2. 如何理解破产费用和共益债务的拨付与清偿规则？
3. 试述破产程序中的别除权、撤销权、取回权、抵销权的区别和联系。
4. 试述重整程序的效力。
5. 试述破产重整、破产和解与破产清算的关系。

▶ 自测习题

阅 读 文 献

■ 马克思：《对民主主义者莱茵区域委员会的审判》，《马克思恩格斯全集》第六卷，人民出版社 1961 年版。

■ 马克思：《评阿·瓦格纳的"政治经济学教科书"》，《马克思恩格斯全集》第十九卷，人民出版社 1963 年版。

■ 马克思、恩格斯：《德意志意识形态》，《马克思恩格斯文集》第一卷，人民出版社 2009 年版。

■ 马克思、恩格斯：《共产党宣言》，《马克思恩格斯文集》第二卷，人民出版社 2009 年版。

■ 马克思：《〈政治经济学批判（ 1857—1858 年手稿）〉摘选》，《马克思恩格斯文集》第八卷，人民出版社 2009 年版。

■ 恩格斯：《论住宅问题》，《马克思恩格斯文集》第三卷，人民出版社 2009 年版。

■ 毛泽东：《关于社会主义商品生产问题》，《毛泽东文集》第七卷，人民出版社 1999 年版。

■ 邓小平：《在武昌、深圳、珠海、上海等地的谈话要点》（1992 年 1 月 18 日—2 月 21 日），《邓小平文选》第三卷，人民出版社 1993 年版。

■ 邓小平：《解放思想，独立思考》（1988 年 5 月 18 日），《邓小平文选》第三卷，人民出版社 1993 年版。

■《习近平谈治国理政》第一卷，外文出版社 2018 年版。

■ 习近平：《论坚持全面依法治国》，中央文献出版社 2020 年版。

■ 江平主编：《法人制度论》，中国政法大学出版社 1994 年版。

■ 朱慈蕴：《公司法人格否认法理研究》，法律出版社 1998 年版。

■ 冯果：《现代公司资本制度比较研究》，武汉大学出版社 2000 年版。

■ 张文显：《法哲学范畴研究》（修订版），中国政法大学出版社 2001 年版。

■ 赵旭东：《企业与公司法纵论》，法律出版社 2003 年版。

■ 范健、王建文：《商法基础理论专题研究》，高等教育出版社 2005 年版。

■ 蒋大兴：《公司法的观念与解释》（全三册），法律出版社 2009 年版。

■ 韩长印、韩永强编著：《保险法新论》，中国政法大学出版社 2010 年版。

■ 范健主编：《商法》（第四版），高等教育出版社、北京大学出版社 2011 年版。

■ 叶林：《证券法》（第四版），中国人民大学出版社 2013 年版。

■ 顾功耘主编：《当代主要国家国有企业法》，北京大学出版社 2014 年版。

■ 公丕祥主编：《马克思主义法律思想通史》（第一卷），南京师范大学出版社 2014 年版。

■ 石少侠主编：《公司法学》（第四版），中国政法大学出版社 2015 年版。

■ 王建文：《中国商法的理论重构与立法构想》，中国人民大学出版社 2018 年版。

■ ［韩］李哲松：《韩国公司法》，吴日焕译，中国政法大学出版社 2000 年版。

■ ［英］Malcolm A. Clarke：《保险合同法》，何美欢、吴志攀等译，北京大学出版社 2002 年版。

■ ［美］托马斯·李·哈森：《证券法》，张学安等译，中国政法大学出版社 2003 年版。

■ ［美］大卫·G. 爱泼斯坦、［美］史蒂夫·H. 尼克勒斯、［美］詹姆斯·J. 怀特：《美国破产法》，韩长印等译，中国政法大学出版社 2003 年版。

■ ［德］托马斯·莱塞尔、［德］吕迪格·法伊尔：《德国资合公司法》（第 3 版），高旭军等译，法律出版社 2005 年版。

■ ［德］C. W. 卡纳里斯：《德国商法》，杨继译，法律出版社 2006 年版。

后 记

《商法学》是马克思主义理论研究和建设工程重点教材，由教育部组织编写，经国家教材委员会审核通过。

在教材编写过程中，得到了国家教材委员会高校哲学社会科学（马工程）专家委员会、思想政治审议专家委员会以及教育部原马工程重点教材审议委员会的指导。同时，广泛听取了高校教师和学生的意见建议。

本教材由范健主持编写，赵旭东、叶林任副主编。绪论，第三章第一节、第二节、第三节、第四节，范健撰写；第一章第一节、第二节，第九章，叶林撰写；第一章第三节，第三章第五节，蒋大兴撰写；第二章，赵旭东撰写；第四章，石少侠撰写；第五章，任尔昕撰写；第六章，冯果撰写；第七章，韩长印撰写；第八章，顾功耘撰写；第十章，王涌撰写；第十一章，王建文撰写。

2018 年 12 月 28 日

第二版后记

为深入贯彻习近平新时代中国特色社会主义思想特别是习近平法治思想，贯彻落实党的十九届五中、六中全会精神，充分体现最新颁布的相关法律法规，充分体现全面依法治国的最新实践，进一步增强教材的针对性，教育部组织对已出版的法学类教育部马工程重点教材进行了全面修订。本书修订版经国家教材委员会高校哲学社会科学（马工程）专家委员会审核通过。

范健主持了本次教材修订工作，赵旭东、叶林、蒋大兴、石少侠、任尔昕、冯果、韩长印、顾功耘、王涌、王建文参加了具体的修订工作。

2022 年 2 月

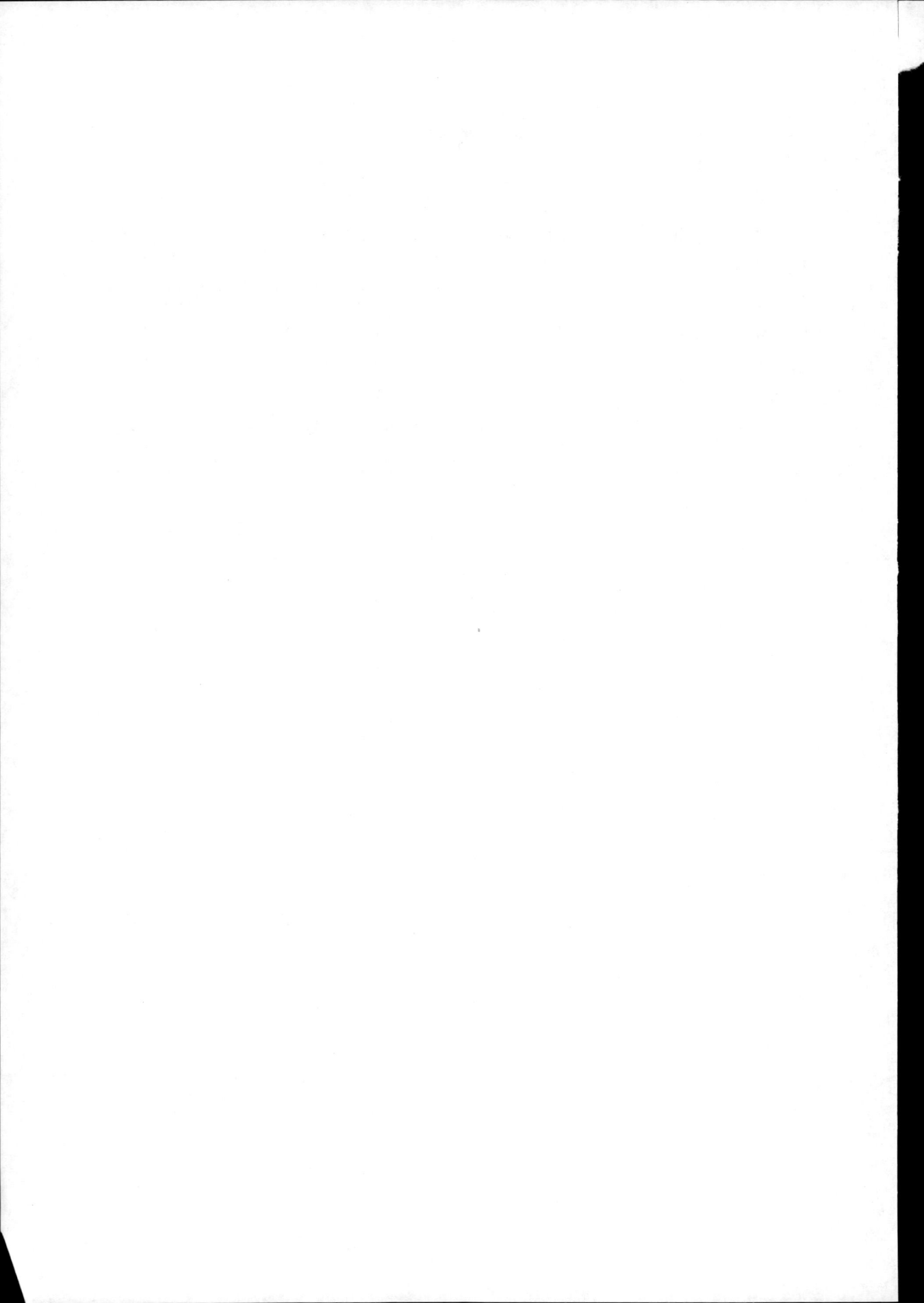

读者意见反馈

　　为收集对教材的意见建议，进一步完善教材编写并做好服务工作，读者可将对本教材的意见建议通过如下渠道反馈至我社。

　　咨询电话　　400-810-0598

　　反馈邮箱　　gjdzfwb@ pub.hep.cn

　　通信地址　　北京市朝阳区惠新东街 4 号富盛大厦 1 座

　　　　　　　　高等教育出版社总编辑办公室

　　邮政编码　　100029

防伪查询说明

　　用户购书后刮开封底防伪涂层，使用手机微信等软件扫描二维码，会跳转至防伪查询网页，获得所购图书详细信息。

　　防伪客服电话　　（010）58582300